Die Vorversichereranfrage

Europäische Hochschulschriften Recht

European University Studies in Law

Publications Universitaires Européennes de Droit

Band/Volume **6067**

Sarah Vogel

Die Vorversichereranfrage

Wirtschaftliche Bedeutung und kartellrechtliche Bewertung

PETER LANG

Bibliografische Information der Deutschen Nationalbibliothek
Die Deutsche Nationalbibliothek verzeichnet diese Publikation in der Deutschen Nationalbibliografie; detaillierte bibliografische Daten sind im Internet über http://dnb.d-nb.de abrufbar.

Zugl.: Münster (Westf.), Univ., Diss. der Rechtswissenschaftlichen Fakultät, 2017

D 6
ISSN 0531-7312
ISBN 978-3-631-78414-3 (Print)
E-ISBN 978-3-631-78526-3 (E-PDF)
E-ISBN 978-3-631-78527-0 (EPUB)
E-ISBN 978-3-631-78528-7 (MOBI)
DOI 10.3726/b15420

Diese Publikation wurde begutachtet.

www.peterlang.com

Meiner Familie

Vorwort

Die vorliegende Arbeit wurde im Sommersemester 2017 von der juristischen Fakultät der Westfälischen Wilhelms-Universität Münster als Dissertation angenommen. Die mündliche Prüfung fand am 6. Februar 2018 statt. Für die Veröffentlichung wurden Literatur und Rechtsprechung bis September 2018 berücksichtigt.

Mein besonderer Dank gilt meinem Doktorvater Herrn Prof. Dr. Johannes Heyers, der mich auf das Thema dieser Arbeit aufmerksam gemacht und mir viele wertvolle Anregungen gegeben hat. Er hat mich zu einer Promotion ermutigt und mich während des Schreibens sowie in der Zeit als Mitarbeiterin an seinem Lehrstuhl auf vielfältige Weise unterstützt. Mein herzlicher Dank gilt daneben Herrn Prof. Dr. Christian Kersting für die zügige Erstellung des Zweitgutachtens. Vor allem möchte ich ihm aber auch für die lehrreiche und schöne Zeit als Mitarbeiterin an seinem Lehrstuhl danken, in der ich fachlich und persönlich viel von ihm lernen durfte. Er hat diese Arbeit durch seine uneingeschränkte Unterstützung und durch fachliche Anstöße gefördert.

Danken möchte ich all denjenigen, die zum Entstehen, Gelingen und zur Vollendung dieser Arbeit beigetragen haben. Dank gebührt meinen ehemaligen Lehrstuhlkollegen, insbesondere Frau Dr. Sabine Sabir und Herrn Dr. Sebastian Dworschak, sowie meiner Schwester Christiane Groh, die mich während meiner Promotionszeit sowohl in persönlichen wie auch in fachlichen Belangen begleitet und unterstützt haben. Frau Monika Scheithauer danke ich für ihre gutgelaunte Motivation und ihren Rat in allen Lebenslagen.

Von Herzen bedanken möchte ich mich bei meinen Eltern Jutta und Dr. Reiner Groh, die mir eine sorgenfreie Ausbildung ermöglicht und mich auf jede erdenkliche Weise unterstützt haben, sowie bei meinem Mann Dr. Till Vogel für seine Ermutigung und seinen Glauben an mich. Ohne den steten Rückhalt und den liebevollen Zuspruch meiner Familie hätte ich nicht den Ansporn zum Beginn dieser Arbeit und erst Recht nicht zu ihrer Vollendung gehabt, ihr ist sie gewidmet.

Düsseldorf, im Februar 2019
Sarah Vogel

Inhaltsverzeichnis

Einleitung

Der Informationsaustausch zwischen Wettbewerbern ist in den letzten fünfzehn Jahren mehr und mehr in den Blickpunkt kartellrechtlicher Literatur[1] gerückt. Hierzu trug auf europäischer Ebene, neben einigen gerichtlichen Entscheidungen[2], insbesondere der in den neuen Leitlinien zur Anwendbarkeit von Artikel 101 des Vertrags über die Arbeitsweise der Europäischen Union auf Vereinbarungen über horizontale Zusammenarbeit aus dem Jahr 2011 enthaltene Abschnitt zum Informationsaustausch bei.[3] In ihm stellte die Europäische Kommission erstmals allgemeine, vom Geschäftsbereich, auf dem die betreffenden Unternehmen tätig sind, unabhängige Kriterien für die Bewertung eines Informationsaustauschs auf.[4] Dabei fällt auf, dass in keinem Bereich die von der Europäischen Kommission unter dem Stichwort des *more economic approach* propagierte, an den Folgen einer Verhaltensweise ausgerichtete kartellrechtliche Beurteilung sich so sehr durchgesetzt hat, wie bei der Beurteilung des Informationsaustauschs.[5]

Diskutierte man früher die kartellrechtliche Relevanz eines Informationsaustauschs überwiegend in solchen Fällen, in denen es um einen Austausch von Preis- oder allenfalls noch Mengen- oder Kostendaten zwischen Wettbewerbern ging, rückten zunehmend auch Sonderformen des Informationsaustauschs in

---

1 *Wagner-von Papp*, Marktinformationsverfahren (2004); *Tugendreich*, Die kartellrechtliche Zulässigkeit von Marktinformationsverfahren (2004); *Blattmann*, Der Informationsaustausch zwischen Wettbewerbern (2012); *Dreher/Hoffmann*, WuW 2011, 1181; *Pischel/Hausner*, EuZW 2013, 498; *Karenfort*, WuW 2008, 1154; *Schroeder*, WuW 2009, 718.

2 *EuGH*, Urt. v. 23.11.2006, Rs. C-238/05 (*Asnef-Equifax)*, Slg. 2006, I-11125; *EuGH*, Urt. v. 04.06.2009, Rs. C-8/08 (*T-Mobile Netherlands)*, Slg. 2009, I-4529.

3 *Europäische Kommission*, Leitlinien zur Anwendbarkeit von Artikel 101 des Vertrags über die Arbeitsweise der Europäischen Union auf Vereinbarungen über horizontale Zusammenarbeit (2011/C 11/01) (im Folgenden: Horizontalleitlinien), ABl. Nr. C 11 v. 14.01.2011, S. 1, Rn. 55 ff.

4 Zuvor war lediglich in den Leitlinien zu Sehverkehrsdienstleistungen ein entsprechender Abschnitt zum Informationsaustausch enthalten. Siehe *Europäische Kommission*, Leitlinien für die Anwendung von Artikel 81 des EG-Vertrags auf Seeverkehrsdienstleistungen (im Folgenden: Seeverkehrsleitlinien), ABl. Nr. C 245 v. 26.09.2008, S. 2, Rn. 38 ff.

5 *Bechtold*, GRUR 2012, 107, 108 f. Zum *more economic approach* siehe sogleich S. 50 ff.

den kartellrechtlichen Fokus.[6] Einen derartigen Sonderfall bildet auch die Vorversichereranfrage, die Gegenstand dieser Arbeit ist. Erhält ein Versicherer einen Antrag eines potentiellen Versicherungsnehmers auf Abschluss eines Versicherungsvertrags, so ist für die Erstellung eines entsprechenden Angebots und insbesondere für die Festlegung der Prämie durch den Versicherer die Größe des zu versichernden Risikos ausschlaggebend. Dieses Risiko kann von vielen Faktoren beeinflusst werden. Neben den offensichtlichen, wie dem Wert des zu versichernden Gegenstands, spielen auch individuelle, schwerer erkennbare Faktoren eine Rolle. Für den Versicherer ist in diesem Zusammenhang insbesondere die bisherige Schadenhistorie von Bedeutung, weil sich aus der Zahl der Vorschäden Rückschlüsse auf die Höhe des zu erwartenden künftigen Risikos ziehen lassen. Aus diesem Grund sind in den §§ 19 ff. VVG Anzeigepflichten des Antragstellers bei Abschluss eines Versicherungsvertrags normiert. Um die vom Antragsteller gemachten Angaben auf ihre Richtigkeit zu überprüfen, stellen Versicherer eine Anfrage an den Vorversicherer und erbitten entsprechende Auskünfte, die der Vorversicherer auch erteilt. Zu diesem Zweck lassen sich die Versicherer von den Antragstellern bereits im Antrag den Vorversicherer benennen und holen das Einverständnis des Antragstellers in die entsprechende Anfrage beim Vorversicherer sowie in die Informationserteilung an etwaige Nachversicherer ein.[7]

Gerade im Bereich der Versicherungswirtschaft steht den kartellrechtlichen Bedenken gegen einen Informationsaustausch zwischen Wettbewerbern ein besonderes, in dem Produkt Versicherung und seiner Funktionsweise begründetes Informationsbedürfnis der Versicherungsunternehmen gegenüber, das mit den kartellrechtlichen Anforderungen in Ausgleich zu bringen ist. Die vorliegende Arbeit untersucht zunächst dieses Informationsbedürfnis in Bezug auf die im Rahmen der Vorversichereranfrage ausgetauschten Informationen über einzelne Versicherungsnehmer und bewertetet den Informationsaustausch anschließend unter Berücksichtigung der maßgeblichen kartellrechtlichen Praxis der Gemeinschaftsorgane.

---

6 Vgl. etwa *Stöcker*, WuW 2012, 935; *Dreher/Körner*, WuW 2012, 104; *Lüdemann/Lüdemann*, WuW 2012, 917.

7 Zum Ablauf siehe im Einzelnen unten S. 72 ff.

Teil 1: Der wettbewerbstheoretische Ansatz und die Ziele der Wettbewerbspolitik

Im Rahmen dieser Arbeit soll geprüft werden, ob der einzelfallbezogene Informationsaustausch zwischen Versicherern im Rahmen der Vorversichereranfrage gegen das Kartellverbot des Art. 101 Abs. 1 AEUV verstößt. Bei dieser Untersuchung stehen die möglichen sowohl positiven als auch negativen Auswirkungen dieses Informationsaustauschs auf den Wettbewerb im Vordergrund. Gemäß Art. 101 Abs. 1 AEUV verboten sind solche Verhaltensweisen, die den Wettbewerb beschränken. Der Schutz des Wettbewerbs durch das europäische Kartellrecht ist jedoch kein Selbstzweck. Er dient vielmehr der Verwirklichung anderer Ziele und ist nur um ihretwillen schützenswert. Die Frage, welche Ziele das sind, wird jedoch nicht einheitlich beantwortet. Es existiert keine allgemeingültige Definition des (schützenswerten) Wettbewerbs.[8] So entwickelten sich über die Zeit eine Reihe verschiedener Wettbewerbskonzepte, die sich in einer ersten Annäherung in ergebnisoffene bzw. systemtheoretische und ergebnisorientierte bzw. wohlfahrtsökonomische Wettbewerbskonzepte einteilen lassen.[9] Während die Vertreter ergebnisoffener Konzepte davon ausgehen, dass der Wettbewerb und seine grundlegenden Voraussetzungen stets und als solches zu schützen sind, fordern die ergebnisorientierten Konzepte, den Schutz des Wettbewerbs an den durch ihn erzielten Marktergebnissen zu orientieren. Dabei ist es jedoch nicht so, dass die ergebnisoffenen Konzepte den Wirkungen des Wettbewerbs und den Marktergebnissen gleichgültig gegenüber stünden. Vielmehr ist auch nach diesen der Wettbewerb deswegen schützenswert, weil er in aller Regel zu Effizienz und damit zu einer Wohlfahrtssteigerung im Vergleich zu anderen Marktformen führt.[10]

---

8 *Odudu*, The Boundaries of EC Competition Law (2006), S. 2; *Zimmer*, WuW 2007, 1198, 1198.

9 *Zimmer*, WuW 2007, 1198, 1198 ff.; *Herdzina*, Wettbewerbspolitik (1999), S. 106 ff.; *Schmidt*, ORDO 2008, 209, 217 ff.

10 *Eilmansberger/Kruis*, in: Streinz (Hrsg.), EUV/AEUV, Art. 101 AEUV, Rn. 50; *Fuchs*, Effizienzorientierung im Wettbewerbs- und Kartellrecht?, in: Fleischer/Zimmer (Hrsg.), Effizienz als Regelungsziel im Handels- und Wirtschaftsrecht (2008), S. 69, 76; *Zimmer*, WuW 2007, 1198, 1198; *Mohr*, ZWeR 2015, 1, 3 f. Siehe dazu sogleich S. 24 ff.

Dass der Wettbewerb überhaupt geschützt werden muss, liegt an der bei nahezu allen Unternehmen am Markt zu beobachtenden Tendenz, Wettbewerb wo immer es geht zu vermeiden und nach Marktmacht zu streben. Es zeigt sich ein „tiefer Trieb zur Beseitigung von Konkurrenz und zur Erwerbung von Monopolstellungen“[11]. Dieses Bestreben beruht darauf, dass für jedes Unternehmen eine solche Situation wirtschaftlich ideal wäre, in der es sich dem Wettbewerbsdruck durch Mitbewerber entziehen und gleichzeitig vom Wettbewerb auf anderen Märkten profitieren kann.[12]

Die Frage des zugrunde liegenden Wettbewerbskonzepts ist für die Auslegung und Anwendung der kartellrechtlichen Vorschriften von entscheidender Bedeutung. Die Relevanz wird besonders deutlich bei der Feststellung einer Wettbewerbsbeschränkung im Sinne von Art. 101 Abs. 1 AEUV, denn das Verständnis vom Begriff des Wettbewerbs gibt vor, wann dieser beschränkt sein kann. Beschränkt werden kann nur, was zuvor als anzustrebender Zustand und damit als schützenswert festgelegt wurde.[13] Die Frage, wann man Wettbewerb als gegeben oder gar als „ausreichend“ ansieht, ist gleichbedeutend mit der Frage danach, welche Ziele mit Wettbewerb erreicht werden sollen. Eine Definition des Wettbewerbs enthält somit immer zumindest implizit eine Zielvorstellung.[14]

Bevor jedoch im Folgenden die wichtigsten Konzepte und der wettbewerbstheoretische Ansatz der europäischen Gemeinschaftsorgane näher erläutert werden, soll zuvor das dem europäischen Wettbewerbsrecht einzigartige Ziel der Marktintegration dargestellt werden.

A. Das Integrationsziel

Nach Art. 3 Abs. 3 S. 1 EUV sollen die Regeln des Vertrags dazu dienen, einen gemeinsamen Binnenmarkt im Raum der Europäischen Union zu errichten. Das Integrationsziel ist weder durch die ergebnisoffenen noch durch die ergebnisorientierten Konzepte der Wettbewerbspolitik vorgegeben, sondern stellt ein dem Wettbewerbsrecht der Europäischen Union eigenes Sonderziel dar.[15] Dennoch steht es nicht selbständig neben den übrigen Zielen der Wettbewerbspolitik.

---

11 *Eucken,* Grundsätze der Wirtschaftspolitik (2004), S. 31.

12 MüKoEuWettbR/*Kerber/Schwalbe,* Einleitung, Rn. 40.

13 Vgl. *Faull/Kjølbye/Leupold/Nikpay,* in: Faull/Nikpay, Article 101 (1), Rn. 3.160. Vgl. auch Langen/Bunte/*Hengst,* Artikel 101 AEUV, Rn. 151.

14 *Kilian,* NJW, 1974, 289, 290.

15 *Monti,* CMLR 39 (2002), 1057, 1062. A. A. *Pohlmann,* in: FK, Grundfragen Art. 81 Abs. 3 EG, Rn. 29.

Vielmehr befördert die Integration der Märkte den Wettbewerb[16], denn durch die Öffnung der Märkte im Rahmen der Zollunion und durch den Abbau staatlicher und privater Handelshemmnisse zwischen den Mitgliedstaaten drängen Unternehmen aus den übrigen EU-Mitgliedstaaten auf den heimischen Markt und erhöhen so den Wettbewerbsdruck auf die bereits vorhandenen Anbieter.

Die früher in der Literatur umstrittene Frage, in welchem Verhältnis die im Rahmen des EGV nebeneinander verwendeten Begriffe des „Binnenmarktes" und des „Gemeinsamen Marktes" zueinander stehen[17], ist seit Inkrafttreten des Vertrags von Lissabon bedeutungslos geworden. Denn innerhalb der neuen Verträge wurde der Begriff des „Gemeinsamen Marktes" vollständig durch den jüngeren Begriff des „Binnenmarktes" ersetzt. Insofern sei nur auf Art. 101 Abs. 1 AEUV im Vergleich zu dem ansonsten wortgleichen Art. 81 Abs. 1 EGV hingewiesen.[18] Inhaltliche Änderungen ergeben sich hieraus nicht. Die ausschließliche Verwendung des Binnenmarktbegriffs dient vielmehr nur der Vereinheitlichung der Verträge und stellt keine Erweiterung des Begriffs dar.[19]

Der Vertrag von Lissabon hat aber durch eine andere Änderung zu Unsicherheit über die Bedeutung des Wettbewerbs für die Europäische Union geführt. So wurde auf Drängen des französischen Staatspräsidenten *Sarkozy* das vormals in Art. 3 Abs. 1 lit. g EGV unter den „Tätigkeiten der Gemeinschaft" angeführte System, das den Wettbewerb innerhalb des Binnenmarktes vor Verfälschungen schützt, aus dem unmittelbaren Vertragstext gestrichen.[20] Die Wendung findet

---

16 *Monti,* CMLR 39 (2002), 1057, 1062.

17 *Nowak,* EuR 2009, Beiheft 1, 129, 135 ff. m.w.Nw.; zusammenfassend *Streinz,* Europarecht (2016), Rn. 807, 969 ff.

18 Art. 101 Abs. 1 AEUV lautet: „Mit dem Binnenmarkt unvereinbar und verboten sind alle Vereinbarungen zwischen Unternehmen, Beschlüsse von Unternehmensvereinigungen und aufeinander abgestimmte Verhaltensweisen, welche den Handel zwischen Mitgliedstaaten zu beeinträchtigen geeignet sind und eine Verhinderung, Einschränkung oder Verfälschung des Wettbewerbs innerhalb des Binnenmarkts bezwecken oder bewirken (...)." Art. 81 Abs. 1 EGV a.F. lautete dagegen: „Mit dem Gemeinsamen Markt unvereinbar und verboten sind alle Vereinbarungen zwischen Unternehmen, Beschlüsse von Unternehmensvereinigungen und aufeinander abgestimmte Verhaltensweisen, welche den Handel zwischen Mitgliedstaaten zu beeinträchtigen geeignet sind und eine Verhinderung, Einschränkung oder Verfälschung des Wettbewerbs innerhalb des Gemeinsamen Marktes bezwecken oder bewirken (...)."

19 *Nowak,* EuR 2009, Beiheft 1, 129, 141 f.

20 Siehe dazu *Terhechte,* EuR 2008, 143, 175 f.; *Nowak,* EuR 2009, Beiheft 1, 129, 188 f.; *Behrens,* EuZW 2008, 193, 193; *Meessen,* WuW 2010, 6, 8.

sich nunmehr nur noch im Protokoll über den Binnenmarkt und den Wettbewerb (Protokoll Nr. 27).[21]

Doch auch die Streichung des Begriffs des unverfälschten Wettbewerbs aus der Tätigkeitsbeschreibung führt nicht zu einer geänderten Bedeutung des Wettbewerbs für die Zielsetzung der europäischen Verträge.

Schon formal macht es keinen Unterschied, ob eine Regelung im eigentlichen Vertragstext oder „nur" im Zusatzprotokoll enthalten ist. Gemäß Art. 51 EUV sind die Protokolle und Anhänge der Verträge Bestandteil der Verträge. Die in ihnen enthaltenen Regelungen stellen somit primäres Europarecht dar, sodass sich am Rang des Systems des unverfälschten Wettbewerbs durch die Neuverortung im Zusatzprotokoll nichts geändert hat.[22] Dies wird durch die europäische Rechtsprechung bestätigt, denn auch der Europäische Gerichtshof hat zur Begründung des Systems des unverfälschten Wettbewerbs als Bestandteil des Binnenmarktbegriffs ausdrücklich auf das Protokoll Nr. 27 verwiesen.[23]

Auch inhaltlich hat sich durch die Neufassung keine Änderung ergeben. Der unverfälschte Wettbewerb stellt vielmehr auch im Vertrag von Lissabon ein Mittel dar, mit dessen Hilfe die Ziele des gemeinsamen Binnenmarktes aus Art. 3 Abs. 2 EUV und der Förderung des Wohlergehens der Völker gemäß Art. 3 Abs. 1 EUV erreicht werden sollen. Zwar steht das System des unverfälschten Wettbewerbs in der neuen Fassung nicht mehr unter dem Begriff „Tätigkeitsbeschreibung", sodass die für die vorherige Fassung kennzeichnende Zweck-Mittel-Relation zwischen dem System des unverfälschten Wettbewerbs und dem Binnenmarktbegriff nicht mehr so evident ist. An dem Verhältnis der beiden Begriffe zueinander hat sich jedoch nichts geändert.[24] Das Binnenmarktziel, dessen wesentlicher Bestandteil auch nach der neuen Regelung in Protokoll Nr. 27 ein System unverfälschten Wettbewerbs ist, bleibt auch weiterhin

21 Dort heißt es: „UNTER BERÜCKSICHTIGUNG [Hervorhebung im Original] der Tatsache, dass der Binnenmarkt, wie er in Artikel 3 des Vertrages über die Europäische Union beschrieben wird, ein System umfasst, das den Wettbewerb vor Verfälschungen schützt (…)".

22 *Behrens,* EuZW 2008, 193, 193; *Streinz,* ZG 2008, 105, 115; *Terhechte,* EuR 2008, 143, 176; *Weitbrecht/Mühle,* EuZW 2010, 327, 327; MüKoEuWettbR/*Calliess,* Einleitung, Rn. 680. Vgl. auch *Basedow,* EuZW 2008, 225, der diese Änderung zwar ebenfalls für juristisch folgenlos hält, ihr aber gleichzeitig eine politische Signalwirkung zuspricht.

23 *EuGH,* Urt. v. 17.02.2011, C-52/09 (*Konkurrensverket/TeliaSonera Sverige AB),* Slg. 2011, I-527, Rn. 20.

24 *Behrens,* EuZW 2008, 193, 193.

bestehen.[25] Das gilt umso mehr, als sich das System, das den Wettbewerb vor Verfälschungen schützt, ohne weiteres auch aus den Wettbewerbsregeln der Artt. 101, 102 und 106 AEUV[26] ergibt; diese bilden den „Kernbestandteil" eines solchen Systems unverfälschten Wettbewerbs.[27]

Obwohl das Ziel der Schaffung eines gemeinsamen Binnenmarktes auf staatlicher Ebene heute weitgehend verwirklicht ist, hat das Integrationsziel nicht an Bedeutung verloren. Dies gilt zum einen in Bezug auf die Erweiterung der Europäischen Union durch den Beitritt neuer Mitgliedstaaten.[28] Zum anderen handelt es sich bei der Marktintegration um eine Daueraufgabe, die eine eigene Dynamik hat und die fortwährende Anpassung an neue Entwicklungen erfordert.[29] Darüber hinaus soll nach dem Abbau staatlicher Handelshemmnisse durch die Vorschriften der Artt. 101 und 102 AEUV verhindert werden, dass private Handelshemmnisse an deren Stelle treten und den Handel zwischen den Mitgliedstaaten beeinträchtigen.[30] Das Integrationsziel behält somit Bedeutung bei der Auslegung und Anwendung der europäischen Kartellrechtsvorschriften.

---

25 *Nowak,* EuR 2009, Beiheft 1, 129, 138, 189; ebenso *Streinz,* ZG 2008, 105, 115, der feststellt, dass sich durch die beschriebenen formalen Änderungen rechtlich nichts ändere. A.A. *Brauser-Jung,* in: FS Stober (2008), S. 43, 56 f., der in der Streichung des Begriffs das „Risiko eines schleichenden Bedeutungsverlusts des Wettbewerbsziels" sieht und befürchtet, es komme infolge der Änderung zu einer stärkeren Instrumentalisierung des Wettbewerbs zur Erreichung anderer Ziele.

26 *Behrens,* EuZW 2008, 193, 193. So auch *Meessen,* WuW 2010, 6, 8, der von einem „System unternehmerischen Wettbewerbs" spricht, das dem Vertragsrecht der Europäischen Union zugrunde liege.

27 *Nowak,* EuR 2009, Beiheft 1, 129, 156.

28 *Monti,* CMLR 39 (2002), 1057, 1063, 1092.

29 Geiger/Khan/Kotzur/*Kotzur,* Art. 26 AEUV, Rn. 2; Calliess/Ruffert/*Korte,* Art. 26 AEUV, Rn. 28; *Frenz,* Handbuch Europarecht, Band 2: Europäisches Kartellrecht (2015), Rn. 3.

30 *Marenco,* Fordham Int'l L.J. 10 (1987), 420, 429 f.; *Wesseling,* The Modernisation of EC Antitrust Law (2000), S. 97 f.; Langen/Bunte/*Bulst,* Artikel 102 AEUV, Rn. 12; Dauses/Ludwigs/*Hoffmann,* H. I. § 1, Rn. 4; *Pohlmann,* in: FK, Grundfragen Art. 81 Abs. 3 EG, Rn. 23; vgl. auch *EuGH,* Urt. v. 13.07.1966, verb. Rs. C-56/64 und 58/64 (*Consten und Grundig),* Slg. 1966, 322, Rn. 389; *EuGH,* Urt. v. 08.06.1971, Rs. C-78/70 (*Metro-SB-Großmärkte),* Slg. 1971, 488, Rn. 12. Damit dient das Integrationsziel gleichzeitig der Effizienzsteigerung, indem es eine zu Beginn der Entwicklung des europäischen Wettbewerbsrechts naturgemäß gegebene Aufteilung der Wettbewerbsmärkte in nationale Märkte erst beseitigte (*Pohlmann,* in: FK, Grundfragen Art. 81 Abs. 3 EG, Rn. 29; *Baldi,* Die Freistellung vom EWG-Kartellverbot (1972), S. 145 ff.).

B. Ergebnisoffene Wettbewerbskonzepte

Die Vertreter ergebnisoffener Wettbewerbskonzepte definieren den (schützenswerten) Wettbewerb nicht anhand seiner Folgen, sondern seiner Voraussetzungen und legen dabei besonderes Augenmerk auf die Handlungsfreiheit als Wettbewerbsvoraussetzung.[31] Wie bereits dargestellt, liegt jedoch auch diesen Konzepten die Grundannahme zugrunde, dass durch den freien Wettbewerb der Wohlstand aller Wirtschaftsteilnehmer gefördert wird.[32] Der Schutz von Wettbewerb auf einem Markt durch die Regeln des Kartellrechts findet seine Grundlage in der These, dass Wettbewerb im Sinne eines freien Spiels der Kräfte auf einem Markt zur Steuerung von Angebot und Nachfrage, zur effizienten Ressourcenallokation und zur Förderung von Innovation und Fortschritt führt. Dem liegt die Annahme zugrunde, dass auf einem freien Wettbewerbsmarkt jeder Einzelne seine Wirtschaftsfaktoren dort einsetzt, wo sie den größten Gewinn bringen. Damit maximiert er nicht nur seinen eigenen Gewinn, sondern trägt (unbewusst) dazu bei, dass Produktionsmittel dort eingesetzt werden, wo sie den größten Nutzen stiften.[33] Die Wohlfahrt wird so zum Vorteil aller Wirtschaftssubjekte maximiert. Dieser Selbststeuerungsprozess wird auch als „unsichtbare Hand"[34] des Marktes oder als „spontane Ordnung"[35] bezeichnet. Auch die ergebnisoffenen Wettbewerbskonzepte verfolgen somit im weiteren Sinne das Ziel der Wohlfahrtssteigerung, das durch ein möglichst hohes Maß an Wettbewerb auf den Märkten erreicht werden soll.

Die Wettbewerbspolitik in Deutschland wurde in den 1950er Jahren entscheidend durch das Wettbewerbskonzept des Ordoliberalismus geprägt. Seinen Ursprung hat der Ordoliberalismus in der sogenannten Freiburger Schule, die durch den Wirtschaftswissenschaftler *Eucken* sowie die Juristen *Böhm* und *Grossman-Doerth* begründet wurde.[36] Dem Ordoliberalismus der Freiburger Schule lag die Ansicht zugrunde, dass eine Konzentration von (Markt-)Macht bei einzelnen Marktteilnehmern schädlich sei und durch ein entsprechendes

---

31 *Zimmer,* WuW 2007, 1198, 1198.

32 Siehe oben S. 19.

33 *Coase,* Journal of Law and Economics 3 (1960), 1, 40.

34 *Smith,* Der Wohlstand der Nationen (1978).

35 *Von Hayek,* Gesammelte Schriften in deutscher Sprache, Abt. B Bd. 4: Recht, Gesetz und Freiheit (2003), S. 117.

36 Vgl. *Gerber,* Law and competition in twentieth century Europe (1998), S. 233 f.; *Lutz,* Walter Euckens Beitrag zur Nationalökonomie: Die Idee der Wirtschaftsordnung, in: *Eucken,* Grundsätze der Wirtschaftspolitik (2004), S. 284.

Ordnungssystem verhindert werden müsse.[37] Dem Kartellrecht komme daher die Aufgabe zu, die Bedingungen für ein Florieren des Wettbewerbs zu erhalten, indem es die Konzentration von Marktmacht bei einzelnen Marktteilnehmern verhindert.[38] Ein zentraler Begriff des Ordoliberalismus ist die wirtschaftliche Freiheit der Wirtschaftsteilnehmer als Bestandteil der allgemeinen Freiheit.[39] Das Wettbewerbsrecht soll demnach die Handlungsfreiheit des Einzelnen sowohl gegenüber staatlichen Beschränkungen als auch gegenüber dem Einfluss (markt-)mächtiger privater Wirtschaftsteilnehmer schützen.[40] Letzteres erklärt sich damit, dass Freiheit in der Regel die Tendenz aufweist, sich selbst zu beschränken, denn die Freiheit der einen Marktteilnehmer, private Macht aufzubauen, ermöglicht es den dann Mächtigen, die Freiheit der übrigen Marktteilnehmer einzuschränken.[41] Da eine „gerechte“ Ordnung nicht von selbst entstehe, müsse der Staat gewisse Regeln vorgeben, die der Freiheit der Wirtschaftssubjekte Grenzen setzen.[42] Die Vertreter der ordoliberalen Wirtschaftspolitik stellen zwar die Freiheit des einzelnen Wirtschaftssubjektes in den Vordergrund, sind aber der Ansicht, dass diese nur in einem entsprechenden rechtlichen und ordnungspolitischen Rahmen umgesetzt werden kann.[43] Durch diese Ordnungspolitik sollen die Rahmenbedingungen für den angestrebten vollständigen Wettbewerb geschaffen werden. Dabei ist dieser *vollständige* Wettbewerb nicht mit dem Modell des *vollkommenen* Wettbewerbs gleichzusetzen. Das Modell des vollkommenen Wettbewerbs beschreibt einen statischen Zustand, für den im Wesentlichen kennzeichnend ist, dass es sehr viele, atomistisch kleine Anbieter wie auch Nachfrager gibt, homogene Güter gehandelt werden und auf beiden Marktseiten vollkommene Transparenz herrscht[44]. Dagegen versteht die Freiburger Schule unter vollkommenem Wettbewerb lediglich einen „Zustand, bei

37 *Eucken,* Grundsätze der Wirtschaftspolitik (2004), S. 52 ff.; *Böhm,* Die Ordnung der Wirtschaft als geschichtliche Aufgabe und rechtsschöpferische Leistung, 155 ff.

38 Vgl. dazu *Gerber,* Law and competition in twentieth century Europe (1998), S. 250 f.

39 *Eucken,* Grundsätze der Wirtschaftspolitik (2004), S. 48 ff., 370; *Böhm,* Die Ordnung der Wirtschaft als geschichtliche Aufgabe und rechtsschöpferische Leistung, 7, 16 ff.

40 *Eucken,* Grundsätze der Wirtschaftspolitik (2004), S. 52 ff. Vgl. auch *Gerber,* Law and competition in twentieth century Europe (1998), S. 232 ff.

41 *Eucken,* Grundsätze der Wirtschaftspolitik (2004), S. 53, 275 ff.

42 *Eucken,* Grundsätze der Wirtschaftspolitik (2004), S. 14, 278 f.

43 *Eucken,* Grundsätze der Wirtschaftspolitik (2004), S. 55; *Schmidtchen,* ORDO 2004, 127, 139.

44 Vgl. *Kerber,* WuW 2008, 424, Rn. 995; *Schmidt,* Wettbewerbspolitik und Kartellrecht (2005), S. 5. Siehe dazu unten S. 30 ff.

dem kein Unternehmen im Markt über die Macht verfügt, andere Marktbeteiligte zu einem bestimmten Verhalten zu zwingen“[45].

Dem Ordoliberalismus im weiteren Sinne wird auch das Werk *von Hayeks* zugeordnet, für den der Begriff der Freiheit ebenfalls eine zentrale Rolle spielte.[46] Er prägte den Begriff des „Wettbewerbs als Entdeckungsverfahren“, wonach es sich beim Wettbewerb um einen dynamischen Prozess handelt, dessen Aufgabe es ist, das auf die einzelnen Wirtschaftsteilnehmer verteilte Wissen zu mobilisieren und zu nutzen.[47] Konsequenz dieses Verständnisses des Wettbewerbs als *trial and error*-Prozesses, bei dem die Marktteilnehmer in einem dynamischen Prozess durch das Ausprobieren verschiedener Möglichkeiten diejenige finden, die ihre Bedürfnisse am besten befriedigt, ist es, dass die Ergebnisse dieses Prozesses nicht vorausgesehen werden können. Hierin lag für *von Hayek* die grundlegende Schwäche der traditionellen Mikroökonomie.[48]

Ein weiteres ergebnisoffenes Wettbewerbskonzept ist das von *Hoppmann* maßgeblich geprägte Konzept der Neoklassik.[49] Auch hier stand die Freiheit der Wettbewerbsteilnehmer im Vordergrund. Darunter verstand *Hoppmann* zum einen die Freiheit der Wettbewerber beim Einsatz ihrer Wettbewerbsparameter etwa in Form von Wettbewerbsvorstößen (Freiheit im Parallelprozess); zum anderen sollte jedoch auch die Freiheit der Auswahl der Marktpartner auf der Marktgegenseite geschützt werden (Freiheit im Austauschprozess).[50]

Auch heute wird vielfach die Handlungsfreiheit als Schutzziel des Kartellrechts in den Vordergrund gerückt.[51] Eine Wettbewerbsbeschränkung soll

---

45 *Möller,* Verbraucherbegriff und Verbraucherwohlfahrt im europäischen und amerikanischen Kartellrecht (2008), S. 85 f. Vgl. auch *Möschel,* Competition Policy from an Ordo point of view, in: Peacock/Willgerodt (Hrsg.), Germany's social market economy (2000), S. 142, 157, Fn. 16.

46 Vgl. dazu *Schmidtchen,* ORDO 2004, 127, 127 f. Für eine Gegenüberstellung der Werke *von Hayeks* und *Euckens* siehe *Woll,* ORDO 1989, 87.

47 *Von Hayek,* Der Wettbewerb als Entdeckungsverfahren (1968). Vgl. dazu MüKo EuWettbR/*Kerber/Schwalbe,* Einleitung, Rn. 108; *Zimmer,* WuW 2007, 1198, 1199.

48 *Von Hayek,* Der Wettbewerb als Entdeckungsverfahren (1968), S. 7 ff.

49 Für eine zusammenfassende Darstellung siehe *Haucap/Schmidt,* Wettbewerbspolitik und Kartellrecht (2013), S. 18 ff.; MüKoEuWettbR/*Kerber/Schwalbe,* Einleitung, Rn. 111.

50 *Hoppmann,* ORDO 1967, 77, 88 ff.

51 *Monti,* CMLR 39 (2002), 1057, 1959 ff.; *Roth/Ackermann,* in: FK, Grundfragen Art. 81 Abs. 1 EG, Rn. 2; Immenga/Mestmäcker/*Emmerich,* Art. 101 Abs. 1 AEUV, Rn. 107; *Brauser-Jung,* in: FS Stober (2008), S. 43, 57.

demnach schon dann vorliegen, wenn die Handlungsfreiheit eines Marktteilnehmers eingeschränkt ist.[52]

C. Ergebnisorientierte Wettbewerbskonzepte

Dem stehen die ergebnisorientierten Wettbewerbskonzepte gegenüber, die ihre Anfänge in den USA nahmen.

I. Funktionsfähiger Wettbewerb

So entwickelten sich aus der Unzufriedenheit mit den Unzulänglichkeiten des Modells vollkommenen Wettbewerbs zunächst die Industrieökonomik und das Struktur-Verhaltens-Ergebnis-Paradigma, das sich der Untersuchung der Zusammenhänge zwischen Marktstruktur, Marktverhalten und Marktergebnis widmete.[53] Relevante Faktoren für die Marktstruktur seien die Anzahl und Größe der Marktteilnehmer auf beiden Seiten sowie darüber hinaus Marktzutritts- und Marktaustrittsschranken, der Grad der Markttransparenz, die Heterogenität der Produkte sowie die Existenz von Größen- und Verbundvorteilen.[54] Das Marktverhalten beschreibe den Einsatz aller im Wettbewerb wichtigen Aktionsparameter durch die Marktteilnehmer.[55] Das Marktergebnis werde schließlich durch die am Markt herrschenden Preise und Angebotsmengen, die Höhe der Gewinne, Innovation, Qualität und Produktvielfalt sowie durch die produktive Effizienz bestimmt.[56]

Anschließend daran entwickelte *Clark* das Konzept des funktionsfähigen Wettbewerbs (*workable competition*), das eine Abkehr vom Modell eines idealtypischen, in der Realität jedoch kaum anzutreffenden vollkommenen Wettbewerbs und eine Hinwendung zur Untersuchung der Bedingungen eines

---

52 *Möschel,* Juristisches versus ökonomisches Verständnis eines Rechts der Wettbewerbsbeschränkungen, in: FIW (Hrsg.), Die Wende in der europäischen Wettbewerbspolitik (2004), S. 55, 63; *Herdzina,* Wettbewerbspolitik (1999), S. 85 ff., 92; Immenga/Mestmäcker/*Emmerich,* Art. 101 Abs. 1 AEUV, Rn. 107; *Roth/Ackermann,* in: FK, Grundfragen Art. 81 Abs. 1 EG, Rn. 2.

53 MüKoEuWettbR/*Kerber/Schwalbe,* Einleitung, Rn. 79 f.; *Mestmäcker/Schweitzer,* Europäisches Wettbewerbsrecht (2014), § 3, Rn. 66.

54 MüKoEuWettbR/*Kerber/Schwalbe,* Einleitung, Rn. 79; *Haucap/Schmidt,* Wettbewerbspolitik und Kartellrecht (2013), S. 72 f., 76; *Carlton/Perloff,* Modern industrial organization (2005), S. 4; *Schmidt,* Wettbewerbspolitik und Kartellrecht (2005), S. 57, 60.

55 Vgl. die Nachweise in Fn. 54.

56 Vgl. die Nachweise in Fn. 54.

funktionsfähigen Wettbewerbs einleitete.[57] Aus der daran anschließenden Untersuchung des Zusammenhangs zwischen Marktstruktur und Marktergebnis ging in den 1950er und 1960er Jahren in den USA die sog. *Harvard School* hervor. Ihre Vertreter gingen davon aus, die Wettbewerbspolitik könne verschiedene Ziele wie etwa Allokationseffizienz oder Innovationsförderung aber beispielsweise auch die Förderung von kleinen und mittleren Unternehmen verfolgen, über deren Gewichtung eine politische Entscheidung zu treffen sei (*Multi Goal Approach*).[58] Als Folge forderte sie eine marktstrukturorientierte Wettbewerbspolitik.[59]

In Deutschland entwickelte *Kantzenbach* anknüpfend an die Arbeit von *Clark* ein an den Funktionen des Wettbewerbs orientiertes Konzept.[60] Die wesentlichen Funktionen des Wettbewerbs seien die Freiheitsfunktion, die Entdeckungs- bzw. Fortschrittsfunktion, die Anpassungs- bzw. Allokationsfunktion sowie die Verteilungsfunktion.[61] *Kantzenbach* untersuchte insbesondere den Zusammenhang zwischen der Marktstruktur und dem Marktergebnis und kam zu dem Schluss, der optimale Ausgleich zwischen den Wettbewerbsfunktionen werde in der Struktur eines weiten Oligopols erreicht.[62]

II. Chicago School

Als Gegenpol zur *Harvard School* entwickelte sich in den 1970er und 1980er Jahren ebenfalls in den USA die sog. *Chicago School*, zu deren bekanntesten Vertreter *Posner* und *Bork* gehören, und die erstmals forderte, die ökonomische Effizienz zum alleinigen Ziel der Wettbewerbspolitik zu machen.[63] Allein nach der Effizienz wäre demnach zu beurteilen, ob eine Fusion oder eine bestimmte Verhaltensweise am Markt zulässig sein soll oder nicht. Eine Verhaltensweise stelle demzufolge nur dann einen Verstoß gegen die Wettbewerbsgesetze dar, wenn durch sie ein gesamtwirtschaftlicher Schaden in Form eines Wohlfahrtsverlusts

---

57 *Clark*, The American Economic Review 30 (1940), 241.

58 Vgl. dazu MüKoEuWettbR/*Kerber/Schwalbe*, Einleitung, Rn. 83 ff.

59 MüKoEuWettbR/*Kerber/Schwalbe*, Einleitung, Rn. 86.

60 *Kantzenbach*, Die Funktionsfähigkeit des Wettbewerbs, Bd. 1 (1967).

61 *Kantzenbach*, Die Funktionsfähigkeit des Wettbewerbs, Bd. 1 (1967), S. 16 ff. Vgl. auch *Herdzina*, Wettbewerbspolitik (1999), S. 32; MüKoEuWettbR/*Kerber/Schwalbe*, Einleitung, Rn. 84; *Haucap/Schmidt*, Wettbewerbspolitik und Kartellrecht (2013), S. 15.

62 Siehe ausführlich zum Werk *Kantzenbachs Haucap/Schmidt*, Wettbewerbspolitik und Kartellrecht (2013), S. 14 ff.

63 *Bork*, The antitrust paradox (1993), S. 7; *Posner/Nelson*, University of Pennsylvania Law Review 127 (1979), 925; *Posner*, Antitrust law (2001), S. 2.

verursacht werde. Dabei betrachtete die *Chicago School* Umverteilungen zwischen den Marktteilnehmern, zum Beispiel eine Steigerung der Produzentenrente auf Kosten der Konsumentenrente, als wettbewerbsrechtlich neutral. Maßgeblich sei vielmehr allein der Gesamtwohlfahrtsstandard.[64]

Die Effizienz zum alleinigen Maßstab des Kartellrechts zu machen, begründete die *Chicago School* damit, dass das dem Kartellrecht übergeordnete Ziel ebenfalls wirtschaftliche Effizienz sei. Ein Wettbewerbsmarkt sei gegenüber einem monopolistischen Markt nur deshalb vorzugswürdig, weil er – ökonomisch nachgewiesen – in aller Regel effizienter ist, also ein höheres Maß an Wohlstand bietet.[65] Da ökonomische Effizienz unbestreitbar ein gesellschaftlicher Wert und die Rechtfertigung für die Etablierung des Kartellrechts sei, müsse sie zugleich auch die Grenzen des Kartellrechts bestimmen.[66] Wenn der Wettbewerb deshalb schützenswert sei, weil er zu Effizienzen führe, so verbiete sich folglich sein Schutz in den Fällen, in denen Wettbewerb – aus welchen Gründen auch immer – nicht effizienzsteigernd ist.

D. Der Effizienzbegriff im Wettbewerbsrecht

Im Folgenden sollen die ökonomischen Grundlagen, die zur Begründung der Effizienzorientierung des Kartellrechts herangezogen werden, kurz dargestellt werden. Effizienz meint in diesem Zusammenhang nicht die Erreichung eines vorgegebenen Ziels mit möglichst geringem Aufwand, sondern die Steigerung des wirtschaftlichen Wohlstands (sog. ökonomischer Effizienzbegriff).[67] Eine solche Wohlfahrtssteigerung kann sich dabei aus verschiedenen Aspekten ergeben. Sie kann zunächst – im Sinne einer statischen Effizienz – dadurch eintreten, dass die vorhandenen Ressourcen und Produktionsmittel dort eingesetzt werden, wo sie den größten wirtschaftlichen Nutzten bringen (Allokations- und Produktionseffizienz).[68] Sie kann aber auch in Form einer dynamischen Effizienz entstehen, indem das Know-how verbessert, der technische Fortschritt

64 *Mestmäcker/Schweitzer*, Europäisches Wettbewerbsrecht (2014), § 3, Rn. 24. Siehe zu den verschiedenen Wohlfahrtsstandards unten S. 32 f.

65 Siehe dazu sogleich S. 34 ff.

66 *Posner*, Antitrust law (2001), S. 2.

67 *Eidenmüller*, Effizienz als Rechtsprinzip (2005), S. 4, 41 ff. Zur Unterscheidung der Effizienzbegriffe siehe *Fleischer/Zimmer*, Effizienzorientierung im Handels- und Wirtschaftsrecht, in: Dies. (Hrsg.), Effizienz als Regelungsziel im Handels- und Wirtschaftsrecht (2008), S. 9, 13 f.

68 MüKoEuWettbR/*Kerber/Schwalbe*, Einleitung, Rn. 132.

vorangetrieben und neue Güter entwickelt werden.[69] Anhand dieser Effizienzbegriffe lassen sich verschiedene Marktformen miteinander vergleichen.

I. Allokative Effizienz

Allokative Effizienz setzt voraus, dass die in einer Volkswirtschaft vorhandenen Ressourcen – bei gegebenen Produkten und Produktionsfaktoren – dort eingesetzt werden, wo sie den größten wirtschaftlichen Nutzen stiften.[70] Ein monopolistischer Markt zeichnet sich im Vergleich zu einem Wettbewerbsmarkt in aller Regel durch höhere Preise und durch ein geringeres Warenangebot aus. Dies führt zu einer Unterversorgung der Konsumenten und damit auch dazu, dass die Ressourcen eines Marktes nicht ausgenutzt und nicht alle Tauschgewinne realisiert werden. Es kommt zu Allokationsineffizienz und somit zu einem wirtschaftlich nachteiligen Marktergebnis.[71]

1. Vollkommener Wettbewerbsmarkt

Um dies zu verdeutlichen, wird im Folgenden zunächst die Allokation auf einem vollkommenen Wettbewerbsmarkt erläutert. Ein solcher setzt einen Markt für ein homogenes Gut voraus, auf dem es so viele Anbieter und Nachfrager gibt, dass beide Seiten davon ausgehen, durch ihr jeweiliges Verhalten keinen Einfluss auf den Preis des angebotenen Gutes nehmen zu können.[72] Sowohl Anbieter als auch Nachfrager sind demnach Preisnehmer. Darüber hinaus soll auf dem Markt vollständige Information herrschen und es darf keine Transaktionskosten, öffentliche Güter[73] oder externe Effekte in Form von zunehmenden

---

69 *Schwalbe/Zimmer,* Kartellrecht und Ökonomie (2011), S. 9; MüKoEuWettbR/*Kerber/Schwalbe,* Einleitung, Rn. 132, 135.

70 *Schwalbe/Zimmer,* Kartellrecht und Ökonomie (2011), S. 4; MüKoEuWettbR/*Kerber/Schwalbe,* Einleitung, Rn. 132 f.

71 Siehe hierzu und zu den folgenden Ausführungen *Varian,* Grundzüge der Mikroökonomik (2016), S. 514 ff.

72 MüKoEuWettbR/*Kerber/Schwalbe,* Einleitung, Rn. 152 ff.; *Schwalbe/Zimmer,* Kartellrecht und Ökonomie (2011), Rn. 14 ff.; *Schwalbe,* Das Effizienzkonzept der Wirtschaftstheorie, in: Fleischer/Zimmer (Hrsg.), Effizienz als Regelungsziel im Handels- und Wirtschaftsrecht (2008), S. 43, 53; *Haucap/Schmidt,* Wettbewerbspolitik und Kartellrecht (2013), S. 8. Siehe dazu auch die Nachweise in Fn. 44.

73 Öffentliche Güter sind „solche Güter, die durch Nichtrivalität im Konsum und Nichtausschließbarkeit gekennzeichnet sind, wie zB die Landesverteidigung" (MüKoEuWettbR/*Kerber/Schwalbe,* Einleitung, Rn. 153).

Skalenerträgen oder Verbundvorteilen geben.[74] Obwohl das statische Konzept des vollkommenen Wettbewerbs mit seinen sehr restriktiven Voraussetzungen insoweit nachteilig ist, dass diese Voraussetzungen zum einen in der Realität kaum je erfüllt sein werden und dass zum anderen keine innovativen Veränderungen berücksichtigt werden können[75], dient es auch weiterhin als Bezugspunkt der Wohlfahrtsökonomik.[76]

a. Das Pareto-Kriterium

Unter den Bedingungen vollkommenen Wettbewerbs stellt sich ein vollständiges Gleichgewicht ein, in dem die Allokation Pareto-optimal ist.[77] Nach dem Pareto-Kriterium ist ein Zustand A einem Zustand B vorzuziehen, wenn mindestens ein Individuum A vorzieht und keines B vorzieht. Eine Güterverteilung ist also dann Pareto-optimal, wenn es keinen anderen Zustand gibt, durch den mindestens ein Individuum besser gestellt wird, ohne dass ein anderes dadurch schlechter gestellt wird.[78] Dabei bleibt die Verteilungsgerechtigkeit der Güter jedoch außer Acht. Eine Umverteilung von Gütern ist nach dem Maßstab des Pareto-Kriteriums nicht möglich, denn sie bedeutet immer eine Schlechterstellung mindestens eines Individuums, das durch die Umverteilung benachteiligt wird.[79] Demnach ist die Endverteilung der Güter in einem Pareto-optimalen Zustand immer stark von ihrer Anfangsverteilung abhängig. Auch eine „extrem ungleiche und daher als ungerecht empfundene Verteilung“[80] kann unter dem Maßstab des Pareto-Kriteriums effizient sein. Dennoch ist es gerechtfertigt, das Pareto-Kriterium zum Maßstab der Allokationseffizienz zu machen, denn hier wird lediglich nach der Effizienz der Ressourcenverteilung und nicht nach der

---

74 Siehe die Nachweise in Fn. 72.

75 Vgl. MüKoEuWettbR/*Kerber/Schwalbe,* Einleitung, Rn. 155. Zur grundlegenden Kritik am Modell des vollkommenen Wettbewerbs als Leitbild der Wettbewerbspolitik siehe *Haucap/Schmidt,* Wettbewerbspolitik und Kartellrecht (2013), S. 9 ff.

76 Vgl. *Schwalbe/Zimmer,* Kartellrecht und Ökonomie (2011), S. 19.

77 *Schwalbe/Zimmer,* Kartellrecht und Ökonomie (2011), S. 19; *Mestmäcker/Schweitzer,* Europäisches Wettbewerbsrecht (2014), § 3, Rn. 16.

78 *Schäfer/Ott,* Lehrbuch der ökonomischen Analyse des Zivilrechts (2012), S. 14 ff.

79 *Fritsch,* Marktversagen und Wirtschaftspolitik (2018), S. 21, 24.; *Eidenmüller,* Effizienz als Rechtsprinzip (2005), S. 49 spricht insofern von einem „Veto-Recht“, das jedem Mitglied der Gesellschaft in Bezug auf ihn belastende Maßnahmen zustünde.

80 *Schwalbe/Zimmer,* Kartellrecht und Ökonomie (2011), S. 4.

Verteilungsgerechtigkeit gefragt.[81] Hierin liegt gerade der Vorteil des Pareto-Kriteriums, denn es „ermöglicht die getrennte theoretische Behandlung von Allokation und Verteilung“[82]. Es kann also, abhängig von einer unterschiedlichen Ausgangsverteilung der Güter, unterschiedliche Pareto-optimale Verteilungen geben. Zwischen ihnen kann anhand des Pareto-Kriteriums keine Wertung vorgenommen werden.[83] Das Pareto-Kriterium geht vielmehr von der Unmöglichkeit eines interpersonellen Nutzenvergleichs aus.[84]

b. Produzentenrente, Konsumentenrente und sozialer Überschuss

Von dem Pareto-Kriterium zu unterscheiden sind die Begriffe der Konsumentenrente, der Produzentenrente und des sozialen Überschusses. Die Konsumentenrente ist die Differenz zwischen dem Wert, den ein Konsument einem Gut zumisst, also dem Preis, den er maximal zu zahlen bereit wäre (Reservationspreis), und dem tatsächlich gezahlten Preis.[85] Die Produzentenrente ist dagegen der Gewinn, den ein Unternehmen durch den Verkauf eines Gutes erzielt, also die Differenz zwischen Preis und Kosten.[86] Der soziale Überschuss ist die Summe aus Konsumenten- und Produzentenrente und beschreibt die Wohlfahrtssteigerung, die in einer Gesellschaft insgesamt durch die Bereitstellung des betreffenden Gutes erzielt wird.[87]

Eng damit verknüpft sind die Begriffe des Gesamtwohlfahrtsstandards *(total welfare standard)* und des Konsumentenwohlfahrtsstandards *(consumer welfare standard)*. Sie betreffen die Frage, welches Ziel mit der effizienzorientierten Wettbewerbspolitik verfolgt werden soll.[88]. Die Gesamtwohlfahrt beurteilt die

---

81 *Schwalbe/Zimmer*, Kartellrecht und Ökonomie (2011), S. 4. Siehe zur Trennung von Pareto-Effizienz und Verteilungsgerechtigkeit auch *Schäfer/Ott*, Lehrbuch der ökonomischen Analyse des Zivilrechts (2012), S. 18 f.

82 *Fritsch*, Marktversagen und Wirtschaftspolitik (2018), S. 25.

83 *Fritsch*, Marktversagen und Wirtschaftspolitik (2018), S. 24; *Fritzsche*, Interdisziplinarität oder ökonomischer Imperialismus?, in: Domej (Hrsg.), Einheit des Privatrechts, komplexe Welt (2009), S. 207, 218.

84 Dazu ausführlich *Eidenmüller*, Effizienz als Rechtsprinzip (2005), S. 42 ff.

85 *Fritsch*, Marktversagen und Wirtschaftspolitik (2018), S. 43; *Pindyck/Rubinfeld*, Mikroökonomie (2013), S. 437; MüKoEuWettbR/*Kerber/Schwalbe*, Einleitung, Rn. 149.

86 Siehe die Nachweise in Fn. 85.

87 *Fritsch*, Marktversagen und Wirtschaftspolitik (2018), S. 44; *Schulz*, Wettbewerbspolitik (2003), S. 260 ff.

88 Vgl. *Schwalbe/Zimmer*, Kartellrecht und Ökonomie (2011), S. 11 ff. mit einer zusammenfassenden Darstellung der Argumente für und gegen beide Ansätze.

Summe von Produzenten- und Konsumentenrente auf einem einzelnen Markt.[89] Eine bloße Umverteilung eines Teils der Rente von den Konsumenten zu den Produzenten oder umgekehrt wird hierbei als neutral angesehen und wirkt sich somit nicht auf die Bewertung aus. Der Maßstab des Gesamtwohlfahrtsstandards wird teilweise mit dem in Abwendung von dem Pareto-Kriterium entwickelten Kaldor-Hicks-Kriterium gleichgesetzt.[90] Danach ist ein Zustand A einem Zustand B vorzuziehen, wenn die Vorteile, die durch den Zustand A gegenüber B erzielt werden, größer sind als die entsprechenden Nachteile. Entgegen dem Pareto-Kriterium kann danach auch ein Zustand effizienter sein, durch den einige Wirtschaftsteilnehmer schlechter gestellt werden, solange nur die Gewinne insgesamt größer sind als die Verluste, die Gewinner also die Verlierer theoretisch kompensieren können.[91] Eine tatsächliche Kompensation der Verlierer durch die Gewinner ist jedoch nicht erforderlich. Für die Superiorität ausreichend ist vielmehr, dass sie möglich wäre.[92]

Nach dem Konsumentenwohlfahrtsstandard wird dagegen eine derartige, durch Marktmacht begründete Umverteilung zu Lasten der Konsumenten für wettbewerbspolitisch nicht wünschenswert erachtet. Unter Maßgabe des Konsumentenwohlfahrtsstandards kommt es daher für die Beurteilung der Effizienz allein auf deren Auswirkungen auf die Konsumentenrente an.[93] Ein Verhalten kann also nur durch eine Wohlfahrtssteigerung gerechtfertigt werden, wenn nicht nur die Unternehmen, sondern (auch) die Konsumenten davon profitieren.[94] Dies ist dann der Fall, wenn entweder bei gleichbleibender Qualität die Preise fallen oder die Qualität der Produkte verbessert wird.[95]

---

89 MüKoEuWettbR/*Kerber/Schwalbe,* Einleitung, Rn. 137; *Schwalbe/Zimmer,* Kartellrecht und Ökonomie (2011), S. 11.

90 MüKoEuWettbR/*Kerber/Schwalbe,* Einleitung, Rn. 137; *Schwalbe/Zimmer,* Kartellrecht und Ökonomie (2011), S. 12.

91 *Kaldor,* The Economic Journal 49 (1939), 549, 550; *Hicks,* The Economic Journal 49 (1939), 696, 706.

92 Siehe dazu *Eidenmüller,* Effizienz als Rechtsprinzip (2005), S. 51 f.

93 Siehe die Nachweise in Fn. 89.

94 Der Konsumentenwohlfahrtsstandard wird daher teilweise als direkte Anwendung des Pareto-Kriteriums auf die Verbraucher verstanden (MüKoEuWettbR/*Kerber/Schwalbe,* Einleitung, Rn. 137, in und bei Fn. 225).

95 *Brodley,* New York University Law Review 62 (1987), 1020, 1033.

c. *Das allgemeine Gleichgewicht auf einem vollkommenen Wettbewerbsmarkt*

Der Gewinn eines Unternehmens ergibt sich aus dem Erlös eines Produkts abzüglich der Kosten. Sowohl Erlös als auch Kosten können in Kurven dargestellt werden, die jeweils von Preis und Menge abhängen. Der Gewinn eines Unternehmens wird dabei durch den Abstand zwischen beiden Kurven dargestellt. Er ist am größten, wenn die Steigung der Kurven gleich ist. Die Steigung der Erlöskurve gibt den Grenzerlös (GE) an. Das ist der Erlös, der aus einer zusätzlich produzierten Einheit des Gutes resultiert. Die Steigung der Kostenkurve bemisst die Grenzkosten (GK), also die Kosten einer zusätzlich produzierten Einheit. Wenn beide gleich groß sind, ist die Differenz zwischen Erlös und Kosten eines Produkts bei gegebenem Preis (P) maximal. Das Unternehmen macht also den unter den herrschenden Bedingungen größten Gewinn. Daher wählt ein Unternehmen mit dem Ziel der Gewinnmaximierung den Preis bzw. die Outputmenge so, dass der Grenzerlös den Grenzkosten entspricht. Dies gilt unabhängig davon, ob es auf einem Wettbewerbsmarkt oder auf einem Monopolmarkt agiert.

Während üblicherweise Nachfragekurven fallend verlaufen, bei einem höheren Preis also eine geringere Menge des Gutes nachgefragt wird, ist dies auf einem vollkommenen Wettbewerbsmarkt für ein einzelnes Unternehmen betrachtet nicht der Fall. Hier sieht es sich einer horizontalen Nachfragekurve gegenüber. Die von ihm produzierte Menge hat hier, auf den ganzen Markt bezogen, keine Auswirkungen auf den Preis des Produkts. Das Unternehmen kann also beispielsweise statt 1000 Einheiten zum Preis von je 10 €, 2000 Einheiten verkaufen und erhält dafür immer noch einen Preis von 10 € pro Wareneinheit. Durch den Verkauf einer zusätzlichen Einheit steigt also der Erlös des Unternehmens jeweils um 10 €. Das führt dazu, dass auf einem solchen Markt der Grenzerlös gleich dem Preis ist. Wenn das Unternehmen nun gewinnmaximierend agiert, also eine Outputmenge wählt, bei der die Grenzkosten dem Grenzerlös entsprechen, so ist auf einem vollkommenen Wettbewerbsmarkt auch gleichzeitig der Grenzerlös gleich dem Preis. Es gilt

$$GK = GE = P.$$

Ein gewinnmaximierendes Unternehmen wählt folglich auf einem vollkommenen Wettbewerbsmarkt seine Outputmenge so, dass der Preis den Grenzkosten entspricht.[96]

96 Siehe *Pindyck/Rubinfeld*, Mikroökonomie (2013), S. 391–394, die explizit darauf hinweisen, dass es sich „hierbei um eine Regel für die Bestimmung der Gütermenge und nicht für die Bestimmung des Preises handelt." Ein Unternehmen auf einem Wettbewerbsmarkt ist, wie oben beschrieben, Preisnehmer. Es hat also selbst keinen Einfluss

2. *Monopol*

Anders stellt sich dies für ein Unternehmen auf einem monopolistischen Markt dar. Es ist kein Preisnehmer, sondern kann durch eine gezielte Preissetzung oder Angebotsmenge jeden Punkt auf der Nachfragekurve realisieren. Es sieht sich nicht einer horizontalen, sondern einer fallenden Nachfragekurve gegenüber. Bei einem höheren Preis wird demnach eine geringere Menge nachgefragt. Wie stark die Nachfragekurve fällt, hängt von der Preiselastizität der Nachfrage ab. Die Preiselastizität der Nachfrage misst, wie stark die Nachfrage bei einem Preisanstieg abnimmt. Ist die Nachfrage sehr elastisch, so wird sie schon bei einem geringen Preisanstieg stark nachlassen. Eine geringe Preiserhöhung hat in diesem Fall einen starken Rückgang der verkauften Menge des betreffenden Gutes und damit auch einen Verlust des Produzenten zur Folge. Der Monopolpreis liegt daher nahe bei den Grenzkosten. Der Unternehmer kann also von seiner Monopolstellung nur in geringem Maße profitieren. Ist die Nachfrage dagegen eher unelastisch, so nimmt die Nachfrage trotz eines Preisanstiegs gar nicht oder nur wenig ab. Der Monopolist kann in diesem Fall den Preis deutlicher erhöhen, ohne dass sich die Anzahl der verkauften Produkte wesentlich verringert, und folglich einen größeren Gewinn erwirtschaften.

Bei seiner Preis- oder Mengenentscheidung muss ein Monopolist allerdings beachten, dass, wenn er die Angebotsmenge erhöht, der Preis für das hergestellte Gut sinkt und zwar nicht nur für die zusätzlichen, sondern für alle produzierten Einheiten. Hierin liegt der wesentliche Unterschied zum oben beschriebenen Fall des preisnehmenden Unternehmens auf einem vollkommenen Wettbewerbsmarkt. Ein Monopolist muss im Gegensatz zu einem Anbieter auf einem vollkommenen Wettbewerbsmarkt die Auswirkung einer Mengenausdehnung auf den Preis berücksichtigen. Der Grenzerlös entspricht hier nicht dem Preis, denn er umfasst nicht nur den Erlös für die zusätzlich produzierte Einheit, sondern auch die Erlösminderung für alle anderen Einheiten. Mit zunehmender Menge sinkt also der Durchschnittspreis für das Produkt. Auch auf einem Monopolmarkt gilt der oben dargestellte Grundsatz, dass der Gewinn am größten ist, wenn der Grenzerlös gleich den Grenzkosten ist.[97] Man kann davon ausgehen, dass auch ein Monopolist das Ziel der Gewinnmaximierung verfolgt und daher eine solche Angebotsmenge bzw. einen solchen Preis wählt, bei dem die Bedingung „Grenzkosten gleich Grenzerlös" erfüllt ist. Unter dieser Bedingung

---

auf den Preis eines Produkts und sieht sich daher auch einer horizontal verlaufenden (Markt-)Nachfragekurve gegenüber.

97 Siehe oben S. 34 f.

wird aber eine kleinere Menge angeboten als auf einem Wettbewerbsmarkt und zwar zu einem höheren Preis.

Der Produzent erwirtschaftet auf diese Weise insgesamt einen höheren Gewinn, als er es auf einem Wettbewerbsmarkt könnte, den sog. Monopolgewinn. Dem steht aber eine geringere Bedürfnisbefriedigung auf Seiten der Nachfrager gegenüber: Aufgrund des höheren Preises, können sich weniger Nachfrager das Produkt leisten, als es unter Wettbewerbsbedingungen der Fall wäre. Und auch diejenigen Konsumenten, die bereit sind, den höheren Preis zu bezahlen, erzielen im Vergleich zum Wettbewerbspreis einen geringeren Gewinn durch den Erwerb des teureren Produkts. Ihr Gewinn verschiebt sich dabei auf die Seite der Produzenten, es kommt also zunächst zu einer Abschöpfung eines Teils der Gewinne durch die Produzenten. Ob die Steigerung der Produzentenrente zulasten der Konsumentenrente als reiner Umverteilungsprozess schon als wettbewerbsrechtlich unerwünscht einzustufen ist, kommt darauf an, ob man den Konsumentenwohlfahrtsstandard oder den Gesamtwohlfahrtsstandard zu Grunde legt.[98]

Unabhängig davon kommt es aber aufgrund der Monopolstellung auch zu einem gesamtwirtschaftlichen Verlust, dem sog. *Deadweight Loss* oder Netto-Wohlfahrtsverlust. Er besteht aus dem kumulierten Gewinn der Verbraucher und des Unternehmens, der durch den zusätzlichen Verkauf der Produkte entstanden wäre, die aufgrund der Reduktion der Outputmenge im Monopol nun nicht mehr verkauft werden.[99]

Besonders anschaulich lässt sich dies anhand eines Beispiels von *Schulz* zeigen: Angenommen, es gäbe einen Monopolisten, der bei der Produktion Kosten in Höhe von 10 € je Einheit aufwendet und dem auf Nachfragerseite drei Parteien gegenüberstehen. Nachfrager 1 ist bereit, 30 € für das Gut zu zahlen, Nachfrager 2 will maximal 15 € zahlen und die Zahlungsbereitschaft von Nachfrager 3 liegt sogar nur bei 5 €. Der Anbieter wird, weil er den Preis frei bestimmen kann, 30 € verlangen. Hier macht er den maximalen Gewinn von 20 €. Verlangt er dagegen nur einen Preis von 10 bis 15 €, macht er einen Gewinn von höchstens 2 x 5 = 10 €. Sein Verhalten führt zu allokativer Ineffizienz. Denn würde er nur einen Preis von 15 € verlangen, könnten sowohl Nachfrager 1 als auch 2

---

98 Siehe zu den Wohlfahrtsstandards oben S. 32 f.

99 Dazu grundlegend *Harberger*, The American Economic Review 44 (1954), 77. Vgl. auch *Carlton/Perloff*, Modern industrial organization (2005), S. 71 f., 95 f.; *Pindyck/Rubinfeld*, Mikroökonomie (2013), S. 511 f.; *Varian*, Grundzüge der Mikroökonomik (2016), Rn. 516 f.; MüKoEuWettbR/*Kerber/Schwalbe*, Einleitung, Rn. 164.

ihren Bedarf decken und es würde ein gesamtwirtschaftlicher Gewinn in Höhe von 15 € (Konsumentenrente des Nachfragers 1) + 10 € (Produzentenrente) = 25 € erwirtschaftet.[100] Noch deutlicher wird der gesamtwirtschaftliche Verlust durch Allokationsineffizienz wenn man annimmt, es gäbe noch einen weiteren Nachfrager 4, der das Produkt des Monopolisten zu einem Preis von 18 € kaufen würde. Der Nutzengewinn in Höhe von 3 €, den dieser Nachfrager bei einem Preis von 15 € hätte, verschiebt sich bei einem Monopolpreis von 30 € ebenfalls nicht auf die Seite der Produzentenrente, sondern geht vollständig verloren.

II. Produktive Effizienz

Produktive Effizienz ist dann erreicht, wenn „mit einer gegebenen Technologie und den gegebenen Ressourcen [...] ein Maximum an Gütern produziert" wird.[101] Sie wird im Modell des vollkommenen Wettbewerbs bewusst ausgeklammert.[102] Die produktive Effizienz kann jedoch dazu führen, dass gerade Märkte, die nicht die Bedingungen des vollkommenen Wettbewerbs erfüllen, im Ergebnis effizienter sind. Zu einer Steigerung der Produktionseffizienz können zum Beispiel steigende Skalenerträge, Verbundvorteile oder Vorteile auf den Beschaffungsmärkten (z.B. Mengenrabatte) führen.[103] In allen drei Fällen ist die Produktion durch eines oder durch einige wenige größere Unternehmen unter dem Gesichtspunkt der Produktionseffizienz wirtschaftlicher, als wenn es – wie auf einem vollkommenen Wettbewerbsmarkt – viele Anbieter mit sehr kleinen Marktanteilen gäbe. Denn steigende Skalenerträge, Verbundvorteil und

---

100 *Schulz,* Wettbewerbspolitik (2003), S. 262 ff.

101 *Eidenmüller,* Effizienz als Rechtsprinzip (2005), S. 158. Siehe auch MüKoEuWettbR/*Kerber/Schwalbe,* Einleitung, Rn. 134. *Pindyck/Rubinfeld* sprechen von einer „technischen Effizienz", die dann gegeben sei, „wenn der Output eines Gutes nicht erhöht werden kann, ohne dass dadurch der Output eines anderen Gutes sinkt" (*Pindyck/Rubinfeld,* Mikroökonomie (2013), S. 820). Damit ist im Ergebnis das gleiche gemeint, wie mit dem hier verwendeten Begriff der „produktiven Effizienzen".

102 Im Modell des vollkommenen Wettbewerbs darstellbar ist nur die produktive Effizienz innerhalb eines Unternehmens, also dass das Unternehmen mit den ihm zu Verfügung stehenden Produktionsmitteln effizient arbeitet (siehe dazu *Schwalbe/Zimmer,* Kartellrecht und Ökonomie (2011), S. 20). Nicht erfasst sind dagegen die hier relevanten Skalenerträge, Verbundvorteile oder Vorteile auf den Beschaffungsmärkten (siehe dazu in und bei Fn. 72 und 74).

103 *U.S. Supreme Court,* 1940, 310 U.S. 150 (1940) (*United States v. Socony-Vacuum Oil Co.),* 114; MüKoEuWettbR/*Kerber/Schwalbe,* Einleitung, Rn. 134.

Beschaffungsvorteile führen dazu, dass mit einem geringeren Einsatz von Produktionsfaktoren mehr Güter produziert werden können.[104]

Wie *Williamson* zeigte, können durch Rationalisierungsmaßnahmen, die zu einer Steigerung der produktiven Effizienz auf Kosten der allokativen Effizienz führen, jedoch auch insgesamt Wohlfahrtsgewinne erzielt werden (sog. *Williamson-Trade-Off*).[105] Wenn etwa der durch einen Zusammenschluss aufgrund der Steigerung der produktiven Effizienz erreichte Wohlfahrtsgewinn in Form einer Kostensenkung größer ist als der Wohlfahrtsverlust, der durch einen Rückgang der produzierten Menge entsteht, ist der Zusammenschluss gesamtwirtschaftlich gesehen effizient.[106] Ob hierdurch nur die Produzentenrente erhöht wird, oder ob die Vorteile (bedingt durch verbleibenden Wettbewerbsdruck) auch in Form sinkender Preise an die Verbraucher weitergegeben werden, die Konsumentenrente also steigt, entscheidet im Ergebnis darüber, ob die Rationalisierungsmaßnahme nur unter dem Maßstab des Gesamtwohlfahrtsstandards oder auch unter dem des Konsumentenwohlfahrtsstandards als vorzugswürdig anzusehen ist.

Im Extremfall kann es aufgrund der genannten Effekte zu sog. natürlichen Monopolen kommen, in denen die Größenvorteile so gravierend sind, dass ein Monopol die einzige sinnvolle Marktform darstellt. Dann ist es nur einem Unternehmen möglich, den Markt zu niedrigen Preisen zu versorgen.[107] Natürliche Monopole zeichnen sich dabei dadurch aus, dass die Monopolstellung weder auf staatlichen Eingriffen noch auf privaten Wettbewerbsbeschränkungen beruht, sondern rein technologisch begründet ist.[108] Ein typisches Beispiel hierfür sind leitungsgebundene Versorgungen wie insbesondere lokale Stromnetze oder Telefonortsnetze.[109]

III. Dynamische Effizienz

Dynamische Effizienz beschreibt sowohl die Entwicklung neuer Produkte als auch die Steigerung des Know-hows.[110] Sie wird im statischen Modell des vollkommenen Wettbewerbs naturgemäß ausgeklammert.[111]

---

104 Vgl. MüKoEuWettbR/*Kerber/Schwalbe,* Einleitung, Rn. 134.

105 *Williamson,* The American Economic Review 58 (1968), 18.

106 Siehe dazu auch *Schmidtchen,* Effizienz als Leitbild der Wettbewerbspolitik: Für einen „more economic approach", in: Böge/Oberender (Hrsg.), Effizienz und Wettbewerb (2005), S. 9, 24 f.

107 *Fritsch,* Marktversagen und Wirtschaftspolitik (2018), S. 163 ff.; *Pindyck/Rubinfeld,* Mikroökonomie (2013), S. 514 f.

108 MüKoEuWettbR/*Kerber/Schwalbe,* Einleitung, Rn. 43.

109 *Fritsch,* Marktversagen und Wirtschaftspolitik (2018), S. 166.

110 MüKoEuWettbR/*Kerber/Schwalbe,* Einleitung, Rn. 135.

111 Siehe dazu oben S. 30 f.

Durch Wettbewerb wird zweifelsfrei ein Anreiz geschaffen, neue Produkte zu entwickeln, die gegenüber denen der Mitbewerber Vorteile aufweisen. Es findet also nicht nur ein Preis-, sondern auch ein Innovationswettbewerb statt.[112] Andererseits zeigt sich aber am Beispiel künstlicher Monopole durch die Gewährung (zeitlich begrenzter) Ausschließlichkeitsrechte, dass bestimmte dynamische Effekte, gerade im Bereich der Forschung und Entwicklung, unter den Bedingungen eines vollkommenen Wettbewerbsmarktes nicht erzielt werden können.[113] Insbesondere wenn Forschung und Entwicklung mit hohen Kosten verbunden sind, sind diese Investitionen für ein Unternehmen nicht wirtschaftlich, wenn seine Wettbewerber sofort nach Markteinführung die Möglichkeit haben, neue Produkte zu kopieren und sie – da sie keine entsprechenden Entwicklungsausgaben hatten – zu deutlich geringeren Preisen anzubieten. Aus diesem Grund wird das Verhältnis von Kartellrecht und Immaterialgüterrecht heute auch nicht mehr als Spannungsverhältnis, sondern als Komplementärverhältnis begriffen.[114] Bei der Gewährung von Ausschließlichkeitsrechten wird der Anreiz zur Investition in Forschung und Entwicklung durch die Aussicht auf die (zeitlich begrenzte) Möglichkeit geschaffen, durch Monopolpreise höhere Gewinne zu erzielen. Die langfristigen Effizienzgewinne, die durch die Verfügbarkeit der neu entwickelten Produkte entstehen, lassen sich naturgemäß nicht im statischen Modell vollkommenen Wettbewerbs berücksichtigen.

Steht somit fest, dass dynamische Effizienzen für den wirtschaftlichen Fortschritt und damit für das (langfristige) gesellschaftliche Wohlergehen von entscheidender Bedeutung sind, stellt sich dennoch die Frage der Messbarkeit der dynamischen Effizienzen. Diese Schwierigkeit hat zwar auch die Europäische Kommission erkannt.[115] Sie verlangt aber dennoch einen empirischen Nachweis entsprechender dynamischer Effizienzen bei der Berücksichtigung im Rahmen von Art. 101 Abs. 3 AEUV und lässt einen Beleg anhand ökonomischer Theorien

---

112 Vgl. dazu *Haucap/Schmidt*, Wettbewerbspolitik und Kartellrecht (2013), S. 81 f., die diesen Aspekt unter dem Stichwort „Qualitätswettbewerb" als Bestandteil eines dynamischen Wettbewerbskonzepts beschreiben.

113 *Carlton/Perloff*, Modern industrial organization (2005), S. 525 ff.

114 *Drexl*, in: FS Köhler (2014), S. 85, 90; *Europäische Kommission*, Leitlinien zur Anwendung von Artikel 101 des Vertrags über die Arbeitsweise der Europäischen Union auf Technologietransfer-Vereinbarungen, ABl. Nr. C 89 v. 28.03.2014, 3, Rn. 7.

115 *Europäische Kommission*, Leitlinien zur Anwendung von Artikel 81 Absatz 3 EG-Vertrag, ABl. Nr. C 101 v. 27.04.2004, S. 97, Rn. 103.

allein nicht ausreichen.[116] Probleme ergeben sich dabei insbesondere dann, wenn aufgrund von Zielkonflikten eine Gewichtung der unterschiedlichen Effizienzen erforderlich ist.[117] Nach *Pohlmann* ist der dynamischen Effizienz insoweit sowohl unter dem Aspekt der Gesamtwohlfahrt als auch der Konsumentenwohlfahrt Vorrang gegenüber der produktiven und der allokativen Effizienz einzuräumen.[118] Dem ist zuzustimmen, denn Fortschritt ist langfristig „der beste Garant für Wohlfahrt“[119].

IV. Marktversagen

Liegen die Voraussetzungen des vollkommenen Wettbewerbs nicht vor und kann sich deshalb das oben beschriebene allgemeine Gleichgewicht nicht einstellen, spricht man von einem Marktversagen.[120] Die Hauptgründe für ein derartiges Marktversagen sind Marktmacht, unvollständige Information, externe Effekte und öffentliche Güter.[121] Die evidentesten negativen Auswirkungen von Marktmacht in Form von Outputverknappung und Preiserhöhung wurden bereits oben am Beispiel des Monopols dargestellt.[122]

Ein Marktversagen durch externe Effekte (auch Externalitäten genannt) tritt dagegen dann ein, wenn die negativen oder positiven Auswirkungen einer Handlung auf Dritte nicht im Rahmen des Marktpreises berücksichtigt werden.[123] Bei negativen externen Effekten entstehen also Kosten, die sich zwar auf die Effizienz auswirken, die aber nicht bei der Berechnung der Produktionskosten und damit auch des Preises berücksichtigt werden. Ein Beispiel für negative externe Effekte

---

116 *Komm.E.*, 19.12.2007, COMP/34.579 (*MasterCard*), Rn. 6, 690 ff., bestätigt durch *EuGH*, Urt. v. 11.09.2014, Rs. C-382/12 P (*MasterCard*), (noch nicht in amtl. Slg.).

117 Siehe dazu *Pohlmann*, in: FK, Grundfragen Art. 81 Abs. 3 EG, Rn. 228 m.w.Nw.

118 *Pohlmann*, in: FK, Grundfragen Art. 81 Abs. 3 EG, Rn. 227 f. In diesem Sinne werden zum Teil in der Literatur auch die Leitlinien der Kommission zu Art. 81 Abs. 3 EG (jetzt Art. 101 Abs. 3 AEUV) verstanden (*Lugard/Hancher*, ECLR (2004), 410, 419 bei Rn. 61).

119 *Pohlmann*, in: FK, Grundfragen Art. 81 Abs. 3 EG, Rn. 228.

120 MüKoEuWettbR/*Kerber/Schwalbe*, Einleitung, Rn. 154; *Pindyck/Rubinfeld*, Mikroökonomie (2013), S. 834 ff.

121 *Pindyck/Rubinfeld*, Mikroökonomie (2013), S. 834 ff. Vgl. auch *Fritsch*, Marktversagen und Wirtschaftspolitik (2018), S. 83, der als Ursachen externe Effekte, Unteilbarkeiten und Marktmacht, Informationsmängel und Anpassungsmängel nennt.

122 Siehe oben S. 35 ff. Ausführlich zum Marktversagen durch Marktmacht *Fritsch*, Marktversagen und Wirtschaftspolitik (2018), S. 163 ff.

123 *Pindyck/Rubinfeld*, Mikroökonomie (2013), S. 443, 836, 884; *Fritsch*, Marktversagen und Wirtschaftspolitik (2018), S. 84 f.

sind Umweltschäden, die durch die Produktion eines Gutes verursacht werden, für deren Beseitigung der Hersteller aber nicht aufkommen muss.[124] Das können etwa verschmutzte Abwässer sein, die ein Hersteller in einen Fluss leitet, oder Luftverunreinigungen, die dann zu Umweltschäden führen oder die Produktion eines anderen Gutes beeinträchtigen.

Ein anderer Fall des Marktversagens wird durch unvollständige Information verursacht. Wie noch zu zeigen sein wird, erlangt dieser Aspekt bei der kartellrechtlichen Beurteilung der Vorversichereranfrage entscheidende Bedeutung.[125] Im Rahmen des Modells vollkommenen Wettbewerbs wird angenommen, dass alle Teilnehmer über perfekte Informationen verfügen und dass ihnen diese Informationen kostenlos zur Verfügung stehen. Es handelt sich hierbei zum Beispiel um Informationen darüber, wer auf der Marktgegenseite zu einem Geschäft bereit ist, oder wer ein Produkt am günstigsten anbietet, sowie um Transparenz hinsichtlich der Eigenschaften und der Qualität eines Produkts.[126] Ein Marktversagen aufgrund unvollständiger Information meint Fallgestaltungen, in denen die Akteure mangels entsprechender Informationen ihre Produktionsmittel nicht dort einsetzen, wo sie den meisten Gewinn bringen. Der Preis, der für diese Güter erzielt wird, spiegelt dann nicht deren tatsächlichen Wert wider.[127] Der Preisbildungsmechanismus des Marktes versagt.

Auch in diesem Bereich zeigen sich jedoch die Grenzen der Übertragbarkeit der Aussagen des Modells vollkommenen Wettbewerbs auf reale Märkte.[128] Dort liegen den Marktteilnehmern in den allerwenigsten Fällen vollständige Informationen über alle Gegebenheiten des Marktes vor. Solche Informationen zu beschaffen, wäre zum einen mit einem hohen Aufwand verbunden. Vollständige

---

124 *Pindyck/Rubinfeld,* Mikroökonomie (2013), S. 884; *Schmidtchen,* WuW 2006, 6, 8 f.; *Eidenmüller,* Effizienz als Rechtsprinzip (2005), S. 145.

125 Siehe dazu unten S. 99 ff., 213 ff.

126 Wie bereits *Hoppmann* unter Berufung auf *Brandt* zeigt, meint Transparenz im Zusammenhang mit dem Modell des vollkommenen Wettbewerbs nur vertikale Transparenz, also Transparenz zwischen den einzelnen Marktstufen (*Hoppmann,* WuW 1966, 97, 101; *Brandt,* ZHR 1965, 200, 202 f.). Vgl. dazu auch *Aberle,* Ökonomische Bewertung von Transparenz oder Geheimhaltung der Marktdaten als Wettbewerbsparameter, in: FIW (Hrsg.), Bewertung und Zulässigkeit von Marktinformationsverfahren (1993), S. 1, 2). Horizontale Transparenz ist dagegen nicht Voraussetzung des allgemeinen Gleichgewichts und könnte sich im vollkommenen Wettbewerb im Gegenteil sogar negativ auswirken, indem sie die Reaktionsverbundenheit der Unternehmen erhöht (*Wagner-von Papp,* Marktinformationsverfahren (2004), S. 51 f.).

127 *Eidenmüller,* Effizienz als Rechtsprinzip (2005), S. 93 ff.

128 Siehe dazu bereits oben S. 30 f.

Information wäre darüber hinaus aber in den meisten Fällen auch nicht effizienzfördernd, weil die realen Marktteilnehmer – anders als das Gedankenkonstrukt des idealtypischen *homo oeconomicus*, der vollständig informiert und rational nutzenmaximierend entscheidet und auf dem das Modell vollkommenen Wettbewerbs beruht[129] – nur begrenzte Möglichkeiten der Informationsverarbeitung besitzen.[130] Selbst bei vollständiger Information wäre es ihnen daher unter Umständen nicht möglich, diese Informationen auch zu ihrem Vorteil zu nutzen.[131] Sofern eine Transparenzsteigerung im Vertikalverhältnis kostenlos bewirkt werden kann, ist an ihrer positiven Bewertung grundsätzlich festzuhalten. Sind mit der Steigerung der Transparenz jedoch – wie es in der Regel zu erwarten sein wird – Kosten verbunden, ist sie unter Effizienzgesichtspunkten dann nicht mehr positiv zu bewerten, wenn die Kosten der Informationsbeschaffung den zusätzlichen Nutzen dieser Information aufgrund ihrer mangelnden Verwertbarkeit durch die Marktteilnehmer übersteigen.

E. Folgerungen aus einer wohlfahrtsorientierten Wettbewerbspolitik

Im Zusammenhang mit Art 101 Abs. 1 AEUV lassen sich in der Diskussion um eine wohlfahrtsorientierte Wettbewerbspolitik im Wesentlichen zwei Themenkreise ausmachen: Zum einen geht es um die Kriterien für die Feststellung einer Wettbewerbsbeschränkung als Tatbestandsmerkmal (I.). Zum anderen wird diskutiert, ob eine effizienzorientierte Wettbewerbspolitik eine Rechtfertigung einer Wettbewerbsbeschränkung bereits im Rahmen von Art. 1 Abs. 1 AEUV ermöglicht (II.).

Als maßgeblicher Wohlfahrtsstandard für die Auslegung des europäischen Wettbewerbsrechts wird überwiegend der Konsumentenwohlfahrtsstandard befürwortet.[132] Dies deckt sich mit der übergeordneten

---

129 Siehe zum Modell des *homo oeconomicus* und zur Zweckmäßigkeit seiner Verwendung in ökonomischen Erklärungszusammenhängen *Eidenmüller,* Effizienz als Rechtsprinzip (2005), S. 28 ff., 36 ff.

130 Vgl. grundlegend dazu *Simon,* The American Economic Review 49 (1959), 253.

131 Zu dem in der Soziologie anerkannten Phänomen des *Information Overload* des Verbrauchers und dessen Auswirkungen auf die Verbraucherentscheidung siehe *Kroeber-Riel/Gröppel-Klein,* Konsumentenverhalten (2013), S. 421 f.

132 Vgl. *Lyons,* Could politicians be more right than economists? A theory of merger standards, 1 ff.; *Hildebrand,* The role of economic analysis in the EU competition law (2016), S. 1 f. Siehe dazu auch *Motta,* Competition policy (2004), S. 19 ff. sowie

Zielsetzung der Europäischen Verträge. So setzt die Europäische Union bereits in Art. 3 Abs. 1 EUV das „Wohlergehen ihrer Völker" an die Spitze ihrer Ziele. Ein klares Bekenntnis zum Maßstab des Konsumentenwohlfahrtsstandards zeigt sich aber auch in Art. 101 AEUV selbst. Die Ausnahmeregelung des Absatz 3 erklärt das Verbot des Absatz 1 in bestimmten Fällen für nicht anwendbar. Allerdings nur unter der Bedingung der angemessenen Beteiligung der Verbraucher an dem entstehenden Gewinn. Damit bringt der Vertrag zum Ausdruck, dass Effizienzgewinne nur dann Berücksichtigung finden können, wenn auch die Verbraucher von ihnen profitieren.[133] Auch den Materialien zur Entstehung der Wettbewerbsregeln des EWG-Vertrags kann bereits entnommen werden, dass maßgeblicher Zweck der Schaffung dieser Vorschriften die „Förderung des wirtschaftlichen Wohlergehens im Interesse der Verbraucher"[134] war. So stellt der sogenannte Spaak-Bericht die Schaffung eines gemeinsamen Marktes in den Dienst einer Hebung des Lebensstandards.[135] Sofern eine Wohlfahrtsorientierung im Kartellrecht befürwortet wird, ist sie daher am Maßstab der Konsumentenwohlfahrt zu messen. Die Bedeutung der Entscheidung für einen Wohlfahrtsstandard darf jedoch nicht überschätzt werden, weil beide Ansätze häufig zum gleichen Ergebnis kommen.[136]

I. Feststellung einer Wettbewerbsbeschränkung anhand ihrer Marktauswirkungen

Aus der Anerkennung der Konsumentenwohlfahrt als Ziel des Wettbewerbsschutzes kann man für die Anwendung des Art. 101 Abs. 1 AEUV folgern, dass bei der Definition des Begriffs der Wettbewerbsbeschränkung maßgeblich auf die (tatsächlichen oder potentiellen) Folgen der Verhaltensweise für die Verbraucher abzustellen ist (*effects based approach*[137]). In diesem Sinne wurden

---

Schmidtchen, WuW 2006, 6, 10 f., die sich für eine Orientierung am Gesamtwohlfahrtsstandard aussprechen.

133 Vgl. *Motta,* Competition policy (2004), S. 19.

134 *Fleischer/Zimmer,* Effizienzorientierung im Handels- und Wirtschaftsrecht, in: Dies. (Hrsg.), Effizienz als Regelungsziel im Handels- und Wirtschaftsrecht (2008), S. 9, 15.

135 Spaak-Bericht: Bericht der Delegationsleiter des von der Konferenz von Messina eingesetzten Regierungsausschusses an die Außenminister, abgedruckt in: *Schwarz,* Der Aufbau Europas (1980), S. 277, 280, 300.

136 *Motta,* Competition policy (2004), S. 20, 22.Vgl. auch *Schmidtchen,* WuW 2006, 6, 10.

137 Vgl. zur Entwicklung des *effects based approach* durch die Europäische Kommission *Italianer,* The Objects of Effects (10.12.2014), S. 6 ff.

insbesondere in den Leitlinien zur Anwendung von Art. 81 Abs. 3 EGV[138] sowie in den Horizontalleitlinien[139] enthaltene Äußerungen der Europäischen Kommission interpretiert, wonach sie für das Vorliegen einer Wettbewerbsbeschränkung auf die negativen Auswirkungen der betreffenden Verhaltensweise auf die Wettbewerbsparameter im Markt abstellt.[140] Ob die Europäische Kommission und insbesondere die europäischen Gerichte tatsächlich eine derartige Auslegung des Tatbestands der Wettbewerbsbeschränkung vornehmen, wird im Folgenden noch zu untersuchen sein.[141]

II. Rechtfertigung wettbewerbsbeschränkender Verhaltensweisen im Sinne einer rule of reason

Der zweite Themenkreis, der im Zusammenhang mit der Ausrichtung des Wettbewerbsrechts am Maßstab der Konsumentenwohlfahrt diskutiert wird, betrifft die Frage, ob eine Berücksichtigung wettbewerbs- bzw. effizienzfördernder Auswirkungen einer Verhaltensweise bereits im Rahmen von Art. 101 Abs. 1 AEUV erfolgen soll. Diese Diskussion wird im Wesentlichen unter dem Stichwort einer *rule of reason* im europäischen Wettbewerbsrecht geführt.[142] Zwar haben sowohl die europäischen Gerichte als auch ein Großteil der kartellrechtlichen Literatur jedenfalls die ausdrückliche Anwendung einer *rule of reason* abgelehnt.[143]

---

138 *Europäische Kommission,* Leitlinien zur Anwendung von Artikel 81 Absatz 3 EG-Vertrag, ABl. Nr. C 101 v. 27.04.2004, S. 97. Siehe dazu in und bei Fn. 188.

139 *Europäische Kommission,* Horizontalleitlinien, ABl. Nr. C 11 v. 14.01.2011, S. 1. Siehe dazu in und bei Fn. 194.

140 *Fuchs,* Effizienzorientierung im Wettbewerbs- und Kartellrecht?, in: Fleischer/Zimmer (Hrsg.), Effizienz als Regelungsziel im Handels- und Wirtschaftsrecht (2008), S. 69, 78 f.; *Pohlmann,* in: FK, Grundfragen Art. 81 Abs. 3 EG, Rn. 27 f.; *Mestmäcker/Schweitzer,* Europäisches Wettbewerbsrecht (2014), § 11, Rn. 31; Immenga/Mestmäcker/*Emmerich,* Art. 101 Abs. 1 AEUV, Rn. 115.

141 Siehe dazu unten S. 50 f.

142 Siehe dazu *Roth/Ackermann,* in: FK, Grundfragen Art. 81 Abs. 1 EG, Rn. 351 ff.; MüKoEuWettbR/*Säcker/Molle,* Art. 101 AEUV, Rn. 81 ff.; *Pohlmann,* in: FK, Grundfragen Art. 81 Abs. 3 EG, Rn. 100 ff.

143 *EuG,* Urt. v. 18.09.2001, Rs. T-112/99 (*Métropole télévision (M6)),* Slg. 2001, II-2459, Rn. 72, 76; *EuGH,* Urt. v. 23.10.2003, Rs. T-65/98 (*Van den Bergh Foods),* Slg. 2003, II-4653, Rn. 106 f. Tendenziell gegen eine Anwendung einer *rule of reason,* im Ergebnis aber offen lassend *EuGH,* Urt. v. 08.07.1999, Rs. C-235/92 P (*Montecatini),* Slg. 1999, I-4539, Rn. 133; *EuG,* Urt. v. 10.03.1992, T-14/89 (*Montedipe),* Slg. 1992, II-1155, Rn. 265; Immenga/Mestmäcker/*Ellger,* Art. 101 Abs. 3 AEUV, Rn. 53; *Pohlmann,* in: FK, Grundfragen Art. 81 Abs. 3 EG, Rn. 120 ff., m.w.Nw. in Rn. 108.

Die Diskussion wurde jedoch in den letzten Jahren dadurch angeheizt, dass die europäischen Gemeinschaftsorgane zunehmend bereits im Rahmen von Art. 101 Abs. 1 AEUV auf die Auswirkungen der in Rede stehenden Verhaltensweise abgestellt haben und dabei „ungeschriebene Ausnahmen"[144] vom Kartellverbot zugelassen haben.[145] Im Ergebnis kann man sich daher auf den Standpunkt stellen, dass die europäischen Gerichte bei der Betrachtung der konkreten Auswirkungen einer Verhaltensweise die Abwägung vornehmen, die den Kern einer *rule of reason* darstellt.[146]

In diesem Zusammenhang ist zunächst darauf hinzuweisen, dass die Diskussion über die Möglichkeit der Anwendung einer *rule of reason* im Europäischen Kartellrecht von einem grundlegenden Missverständnis des Begriffs der *rule of reason* geprägt ist.[147] Im europäischen Raum wird unter dem Begriff der *rule of reason* vielfach eine Rechtfertigung wettbewerbsbeschränkender Verhaltensweisen mit außerwettbewerblichen Zielen verstanden.[148] Das entspricht

---

144 Immenga/Mestmäcker/*Emmerich*, Art. 101 Abs. 1 AEUV, Rn. 134.

145 Siehe dazu sogleich S. 56 ff.

146 *Ackermann*, Art. 85 Abs. 1 EGV und die rule of reason (1997), S. 167 ff., 207 ff.; *Caspar*, Wettbewerbliche Gesamtwürdigung von Vereinbarungen im Rahmen von Art. 81 Abs. 1 EGV (2001), S. 170, 226; *Eilmansberger*, ZWeR 2009, 437, 450; *Ders./Kruis*, in: Streinz (Hrsg.), EUV/AEUV, Art. 101 AEUV, Rn. 84. Vgl. auch *GA Léger*, Schlussanträge zu EuGH Rs. C-309/99 (*Wouters*), Slg. 2002, II-1577, Rn. 104: „Aus diesen Urteilen ergibt sich, dass die 'rule of reason' im Wettbewerbsrecht der Gemeinschaft ungeachtet aller terminologischen Streitigkeiten streng auf eine rein *wettbewerbliche* Bilanz der Wirkungen einer Vereinbarung beschränkt ist. Wenn die Vereinbarung bei einer Gesamtbetrachtung den Wettbewerb auf dem Markt verstärken kann, dann fallen die für ihre Durchführung unerlässlichen Bedingungen möglicherweise nicht unter das Verbot des Artikel 85 Absatz 1 EG-Vertrag. Das einzige ‚legitime Ziel', dessen Verfolgung diese Bestimmung erlaubt, ist somit ausschließlich wettbewerblicher Art."

147 *Pohlmann*, in: FK, Grundfragen Art. 81 Abs. 3 EG, Rn. 101–103, 108 ff. Zum Begriff der *rule of reason* siehe ebd., Rn. 100.

148 *Monti*, CMLR 39 (2002), 1057, 1088 ff. spricht insoweit von einer „European style rule of reason", die eine Abwägung zwischen Wettbewerb und Freizügigkeit zulasse. *Pohlmann*, in: FK, Grundfragen Art. 81 Abs. 3 EG, Rn. 101 verwendet den Begriff der „europarechtlichen rule of reason" und versteht hierunter, „dass eine Regel, häufig ein Verbot, nicht angewandt wird, um berechtigte allgemeine – europäische, häufig aber auch nationale – Ziele zu erreichen, vorausgesetzt, die dazu ergriffenen Maßnahmen sind notwendig und verhältnismäßig". Siehe auch *Schrauwen*, In Defence of Public Interest: The Rule of Reason; Genesis of a Principle of Law, in: Dies. (Hrsg.), Rule of Reason (2005), S. 3, 3; *Roth/Ackermann*, in: FK, Grundfragen Art. 81 Abs. 1 EG, Rn. 359; MüKoEuWettbR/*Säcker/Molle*, Art. 101 AEUV, Rn. 98.

jedoch nicht dem ursprünglichen Gehalt der aus dem US-amerikanischen Recht stammenden *rule of reason*, die auf eine strikt wettbewerbsbezogene Abwägung beschränkt ist.[149]

Ebenso wenig besteht der vielfach angenommene Gegensatz zwischen einer *rule of reason* und *per se*-Regeln.[150] Bei den *per se*-Regeln handelt es sich vielmehr lediglich um eine Vereinfachung des Tests der *reasonableness.*[151] Nach dem US-amerikanischen Verständnis der Sec. 1 Sherman Act soll ein Verhalten nur dann verboten sein, wenn es eine *undue restraint*, also eine unverhältnismäßige Einschränkung darstellt. Mit der *rule of reason* soll demnach geprüft werden, ob durch ein bestimmtes Verhalten der Wettbewerb unverhältnismäßig (*unreasonable*) beschränkt wird.[152] Insoweit ist zu berücksichtigen, dass der Sherman Act keinen dem Art. 101 Abs. 3 AEUV vergleichbaren Freistellungstatbestand enthält. Hier liegt auch der wesentliche Unterschied zwischen den *per se*-Regeln nach US-amerikanischem Verständnis und der „bezweckten" Wettbewerbsbeschränkung im europäischen Wettbewerbsrecht: Anders als eine *per se*-Regel unter dem Sherman Act ist im europäischen Recht selbst die bezweckte Wettbewerbsbeschränkung der Rechtfertigung aus Effizienzgesichtspunkten gemäß Art. 101 Abs. 3 AEUV zugänglich.[153]

Die Anwendung der US-amerikanischen *rule of reason* erfordert eine Untersuchung der Auswirkungen der in Rede stehenden Verhaltensweisen auf den

---

149 Dazu umfassend *Ackermann,* Art. 85 Abs. 1 EGV und die rule of reason (1997), S. 11 ff., 53 ff., 95 ff. Siehe auch *Ulmer,* RIW 1985, 517, 519 f.; *Pohlmann,* in: FK, Grundfragen Art. 81 Abs. 3 EG, Rn. 103; MüKoEuWettbR/*Säcker/Molle,* Art. 101 AEUV, Rn. 82; *Schmidt,* Wirtschaftswissenschaftliches Studium 1981, 282. Zur terminologischen Unschärfe des Begriffs der *rule of reason* siehe *Roth/Ackermann,* in: FK, Grundfragen Art. 81 Abs. 1 EG, Rn. 352. Eine ausführliche Darstellung der verschiedenen Interpretationen, die die *rule of reason* bei dem Versuch einer Implementierung in das europäische Kartellrecht erfahren hat, findet sich bei *Pohlmann,* in: FK, Grundfragen Art. 81 Abs. 3 EG, Rn. 108 ff.

150 *Ackermann,* Art. 85 Abs. 1 EGV und die rule of reason (1997), S. 51: „Den Per-se-Verboten bestimmter Vereinbarungen liegen verallgemeinerte Rule-of-Reason-Bewertungen zugrunde. Der Abgrenzung von rule of reason und Per-se-Verbot kommt deshalb keine prinzipielle Bedeutung zu; die Bezeichnungen indizieren nur eine variierende Intensität der wettbewerblichen Würdigung."

151 *Ackermann,* Art. 85 Abs. 1 EGV und die rule of reason (1997), S. 24.

152 *U.S. Supreme Court,* 15.05.1911, 221 U.S. 1 (1911) (*Standard Oil of New Jersey v. United States*); *U.S. Supreme Court,* 1911, U.S. 106 (1911) (*United States v. American Tobacco Company*).

153 Vgl. *Italianer,* The Objects of Effects (10.12.2014), S. 4.

Wettbewerb auf dem betroffenen Markt. Dabei sind jedoch nicht sämtliche Aspekte der Zweckmäßigkeit zu berücksichtigen, sondern es hat eine rein wettbewerbsbezogene Beurteilung zu erfolgen.[154] Aufgrund des mit einer derart ausführlichen Analyse der Marktauswirkungen in jedem Einzelfall verbundenen Zeit- und Kostenaufwandes entwickelte der U.S. Supreme Court im Folgenden die sogenannten *per se*-Regeln zur Beurteilung aus seiner Sicht eindeutig gelagerter Fälle.[155] Danach stellen bestimmte Verhaltensweisen, denen typischerweise ein hohes Marktbeeinflussungspotential innewohnt, ohne weiteres einen Verstoß gegen den Sherman Act dar, sodass eine ausführliche Analyse ihrer Auswirkungen auf den Wettbewerb nicht erforderlich ist.[156]

Als maßgebliche Argumente gegen eine *rule of reason* werden im Wesentlichen ein befürchteter Verlust an Rechtssicherheit und Justiziabilität[157], die vermeintlich hohen Kosten eines solchen Ansatzes[158], die Möglichkeit der Beeinflussung durch Interessengruppen (sog. *rent seeking*)[159] sowie die vermeintliche Unmöglichkeit, die für die Einzelfallbetrachtung erforderlichen Informationen zu beschaffen[160], ins Feld geführt. Da sich *rule of reason* und *per se*-Regeln nach

---

154 Zur insoweit richtungsweisenden *Standard Oil*-Entscheidung des US Supreme Courts siehe *Ackermann*, Art. 85 Abs. 1 EGV und die rule of reason (1997), S. 11 f., 17 sowie *Joliet*, The Rule of Reason in Antitrust Law (1967), S. 29 ff.

155 *U.S. Supreme Court*, 1927, 273 U.S. 392 (1927) (*United States v. Trenton Potteries Co.*); *U.S. Supreme Court*, 1940, 310 U.S. 150 (1940) (*United States v. Socony-Vacuum Oil Co.*).

156 Siehe dazu *Joliet*, The Rule of Reason in Antitrust Law (1967), S. 43 ff., 63 ff.; *Sangmeister*, Die Rule of reason und das per se-Konzept in der Rechtsprechung des Supreme Court der USA zu § 1 Sherman Act (1975), S. 28; *Ackermann*, Art. 85 Abs. 1 EGV und die rule of reason (1997), S. 24 f.

157 *Schwaderer*, WuW 2008, 653, 654; *Immenga*, ZWeR 2006, 346, 363 ff.; *Schmidt*, WuW 2005, 877; *Christiansen*, WuW 2005, 285, 288 ff.; *Schmidt*, Wirtschaftswissenschaftliches Studium 1981, 282, 283; *Ders.*, in: FS Bechtold (2006), S. 409, 410 f.; *Schmidt/Voigt*, ORDO 2007, 33, 37 f. Siehe dazu auch *Dreher/Adam*, ZWeR 2006, 259, 273 ff.

158 *Schmidt*, Wie ökonomisch ist der „more economic approach"?, Freiburger Diskussionspapiere zur Ordnungsökonomik, S. 9 ff.; *Schmidt/Voigt*, ORDO 2007, 33, 37, 39.

159 *Baum*, WuW 1982, 912, 912 ff.; *Schmidt*, Wirtschaftswissenschaftliches Studium 1981, 282, 283; *Christiansen/Kerber*, Journal of competition law & economics 2 (2006), 215, 234 f.; *Schmidt*, Wie ökonomisch ist der „more economic approach"?, Freiburger Diskussionspapiere zur Ordnungsökonomik, S. 19 ff.; *Schmidt/Voigt*, ORDO 2007, 33, 38.

160 Siehe dazu *Dreher/Adam*, ZWeR 2006, 259, 271; *Schmidt/Voigt*, ORDO 2007, 33, 38 f. Kritisch demgegenüber *Schmidtchen*, WuW 2006, 707, 707: „Eine Behörde, die z. B. den SSNIP-Test zur Abgrenzung des relevanten Markts beherrscht, besitzt alle

richtigem Verständnis aber nicht gegensätzlich gegenüberstehen, sondern vielmehr ergänzend angewandt werden können, muss es das Ziel sein, ein ausgewogenes Konzept der Anwendung zu finden, das die Vor- und Nachteile beider Systeme in Ausgleich bringt.[161] Zumindest für die einfachen und eindeutigen Fälle, wie zum Beispiel Preis- oder Mengenabsprachen, müssen auch weiterhin *per se*-Verbote gelten. Eine tiefergehende Analyse kann nur in solchen Fällen in Betracht kommen, in denen die Auswirkungen eines Verhaltens auf den Wettbewerb nicht klar ersichtlich sind.

Eine rein wettbewerbsbezogene *rule of reason* soll nach der Ansicht einiger Autoren nicht im Widerspruch zu den europäischen Kartellrechtsvorschriften stehen, sondern sich vielmehr in die Anwendung von Art. 101 Abs. 1 AEUV dergestalt integrieren lassen, dass eine Abwägung wettbewerbsfördernder und wettbewerbsbeschränkender Aspekte schon an dieser Stelle erfolgt.[162] Nach der weit überwiegenden Auffassung in der Literatur ist eine derartige Abwägung von Effizienzgesichtspunkten dagegen allein der Anwendung des Art. 101 Abs. 3 AEUV vorbehalten.[163] Dadurch soll insbesondere eine Umgehung der in Absatz 3

Informationen, die für die Praktizierung des MEA [*more economic approach*, Anm. d. Verf.] erforderlich sind." Fast wortgleich auch *Ders.*, WuW 2006, 6, 12 f. Siehe zur Abhängigkeit der Qualität einer ökonomischen Analyse von der Qualität der zugrunde liegenden Daten und zur Gefahr der Beeinflussung des Ergebnisses durch die beteiligten Unternehmen auch *Schwalbe/Zimmer*, Kartellrecht und Ökonomie (2011), S. 214.

161 In diesem Sinne auch schon *Ackermann*, Art. 85 Abs. 1 EGV und die rule of reason (1997), S. 24: „Weil der Grad der Vereinfachung der wettbewerblichen Würdigung variabel ist, ist ein fließender Übergang zwischen rule of reason und Per-se-Verbot möglich." Zu möglichen Mischformen zwischen *rule of reason* und *per se*-Regeln siehe MüKoEuWettbR/*Kerber/Schwalbe*, Einleitung, Rn. 633 ff.; *Christiansen/Kerber*, Journal of competition law & economics 2 (2006), 215. Für ein Nebeneinander ebenfalls *Schmidt*, Wie ökonomisch ist der „more economic approach"?, Freiburger Diskussionspapiere zur Ordnungsökonomik, S. 4. Siehe auch *Eilmansberger*, ZWeR 2009, 437, 450 ff., der jedoch an einer Verletzung der Handlungsfreiheit als erstes Kriterium für das Vorliegen einer Wettbewerbsbeschränkung festhält und die *rule of reason* erst in einem zweiten Schritt im Sinne einer Effizienzverteidigung zur Anwendung bringen will.

162 *Ackermann*, Art. 85 Abs. 1 EGV und die rule of reason (1997), S. 79 ff.; *Eilmansberger*, ZWeR 2009, 437, 450. Ohne den Begriff der *rule of reason* zu gebrauchen, verlangt auch *Mohr* eine Abwägung wettbewerbsfördernder und wettbewerbsbeschränkender Aspekte bereits im Rahmen von Art. 101 Abs. 1 AEUV (*Mohr*, ZWeR 2015, 1, 18).

163 Schröter/Jakob/Klotz/Mederer/*Schröter*, Artikel 101 AEUV, Rn. 91; *Pohlmann*, in: FK, Grundfragen Art. 81 Abs. 3 EG, Rn. 122, m.w.Nw. in Rn. 108; MüKoEuWettbR/*Säcker/*

normierten Freistellungsvoraussetzungen verhindert werden.[164] Die von den Gerichten in einigen Fällen bereits im Rahmen von Absatz 1 vorgenommenen Abwägungen werden von diesen Autoren meist als Sonderfälle gesehen, in denen eine ungeschriebene Ausnahme oder eine tatbestandliche Beschränkung des Wettbewerbsverbots zur Erreichung übergeordneter Ziele wie der Eröffnung neuen Wettbewerbs durch Markterschließung oder der Aufrechterhaltung wirksamen Wettbewerbs erforderlich sei.[165]

Beide Aspekte, also die Frage, wann eine Wettbewerbsbeschränkung vorliegt, und die Möglichkeit der Rechtfertigung einer solchen Wettbewerbsbeschränkung bereits im Rahmen von Art. 101 Abs. 1 AEUV, werden in der Praxis der Gemeinschaftsorgane leider nicht strikt getrennt.

F. Das ergebnisoffene Wettbewerbskonzept der Rechtsprechung als Ausgangspunkt

Den Ausgangspunkt der Rechtsprechung der europäischen Gerichte zur Feststellung einer Wettbewerbsbeschränkung im Rahmen von Art. 101 Abs. 1 AEUV bildet ein ergebnisoffenes Wettbewerbskonzept. Der Europäische Gerichtshof ließ in seinen Entscheidungen insgesamt über lange Zeit ein Verständnis des Wettbewerbs erkennen, das auf die Erhaltung bestimmter Wettbewerbsstrukturen und der Handlungsfreiheit der Akteure gerichtet zu sein schien. So stellte er in der Entscheidung *Hoechst* fest, der Wettbewerb dürfe aufgrund der Zielsetzung des EWG-Vertrags nicht „entgegen dem öffentlichen Interesse und zum Schaden der einzelnen Unternehmen und Verbraucher verfälscht werden."[166] Die Tätigkeit der Kommission diene daher „der Aufrechterhaltung der vom Vertrag gewollten Wettbewerbsordnung, die die Unternehmen unbedingt zu beachten haben."[167] Korrespondierend damit führte er in *Continental Can* ebenfalls unter Bezugnahme auf das Kriterium des unverfälschten Wettbewerbs in Art. 3 Abs. 1 lit. g EGV aus, die Vorschrift des Art. 102 AEUV (ex Art. 86 EWG)

Molle, Art. 101 AEUV, Rn. 85; *Mestmäcker/Schweitzer*, Europäisches Wettbewerbsrecht (2014), § 14, Rn. 41.

164 *Pohlmann*, in: FK, Grundfragen Art. 81 Abs. 3 EG, Rn. 122.

165 Schröter/Jakob/Klotz/Mederer/*Schröter*, Artikel 101 AEUV, Rn. 91; *Pohlmann*, in: FK, Grundfragen Art. 81 Abs. 3 EG, Rn. 122.

166 *EuGH*, Urt. v. 21.09.1989, verb. Rs. C-46/87 und 227/88 (*Hoechst*), Slg. 1989, 2859, Rn. 25.

167 *EuGH*, Urt. v. 21.09.1989, verb. Rs. C-46/87 und 227/88 (*Hoechst*), Slg. 1989, 2859, Rn. 25.

über den Missbrauch einer marktbeherrschenden Stellung beziehe sich „nicht nur auf solche Verhaltensweisen, durch die den Verbrauchern ein unmittelbarer Schaden erwachsen kann, sondern auch auf solche, die ihnen durch einen Eingriff in die Struktur des tatsächlichen Wettbewerbs, von dem Artikel 3 Buchstabe f des Vertrags [seit der Fassung von Maastricht Art. 3 Abs. 1 lit. g EGV, Anm. d. Verf.] handelt, Schaden zufügen."[168] Der Europäische Gerichtshof maß damit der Struktur des Wettbewerbsmarktes ein entscheidendes Gewicht bei.

Im Rahmen von Art. 101 AEUV basiert die europäische Rechtsprechung auf dem ursprünglich in der Entscheidung *Suiker Unie* zum Vorliegen einer abgestimmten Verhaltensweise entwickelten[169] „Grundgedanken"[170] des Selbständigkeitspostulats, wonach „jeder Unternehmer selbständig zu bestimmen hat, welche Politik er auf dem Gemeinsamen Markt betreiben und welche Bedingungen er seiner Kundschaft gewähren will."[171] Darin zeigt sich das Grundverständnis des Europäischen Gerichtshofs, wonach die Handlungsfreiheit der Unternehmen unerlässliche Voraussetzung für die Entstehung und Bewahrung wirksamen Wettbewerbs ist, der letztlich der Garant für wirtschaftlichen Wohlstand sei.[172]

G. Der more economic approach der Europäischen Kommission

Seit Mitte der 1990er Jahre propagierte die Europäische Kommission im Zusammenhang mit der Durchsetzung der kartellrechtlichen Regeln den sogenannten *more economic approach*. Eine umfassende Darstellung sämtlicher Ausprägungen, die der Begriff des *more economic approach* inzwischen erfahren hat, ist in dem hier gegebenen Rahmen nicht möglich. Denn über die Zeit hat sich der *more economic approach* zum „Sammelbegriff für verschiedene Ansätze einer stärkeren Einbeziehung ökonomischer Theorien und Methoden in die wettbewerbsrechtliche Praxis"[173] entwickelt.

---

168 *EuGH*, Urt. v. 21.02.1973, Rs. C-6/72 (*Europempallage & Continental Can)*, Slg. 1973, 215, Rn. 26.

169 *EuGH*, Urt. v. 16.12.1975, verb. Rs. C-40–48, 50, 54–56, 111, 113, 114/73 (*Suiker Unie)*, Slg. 1975, 1663, Rn. 173.

170 *EuGH*, Urt. v. 28.05.1998, Rs. C-7/95 P (*Deere)*, Slg. 1998, I-3111, Rn. 86.

171 *EuGH*, Urt. v. 28.05.1998, Rs. C-7/95 P (*Deere)*, Slg. 1998, I-3111, Rn. 86.

172 *Fuchs*, ZWeR 2007, 369, 371; Immenga/Mestmäcker/*Emmerich*, Art. 101 Abs. 1 AEUV, Rn. 109 f.

173 *Mestmäcker/Schweitzer*, Europäisches Wettbewerbsrecht (2014), § 3, Rn. 45.

Insoweit ist zunächst auf die zwei Dimensionen des *more economic approach* hinzuweisen.[174] Zum einen wird darunter die stärkere Implementierung ökonomischer Methoden in das Kartellrecht verstanden.[175] Gemeint ist damit der Rückgriff auf ökonomische Theorien und Methoden bei der Aufarbeitung des Sachverhalts und bei der Beweisführung im Rahmen kartellrechtlicher Verfahren.[176] Der so verstandene *more economic approach* hat insbesondere im Bereich der Fusionskontrolle Bedeutung erlangt.[177]

In einer zweiten Dimension stellt sich die Frage, ob durch den *more economic approach* ein „Paradigmenwechsel"[178] eingeläutet wurde, mit dem sich die Kommission von der Handlungsfreiheit als Ausgangspunkt des Wettbewerbsschutzes und von einem strukturorientierten Ansatz abwendet und stattdessen einen rein ergebnisorientierten Wettbewerbsschutz anstrebt[179]. Ein so verstandener *more economic approach* zeichnet sich durch die Abwendung von einem formbasierten bzw. formal-juristischen Ansatz der Beurteilung von Wettbewerbsbeschränkungen allein aufgrund der Kategorisierung eines Verhaltens als in aller

---

174 Siehe dazu *Ewald,* ZWeR 2011, 15, 20 ff.; *Möller,* Verbraucherbegriff und Verbraucherwohlfahrt im europäischen und amerikanischen Kartellrecht (2008), S. 34 ff.; *Fritzsche,* Interdisziplinarität oder ökonomischer Imperialismus?, in: Domej (Hrsg.), Einheit des Privatrechts, komplexe Welt (2009), S. 207, 208 f.; *Schmidt/Voigt,* WuW 2006, 1096, 1098.

175 *Böge,* WuW 2004, 726; *Christiansen,* WuW 2005, 285; *Ders.,* Der „More Economic Approach" in der EU-Fusionskontrolle (2010), S. 21 f.; *Hildebrand,* WuW 2005, 513; *Schmidt,* Wie ökonomisch ist der „more economic approach"?, Freiburger Diskussionspapiere zur Ordnungsökonomik, S. 3.

176 *Mestmäcker/Schweitzer,* Europäisches Wettbewerbsrecht (2014), § 3, Rn. 45.

177 Grundlegend zu Implementierung ökonomischer Ansätze und Methoden in die Fusionskontrolle *Schwalbe/Zimmer,* Kartellrecht und Ökonomie (2011); *Christiansen,* Der „More Economic Approach" in der EU-Fusionskontrolle (2010).

178 *Schmidtchen,* Effizienz als Leitbild der Wettbewerbspolitik: Für einen „more economic approach", in: Böge/Oberender (Hrsg.), Effizienz und Wettbewerb (2005), S. 9, 10.

179 *Schmidtchen,* Effizienz als Leitbild der Wettbewerbspolitik: Für einen „more economic approach", in: Böge/Oberender (Hrsg.), Effizienz und Wettbewerb (2005), S. 9, 10; *Zimmer,* WuW 2007, 1198, 1203 f.; *Basedow,* WuW 2007, 712, 712: „Diese und andere Äußerungen der Kommission weisen darauf hin, dass die Kommission den Wettbewerb nicht um seiner selbst willen schützt, sondern als Mittel zum Zweck. Der Wettbewerb ist in den zitierten Texten nichts weiter als ein Instrument zu Erreichung anderer Ziele, insbesondere der Konsumentenwohlfahrt und der effizienten Ressourcenallokation." Vgl. auch *Fuchs,* Effizienzorientierung im Wettbewerbs- und Kartellrecht?, in: Fleischer/Zimmer (Hrsg.), Effizienz als Regelungsziel im Handels- und Wirtschaftsrecht (2008), S. 69, 78 f.

Regel wettbewerbsschädlich und durch eine Hinwendung zu einer Beurteilung anhand der (zu erwartenden) Auswirkungen aus.[180]

Eingeleitet wurde die Diskussion damit, dass die Kommission an verschiedenen Stellen betonte, in Zukunft einen stärker an der wirtschaftlichen Wohlfahrt orientierten Ansatz verfolgen zu wollen. So statuierte die Kommission in einem Weißbuch über die Modernisierung der Vorschriften zur Anwendung von Art. 85 und 86 EGV im Jahr 1999: "In its handling of individual cases, the Commission will adopt a more economic approach to the application of Article 85(1), which will limit the scope of its application to undertakings with a certain degree of market power."[181] Ähnlich formulierte die Kommission auch im 30. Bericht über die Wettbewerbspolitik die neue Ausrichtung ihrer Wettbewerbspolitik: „Kennzeichnend für die neuen Vorschriften ist eine Abkehr von dem formalistischen regulativen Ansatz, wie er den jetzigen Vorschriften zugrunde liegt, hin zu einer stärker nach wirtschaftlichen Gesichtspunkten ausgerichteten Beurteilung von Vereinbarungen über horizontale Zusammenarbeit. Das Grundanliegen dieses neuen Ansatzes besteht darin, die Zusammenarbeit zwischen Wettbewerbern immer dann zu ermöglichen, wenn es der wirtschaftlichen Wohlfahrt dient, ohne dass der Wettbewerb dadurch gefährdet wird."[182] Darüber hinaus hat die Europäische Kommission an verschiedenen Stellen ausgeführt, der Wettbewerb sei zum Wohle der Verbraucher und zum Zwecke einer effizienten Ressourcenallokation zu schützen.[183]

Den Ausgangspunkt des *more economic approach* bilden dabei die grundlegenden Änderungen in der Rechtsanwendung, die durch Erlass der VO 1/2003 begründet wurden. Die Abkehr von einer ausschließlichen Anwendung des

---

180 *Schmidtchen,* WuW 2006, 707, 707; *Schwaderer,* WuW 2008, 653, 653.

181 *Europäische Kommission,* Weißbuch über die Modernisierung der Vorschriften zur Anwendung von Artikel 85 und 86 EG-Vertrag, ABl. Nr. C 132 v. 12.05.1999, 1, Rn. 78.

182 *Europäische Kommission,* XXX. Bericht über die Wettbewerbspolitik 2000 (2001), S. 29.

183 *Europäische Kommission,* Leitlinien zur Anwendung von Artikel 81 Absatz 3 EG-Vertrag, ABl. Nr. C 101 v. 27.04.2004, S. 97, Rn. 13, 33; *Europäische Kommission,* Leitlinien zur Anwendung von Artikel 101 des Vertrags über die Arbeitsweise der Europäischen Union auf Technologietransfer-Vereinbarungen, ABl. Nr. C 89 v. 28.03.2014, 3, Rn. 5. Vgl. auch *Europäische Kommission,* Leitlinien für vertikale Beschränkungen (im Folgenden: Vertikalleitlinien), ABl. Nr. C 130 v. 19.05.2010, S. 1, Rn. 7. Vgl. auch *Monti,* The Future for Competition Policy in the European Union (09.07.2001), S. 2: "Actually, the goal of competition policy, in all its aspects, is to protect consumer welfare by maintaining a high degree of competition in the common market. Competition should lead to lower prices, a wider choice of goods, and technological innovation, all in the interest of the consumer."

Freistellungstatbestands des Art. 101 Abs. 3 AEUV durch die Kommission hin zu einem System der Legalausnahme sowie zu einem System dezentraler Rechtsanwendung durch die mitgliedsstaatlichen Behörden und Gerichte erforderte eine Statuierung grundlegender Rechtsanwendungsmaßstäbe durch die Europäische Kommission.[184] Durch Bekanntmachungen und Leitlinien sollten den zur Selbsteinschätzung verpflichteten Unternehmen sowie den mitgliedsstaatlichen Behörden und Gerichte Maßstäbe für die Anwendung der EU-Wettbewerbsvorschriften an die Hand gegeben werden.[185] Bei der Diskussion über die wettbewerbspolitische Ausrichtung der Europäischen Kommission bleibt jedoch zu berücksichtigen, dass die Leitlinien der Kommission keine gemeinschaftsrechtlichen Rechtsakte sind und daher keine Bindungswirkung gegenüber den Gerichten entfalten.[186] Die Kommission kann durch die darin enthaltenen Äußerungen einen Politikwechsel im Sinne einer Ausrichtung der Wettbewerbspolitik am Ziel des Konsumentenwohls zwar anregen, die Kompetenz zur Auslegung der Gemeinschaftsregeln und damit letztlich zur Bestimmung dieser Wettbewerbspolitik kommt jedoch nach Art. 19 Abs. 1 S. 2 EUV allein den Gemeinschaftsgerichten zu.[187]

Über die allgemeine Statuierung des *more economic approach* hinaus, hat die Europäische Kommission erkennen lassen, dass sie darunter nicht lediglich eine Implementierung ökonomischer Methoden, sondern insgesamt die Anwendung eines auswirkungsbasierten Ansatzes versteht. So stellt sie in den Leitlinien zur Anwendung von Art. 81 Abs. 3 EGV fest: „Vereinbarungen zwischen Unternehmen fallen unter das Verbot von Artikel 81 Absatz 1, wenn sie geeignet sind, spürbare negative Auswirkungen auf die Wettbewerbsparameter im Markt wie Preise, Produktionsmenge, Produktqualität, Produktvielfalt und Innovation zu

---

184 *Behrens,* in: FS Möschel (2011), S. 115, 116 f.

185 *Europäische Kommission,* Weißbuch über die Modernisierung der Vorschriften zur Anwendung von Artikel 85 und 86 EG-Vertrag, ABl. Nr. C 132 v. 12.05.1999, 1, Rn. 83 ff., insbes. 86: „Die Kommission hat außerdem die Absicht, weitere Bekanntmachungen und Leitlinien zu veröffentlichen, um ihre Politik zu erläutern und den innerstaatlichen Instanzen Anhaltspunkte für die Anwendung der gemeinschaftlichen Wettbewerbsregeln zu geben." *Europäische Kommission,* Vertikalleitlinien, ABl. Nr. C 130 v. 19.05.2010, S. 1, Rn. 3: „Diese Leitlinien sollen den Unternehmen Orientierungshilfen für die Selbstprüfung von vertikalen Vereinbarungen nach Maßgabe der EU-Wettbewerbsvorschriften an die Hand geben."

186 Dies klarstellend auch *Europäische Kommission,* Horizontalleitlinien, ABl. Nr. C 11 v. 14.01.2011, S. 1, Rn. 17.

187 *Zimmer,* WuW 2007, 1198, 1203 f.; *Mestmäcker/Schweitzer,* Europäisches Wettbewerbsrecht (2014), § 3, Rn. 47; *Behrens,* in: FS Möschel (2011), S. 115, 117.

haben. Vereinbarungen können diese Auswirkungen haben, wenn der Wettbewerbsdruck zwischen den Parteien einer Vereinbarung oder zwischen ihnen und Dritten erheblich gemindert wird.“[188] Das lässt zunächst auf ein ausschließlich an den Marktergebnissen orientiertes Verständnis des Begriffs der Wettbewerbsbeschränkung schließen. Eine Prüfung der Auswirkungen einer Verhaltensweise kommt dabei nur im Rahmen der Feststellung einer bewirkten Wettbewerbsbeschränkung in Betracht. Sofern eine bezweckte Wettbewerbsbeschränkung vorliegt hält die Kommission eine Berücksichtigung der konkreten Folgen einer Vereinbarung – in Übereinstimmung mit der Rechtsprechung der europäischen Gerichte[189] – nicht für erforderlich.[190] Zu den bewirkten Wettbewerbsbeschränkungen führt die Kommission weiter aus: „Vereinbarungen, die eine wettbewerbsbeschränkende Auswirkung haben, müssen den gegenwärtigen oder potenziellen Wettbewerb in einem solchen Ausmaß beeinträchtigen können, dass mit hinreichender Wahrscheinlichkeit negative Auswirkungen auf Preise, Produktionsmengen, Innovationen oder Vielfalt bzw. Qualität von Waren und Dienstleistungen erwartet werden können.“[191] Eine Beschränkung der Handlungsfreiheit durch die in Rede stehende Vereinbarung soll dagegen ausdrücklich nicht ausreichen, um eine bewirkte Wettbewerbsbeschränkung zu begründen, weil Artikel 101 AEUV den Wettbewerb zum Wohle der Verbraucher schütze.[192]

In den neuen Horizontalleitlinien von 2011 verdeutlichte die Europäische Kommission dann ihr Verständnis der Voraussetzungen einer bewirkten Wettbewerbsbeschränkung. So sei eine Prüfung der tatsächlichen und potentiellen Auswirkungen einer Verhaltensweise erforderlich.[193] Eine Vereinbarung habe dann wettbewerbsbeschränkende Auswirkungen im Sinne von Art. 101 Abs. 1 AEUV,

---

188 *Europäische Kommission,* Leitlinien zur Anwendung von Artikel 81 Absatz 3 EG-Vertrag, ABl. Nr. C 101 v. 27.04.2004, S. 97, Rn. 16.

189 *EuGH,* Urt. v. 30.06.1966, Rs. C-56/65 (*Maschinenbau Ulm),* Slg. 1966, 282, 303; *EuGH,* Urt. v. 08.07.1999, Rs. C-49/92 (*Anic Partecipazioni),* Slg. 1999, I-4162, Rn. 99; *EuGH,* Urt. v. 04.06.2009, Rs. C-8/08 (*T-Mobile Netherlands),* Slg. 2009, I-4529, Rn. 43; *EuGH,* Urt. v. 13.12.2012, Rs. C-226/11 (*Expedia),* (noch nicht in amtl. Slg.), Rn. 35.

190 *Europäische Kommission,* Leitlinien zur Anwendung von Artikel 81 Absatz 3 EG-Vertrag, ABl. Nr. C 101 v. 27.04.2004, S. 97, Rn. 24. Ebenso *Europäische Kommission,* Horizontalleitlinien, ABl. Nr. C 11 v. 14.01.2011, S. 1, Rn. 24.

191 *Europäische Kommission,* Leitlinien zur Anwendung von Artikel 81 Absatz 3 EG-Vertrag, ABl. Nr. C 101 v. 27.04.2004, S. 97, Rn. 24.

192 *Europäische Kommission,* Leitlinien zur Anwendung von Artikel 81 Absatz 3 EG-Vertrag, ABl. Nr. C 101 v. 27.04.2004, S. 97, Rn. 24, Fn. 31.

193 *Europäische Kommission,* Horizontalleitlinien, ABl. Nr. C 11 v. 14.01.2011, S. 1, Rn. 26.

„wenn sie tatsächlich oder wahrscheinlich spürbare negative Auswirkungen auf mindestens einen Wettbewerbsparameter des Marktes (zum Beispiel Preis, Produktionsmenge, Produktqualität, Produktvielfalt, Innovation) hat."[194] Auch insoweit stellt die Kommission also auf die Ergebnisse des Wettbewerbsprozesses als Maßstab für das Vorliegen einer Wettbewerbsbeschränkung ab. Dabei sieht sie es als besonders kritisch an, wenn die an der Vereinbarung beteiligten Unternehmen über ein gewisses Maß an Marktmacht verfügen oder diese durch die Vereinbarung erlangen und wenn „die Vereinbarung zur Begründung, Erhaltung oder Stärkung dieser Marktmacht beiträgt oder es den Parteien ermöglicht, ihre Marktmacht auszunutzen".[195] Sie begründet das damit, dass wettbewerbsbeschränkende Auswirkungen besonders wahrscheinlich seien, wenn die Parteien über Marktmacht verfügen, weil es ihnen dann möglich sei, „gewinnbringend den Preis zu erhöhen oder Produktionsmenge, Produktqualität, Produktvielfalt oder Innovation zu reduzieren"[196] Diese Argumentation trifft in der Literatur zum Teil auf vehemente Kritik, weil so die Grenze zwischen Art. 101 AEUV und Art. 102 AEUV verwischt würde.[197]

Trotz dieses eindeutig auswirkungsbasierten Ansatzes verlangt die Kommission aber weiterhin auch eine Verletzung des vom Europäischen Gerichtshof entwickelten Selbständigkeitspostulats: Eine Vereinbarung muss „die Parteien – entweder durch in der Vereinbarung festgelegte Pflichten, die das Marktverhalten von mindestens einer Partei regeln, oder durch Einflussnahme auf das Marktverhalten mindestens einer Partei durch Veränderung ihrer Anreize – in ihrer Entscheidungsfreiheit einschränken".[198] Damit wird deutlich, dass der *more economic approach* der Europäischen Kommission nicht – wie zu Beginn seiner

---

194 *Europäische Kommission,* Horizontalleitlinien, ABl. Nr. C 11 v. 14.01.2011, S. 1, Rn. 28.

195 *Europäische Kommission,* Horizontalleitlinien, ABl. Nr. C 11 v. 14.01.2011, S. 1, Rn. 28.

196 *Europäische Kommission,* Horizontalleitlinien, ABl. Nr. C 11 v. 14.01.2011, S. 1, Rn. 27.

197 *Mestmäcker/Schweitzer,* Europäisches Wettbewerbsrecht (2014), § 11, Rn. 9 ff., 30. Diese Kritik richtet sich aber im Kern nicht gegen die Anknüpfung an die Marktmacht als Kriterium dafür, ob wettbewerbsbeschränkende Auswirkungen zu erwarten seien, sondern gegen den Verzicht auf die Feststellung einer Verletzung des Selbständigkeitspostulats als Voraussetzung für das Vorliegen einer Wettbewerbsbeschränkung: „In Übereinstimmung mit dem US-amerikanischen Antitrust-Recht ist der Autonomieverlust der beteiligten Unternehmen, also der Verstoß gegen das Selbständigkeitspostulat, das wichtigste Kriterium. Alle von der Kommission in den Horizontalleitlinien genannten Arten der Zusammenarbeit frühen aber dazu, dass die beteiligten Unternehmen auch bei Beachtung der Marktanteilsschwellen auf ihre Selbständigkeit im Wettbewerb verzichten" (ebd., Rn. 30).

198 *Europäische Kommission,* Horizontalleitlinien, ABl. Nr. C 11 v. 14.01.2011, S. 1, Rn. 27.

Entwicklung vielfach angenommen – einen Paradigmenwechsel im Sinne einer vollständigen Abwendung von dem ergebnisoffenen Wettbewerbskonzept und dem damit im Zusammenhang stehenden Selbständigkeitspostulat bedeutet. Der Schutz des Wettbewerbs an sich und auch der Schutz der Handlungsfreiheit der Beteiligten scheint neben dem Wohl der Verbraucher weiterhin die Wettbewerbspolitik der Europäischen Kommission zu bestimmen.[199] Eine klare Priorisierung dahingehend, dass die Verbraucherwohlfahrt Vorrang vor anderen Zielen genießt, lässt sich nicht feststellen. Vielmehr scheint die Kommission weiterhin davon auszugehen, dass der Wettbewerbsprozess als Garant für die Steigerung der Konsumentenwohlfahrt „an sich" schützenswert ist: „Letzten Endes wird dem Schutz des Wettstreits und dem Wettbewerbsprozess Vorrang eingeräumt vor potenziellen wettbewerbsfördernden Effizienzgewinnen, die sich aus wettbewerbsbeschränkenden Vereinbarungen ergeben könnten. In der letzten Voraussetzung des Artikels 81 Absatz 3 [keine Ausschaltung des Wettbewerbs, Anm. d. Verf.] wird die Tatsache anerkannt, dass die Rivalität zwischen Unternehmen eine wesentliche Antriebskraft für die wirtschaftliche Effizienz, einschließlich langfristiger dynamischer Effizienzsteigerungen in Form von Innovationen, ist. Mit anderen Worten, der Schutz des Wettbewerbsprozesses bleibt das eigentliche Ziel von Artikel 81 und zwar nicht nur auf kurze, sondern auch auf lange Sicht."[200]

H. Die Rechtsprechung der europäischen Gerichte zur Berücksichtigung des rechtlichen und wirtschaftlichen Rahmens einer Verhaltensweise bei der Feststellung einer Wettbewerbsbeschränkung

Auch die Rechtsprechung der europäischen Gerichte bringt in Bezug auf das der Auslegung und Anwendung der Europäischen Verträge zugrunde zu legende Wettbewerbskonzept insgesamt nur wenig Klarheit. Trotz der bereits dargestellten Betonung des Selbständigkeitspostulats als Ausgangspunkt der Feststellung einer Wettbewerbsbeschränkung und der darin zum Ausdruck kommenden Orientierung an einem ergebnisoffenen Wettbewerbskonzept[201], finden sich eine Reihe von Urteilen, die eine ausschließliche Verfolgung dieses Konzepts in Frage

---

199 *Hertfelder*, Die consumer welfare im europäischen Wettbewerbsrecht (2010), S. 82 f.; *Ders.*, in: FS Möschel (2011), S. 281, 283 ff.

200 *Europäische Kommission*, Leitlinien zur Anwendung von Artikel 81 Absatz 3 EG-Vertrag, ABl. Nr. C 101 v. 27.04.2004, S. 97, Rn. 105.

201 Siehe oben S. 49 f.

stellen. So haben die Gerichte in unterschiedlichen Fallgestaltungen wiederholt entschieden, dass die Frage des Vorliegens einer Wettbewerbsbeschränkung nicht abstrakt beurteilt werden könne.[202] Es sei vielmehr der rechtliche und wirtschaftliche Gesamtzusammenhang zu berücksichtigen, in dem die Verhaltensweise steht und in dem sie ihre Wirkungen entfaltet.[203]

Diese Kontextanalyse diente dem Europäischen Gerichtshof zum einen dazu, in Fällen vertikaler Beschränkungen die wettbewerbsbeschränkende Wirkung aus der kumulativen Wirkung mehrerer gleichartiger Vereinbarungen abzuleiten, die für sich genommen nicht geeignet waren, den Wettbewerb zu beschränken (sog. Bündeltheorie).[204]

Im Bereich horizontaler Beschränkungen fand eine Berücksichtigung der konkreten Auswirkungen einer Verhaltensweise zunächst insbesondere in Verfahren statt, die einen Informationsaustausch zwischen Wettbewerbern zum Gegenstand hatten: Der Europäische Gerichtshof leitete die Wettbewerbsbeschränkung in diesen Fällen daraus ab, dass der Informationsaustausch die

202 Vgl. etwa *EuGH*, Urt. v. 28.01.1986, Rs. C-161/84 (*Pronuptia)*, Slg. 1986, 353, Rn. 14; *EuGH*, Urt. v. 15.12.1994, Rs. C-250/92 (*DLG)*, Slg. 1994, I-5641, Rn. 31; *EuGH*, Urt. v. 18.07.2006, Rs. C-519/04 P (*Meca-Medina)*, Slg. 2006, I-6991, Rn. 42. Eine umfassende Analyse des Ursprungs und der Entwicklung der Berücksichtigung des konkreten wirtschaftlichen und rechtlichen Kontextes findet sich bei *Fuchs*, ZWeR 2007, 369, 376 ff.

203 *EuGH*, Urt. v. 28.02.1991, Rs. C-234/89 (*Delimitis)*, Slg. 1991, I-935, Rn. 14; *EuGH*, Urt. v. 19.02.2002, Rs. C-309/99 (*Wouters)*, Slg. 2002, I-1577, Rn. 97; *EuGH*, Urt. v. 18.07.2006, Rs. C-519/04 P (*Meca-Medina)*, Slg. 2006, I-6991, Rn. 42; *EuG*, Urt. v. 18.09.2001, Rs. T-112/99 (*Métropole télévision (M6))*, Slg. 2001, II-2459, Rn. 76 ff.

204 *EuGH*, Urt. v. 12.12.1967, Rs. C-23/67 (*Brasserie de Haecht)*, Slg. 1967, 525, Rn. 555: „Ferner ist daraus, daß die Vorschrift die Vereinbarungen, Beschlüsse oder Verhaltensweisen nicht nur nach ihrem Zweck, sondern auch nach ihrer Wirkung auf den Wettbewerb dem Verbot unterwirft, zu schließen, daß diese Wirkungen in dem Rahmen zu betrachten sind, in dem sie auftreten, das heißt in dem wirtschaftlichen und rechtlichen Gesamtzusammenhang, in dem die Vereinbarungen, Beschlüsse oder Verhaltensweisen stehen und zusammen mit anderen zu einer kumulativen Auswirkung auf den Wettbewerb führen können." *EuGH*, Urt. v. 28.02.1991, Rs. C-234/89 (*Delimitis)*, Slg. 1991, I-935, Rn. 14. Siehe dazu auch *Kirchhoff*, in: Wiedemann (Hrsg.), Handbuch des Kartellrechts, § 10, Rn. 19 ff.; *Mestmäcker/Schweitzer*, Europäisches Wettbewerbsrecht (2014), § 11, Rn. 58 ff.; Immenga/Mestmäcker/*Zimmer*, Art. 101 Abs. 1 AEUV, Rn. 278 ff.; *Roth/Ackermann*, in: FK, Grundfragen Art. 81 Abs. 1 EG, Rn. 347 ff.

wettbewerblichen Risiken, die sich aus der Ungewissheit über das Marktverhalten der übrigen Wettbewerber ergeben, verringert oder beseitigt.[205]

Später berief sich der Europäische Gerichtshof dagegen auch auf die Analyse des rechtlichen und wirtschaftlichen Zusammenhangs, um zu begründen, dass bestimmte Verhaltensweisen gerade keine Wettbewerbsbeschränkung darstellen. Insoweit lassen sich im Wesentlichen drei Fallgruppen bilden, die im Folgenden anhand der für sie maßgeblichen Entscheidungen kurz erläutert werden sollen.

I. Die Markterschließungsdoktrin

Unter den Stichworten „Markterschließungsdoktrin"[206] und „erweiterter Arbeitsgemeinschaftsgedanke"[207] werden Fallgestaltungen zusammengefasst, in denen es ohne die wettbewerbsbeschränkende Vereinbarung überhaupt keinen Wettbewerb der beteiligten Unternehmen auf dem relevanten Markt gäbe.[208] Der beschränkte Wettbewerb wird damit durch die ihn beschränkende Vereinbarung überhaupt erst geschaffen. Den Grundstein für diese Rechtsprechung legte der Europäische Gerichtshof bereits in der Entscheidung *Maschinenbau Ulm*, in der er das Vorliegen einer Wettbewerbsbeschränkung insbesondere dann für zweifelhaft hielt, wenn „sich die Vereinbarung gerade für das Eindringen eines Unternehmens in ein Gebiet, in dem es bisher nicht tätig war, als notwendig erweist."[209] Ein aktuelleres Beispiel ist die Entscheidung des Gerichts der Europäischen Union im Verfahren *O2 Germany*. Das Gericht hob die vorausgegangene Entscheidung der Europäischen Kommission mit der Begründung auf, die Kommission habe nicht bedacht, dass die in Frage stehende Vereinbarung über die Nutzung des Netzes der Deutschen Telekom durch O2 im Rahmen eines Inlandsroamingvertrags dann nicht wettbewerbsbeschränkend wäre, wenn O2 ohne diese Vereinbarung gar nicht in der Lage gewesen wäre, ein entsprechendes Netz selbst aufzubauen und so in den von der Kommission als beschränkt

---

205 *EuGH*, Urt. v. 28.05.1998, Rs. C-7/95 P (*Deere*), Slg. 1998, I-3111, Rn. 86 ff. Siehe dazu *Fuchs*, ZWeR 2007, 369, 377. Siehe dazu auch unten S. 86 f., 223 ff.

206 *Roth/Ackermann*, in: FK, Grundfragen Art. 81 Abs. 1 EG, Rn. 356; *Pohlmann*, in: FK, Grundfragen Art. 81 Abs. 3 EG, Rn. 106, 123.

207 MüKoEuWettbR/*Säcker/Molle*, Art. 101 AEUV, Rn. 96.

208 *Ulmer*, RIW 1985, 517, 521; *Roth/Ackermann*, in: FK, Grundfragen Art. 81 Abs. 1 EG, Rn. 356; MüKoEuWettbR/*Säcker/Molle*, Art. 101 AEUV, Rn. 96.

209 *EuGH*, Urt. v. 30.06.1966, Rs. C-56/65 (*Maschinenbau Ulm*), Slg. 1966, 282, 304. Siehe dazu *Pohlmann*, in: FK, Grundfragen Art. 81 Abs. 3 EG, Rn. 106; *Fuchs*, ZWeR 2007, 369, 376; *Eilmansberger*, ZWeR 2009, 437, 499; *Fritzsche*, ZHR 1996, 31, 39 f.

angesehenen Wettbewerb einzutreten.[210] Insoweit ist jedoch schon zweifelhaft, ob überhaupt eine dem Selbständigkeitspostulat genügende Beschränkung der Handlungsfreiheit gegeben ist, wenn dem betreffenden Unternehmen ohne die Vereinbarung ein Markteintritt tatsächlich unmöglich gewesen ist und ihm somit durch die Vereinbarung keine Handlungsmöglichkeit abgeschnitten wurde.[211]

II. Die Nebenabredendoktrin (ancillary restraints)

Wettbewerbsbeschränkende Nebenabreden, die objektiv erforderlich sind, um eine an sich nicht wettbewerbsbeschränkende Hauptvereinbarung durchzuführen, stellen nach Ansicht der Gemeinschaftsorgane keinen Verstoß gegen Art. 101 Abs. 1 AEUV dar, wenn sie auf das für die Durchführung der Hauptvereinbarung erforderliche Maß beschränkt sind.[212] Derartige Nebenabreden können insbesondere in Form von Wettbewerbsverboten in Unternehmenskaufverträgen[213], Bestimmungen in Franchiseverträgen[214] und als Bestandteil selektiver Vertriebssysteme[215] auftreten. Auch in solchen Fällen fehlt es jedoch zumindest dann schon an einer Verletzung des Selbständigkeitspostulats, wenn die beschränkten Handlungsspielräume erst durch die Hauptvereinbarung geschaffen werden.[216] Hätte dagegen auch ohne die kartellrechtsneutrale Hauptvereinbarung wenigstens potentieller Wettbewerb zwischen den Vertragsparteien bestanden, liegt zwar eine Verletzung des Selbständigkeitspostulats vor, die jedoch aufgrund der „ungeschriebenen Ausnahmen“ vom Kartellverbot

---

210 *EuG*, Urt. v. 02.05.2006, Rs. T-328/03 (*O2 Germany*), Slg. 2006, II-1231, Rn. 74 ff.

211 *Eilmansberger*, ZWeR 2009, 437, 448. Ebenso *Pohlmann*, in: FK, Grundfragen Art. 81 Abs. 3 EG, Rn. 123, die andererseits für den Fall, dass der selbständige Markteintritt nicht unmöglich, sondern nur ineffizient ist, eine Abwägung der Vor- und Nachteile im Rahmen von Art. 101 Abs. 3 AEUV und nicht schon unter dem Gesichtspunkt des Vorliegens einer Wettbewerbsbeschränkung fordert.

212 *Europäische Kommission*, Leitlinien zur Anwendung von Artikel 81 Absatz 3 EG-Vertrag, ABl. Nr. C 101 v. 27.04.2004, S. 97, Rn. 28 ff.; *EuGH*, Urt. v. 11.07.1985, Rs. C-42/84 (*Remia*), Slg. 1985, 2545, Rn. 19 f. Siehe dazu *Fritzsche*, ZHR 1996, 31, 56 f.; *Ackermann*, Art. 85 Abs. 1 EGV und die rule of reason (1997), S. 162 f.; Loewenheim/Meessen/Riesenkampff/Kersting/Meyer-Lindemann/*Grave*/*Nyberg*, Art. 101 Abs. 1 AEUV, Rn. 308 ff.

213 *Komm.E.*, 26.07.1976, 76/743/EWG (*Reuter/BASF*), ABl. Nr. L 254 v. 17.09.1976, S. 40; *EuGH*, Urt. v. 11.07.1985, Rs. C-42/84 (*Remia*), Slg. 1985, 2545.

214 *EuGH*, Urt. v. 28.01.1986, Rs. C-161/84 (*Pronuptia*), Slg. 1986, 353.

215 *EuGH*, Urt. v. 25.10.1977, Rs. C-26/76 (*Metro*), Slg. 1977, 1875.

216 *Pohlmann*, in: FK, Grundfragen Art. 81 Abs. 3 EG, Rn. 124; *Eilmansberger*, ZWeR 2009, 437, 447 f.

ausgenommen ist, wenn sie objektiv notwendig und erforderlich für die Erreichung des Hauptzwecks ist.[217]

III. Rechtfertigung durch legitime außerwettbewerbliche Ziele

Neben den soeben dargestellten Fallgruppen der Markterschließung und der Nebenabreden, hat der Europäische Gerichtshof auch in weiteren Fällen den Tatbestand des Art. 101 Abs. 1 AEUV mit der Begründung verneint, dass die wettbewerbsbeschränkende Verhaltensweise zur Erreichung eines anderen Ziels erforderlich sei. So hat er etwa im Verfahren *Wouters* unter Verwendung der Formel von der Berücksichtigung des Gesamtzusammenhangs und der Wirkungen, die die Verhaltensweise entfalten, entschieden, dass ein Verbot gemischter Sozietäten zwischen Rechtsanwälten und Wirtschaftsprüfern, das durch die niederländische Rechtsanwaltskammer erlassen wurde, als Beschluss einer Unternehmensvereinigung nicht gegen Art. 101 Abs. 1 AEUV verstieß.[218] Der Europäische Gerichtshof wog die wettbewerbsbeschränkenden Auswirkungen der in Rede stehenden Vereinbarung im Sinne einer Verhältnismäßigkeitsprüfung gegen das Erfordernis der Vereinbarung für die Sicherstellung der ordnungsgemäßen Ausübung des Rechtsanwaltsberufs ab.[219] Diese Rechtsprechung

---

217 *Pohlmann,* in: FK, Grundfragen Art. 81 Abs. 3 EG, Rn. 124. Für diese ungeschrieben Ausnahmen soll nach Ansicht *Pohlmanns* nicht die eigentlich für Art. 101 Abs. 1 AEUV geltende Beweislastregel des Art. 2 S. 1 VO 1/2003 gelten. Vielmehr soll analog Art. 2 S. 2 VO 1/2003 derjenige, der sich auf die Ausnahmeregel beruft, das Vorliegen ihrer Voraussetzungen auch beweisen müssen (ebd., Rn. 122, 124 f.).

218 *EuGH,* Urt. v. 19.02.2002, Rs. C-309/99 (*Wouters*), Slg. 2002, I-1577, Rn. 97: „Es ist aber auch zu berücksichtigen, dass nicht jede Vereinbarung zwischen Unternehmen oder jeder Beschluss einer Unternehmensvereinigung, durch die die Handlungsfreiheit der Parteien oder einer der Parteien beschränkt wird, automatisch vom Verbot des Artikels 85 Absatz 1 EG-Vertrag [jetzt Art. 101 Abs. 1 AEUV, Anm. d. Verf.] erfasst werden. Bei der Anwendung dieser Vorschrift im Einzelfall sind nämlich der Gesamtzusammenhang, in dem der fragliche Beschluss zustande gekommen ist oder seine Wirkungen entfaltet, und insbesondere dessen Zielsetzung zu würdigen (…). Es ist weiter zu prüfen, ob die mit dem Beschluss verbundenen wettbewerbsbeschränkenden Wirkungen notwendig mit der Verfolgung der genannten Ziele zusammenhängen."

219 *EuGH,* Urt. v. 19.02.2002, Rs. C-309/99 (*Wouters*), Slg. 2002, I-1577, Rn. 98 ff. Zusammenfassend stellt der EuGH in Rn. 110 fest: „Aufgrund sämtlicher vorstehenden Erwägungen ist auf die zweite Frage zu antworten, dass eine nationale Regelung wie die Samenwerkingsverordening 1993, die von einer Einrichtung wie der Niederländischen Rechtsanwaltskammer erlassen wurde, nicht gegen Artikel 85 Absatz 1 EG-Vertrag verstößt, da diese Einrichtung bei vernünftiger Betrachtung annehmen konnte, dass die Regelung trotz der notwendig mit ihr verbundenen wettbewerbsbeschränkenden

des Europäischen Gerichtshofs wird in der Literatur zum Teil noch als Anwendung einer erweiterten Nebenabredendoktrin angesehen, weil der Europäische Gerichtshof seine Entscheidung damit begründet, eine Zulassung gemischter Sozietäten führe zu einer so starken Konzentration auf dem Markt für Rechtsdienstleistungen, dass der Wettbewerb insgesamt zurück ginge.[220] Darüber hinaus wird argumentiert, durch die fragliche Regelung würden auf dem Markt für Rechtsdienstleistungen erst die Rahmenbedingungen für die Entfaltung von Wettbewerb geschaffen.[221] Nach anderer Ansicht handelt es sich hierbei um die Berücksichtigung außerwettbewerblicher Zielsetzungen im Rahmen von Art. 101 Abs. 1 AEUV.[222]

Noch weiter ging der Europäische Gerichtshof in der Entscheidung *Meca-Medina*. Er führte hier ebenfalls unter Bezugnahme auf die Gesamtbetrachtung und die Wirkungen einer Verhaltensweise aus, dass die Dopingkontrollregeln des internationalen Schwimmverbands FINA – unterstellt, dass es sich dabei um eine die Handlungsfreiheit der Kläger einschränkende Entscheidung von Unternehmensverbänden handelt – nicht gegen Art. 101 Abs. 1 AEUV verstießen, weil sie „durch einen legitimen Zweck gerechtfertigt" seien.[223] Damit dehnt der Europäische Gerichtshof die Möglichkeit einer Rechtfertigung wettbewerbsbeschränkender Verhaltensweisen im Rahmen von Art. 101 Abs. 1 AEUV auf aus seiner Sicht vorrangige „legitime", aber eindeutig außerwettbewerbliche Ziele aus.[224] In der Literatur ist dieses Urteil zum Teil auf deutliche Kritik gestoßen, weil es dem Europäischen Gerichtshof schon an der Kompetenz „für die Bewertung der Legitimität von nichtwirtschaftlichen Zielen außerhalb der dafür

---

Wirkungen für die ordnungsgemäße Ausübung des Rechtsanwaltsberufs, wie er in dem betreffenden Staat geordnet ist, erforderlich ist." Siehe dazu *Molle*, Zur Beurteilung „begleitender" Wettbewerbsverbote im Rahmen von Art. 81 Abs. 1 EG und § 1 GWB (2005), S. 249 ff.

220 *EuGH*, Urt. v. 19.02.2002, Rs. C-309/99 (*Wouters*), Slg. 2002, I-1577, Rn. 93. Siehe dazu *Fuchs*, ZWeR 2007, 369, 382.

221 MüKoEuWettbR/*Säcker/Molle*, Art. 101 AEUV, Rn. 166; *Molle*, Zur Beurteilung „begleitender" Wettbewerbsverbote im Rahmen von Art. 81 Abs. 1 EG und § 1 GWB (2005), S. 252 ff. A.A. *Monti*, CMLR 39 (2002), 1057, 1087.

222 *Roth/Ackermann*, in: FK, Grundfragen Art. 81 Abs. 1 EG, Rn. 329; *Roth*, in: FS Mestmäcker (2006), S. 411, 423 f.; Immenga/Mestmäcker/*Emmerich*, Art. 101 Abs. 1 AEUV, Rn. 134.

223 *EuGH*, Urt. v. 18.07.2006, Rs. C-519/04 P (*Meca-Medina*), Slg. 2006, I-6991, Rn. 45.

224 Vgl. dazu Immenga/Mestmäcker/*Emmerich*, Art. 101 Abs. 1 AEUV, Rn. 134; *Fuchs*, ZWeR 2007, 369, 384.

einschlägigen Bestimmungen des Gemeinschaftsrechts" fehle.[225] Andere Autoren verlangen zumindest eine Begrenzung der legitimen Zwecke, die zu einer Rechtfertigung im Rahmen von Art. 101 Abs. 1 AEUV herangezogen werden, auf ein enges Spektrum allgemein akzeptierter Belange des Gemeinwohls, die mitgliedsstaatliche Beschränkungen der Grundfreiheiten legitimieren, sowie eine strikte Verhältnismäßigkeitsprüfung.[226]

Der Gerichtshof hat seine Rechtsprechung insoweit jedoch durch die Entscheidungen *Ordem dos Técnicos Oficiais de Contas*[227] und *Consiglio nazionale dei geologi*[228] bestätigt. Unter Bezugnahme auf die Urteile in den Sachen *Wouters* und *Meca-Medina* betonte er in beiden Urteilen erneut die Bedeutung des Gesamtzusammenhangs einer Vereinbarung bei der Feststellung einer Wettbewerbsbeschränkung sowie die Möglichkeit der Rechtfertigung durch einen legitimen Zweck (in diesen Fällen Sicherstellung der Qualität der von den geprüften Buchhaltern angebotenen Dienstleistungen sowie die Würde des Berufs), sofern die betreffende Verhaltensweise nicht über das zur Erreichung dieses Zwecks Erforderliche hinausgeht.[229]

In der Literatur wird diese Rechtsprechung zwar zum Teil als in ihrem Anwendungsbereich auf solche Fälle beschränkt angesehen, die den Beschluss einer Unternehmensvereinigung zum Gegenstand haben.[230] Hieran bestehen jedoch insoweit Bedenken, als dies zu einer unterschiedlichen Behandlung von Beschlüssen von Unternehmensvereinigungen und Vereinbarungen von Unternehmen führen würde, die der Europäische Gerichtshof ansonsten ablehnt.[231]

IV. Keine Abwendung vom ergebnisoffenen Wettbewerbskonzept

Das Gericht der Europäischen Union stellte bereits in der Entscheidung *Métropole télévision (M6)* im Jahr 2001 fest, dass sich die Gerichte in vielen Urteilen

225 *Fuchs,* ZWeR 2007, 369, 384.

226 *Roth/Ackermann,* in: FK, Grundfragen Art. 81 Abs. 1 EG, Rn. 330, 360.

227 *EuGH,* Urt. v. 28.02.2013, Rs. C-1/12 (*Ordem dos Técnicos Oficiais de Contas),* (noch nicht in amtl. Slg.).

228 *EuGH,* Urt. v. 18.07.2013, Rs. C-136/12 (*Consiglio nazionale dei geologi),* (noch nicht in amtl. Slg.).

229 *EuGH,* Urt. v. 28.02.2013, Rs. C-1/12 (*Ordem dos Técnicos Oficiais de Contas),* (noch nicht in amtl. Slg.), Rn. 93 ff.; *EuGH,* Urt. v. 18.07.2013, Rs. C-136/12 (*Consiglio nazionale dei geologi),* (noch nicht in amtl. Slg.), Rn. 53 f.

230 MüKoEuWettbR/*Paschke,* Art. 101 AEUV, Rn. 56a.

231 Vgl. *Leupold,* EuZW 2013, 785, 786.

für eine flexiblere Auslegung des Art. 101 Abs. 1 AEUV ausgesprochen hätten[232] und dass diese Urteile „Teil einer breiteren Strömung in der Rechtsprechung [seien], die nicht völlig abstrakt und unterschiedslos davon ausgeht, dass jede die Handlungsfreiheit eines oder mehrerer Beteiligter beschränkende Vereinbarung zwangsläufig von dem Verbot des Artikels 85 Absatz 1 EG-Vertrag erfasst wird. Vielmehr sind bei der Prüfung, ob diese Bestimmung auf eine Vereinbarung anwendbar ist, der konkrete Rahmen zu berücksichtigen, in dem diese ihre Wirkungen entfaltet, insbesondere der wirtschaftliche und rechtliche Kontext, in dem die betroffenen Unternehmen tätig sind, die Art der Waren und/oder Dienstleistungen, auf die sich die Vereinbarung bezieht, sowie die tatsächlichen Bedingungen der Funktion und der Struktur des relevanten Marktes."[233]

Wie sich zeigen sollte, wollte der Europäische Gerichtshof mit der soeben dargestellten Rechtsprechung jedoch keine Abwendung von seinem ergebnisoffenen Wettbewerbskonzept und vom Schutz des Wettbewerbs um seiner selbst willen einleiten. Dies machte er in seinen Entscheidungen *T-Mobile Netherlands* und *GlaxoSmithKline* deutlich, in denen er betonte, dass Art. 101 AEUV nicht nur den Schutz der unmittelbaren Interessen einzelner Wettbewerber oder Verbraucher, sondern der Struktur des Marktes und damit des Wettbewerbs als solches verfolge.[234]

Anlass für diese Klarstellung hatte insbesondere das vorherige Urteil des Gerichts der Europäischen Union in der Sache *GlaxoSmithKline* gegeben, das in der Literatur viel Beachtung gefunden hat.[235] Darin kritisierte das Gericht die Feststellung der Kommission, dass es sich bei einer Parallelhandelsbeschränkung im Arzneimittelsektor um eine bezweckte Wettbewerbsbeschränkung

---

232 *EuG*, Urt. v. 18.09.2001, Rs. T-112/99 (*Métropole télévision (M6)*), Slg. 2001, II-2459, Rn. 75 unter Bezugnahme unter anderem auf *EuGH*, Urt. v. 30.06.1966, Rs. C-56/65 (*Maschinenbau Ulm*), Slg. 1966, 282; *EuGH*, Urt. v. 28.01.1986, Rs. C-161/84 (*Pronuptia*), Slg. 1986, 353; *EuGH*, Urt. v. 15.09.1998, verb. Rs. T-374/94, T-375/94, T-384/94 & T-388/94 (*European Night Services*), Slg. 1998, II-3141.

233 *EuG*, Urt. v. 18.09.2001, Rs. T-112/99 (*Métropole télévision (M6)*), Slg. 2001, II-2459, Rn. 76.

234 *EuGH*, Urt. v. 04.06.2009, Rs. C-8/08 (*T-Mobile Netherlands*), Slg. 2009, I-4529, Rn. 38; *EuGH*, Urt. v. 06.10.2009, verb. Rs. C-501/06 P, 513/06 P, 515/06 P und 519/06 P (*GlaxoSmithKline*), Slg. 2009, I-9291, Rn. 63. Siehe dazu auch sogleich bei Fn. 244.

235 *EuG*, Urt. v. 27.09.2006, Rs. T-168/01 (*GlaxoSmithKline*), Slg. 2006, II-2969. Siehe dazu auch *Körber*, ZWeR 2007, 515; *Fuchs*, ZWeR 2007, 369, 380 f.; *Möller*, Verbraucherbegriff und Verbraucherwohlfahrt im europäischen und amerikanischen Kartellrecht (2008), S. 154 ff.; *Hertfelder*, Die consumer welfare im europäischen Wettbewerbsrecht (2010), S. 87 ff.

handele. Vielmehr stelle nicht jede Beeinträchtigung des Parallelhandels eine bezweckte Wettbewerbsbeschränkung dar. Die Feststellung einer Wettbewerbsbeschränkung könne „nicht allein davon abhängen, dass die in Rede stehende Vereinbarung auf eine Begrenzung des Parallelhandels mit Arzneimitteln oder auf Abschottungen innerhalb des Gemeinsamen Marktes abzielt (…), sondern erfordert überdies eine Analyse zur Klärung der Frage, ob die Vereinbarung eine Verhinderung, Einschränkung oder Verfälschung des Wettbewerbs auf dem fraglichen Markt zum Nachteil des Endverbrauchers bezweckt oder bewirkt."[236] Das leitet das Gericht unmittelbar daraus ab, dass durch Art. 101 Abs. 1 AEUV das Ziel aufgestellt werde, „zu verhindern, dass Unternehmen durch eine Einschränkung des Wettbewerbs untereinander oder mit anderen das Wohlergehen des Endverbrauchers der fraglichen Waren mindern."[237] Ein Verbot des Parallelhandels könne vielmehr nur dann als bezweckte Wettbewerbsbeschränkung angesehen werden, wenn vermutet werden könne, dass durch sie den Endverbrauchern die Vorteile eines wirksamen Wettbewerbs hinsichtlich der Bezugsquellen und der Preise vorenthalten würden.[238] Aus dieser Betonung des Verbraucherwohls wurde in der Literatur teilweise auf einen Paradigmenwechsel in der europäischen Rechtsprechung von einem struktur- bzw. prozessorientierten Wettbewerbsansatz zu einem ergebnisorientierten Ansatz geschlossen, weil der Wettbewerb nicht mehr umfassend, sondern nur noch insoweit geschützt sei, als er sich zum Vorteil der Endverbraucher auswirke.[239]

Jedenfalls einer ausschließlichen Orientierung am Kriterium der Verbraucherwohlfahrt hat der Europäische Gerichtshof in seiner Entscheidung im selben Verfahren jedoch eine Absage erteilt.[240] So stellte der Gerichtshof klar, dass die Feststellung einer bezweckten Wettbewerbsbeschränkung – entgegen der Annahme des Gerichts der Europäischen Union – nicht voraussetzt, dass die in Rede stehende Verhaltensweise Nachteile für die Endverbraucher mit sich bringt.[241] Dem Gericht der Europäischen Union sei insofern ein „Rechtsfehler" unterlaufen.[242] Dies begründet der Europäische Gerichtshof gleich zweifach,

236 *EuG,* Urt. v. 27.09.2006, Rs. T-168/01 (*GlaxoSmithKline),* Slg. 2006, II-2969, Rn. 119.
237 *EuG,* Urt. v. 27.09.2006, Rs. T-168/01 (*GlaxoSmithKline),* Slg. 2006, II-2969, Rn. 118.
238 *EuG,* Urt. v. 27.09.2006, Rs. T-168/01 (*GlaxoSmithKline),* Slg. 2006, II-2969, Rn. 121 f.
239 *Körber,* ZWeR 2007, 515, 523; *Möller,* Verbraucherbegriff und Verbraucherwohlfahrt im europäischen und amerikanischen Kartellrecht (2008), S. 155 f.
240 So auch *Behrens,* in: FS Möschel (2011), S. 115, 118.
241 *EuGH,* Urt. v. 06.10.2009, verb. Rs. C-501/06 P, 513/06 P, 515/06 P und 519/06 P (*GlaxoSmithKline),* Slg. 2009, I-9291, Rn. 62 ff.
242 *EuGH,* Urt. v. 06.10.2009, verb. Rs. C-501/06 P, 513/06 P, 515/06 P und 519/06 P (*GlaxoSmithKline),* Slg. 2009, I-9291, Rn. 64.

nämlich erstens damit, dass sich Art. 101 AEUV nicht entnehmen lasse, dass nur solche Vereinbarungen einen wettbewerbswidrigen Zweck haben könnten, „die den Verbrauchern bestimmte Vorteile entziehen".[243] Zweitens habe „der Gerichtshof entschieden, dass Art. 81 EG, wie auch die übrigen Wettbewerbsregeln des Vertrags, nicht nur dazu bestimmt ist, die unmittelbaren Interessen einzelner Wettbewerber oder Verbraucher zu schützen, sondern die Struktur des Marktes und damit den Wettbewerb als solchen. Daher setzt die Feststellung, dass mit einer Vereinbarung ein wettbewerbswidriger Zweck verfolgt wird, nicht voraus, dass dadurch den Endverbrauchern die Vorteile eines wirksamen Wettbewerbs hinsichtlich der Bezugsquellen oder der Preise vorenthalten werden".[244]

Zwar ging es in den Verfahren *T-Mobile Netherlands* und *GlaxoSmithKline* ausschließlich um die Frage der bezweckten Wettbewerbsbeschränkung. Aufgrund der klaren Betonung der Bedeutung des Strukturschutzes und der Feststellung, dass der Wettbewerb nach Ansicht des Europäischen Gerichtshof um seiner selbst willen geschützt werden müsse, ist jedoch anzunehmen, dass das Gericht in Zukunft auch im Übrigen einen Nachweis negativer Auswirkungen auf die Verbraucherwohlfahrt nicht zur Voraussetzung des Vorliegens einer Wettbewerbsbeschränkung machen wird.[245] Der Europäische Gerichtshof hält damit im Grundsatz am ergebnisoffenen Wettbewerbskonzept fest.

V. Fazit

Die Einschränkung der Handlungsfreiheit bleibt unter dem Stichwort des Selbständigkeitspostulats auch nach der neueren Rechtsprechung der Ausgangspunkt für die Feststellung des Vorliegens einer Wettbewerbsbeschränkung. Eine Verletzung des Selbständigkeitspostulats begründet aber nicht automatisch einen Verstoß gegen Art. 101 Abs. 1 AEUV. Vielmehr ist unter der Formel der Berücksichtigung des Gesamtzusammenhangs und der Wirkungen einer Verhaltensweise eine Rechtfertigung durch einen legitimen Zweck möglich, der mit der betreffenden Verhaltensweise verfolgt wird, sofern die Verhaltensweise

---

243 *EuGH,* Urt. v. 06.10.2009, verb. Rs. C-501/06 P, 513/06 P, 515/06 P und 519/06 P (*GlaxoSmithKline),* Slg. 2009, I-9291, Rn. 63.

244 *EuGH,* Urt. v. 06.10.2009, verb. Rs. C-501/06 P, 513/06 P, 515/06 P und 519/06 P (*GlaxoSmithKline),* Slg. 2009, I-9291, Rn. 63 unter Verweis auf *EuGH,* Urt. v. 04.06.2009, Rs. C-8/08 (*T-Mobile Netherlands),* Slg. 2009, I-4529, Rn. 38 f. Vgl. auch *EuGH,* Urt. v. 19.03.2015, Rs. C-286/13 P (*Dole),* (noch nicht in amtl. Slg.), Rn. 125.

245 *Hertfelder,* Die consumer welfare im europäischen Wettbewerbsrecht (2010), S. 97 f.; *Ders.,* in: FS Möschel (2011), S. 281, 289; *Mestmäcker/Schweitzer,* Europäisches Wettbewerbsrecht (2014), § 11, Rn. 10, 43.

für die Erreichung dieses Zwecks objektiv notwendig ist und nicht über das zur Zweckerreichung erforderliche Maß hinaus geht.[246]

Ob man diese Rechtsprechungstendenz insgesamt nun als *rule of reason*[247], normzweckorientierte Tatbestandsrestriktionen[248], ungeschriebene Ausnahmen[249], tatbestandsimmanente Grenzen des Kartellverbots[250] oder als teleologische Reduktion[251] einordnet, kann im Ergebnis dahinstehen. In der Literatur wird zwar teilweise davon ausgegangen, dass diese Ausnahmen aufgrund des durch die VO 1/2003 eingeführten Systems der Legalausnahme an Bedeutung verlieren, weil sie verfahrenspraktisch dadurch motiviert gewesen seien, dass der Europäische Gerichtshof in Rechtsmittelverfahren gegen Kommissionsentscheidungen auf die Prüfung beschränkt war, ob die Kommission den Freistellungstatbestand des Art. 101 Abs. 3 AEUV richtig angewendet hatte.[252] Bisher lassen die Entscheidungen der europäischen Gerichte jedoch soweit ersichtlich keine grundlegende Änderung ihrer Anwendung von Art. 101 AEUV aufgrund des Systemwechsels erkennen. Vielmehr bestätigte der Europäische Gerichtshof in der Entscheidung *MasterCard* seine Rechtsprechung zu Nebenabreden und betonte den Unterschied zu einer Freistellung im Rahmen von

---

246 Die Europäische Kommission geht nach einem 2014 veröffentlichten Papier insoweit auch weiterhin davon aus, dass selbst bezweckte Wettbewerbsbeschränkungen unter bestimmten Umständen nicht unter Art. 101 Abs. 1 AEUV fallen: "In exceptional cases, a restriction 'by object' may also be compatible with Article 101 of the Treaty not because it benefits from the exception provided for in Article 101(3) of the Treaty, but because it is objectively necessary for the existence of an agreement of a particular type or nature or for the protection of a legitimate goal, such as health and safety, and therefore falls outside the scope of Article 101(1) of the Treaty" (Commission staff working document, Guidance on restrictions of competition 'by object' for the purpose of defining which agreements may benefit from the De Minimis Notice, SWD(2014) 198 final, 25.6.2014, 4).

247 Siehe dazu bereits oben zu den Ausführungen von *GA Léger* in und bei Fn. 146. Vgl. auch *Monti*, CMLR 39 (2002), 1057, 1986 ff.; MüKoEuWettbR/*Säcker/Molle*, Art. 101 AEUV, Rn. 96, 98; *Werner*, EuZW 2013, 385, 386.

248 *Fuchs*, ZWeR 2007, 369, 379.

249 *Pohlmann*, in: FK, Grundfragen Art. 81 Abs. 3 EG, Rn. 122, 124.

250 *Zimmer/Paul*, JZ 2008, 611, 617.

251 *Rittner*, in: FS Huber (2006), S. 1095, 1106 ff.; *Rittner/Dreher*, Europäisches und deutsches Wirtschaftsrecht (2008), § 16, Rn. 62.

252 *Zimmer/Paul*, JZ 2008, 611, 617; *Pohlmann*, in: FK, Grundfragen Art. 81 Abs. 3 EG, Rn. 121; *Molle*, Zur Beurteilung „begleitender" Wettbewerbsverbote im Rahmen von Art. 81 Abs. 1 EG und § 1 GWB (2005), S. 51–54. Vgl. zur verfahrensrechtlichen Problematik vor der VO 1/2003 *Ulmer*, RIW 1985, 517, 518.

Art. 101 Abs. 3 AEUV.[253] Auch scheint es unter Berücksichtigung der Entscheidungen in den Sachen *Meca-Medina*, *Wouters*, *Ordem dos Técnicos Oficiais de Contas* und *Consiglio nazionale dei geologi* vielmehr so, dass der Europäische Gerichtshof auch außerhalb des strikten Korsetts der ökonomischen Effizienzkriterien des Art. 101 Abs. 3 AEUV die Rechtfertigung einer an sich wettbewerbsbeschränkenden Verhaltensweise erlauben will.[254]

---

253 *EuGH*, Urt. v. 11.09.2014, Rs. C-382/12 P (*MasterCard*), (noch nicht in amtl. Slg.), Rn. 89–93: "It is apparent from the case-law of the Court of Justice that if a given operation or activity is not covered by the prohibition rule laid down in Article 81(1) EC, owing to its neutrality or positive effect in terms of competition, a restriction of the commercial autonomy of one or more of the participants in that operation or activity is not covered by that prohibition rule either if that restriction is objectively necessary to the implementation of that operation or that activity and proportionate to the objectives of one or the other (…). Where it is not possible to dissociate such a restriction from the main operation or activity without jeopardising its existence and aims, it is necessary to examine the compatibility of that restriction with Article 81 EC in conjunction with the compatibility of the main operation or activity to which it is ancillary, even though, taken in isolation, such a restriction may appear on the face of it to be covered by the prohibition rule in Article 81(1) EC. Where it is a matter of determining whether an anti-competitive restriction can escape the prohibition laid down in Article 81(1) EC because it is ancillary to a main operation that is not anti-competitive in nature, it is necessary to inquire whether that operation would be impossible to carry out in the absence of the restriction in question. (…) However, that interpretation does not mean that there has been an amalgamation of, on the one hand, the conditions laid down by the case-law for the classification – for the purposes of the application of Article 81(1) EC – of a restriction as ancillary, and, on the other hand, the criterion of the indispensability required under Article 81(3) EC in order for a prohibited restriction to be exempted. In that regard, suffice it to note that those two provisions have different objectives and that the latter criterion relates to the issue whether coordination between undertakings that is liable to have an appreciable adverse impact on the parameters of competition, such as the price, the quantity and quality of the goods or services, which is therefore covered by the prohibition rule laid down in Article 81(1) EC, can none the less, in the context of Article 81(3) EC, be considered indispensable to the improvement of production or distribution or to the promotion of technical or economic progress, while allowing consumers a fair share of the resulting benefits. By contrast (…) the objective necessity test (…) concerns the question whether, in the absence of a given restriction of commercial autonomy, a main operation or activity which is not caught by the prohibition laid down in Article 81(1) EC and to which that restriction is secondary, is likely not to be implemented or not to proceed."

254 *Roth*, in: FS Mestmäcker (2006), S. 411, 424; *Pohlmann*, in: FK, Grundfragen Art. 81 Abs. 3 EG, Rn. 122.

In diese Rechtsprechung lässt sich auch das später noch ausführlich darzustellende Urteil des Europäischen Gerichtshofs in der Sache *Asnef-Equifax* einordnen, das ein Informationsaustauschsystem zwischen Kreditinstituten zum Gegenstand hatte, das der Erhöhung des Wirkungsgrades des Kreditangebots dient.[255] Der Europäische Gerichtshof berücksichtigte bei der Beurteilung dieses Informationsaustauschs nicht nur explizit dessen Auswirkungen auf die Preise für die Abnehmer[256] sondern maß auch dem Zweck des Registers maßgebliche Bedeutung für das Vorliegen einer Wettbewerbsbeschränkung bei.[257]

In Bezug auf die Vorversichereranfrage wird in der Literatur zum Teil ebenfalls eine Parallele zur Rechtsprechung des Gerichtshofs zu Arbeitsgemeinschaften bzw. zu Nebenabreden gezogen und der Informationsaustausch dementsprechend insoweit für zulässig erachtet, als die ausgetauschten Informationen für die Beurteilung des aktuellen Risikos notwendig und erforderlich sind.[258] Auch die Europäische Kommission begründete in einem Verfahren, das eine Vereinbarung bezüglich eines Registers über erhöhte Risiken zum Gegenstand hatte, die Unzulässigkeit einer Klausel dieser Vereinbarung damit, dass sie „über das legitime Ziel der Vereinbarung hinausging."[259]

---

255 *EuGH*, Urt. v. 23.11.2006, Rs. C-238/05 (*Asnef-Equifax)*, Slg. 2006, I-11125, Rn. 47, 55. Vgl. Immenga/Mestmäcker/*Emmerich*, Art. 101 Abs. 1 AEUV, Rn. 134; *Roth/Ackermann*, in: FK, Grundfragen Art. 81 Abs. 1 EG, Rn. 327. Siehe dazu unten S. 228 ff.

256 *EuGH*, Urt. v. 23.11.2006, Rs. C-238/05 (*Asnef-Equifax)*, Slg. 2006, I-11125, Rn. 55.

257 *EuGH*, Urt. v. 23.11.2006, Rs. C-238/05 (*Asnef-Equifax)*, Slg. 2006, I-11125, Rn. 47, 54 ff.

258 MüKoEuWettbR/*Esser/Stappert*, SB Versicherungswirtschaft, Rn. 75; *Bartmann*, 10. Kapitel, in: Mäger (Hrsg.), Europäisches Kartellrecht (2011), Rn. 28; *Dreher/Hoffmann/Kling*, Kartell- und Wettbewerbsrecht der Versicherungsunternehmen (2015), § 7, Rn. 19, 25.

259 *Europäische Kommission*, Bericht an das Europäische Parlament und den Rat über die Anwendung der Verordnung Nr. 3932/92, 12.05.1999, Rn. 48. Siehe dazu auch unten S. 244.

Teil 2: Die Bedeutung des einzelfallbezogenen Informationsaustauschs im Rahmen der Vorversichereranfrage

A. Der einzelfallbezogene Informationsaustausch über Versicherungsnehmer

Die in Deutschland tätigen Versicherungsunternehmen tauschen im Wesentlichen innerhalb zweier verschiedener Systeme anlassbezogen Informationen über einzelne Versicherungsnehmer aus. Zum einen werden Daten über die Versicherungsnehmer im Hinweis- und Informationssystem der deutschen Versicherer (im Folgenden: HIS) zentral gespeichert und von den Versicherern bei Bedarf dort abgerufen. Zum anderen findet ein Austausch von Informationen im Rahmen der Vorversichereranfrage statt.

Beide Systeme dienen im Wesentlichen dazu, Betrugsfälle sowie falsche Angaben von Versicherungsnehmern gegenüber den Versicherern aufzudecken. Um eine Zuordnung zu einer Risikoklasse bzw. die Anpassung einer individuellen Prämie zu ermöglichen, verlangen die Versicherer vor Abschluss eines Versicherungsvertrags von den zukünftigen Versicherungsnehmern Selbstauskünfte über risikoerhebliche Umstände, die dann die Grundlage der Prämienberechnung bilden. Dieses Vorgehen birgt jedoch ein erhebliches Fehlerpotential, denn die Versicherer haben im Massengeschäft mit Versicherungsdienstleistungen kaum Möglichkeiten, diese Angaben im Einzelfall zu überprüfen. Sie laufen daher Gefahr, dass die Versicherungsnehmer den Informationsnachteil der Versicherer ausnutzen, um günstigere Versicherungsbedingungen zu erhalten. Der Gesamtverband der Deutschen Versicherungswirtschaft e. V. (im Folgenden: GDV)[260] beziffert den

260 Im GDV sind die privaten Versicherer in Deutschland organisiert. Ihm gehören 460 Mitgliedsunternehmen und damit der weit überwiegende Teil der in Deutschland tätigen Versicherungsunternehmen an (http://www.gdv.de/ueber-uns/ (Stand 29.09.2018)). Zweck des GDV ist es laut § 1 Abs. 2 der Satzung, „die gemeinsamen Interessen der deutschen Versicherungswirtschaft zu vertreten“ (Satzung des Gesamtverbandes der Deutschen Versicherungswirtschaft e.V. in der Fassung vom 26.09.2017, abrufbar unter https://www.gdv.de/resource/blob/23898/dac9a49f0314e6e7be4d0debbb26f5fa/satzung-des-gdv-data.pdf (Stand 29.09.2018)).

Schaden, der deutschen Versicherern jährlich durch fehlerhafte, unwahre, unvollständige oder betrügerische Angaben entsteht, auf vier Milliarden Euro.[261]

I. Das Hinweis- und Informationssystem der deutschen Versicherer (HIS)

Das HIS wird seit 2011, anders als das Vorgängersystem UNIWAGNIS, nicht mehr vom GDV, sondern als Auskunftei im Sinne von § 29 BDSG von einem privaten Anbieter, der informa HIS GmbH geführt.[262] Es wird für sämtliche Versicherungssparten, außer für die private Krankenversicherung betrieben. Die Dateien werden jedoch nach Sparten getrennt geführt, sodass nach Auskunft des GDV eine Gesamtbewertung eines Kunden nicht möglich sein soll.[263] Die Versicherer melden an das HIS personenbezogene Daten über einzelne Versicherungsnehmer mit einem vermeintlich erhöhten Risiko.

Eine Meldung erfolgt nicht nur bei Vorliegen eines Betrugstatbestandes, sondern auch schon in Fällen, in denen nach Ansicht des Betreibers Anhaltspunkte vorliegen, die auf ein erhöhtes Betrugsrisiko schließen lassen. Die Meldungen erfolgen nach festgelegten, nicht veröffentlichten Kriterien, die sich nach Angabe des GDV in die Kategorien atypische Schadenshäufigkeit, besondere Schadenfolgen, erschwerte Risiken und Auffälligkeit im Schaden-/Leistungsfall einteilen lassen.[264] Die Kriterien beruhen laut GDV auf den Erfahrungen von Experten in der Betrugsaufklärungsarbeit und sollen Hinweise auf das Vorliegen eines Betrugsversuchs geben.[265]

Zu den Kriterien für die Einmeldung führt der GDV aus, dass beispielsweise eine Einmeldung unter dem Merkmal „besondere Schadenfolgen" im Bereich der Kfz-Versicherung erfolgt, wenn ein Fahrzeugschaden fiktiv auf Basis eines Gutachtens oder Kostenvoranschlags abgerechnet wird und der Schaden einen

---

261 *Gesamtverband der Deutschen Versicherungswirtschaft e.V.*, Hinweis- und Informationssystem der deutschen Versicherer – HIS, S. 2.

262 Vgl. http://www.informa-irfp.de (Stand 29.09.2018); *Gesamtverband der Deutschen Versicherungswirtschaft e.V.*, Hinweis- und Informationssystem der deutschen Versicherer – HIS, S. 2 f. Siehe dazu auch *Lier*, VW 2011, 480.

263 *Gesamtverband der Deutschen Versicherungswirtschaft e.V.*, Hinweis- und Informationssystem der deutschen Versicherer – HIS, S. 3.

264 *Gesamtverband der Deutschen Versicherungswirtschaft e.V.*, Hinweis- und Informationssystem der deutschen Versicherer – HIS, S. 4. Die Einmeldung erfolgt nach einem Punktesystem. Näheres hierzu bei *Lier*, VW 2011, 480.

265 *Gesamtverband der Deutschen Versicherungswirtschaft e.V.*, Hinweis- und Informationssystem der deutschen Versicherer – HIS, S. 4.

gewissen Betrag überschreitet.[266] Im Bereich der Rechtsschutzversicherung werden Versicherungsnehmer erfasst, die innerhalb von 12 Monaten die Deckung von vier Schadensfällen beanspruchen, während im Bereich der Schadenversicherung bereits drei Schadensfälle innerhalb von 24 Monaten zu einer Einmeldung führen.[267]

Ein „erschwertes Risiko" soll im Fall einer Berufsunfähigkeitsversicherung vorliegen, wenn der Antragsteller einen besonders gefahrträchtigen Beruf ausübt oder eine risikoerhebliche Vorerkrankung hat.[268]

Nach Angaben des GDV wird jedoch kein Vertrag allein aufgrund einer Eintragung im HIS abgelehnt. Das System soll vielmehr zur Überprüfung der vom Antragsteller gemachten Angaben dienen. Eine Meldung im HIS soll demnach zu einer genaueren Überprüfung des Sachverhalts und gegebenenfalls zu einer Neuberechnung der Prämie führen und nur im Einzelfall zur Folge haben, dass kein Versicherungsschutz angeboten werden könne.[269]

In das HIS können neben Gegenständen, wie beispielsweise Fahrzeugen und Gebäuden, auch Personen, wie der Versicherungsnehmer, der Geschädigte und andere Personen, wie insbesondere Zeugen, gemeldet werden. Auf diese Weise sollen banden- und gewerbsmäßige Betrugstaten leichter aufgedeckt werden, bei denen häufig die gleichen Personen bei mehreren Taten in unterschiedlichen Rollen als Versicherungsnehmer, Geschädigter oder Zeuge auftreten.[270] Das HIS besteht aus zwei unterschiedlichen Datenpools, dem Antragspool und dem Leistungspool.[271] Stellt ein Versicherer eine Anfrage an das HIS vor dem Vertragsschluss mit einem potentiellen Versicherungsnehmer, so erhält er eine Antwort aus dem Antragspool. Erfolgt die Anfrage dagegen im Zusammenhang mit der Abwicklung eines bereits eingetretenen Schadens, so stammen die erteilten

---

266 *Gesamtverband der Deutschen Versicherungswirtschaft e.V.*, Hinweis- und Informationssystem der deutschen Versicherer – HIS, S. 4. Auf diese Weise soll laut GDV verhindert werden, dass derselbe Schaden bei einem anderen Versicherer noch einmal geltend gemacht wird. Siehe dazu auch *Otting*, SVR 2013, 132, 132 f.

267 *Dreher/Hoffmann/Kling*, Kartell- und Wettbewerbsrecht der Versicherungsunternehmen (2015), § 7, Rn. 50.

268 *Gesamtverband der Deutschen Versicherungswirtschaft e.V.*, Hinweis- und Informationssystem der deutschen Versicherer – HIS, S. 5.

269 *Gesamtverband der Deutschen Versicherungswirtschaft e.V.*, Hinweis- und Informationssystem der deutschen Versicherer – HIS, S. 4.

270 *Gesamtverband der Deutschen Versicherungswirtschaft e.V.*, Hinweis- und Informationssystem der deutschen Versicherer – HIS, S. 4 f.

271 Vgl. hierzu und zum Folgenden *Dreher/Hoffmann/Kling*, Kartell- und Wettbewerbsrecht der Versicherungsunternehmen (2015), § 7, Rn. 53 f.

Informationen aus dem Leistungspool. In beiden Fällen erfolgt die Antwort im Hinblick auf den Vorversicherer zunächst anonymisiert.[272] Nur in letzterem Fall erhält der anfragende Versicherer, falls die Anfrage beim HIS auffällige Ergebnisse hervorgebracht hat, durch Aufdeckung der Identität des Vorversicherers die Möglichkeit, eine Detailanfrage an diesen zu stellen.[273]

II. Die Vorversichereranfrage

Zum Zweck der Beurteilung des zu versichernden Risikos erfragen die Versicherer vor Vertragsschluss von jedem Antragsteller mithilfe unternehmensindividuell standardisierter Antragsformulare eine Vielzahl von Auskünften, insbesondere auch zu etwaigen Vorschäden. Je nach Art der Versicherung werden unterschiedliche Daten abgefragt.[274] Die Antworten auf diese Fragen bilden die Grundlage für das Vertragsangebot des Versicherers. Im Fall von Sachversicherungen zum Beispiel geht es im Wesentlichen um die Anzahl und Höhe der Vorschäden aus den letzten fünf Jahren; außerdem sollen die Versicherer bezeichnet werden, die die jeweiligen Vorschäden reguliert haben.[275] Bei Kraftfahrzeugversicherungen erfragen die Versicherer Typklasse und Regionalklasse, die Berufsgruppe des Versicherungsnehmers, Dauer der Schadenfreiheit, Anzahl der Schäden, jährliche Kilometerfahrleistung und Abstellplatz (Garage, privater Stellplatz oder Freiland).[276] Bei Anträgen zum Abschluss einer Rechtsschutzversicherung werden die Häufigkeit der Inanspruchnahme anwaltlicher Beratung sowie die dafür angefallenen Kosten und der Grund der Beendigung des Vertrags mit dem Vorversicherer erfragt.[277]

Die Verpflichtung der Antragsteller, dem Versicherungsunternehmen gegenüber entsprechende Angaben zu machen, ergibt sich aus § 19 Abs. 1 VVG.[278] Bei der Bearbeitung der Anträge stellen die Versicherungsunternehmen zur Überprüfung der vom Antragsteller gemachten Angaben gegebenenfalls eine Anfrage

---

272 *Dreher/Hoffmann/Kling,* Kartell- und Wettbewerbsrecht der Versicherungsunternehmen (2015), § 7, Rn. 53.

273 *Dreher/Hoffmann/Kling,* Kartell- und Wettbewerbsrecht der Versicherungsunternehmen (2015), § 7, Rn. 54.

274 *Heyers,* Facilitating Practices, S. 419.

275 *Heyers,* Facilitating Practices, S. 419.

276 *Heyers,* Facilitating Practices, S. 419.

277 *Heyers,* Facilitating Practices, S. 419.

278 Siehe dazu auch unten S. 126 ff. Nach Vertragsschluss wird eine entsprechende Informationsverpflichtung des Versicherungsnehmers auf Anfrage des Versicherers durch § 31 Abs. 1 VVG begründet.

an den jeweiligen Vorversicherer, den sie sich ebenfalls bereits im Antrag vom Antragsteller benennen lassen. Im Bereich der Kraftfahrtversicherung erhält der anfragende Versicherer vom Vorversicherer eine Versichererwechselbescheinigung gemäß § 5 Abs. 7 PflVG.[279] Diese enthält Angaben über Vertragsbeginn und -ende, den Vertragsstatus, also ob ein Vertrag gekündigt wurde oder zurzeit ruht, und das sogenannte Rabattgrundjahr.[280] Der in diesem Rahmen durchgeführte Informationsaustausch geht dabei jedoch inhaltlich über den gesetzlich vorgesehenen Inhalt der Versichererwechselbescheinigung hinaus, indem zusätzliche Informationen, z.B. darüber erteilt werden, ob bereits einem anderen Versicherer Auskünfte zu diesem konkreten Versicherungsnehmer erteilt wurden.[281] Auch wird die Versichererwechselbescheinigung in dieser Form – anders als durch das PflVG vorgesehen – nicht nur für die Kfz-Haftpflichtversicherung, sondern auch für die Vollkaskoversicherung erteilt.

Um eine Weitergabe der Daten zwischen den Versicherungsunternehmen im Rahmen der Vorversichereranfrage unter datenschutzrechtlichen Aspekten zu ermöglichen, beinhalten die Versicherungsanträge oder allgemeinen Geschäftsbedingungen der Versicherer standardisierte Einwilligungserklärungen in die Erteilung von Auskünften durch den Vorversicherer. Gleichzeitig wird das Versicherungsunternehmen berechtigt, seinerseits gegenüber anderen Versicherungsunternehmen entsprechende Auskünfte zu erteilen. Die verwendeten Datenweitergabeklauseln beruhen dabei auf einer im Jahr 1994 vom Düsseldorfer Kreis[282] entwickelten und vom Bundesaufsichtsamt (heute BaFin)

---

279 Gemäß § 5 Abs. 7 PflVersG steht lediglich dem Versicherungsnehmer ein Anspruch gegen seinen Versicherer auf Ausstellung einer Versichererwechselbescheinigung zu. Um einen schnelleren und unkomplizierteren Ablauf des Versichererwechsels zu gewährleisten, wird die Versichererwechselbescheinigung in der Praxis jedoch vom Vorversicherer an den neuen Versicherer ausgestellt. Dazu bevollmächtigt der Versicherungsnehmer den neuen Versicherer, die Auskunft für ihn beim Vorversicherer einzuholen (*Müringer,* Die Tarifbestimmungen für die Kraftfahrtversicherung (TB) (2005), S. 284 f.; *Eichler/Kamp,* in: Beck'scher OK Datenschutzrecht, Versicherungswesen, Rn. 54, 57).

280 Das Rabattgrundjahr ist eine fiktive Kalenderjahreszahl, die als Grundlage für die Ermittlung der Schadenfreiheitsklasse dient; es beschreibt die (fiktive) Jahreszahl, seit der der Vertrag besserstufungsfähig schadenfrei ist (Stiefel/Maier/*Schurer,* AKB 2015, I.8 Auskünfte über den Schadenverlauf, Rn. 14).

281 *Eichler/Kamp,* in: Beck'scher OK Datenschutzrecht, Versicherungswesen, Rn. 57.

282 Der Düsseldorfer Kreis ist ein Gremium der obersten Aufsichtsbehörden für Datenschutz in der Privatwirtschaft, das sich seit 1977 jährlich trifft und nach dem ersten Tagungsort benannt ist.

genehmigten Formulierung, die durch ein vom GDV ausgestaltetes Merkblatt zur Datenverarbeitung in der Versicherungswirtschaft ergänzt wird.[283]

Ein Beispiel für eine entsprechende Klausel findet sich auch in den Allgemeinen Bedingungen für die Kfz-Versicherung (AKB 2015) unter „I.8 Auskünfte über den Schadenverlauf“:

> „I.8.1 Wir sind berechtigt, uns bei Übernahme eines Schadenverlaufs folgende Auskünfte vom Vorversicherer geben zu lassen:
>
> – Art und Verwendung des Fahrzeugs,
> – Beginn und Ende des Vertrags für das Fahrzeug,
> – Schadenverlauf des Fahrzeugs in der Kfz-Haftpflicht- und der Vollkaskoversicherung,
> – Unterbrechungen des Versicherungsschutzes des Fahrzeugs, die sich noch nicht auf dessen letzte Neueinstufung ausgewirkt haben,
> – ob für ein Schadenereignis Rückstellungen innerhalb von drei Jahren nach deren Bildung aufgelöst worden sind, ohne dass Zahlungen geleistet worden sind und
> – ob Ihnen oder einem anderen Versicherer bereits entsprechende Auskünfte erteilt worden sind.
>
> I.8.2 Versichern Sie nach Beendigung Ihres Vertrags in der Kfz-Haftpflicht- und der Vollkaskoversicherung Ihr Fahrzeug bei einem anderen Versicherer, sind wir berechtigt und verpflichtet, diesem auf Anfrage Auskünfte zu Ihrem Vertrag und dem versicherten Fahrzeug nach I. 8.1 zu geben.“

Die datenschutz- und AGB-rechtliche Wirksamkeit dieser Einwilligungserklärungen wird in der Literatur vielfach bezweifelt.[284] Als Gründe hierfür werden sowohl die konkrete Art der Einbeziehung dieser Klauseln in den Versicherungsvertrag als auch ihre generalklauselartige Weite und die mangelnde Einflussnahmemöglichkeit der Versicherungsnehmer auf den Inhalt der gespeicherten Daten angeführt.[285] Die privatrechtliche Wirksamkeit der Einwilligungsklauseln

---

283 *Schwintowski,* VuR 2004, 242, 242; *Kaldenbach,* Das Problem der Informationsgewinnung für die vorvertragliche Risikoprüfung auf Seiten des privaten Berufsunfähigkeitsversicherers (2011), S. 236 f.

284 *Schwintowski,* VuR 2004, 242; *Eichler/Kamp,* in: Beck'scher OK Datenschutzrecht, Versicherungswesen, Rn. 48 ff.; *Hamburgischer Beauftragter für Datenschutz,* 22. Tätigkeitsbericht des Hamburgischen Beauftragten für Datenschutz und Informationsfreiheit zugleich Tätigkeitsbericht der Aufsichtsbehörde für den nicht-öffentlichen Bereich 2008–2009 (im Folgenden: Tätigkeitsbericht 2008–2009), 109 ff. Die datenschutzrechtliche Zulässigkeit der Einwilligungsklausel bejahend *Hoeren,* VersR 2005, 1014, 1018 ff. Siehe auch *Draf,* § 14 Datenschutz und IT-Compliance, in: Bürkle (Hrsg.), Compliance in Versicherungsunternehmen (2015), Rn. 65 ff.

285 Siehe die Nachweise in Fn. 284.

hat jedoch keine Auswirkungen auf ihre kartellrechtliche Zulässigkeit[286] und ist daher nicht Gegenstand dieser Arbeit.

Organisation und Ablauf der Vorversichereranfrage unterscheiden sich in den verschiedenen Versicherungssparten voneinander. In der Kraftfahrtversicherung richten die Versicherer die Vorversichereranfrage an die GDV Dienstleistungs-GmbH & Co. KG als sogenannte Clearingstelle, eine Tochtergesellschaft des GDV.[287] Diese leitet die Anfrage an den Vorversicherer und dessen Antwort, die Versichererwechselbescheinigung, wiederum an den Anfragenden weiter.[288] In anderen Bereichen erfolgt die Vorversichereranfrage direkt zwischen Nachversicherer und Vorversicherer.

B. Gang der Untersuchung

Das Vorgehen der Versicherer sowie ihres Verbands, des GDV, im Rahmen der Vorversichereranfrage soll im Folgenden auf seine kartellrechtliche Zulässigkeit untersucht werden. Dabei steht die Prüfung eines Verstoßes gegen das europäische Kartellverbot des Art. 101 Abs. 1 AEUV aufgrund des Anwendungsvorrangs des europäischen vor dem deutschen Kartellrecht gemäß Art. 3 Abs. 1 VO 1/2003 und § 22 Abs. 1 GWB sowie aufgrund der Konvergenzklausel in Art. 3 Abs. 2 S. 1 VO 1/2003 im Vordergrund.[289] Auf das Verbot des Missbrauchs einer marktbeherrschenden Stellung gemäß Art. 102 AEUV wird im Anschluss an die Ausführungen zu Art. 101 AEUV kurz eingegangen. Die kartellrechtliche Beurteilung des HIS ist dagegen nicht Gegenstand dieser Arbeit.[290]

Der Austausch von Informationen zwischen Wettbewerbern nimmt in der kartellrechtlichen Literatur einigen Raum ein. Zwar weicht das Vorgehen der Versicherer im Rahmen der Vorversichereranfrage in einigen Punkten von dem ab, was üblicherweise unter dem Stichwort des Informationsaustauschs diskutiert wird. Kartellbehörden und Gerichte stehen dem einzelfallbezogenen

---

286 So auch *EuGH*, Urt. v. 23.11.2006, Rs. C-238/05 (*Asnef-Equifax*), Slg. 2006, I-11125, Rn. 63.

287 *Frank von Fürstenwerth/Weiß*, Versicherungs-Alphabet (VA) (2001), S. 265; *Eichler/Kamp*, in: Beck'scher OK Datenschutzrecht, Versicherungswesen, Rn. 54.

288 *Frank von Fürstenwerth/Weiß*, Versicherungs-Alphabet (VA) (2001), S. 265.

289 Regierungsentwurf zur 7. GWB Novelle, 12.08.2004, BT-Drucks. 15/3640, zu Nr. 16 (§ 29), S. 48 f.

290 Siehe dazu *Dreher/Hoffmann/Kling*, Kartell- und Wettbewerbsrecht der Versicherungsunternehmen (2015), § 7, Rn. 50 ff.

Austausch von Informationen über die Marktgegenseite aber durchaus kritisch gegenüber. So hat der Europäische Gerichtshof in der Entscheidung *Asnef-Equifax*[291] die Anwendbarkeit des Kartellverbots auf ein von spanischen Kreditinstituten geführtes Register über erhöhte Risiken ihrer Schuldner bejaht. Er hat eine Beschränkung des Wettbewerbs trotz der von ihm zuvor dargelegten positiven Effekte eines solchen Registers, wie insbesondere der Verringerung der Ausfallquote von Kreditnehmern und der dadurch bedingten Erhöhung des Wirkungsgrades des Kreditangebots, für möglich gehalten und von einer differenzierten Betrachtung der Ausgestaltung des besagten Registers abhängig gemacht:

> „Gleichwohl hängt die Beantwortung der Frage, ob im vorliegenden Fall eine Beschränkung des Wettbewerbs im Sinne von Artikel 81 Absatz 1 EG vorliegt, vom wirtschaftlichen und rechtlichen Zusammenhang, in den sich das Register einfügt, insbesondere von den wirtschaftlichen Bedingungen des Marktes sowie den charakteristischen Eigenschaften des Registers ab.“[292]

Ebenso hat das Bundeskartellamt die kartellrechtliche Relevanz der Vorversichereranfrage grundsätzlich bejaht, obwohl es sich um den Austausch von Kundendaten handelt und der Austausch lediglich anlassbezogen erfolgt.[293]

Den Kern dieser Arbeit bildet daher in Teil 3 die Prüfung, ob das System der Vorversichereranfrage gegen Art. 101 Abs. 1 AEUV verstößt. Zuvor sollen jedoch die kartellrechtliche Relevanz von Informationen (C) sowie die Bedeutung von Informationen für die Versicherungswirtschaft (D) als Grundlagen der kartellrechtlichen Bewertung der Vorversichereranfrage erläutert werden.

C. Kartellrechtliche Relevanz von Informationen

I. Der ambivalente Charakter von Informationen

Im Rahmen des Konzepts des vollkommenen Wettbewerbs gilt ein Zustand absoluter Markttransparenz – neben anderen Merkmalen – als Voraussetzung des idealisierten Wettbewerbsgleichgewichts.[294] Der vollkommene Wettbewerb

---

291 Siehe zu dieser Entscheidung ausführlich unten S. 228 ff.

292 *EuGH*, Urt. v. 23.11.2006, Rs. C-238/05 (*Asnef-Equifax)*, Slg. 2006, I-11125, Rn. 57.

293 *Bundeskartellamt*, TB 2009/2010, S. 92; siehe auch *Bundeskartellamt*, TB 2005/2006, S. 160.

294 Vgl. dazu MüKoEuWettbR/*Kerber/Schwalbe*, Einleitung, Rn. 70 ff.; *Haucap/Schmidt*, Wettbewerbspolitik und Kartellrecht (2013), S. 8; *Schmidt*, WuW 1963, 97, 97 f. *Knight* formulierte als Voraussetzung des vollkommenen Wettbewerbs: "There must be perfect, continuous, costless intercommunication between all individual members of society. Every potential buyer of a good constantly knows and chooses among the

ist jedoch ein Modell, dessen Bedingungen auf einem realen Markt nie erreicht werden können.[295] Reale Märkte sind in diesem Sinne immer „unvollkommen“: Informationen stehen den Marktteilnehmer nicht jederzeit, unmittelbar und vor allem nicht kostenlos zur Verfügung. Mit dieser Problematik befasst sich die Informationsökonomik.[296]

Darüber hinaus ist auch die positive Beurteilung von Transparenz durch das Modell vollkommenen Wettbewerbs nicht ohne weiteres auf reale, unvollkommene Märkte übertragbar. Denn wenn nur eine der Bedingungen des vollkommenen Wettbewerbs nicht erfüllt ist, führt die Herbeiführung der übrigen Bedingungen nicht zwangsläufig zu einer Stärkung des Wettbewerbs, sondern kann den noch vorhandenen Wettbewerb im Gegenteil sogar behindern.[297] Die entscheidende Frage muss daher sein, in welchem Umfang ein Informationsaustausch unter den tatsächlichen Bedingungen eines unvollkommenen

---

offers of all potential sellers, and conversely” (*Knight,* Risk, Uncertainty and Profit (1921), S. 78). Nach *Wagner-von Papp* verlangt *Knight* damit nur vollkommene Transparenz im Vertikalverhältnis, also zwischen Anbietern und Nachfragern, nicht dagegen im Horizontalverhältnis zwischen den Anbietern (*Wagner-von Papp,* Marktinformationsverfahren (2004), S. 52, Fn. 90. Zur Unterscheidung zwischen vertikaler und horizontaler Transparenz sogleich unter I.). Siehe zum Konzept vollkommenen Wettbewerbs oben S. 30 f.

295 *Clark,* The American Economic Review 30 (1940), 241, 241; *Schmidt,* WuW 1963, 97, 98 f.; *Wagner-von Papp,* Marktinformationsverfahren (2004), S. 50. Ein weiterer und nicht minder schwerwiegender Kritikpunkt am Modell des vollkommenen Wettbewerbs ist, dass es sich hierbei um ein statisches Modell handelt, das „jenen Zustand als bereits bestehend annimmt, den (...) der Prozeß des Wettbewerbs erst schaffen soll“ (*von Hayek,* Individualismus und wirtschaftliche Ordnung (1976), S. 122). Innovationen klammert das Modell des vollkommenen Wettbewerbs dagegen aus. Sie sind jedoch Antrieb des wirtschaftlichen Fortschritts und damit eine der zentralen Funktionen des Wettbewerbs. Siehe dazu *Clark,* Competition as a dynamic process (1961), S. ix, 77; *Kantzenbach,* Die Funktionsfähigkeit des Wettbewerbs, Bd. 1 (1967), S. 17. Sich dieser Kritik anschließend *Hoppmann,* WuW 1966, 97, 103 f. Siehe dazu bereits oben in und bei Fn. 75.

296 Siehe dazu *Fleischer,* Informationsasymmetrie im Vertragsrecht (2001), S. 93 ff. Grundlegend dazu *Stigler,* Journal of Political Economy 69 (1691), 213, der sich im Rahmen der von ihm entwickelte Suchtheorie erstmals mit Problemen der unvollständigen Information und der Kosten der Informationsbeschaffung befasste.

297 *Clark,* The American Economic Review 30 (1940), 241, 242; *Schmidt,* WuW 1963, 97, 103; *Wagner-von Papp,* Marktinformationsverfahren (2004), S. 50; *Mestmäcker/Schweitzer,* Europäisches Wettbewerbsrecht (2014), § 10, Rn. 59.

Wettbewerbs aus kartellrechtlicher und ökonomischer Sicht zu befürworten ist.[298]

Den Wirkungen von Informationen auf den Wettbewerb wird folglich ein ambivalenter Charakter zugesprochen.[299] Einerseits sind bestimmte Informationen als Grundlage der wirtschaftlichen Entscheidungen der Marktteilnehmer Voraussetzung für das Funktionieren des Wettbewerbs.[300] In einer ersten Annäherung lässt sich daher feststellen, dass ein Informationsaustausch im Vertikalverhältnis, also zwischen Anbietern und Nachfragern, eher positive Auswirkungen auf den Wettbewerb haben kann.[301] Ein hoher Transparenzgrad im

---

298 Vgl. *Kirchner,* WuW 2001, 1030, 1038 f. Ähnlich auch *Schmidt,* WuW 1963, 97, 103: „Da die Markttransparenz nicht Selbstzweck, sondern Mittel zur Wettbewerbsförderung bzw. -verschärfung sein soll, muß auf das ökonomische Ergebnis einer solchen Förderung der Markttransparenz abgestellt werden."

299 *Aberle,* Ökonomische Bewertung von Transparenz oder Geheimhaltung der Marktdaten als Wettbewerbsparameter, in: FIW (Hrsg.), Bewertung und Zulässigkeit von Marktinformationsverfahren (1993), S. 1, 1; *Wagner-von Papp,* WuW 2005, 732, 29 f.; *Lübbig,* in: Wiedemann (Hrsg.), Handbuch des Kartellrechts, § 9, Rn. 240; *Oberender/Väth,* Das Wirtschaftsstudium, 1986, 191, 193; *Meyer/Müller,* WuW 2007, 117, 119; Langen/Bunte/*Hengst,* Artikel 101 AEUV, Rn. 359; *Seitz,* Journal of European Competition Law & Practice 2 (2011), 452, 461 f.; Immenga/Mestmäcker/*Zimmer,* Art. 101 Abs. 1 AEUV, Rn. 265; siehe auch *Dreher,* Die wettbewerbsrechtliche Zulässigkeit der Information über Marktdaten, in: FIW (Hrsg.), Bewertung und Zulässigkeit von Marktinformationsverfahren (1993), S. 15, 28 ff.

300 *Dreher,* Die wettbewerbsrechtliche Zulässigkeit der Information über Marktdaten, in: FIW (Hrsg.), Bewertung und Zulässigkeit von Marktinformationsverfahren (1993), S. 15, 15; *Sölter,* Der unvollständige Wettbewerbsbegriff (1975), S. 46.

301 *Aberle,* Ökonomische Bewertung von Transparenz oder Geheimhaltung der Marktdaten als Wettbewerbsparameter, in: FIW (Hrsg.), Bewertung und Zulässigkeit von Marktinformationsverfahren (1993), S. 1, 6 f.; *Oberender/Väth,* Das Wirtschaftsstudium 1986, 191, 193; *Wagner-von Papp,* Marktinformationsverfahren (2004), S. 29 f., 50 f.; *Tugendreich,* Die kartellrechtliche Zulässigkeit von Marktinformationsverfahren (2004), S. 126 ff. Die positive Beurteilung einer Erhöhung der Transparenz zwischen zwei Marktstufen kann jedoch nicht uneingeschränkt gelten. Ein Mehr an Transparenz führt nicht in jedem Fall zu einem besseren Marktergebnis. Anders als der Idealtypus des *homo oeconomicus*, der den Modellen regelmäßig zugrunde liegt, können in der Realität weder Anbieter noch Nachfrager unendlich viele Informationen aufnehmen und auswerten. Ab dem Punkt, an dem die Marktgegenseite also diejenige Menge an Informationen erhält, die sie maximal nutzen kann, führt eine zusätzliche Transparenzerhöhung nicht mehr zu einem besseren Marktergebnis. Siehe dazu bereits oben in und bei Fn. 130 und 131.

Horizontalverhältnis[302] kann andererseits den Wettbewerb, insbesondere auf Märkten mit einer oligopolistischen Struktur, schwächen.[303]

Unter kartellrechtlichen Aspekten sind nur solche Informationen relevant, die auf einem künstlichen Weg erlangt werden. Davon zu unterscheiden ist die natürliche, durch den Wettbewerbsprozess selbst bedingte Informationsgewinnung. Sie findet dergestalt statt, dass bei jeder einzelnen Transaktion die daran beteiligten Parteien Informationen über den Markt gewinnen und ihr Verhalten in Zukunft an diese anpassen.[304] Die Informationen verbreiten sich so nach und nach auf dem gesamten Markt und führen im Idealfall dazu, dass sich ein Wettbewerbsgleichgewicht einstellt.[305] Diese „Verbreitung von dezentral generierten Informationen [ist] dem Wettbewerbsprozess des Marktes immanent“[306].

Die künstliche Informationsgewinnung ist demgegenüber nicht (Neben-) Produkt des Wettbewerbsprozesses, sondern vollzieht sich durch den direkten oder institutionalisierten Austausch von Informationen zwischen Marktteilnehmern. Dabei wird zum einen die Geschwindigkeit der Informationsverbreitung gegenüber dem natürlichen Prozess erhöht. Zum anderen beschränken sich die auf diesem Weg übermittelten Daten in der Regel nicht auf dasjenige, was den Marktteilnehmern später ohnehin bekannt geworden wäre. Tauschen die Wettbewerber beispielsweise Preislisten aus, so kennen sie gegenseitig sämtliche Preise und die exakte Differenz zu den eigenen Preisen sowie zu den eigenen

---

302 Informationen im Horizontalverhältnis bezeichnen dabei genau genommen nicht nur Informationen zwischen Anbietern, sondern auch solche zwischen Nachfragern auf der gleichen Marktstufe. Für die folgenden Ausführungen ist jedoch ausschließlich die Information zwischen Anbietern von Bedeutung, sodass mit den Begriffen der horizontalen Transparenz bzw. der Information im Parallelprozess auch nur diese gemeint sein soll.

303 *Aberle*, Ökonomische Bewertung von Transparenz oder Geheimhaltung der Marktdaten als Wettbewerbsparameter, in: FIW (Hrsg.), Bewertung und Zulässigkeit von Marktinformationsverfahren (1993), S. 1, 6 ff.; *Oberender/Väth*, Das Wirtschaftsstudium 1986, 191, 193. Siehe auch *Tugendreich*, Die kartellrechtliche Zulässigkeit von Marktinformationsverfahren (2004), S. 126 ff., die nach dem Grad der Information differenziert und die Schaffung von Transparenz bis zu einem gewissen Punkt für wettbewerbsfördernd und darüber hinaus für wettbewerbsschädlich hält.

304 *Von Hayek*, Individualismus und wirtschaftliche Ordnung (1976), S. 129, 139 f.; *Hoppmann*, WuW 1966, 97, 100.

305 *Hoppmann*, WuW 1966, 97, 100. Informationen sind demnach sowohl Voraussetzung als auch Ergebnis des Wettbewerbsprozesses (ebd., S. 99 f.; *Wagner-von Papp*, Marktinformationsverfahren (2004), S. 29 f.).

306 *Wagner-von Papp*, Marktinformationsverfahren (2004), S. 29.

Kosten. Auf dem „natürlichen" Weg der Informationsverbreitung durch den Wettbewerbsprozess hätten sie dagegen unter Umständen nur von einzelnen Preisen oder von der Tatsache, dass die Preise der Wettbewerber niedriger oder höher sind, Kenntnis erlangt. Die künstlich erlangten Informationen sind also einerseits aktueller und andererseits umfassender als die im Rahmen des Wettbewerbsprozesses gewonnenen.[307]

Auf horizontaler Ebene kann eine Erhöhung der Transparenz den Wettbewerb insbesondere behindern, indem der Preisbildungsmechanismus durch die zusätzlichen Informationen beeinflusst wird. Dabei geht es in erster Linie um Daten über die Preise, aber auch solche über Absatzmengen oder Kosten sind in die Kritik der Wettbewerbsbehörden geraten.[308] Die Beschränkung des Wettbewerbs durch die Erhöhung der Transparenz auf einem Markt ergibt sich dabei daraus, dass den Unternehmen die Möglichkeit zur Erzielung von Vorsprungsgewinnen genommen wird.[309] Wettbewerb ist in diesem Zusammenhang im Sinne von *Clark* als ein durch verschiedene Phasen gekennzeichneter dynamischer

---

307 Gegen eine Unterscheidung zwischen diesen beiden Formen der Informationsgewinnung spricht sich dagegen *Röper* aus: „Beide ‚Wege zur Schaffung von Markttransparenz' sind (…) weitgehend nur durch den Abstraktionsgrad der Modellannahme bedingt und die dadurch sich ergebende einmal simultane und zum zweiten sukzessive Gewinnung eines Marktgleichgewichtes" (*Röper,* Zur volkswirtschaftlichen Problematik der Marktinformationsverfahren in der Industrie der BRD, in: Röper/Erlinghagen (Hrsg.), Wettbewerbsbeschränkung durch Marktinformation? (1974), S. 1, 50). Dem zustimmend *Tugendreich,* Die kartellrechtliche Zulässigkeit von Marktinformationsverfahren (2004), S. 152.

308 In der Entscheidung *Komm.E.,* 02.12.1986, 87/1/EWG (*Fettsäuren),* ABl. Nr. L 3 v. 06.01.1987, S. 17, Rn. 58 hat die Europäische Kommission erstmals in einem selbständigen Marktinformationssystem einen Verstoß gegen das Kartellverbot gesehen. Es handelte sich hierbei um ein identifizierendes System zur Meldung des mengenmäßigen Absatzes der Teilnehmer. Auch in der Entscheidung *Komm.E.,* 17.02.1992, 92/157/EWG (*UK Agricultural Tractor Registration Exchange),* ABl. Nr. L 68 v. 13.03.1992, S. 19 untersagte die Kommission einen Datenaustausch über die Absatzmengen und die Marktstellung nicht nur der an dem Austausch beteiligten Unternehmen, sondern auch von deren Wettbewerbern. Diese Entscheidung wurde später durch die Gerichte bestätigt (*EuG,* Urt. v. 27.10.1994, Rs. T-35/92 (*Deere),* Slg. 1994, II-957; *EuGH,* Urt. v. 28.05.1998, Rs. C-7/95 P (*Deere),* Slg. 1998, I-3111; *EuGH,* Urt. v. 27.10.1994, Rs. T-34/92 (*Fiatagri),* Slg. 1994, II-909; *EuGH,* Urt. v. 28.05.1998, Rs. C-8/95 P (*New Holland Ford),* Slg. 1998, I-3175).

309 *Oberender/Väth,* Das Wirtschaftsstudium 1986, 191, 193.

Prozess zu verstehen.[310] In einer Vorstoßphase unternimmt ein Wettbewerber einen Wettbewerbsvorstoß, beispielsweise indem er ein neues oder verbessertes Produkt auf den Markt bringt oder den Preis für ein bestehendes Produkt senkt. Daran schließt eine Imitationsphase an, in der die Wettbewerber – nachdem sie Kenntnis von dem Vorstoß erlangt haben – ihr eigenes Angebot (durch Preissenkung oder Produktänderung) an den Wettbewerbsvorstoß anpassen. Während der Vorstoßphase kann der Vorstoßende seinen Marktanteil vergrößern, indem er durch sein verbessertes Angebot die Nachfrage von seinen Wettbewerbern auf sich zieht. Sein Gewinn erhöht sich. Während der Imitationsphase versuchen die Wettbewerber, durch ihr angepasstes Angebot Marktanteile zurückzugewinnen. Je schneller ein Wettbewerber mit der Anpassung des Angebots durch die Wettbewerber rechnen muss, je kürzer also die Vorstoßphase ist, desto geringer ist der aus dem Wettbewerbsvorstoß zu erwartende Gewinn. Wird diese Vorstoßphase durch die künstliche Erhöhung der horizontalen Transparenz verkürzt oder sogar ganz beseitigt, können durch Wettbewerbsvorstöße keine ausreichenden, die Kosten des Vorstoßes übersteigenden Gewinne mehr erzielt werden. Vorstöße werden damit unrentabel. Da die Wettbewerber dies erkennen, unterlassen sie entsprechende Vorstöße und es kommt zu einer Stagnation des Wettbewerbs.[311] Die Erkenntnis, dass eine Gewinnerzielung durch den individuellen Parametereinsatz nicht möglich ist, führt zur Handlungsunfähigkeit der Wettbewerber (sog. Morgenstern-Paradoxon).[312]

---

310 *Clark,* The American Economic Review 45 (1955), 450, 457: "[T]he process includes initiatory action by a firm, responses by those with whom it deals, and responses to these responses by rival firms, to which one should add the subsequent rejoinders of the initiators, plus any actions that may be taken on a basis of anticipation. (For example, a rival may react defensively, before his customers have time to switch to a competitor.) The moves and the responses may affect productive processes, products, selling efforts or prices, or various combinations."

311 *Oberender/Väth,* Das Wirtschaftsstudium 1986, 191, 193; *Tugendreich,* Die kartellrechtliche Zulässigkeit von Marktinformationsverfahren (2004), S. 129 ff.; *Wagner-von Papp,* Marktinformationsverfahren (2004), S. 44 ff. Nach *Kantzenbach* besteht ein direkter Zusammenhang zwischen Wettbewerbsintensität und Reaktionsgeschwindigkeit: „Die Intensität eines Wettbewerbsprozesses [Hervorhebung im Original] wird durch die Geschwindigkeit charakterisiert, mit der die Innovationsgewinne durch den Anpassungsprozess, also den generalisierenden Wettbewerbsstrom (…), wieder aufgezehrt werden" (*Kantzenbach,* Die Funktionsfähigkeit des Wettbewerbs, Bd. 1 (1967), S. 41 f.). Dem zustimmend *Kilian,* NJW 1974, 289, 292.

312 *Aberle,* Ökonomische Bewertung von Transparenz oder Geheimhaltung der Marktdaten als Wettbewerbsparameter, in: FIW (Hrsg.), Bewertung und Zulässigkeit von Marktinformationsverfahren (1993), S. 1, 7; *Oberender/Väth,* Das Wirtschaftsstudium 1986,

Eine weitere mögliche wettbewerbsbeschränkende Folge der Erhöhung der horizontalen Transparenz liegt darin, dass der Zwang der Marktteilnehmer zu einer möglichst scharfen Kalkulation entfällt.[313] Ein solcher Effekt ist insbesondere beim Austausch von Preisdaten möglich. Ein Anbieter, der die Preise seiner Wettbewerber kennt, ist in einem reinen Preiswettbewerb nicht mehr gezwungen, möglichst scharf zu kalkulieren um die Nachfrage auf sich zu ziehen. Er kann vielmehr seinen Preis knapp unter dem der Wettbewerber ansetzen und hat so die Gewissheit, keine Marktanteile an die Wettbewerber zu verlieren. Ohne solche Informationen würde der Anbieter dagegen die Waren zu dem niedrigsten ihm möglichen Preis anbieten und müsste darauf hoffen, dass die anderen Anbieter ihn nicht unterbieten. Der Prozess in einem solchen Fall ist vergleichbar mit dem einer Ausschreibung, bei der die Anbieter ihre Angebote gleichzeitig und ohne Kenntnis von den Angeboten der Wettbewerber abgeben, und der Kunde dann unter allen Angeboten das günstigste aussuchen kann. Eine solche absolute Unwissenheit über die Preise der Wettbewerber ist zwar außerhalb von Ausschreibungsverfahren kaum gegeben, weil sich die Anbieter in aller Regel aus frei zugänglichen Quellen über die Preise der übrigen Wettbewerber selbst informieren können. Diese Form der Informationsbeschaffung ist aber aufwendig und kostenintensiv. Daneben ist die Aktualität der auf diesem Weg gewonnenen Informationen nicht immer gewährleistet. Der Austausch aktueller Daten über die Preise oder über solche Parameter, die den Preis beeinflussen, schafft eine künstliche Markttransparenz, die unter den oben beschriebenen Umständen zu höheren Preisen gegenüber einem intransparenten Markt führen kann. Ein entsprechendes Verhalten ist nicht nur in Bezug auf Preise, sondern

---

191, 193; *Kirchner,* WuW 2001, 1030, 1033 f.; *Wagner-von Papp,* Marktinformationsverfahren (2004), S. 51. Zum Morgenstern-Paradoxon siehe *Morgenstern,* ZfN 1935, 337, 343 f. A.A. *Sedemund,* in: FS Lieberknecht (1997), S. 571, 576 ff., der bemängelt, dass die These von der Verhinderung von Wettbewerbsvorstößen durch Markttransparenz empirisch nicht belegt sei, und stattdessen sogar eine Verstärkung des Wettbewerbs durch die schnellere Erkennbarkeit von Fehlallokationen aufgrund von Marktinformationssystemen annimmt. Zustimmend insoweit *Moosecker,* Marktinformationsverfahren auf der Grundlage der neuen Rechtsprechung des EuGH, in: FIW (Hrsg.), Schwerpunkte des Kartellrechts 1998 (1999), S. 87, 90.

313 Siehe hierzu und zum Folgenden *Wagner-von Papp,* Marktinformationsverfahren (2004), S. 47 f.; *Röper,* Zur volkswirtschaftlichen Problematik der Marktinformationsverfahren in der Industrie der BRD, in: Röper/Erlinghagen (Hrsg.), Wettbewerbsbeschränkung durch Marktinformation? (1974), S. 1, 85; *Markert,* ZHR 1970, 53, 63.

auch auf die produzierten Mengen oder andere Wettbewerbsparameter möglich, sofern Informationen über diese ausgetauscht werden.

Ein dritter möglicher wettbewerbsbeschränkender Effekt einer künstlichen Erhöhung der horizontalen Transparenz liegt darin, dass durch sie die Reaktionsverbundenheit der auf dem Markt vorhandenen Anbieter erhöht und auf diese Weise eine Kollusion ermöglicht wird, ohne dass es dafür einer wettbewerbsbeschränkenden Absprache der Wettbewerber bedarf.[314] Reaktionsverbundenheit besteht insbesondere auf Oligopolmärkten, weil die Unternehmen hier erkennen, dass ihr Gewinn insgesamt größer ist, wenn sie sich ähnlich wie ein Monopol verhalten und den Preis oberhalb des Wettbewerbspreises bzw. die Produktionsmenge unterhalb der Wettbewerbsmenge halten.[315] Erkennen die Unternehmen darüber hinaus auch, dass eine weitere Einschränkung der Produktion ihren Gewinn erneut vergrößert, kann es auf solchen Märkten zu einer entsprechenden Kollusion kommen, ohne dass es einer diesbezüglichen Absprache zwischen den Unternehmen bedarf.[316] In einer derartigen Situation erhöht ein Informationsaustausch die Stabilität einer Kollusion. Denn die Unternehmen haben trotz der Kollusion häufig einen Anreiz, in Form eines sog. *cheats* vom kollusiven Verhalten abzuweichen, um auf diese Weise einen größeren Teil der Nachfrage auf sich zu ziehen und so ihren Marktanteil sowie ihren Gewinn zu vergrößern.[317] Stabilität gewinnt eine Kollusion daher insbesondere dann, wenn den Unternehmen im Fall einer Abweichung vom kollusiven Gleichgewicht eine Bestrafung durch die anderen Unternehmen droht, indem diese etwa ebenfalls ihre Preise senken oder die Produktionsmenge erhöhen und so den Gewinn des Abweichlers verringern.[318] Eine derartige Bestrafung setzt jedoch voraus, dass der *cheat* durch die anderen Unternehmen überhaupt erkannt und die Einhaltung der Kollusion demnach überwacht werden kann. Eine gewisse Markttransparenz ist damit Voraussetzung für die Stabilität einer Kollusion, weil die Unternehmen sonst mangels realistischer Bestrafungsszenarien einen Anreiz zur Abweichung vom Kollusionsergebnis haben.[319]

---

314 *Wagner-von Papp*, Marktinformationsverfahren (2004), S. 42 ff., 107 ff.; *Blattmann*, Der Informationsaustausch zwischen Wettbewerbern (2012), S. 146 ff.

315 Siehe zum Gleichgewicht auf Oligopolmärkten MüKoEuWettbR/*Kerber/Schwalbe*, Einleitung, Rn. 1108 ff.; *Wagner-von Papp*, Marktinformationsverfahren (2004), S. 42, 59 ff.

316 *Wagner-von Papp*, Marktinformationsverfahren (2004), S. 43.

317 MüKoEuWettbR/*Kerber/Schwalbe*, Einleitung, Rn. 304.

318 *Motta*, Competition policy (2004), S. 139.

319 *Motta*, Competition policy (2004), S. 139.

Eine Steigerung der horizontalen Transparenz kann jedoch auch positive Auswirkungen auf den Wettbewerb haben, indem sie den Marktteilnehmern einen besseren Überblick über die Marktbedingungen verschafft und ihnen auf diese Weise ermöglicht, ihre unternehmerischen Entscheidungen fundierter zu treffen.[320] So können insbesondere Transaktionskosten vermieden werden, die etwa bei einem Unternehmen mit mangelnder Kenntnis der Marktbedingungen bei dem Versuch entstehen, ebendiese Erkenntnisse zu erlangen.[321] Positive Aspekte werden darüber hinaus dem Informationsaustausch zum Zweck der Standardisierung sowie des Benchmarking zugesprochen.[322] Auch die Europäische Kommission hat in ihren Horizontalleitlinien 2011 ausdrücklich die durch einen Informationsaustausch möglichen Effizienzgewinne anerkannt.[323]

Einen der wichtigsten Fälle positiver Effekte eines Informationsaustauschs bildet jedoch der Informationsaustausch zur Überwindung von Informationsasymmetrien, auf die im Folgenden ausführlich einzugehen ist.[324]

II. Selbständiger und unselbständiger Informationsaustausch

1. Terminologie

Während früher in der kartellrechtlichen Literatur häufig von Marktinformationsverfahren (oder synonym Marktinformationssystemen) die Rede war, wird in der neueren Literatur meist der weiter gefasste Begriff des Informationsaustauschs verwendet, um einen Austausch von Daten zwischen Wettbewerbern zu beschreiben.[325]

Obwohl sich keine einheitliche Definition eines Marktinformationsverfahrens durchsetzte, wurde der Begriff meist an deutlich engere Voraussetzungen geknüpft, als es heute für den Informationsaustausch der Fall ist. Nach der wohl restriktivsten Auslegung sollte damit ein in der Regel vertraglich vereinbarter, über Meldestellen oder Verbände organisierter Austausch marktrelevanter Daten erfasst werden.[326] Im Laufe der Zeit wurde der Begriff erweitert, indem

---

320 Siehe dazu *Wagner-von Papp*, Marktinformationsverfahren (2004), S. 53, 263 ff.

321 *Wagner-von Papp*, Marktinformationsverfahren (2004), S. 263 ff.

322 *Wagner-von Papp*, Marktinformationsverfahren (2004), S. 274 f. Zum Benchmarking vgl. *Voet van Vormizeele*, WuW 2009, 143.

323 *Europäische Kommission*, Horizontalleitlinien, ABl. Nr. C 11 v. 14.01.2011, S. 1, Rn. 57.

324 Siehe dazu sogleich S. 99 ff.

325 *Rahlmeyer*, in: FK, Art. 101 Abs. 1, 3, Fallgruppen II.6, Rn. 4.

326 *Moosecker*, Marktinformationsverfahren auf der Grundlage der neuen Rechtsprechung des EuGH, in: FIW (Hrsg.), Schwerpunkte des Kartellrechts 1998 (1999), S. 87,

insbesondere auf das Merkmal Institutionalisierung des Austauschs über Meldestellen[327] und darauf verzichtet wurde, dass der Austausch einen dauerhaften Vorgang auf einer vertraglichen oder vertragsähnlichen Grundlage darstellt.[328]

Im Rahmen dieser Arbeit wird der neuere Begriff des Informationsaustauschs verwendet. Er soll dahingehend verstanden werden, dass er sämtliche Formen der direkten oder mittelbaren Weitergabe geschäftsbezogener Daten zwischen Wettbewerbern erfasst, ohne dass es auf eine Gegenseitigkeit, eine Regelmäßigkeit oder eine vertragliche Grundlage des Austauschs ankommt.

Für die kartellrechtliche Einordnung eines solchen Informationsaustauschs ist zunächst die Unterscheidung zwischen einem unselbständigen (konnexen) und einem selbständigen (inkonnexen) Informationsaustausch maßgeblich.

2. *Wettbewerbsbeschränkung durch einen konnexen Informationsaustausch*

Ein Informationsaustausch zwischen Wettbewerbern kann dazu genutzt werden, eine bereits zwischen ihnen bestehende Kartellabsprache oder abgestimmte Verhaltensweise zu überwachen. Verstöße gegen das Übereinkommen der Parteien werden auf diese Weise zeitnah aufgedeckt und können sanktioniert werden, was dem Kartell erst zu Stabilität und Wirksamkeit verhilft.[329] Ein solcher sog. konnexer Informationsaustausch kann bei der Kartellrechtsdurchsetzung insbesondere dadurch Bedeutung erlangen, dass er für die Kartellbehörden regelmäßig leichter nachzuweisen ist, als die tatsächliche Abstimmung, und daher als Indiz für eine solche herangezogen wird.[330] Nach Ansicht der Europäischen

---

87; *Kilian*, NJW 1974, 289, 289; *Bundesministerium für Wirtschaft*, Kooperationsfibel (1976), Ziff. 1.2.

327 *Wagner-von Papp*, Marktinformationsverfahren (2004), S. 33; *Tugendreich*, Die kartellrechtliche Zulässigkeit von Marktinformationsverfahren (2004), S. 18.

328 Vgl. *Wagner-von Papp*, Marktinformationsverfahren (2004), S. 34.

329 *Wagner-von Papp*, Marktinformationsverfahren (2004), S. 41 f.; *Baker*, Antitrust Law Journal 65 (1996–1997), 41, 45.

330 *Komm.E.*, 14.12.1982, 82/866/EWG (*Zinkbleche*), ABl. Nr. L 362 v. 23.12.1882, S. 40, S. 46. Zwar wurde diese Entscheidung durch Urteil des Europäischen Gerichtshofs aufgehoben (*EuGH*, Urt. v. 28.03.1984, verb. Rs. C-29/83 und 30/83 (*Zinkbleche*), Slg. 1984, 1679). Die Aufhebung erfolgte jedoch aus anderen Gründen und ließ die entsprechende Feststellung der Europäischen Kommission unbeanstandet. Vgl. dazu *Dreher*, Die wettbewerbsrechtliche Zulässigkeit der Information über Marktdaten, in: FIW (Hrsg.), Bewertung und Zulässigkeit von Marktinformationsverfahren (1993), S. 15, 20. Vgl. auch *Feldkamp*, EuZW 1991, 617, 617. Kritisch gegenüber einer vermeintlichen Verfolgung von Marktinformationsverfahren als Mittel der Überwindung

Kommission fällt jedoch auch ein Informationsaustausch, der eine kartellrechtswidrige Absprache begleitet und deren Einhaltung unterstützt, als „integraler Bestandteil" der wettbewerbsbeschränkenden Vereinbarung selbst unter das Verbot des Art. 101 Abs. 1 AEUV.[331] Er ist dann mit dieser Absprache zusammen und nach den für sie geltenden Regeln zu beurteilen.[332]

3. *Wettbewerbsbeschränkung durch einen selbständigen Informationsaustausch*

Aber auch ohne dass zwischen den beteiligten Unternehmen eine (weitergehende) Kartellabsprache besteht, kann ein Austausch bestimmter Informationen zwischen Wettbewerbern den Wettbewerb schwächen, indem er ein koordiniertes Verhalten der Wettbewerber begünstigt oder zu einer Marktverschließung führt.[333] Insoweit ist auf die soeben dargestellten negativen Effekte einer Erhöhung der horizontalen Markttransparenz zu verweisen.[334]

Der Europäische Gerichtshof beruft sich im Zusammenhang mit Fällen von selbständigem Informationsaustausch auf das Selbständigkeitspostulat, wonach alle Wettbewerber ihre Marktstrategie selbständig und unabhängig voneinander festlegen und verfolgen sollen. Demnach „verstößt eine solche Vereinbarung [über einen Informationsaustausch, Anm. d. Verf.] gegen die Wettbewerbsregeln, wenn sie den Grad der Ungewissheit über das fragliche Marktgeschehen verringert oder beseitigt und dadurch zu einer Beschränkung des Wettbewerbs zwischen den Unternehmen führt".[335] Es bleibe den Marktteilnehmern zwar unbenommen, „sich dem festgestellten oder erwarteten Verhalten ihrer

---

von Beweisproblemen in Bezug auf vermutete, aber nicht belegte *hard core*-Kartellverstöße *Karenfort,* WuW 2008, 1154, 1157.

331 *Komm.E.,* 07.06.2000, 2001/418/EG (*Aminosäuren),* ABl. Nr. L 152 v. 07.06.2001, S. 24, Rn. 229.

332 *Europäische Kommission,* Horizontalleitlinien, ABl. Nr. C 11 v. 14.01.2011, S. 1, Rn. 56.

333 *Europäische Kommission,* Horizontalleitlinien, ABl. Nr. C 11 v. 14.01.2011, S. 1, Rn. 64 ff.; MüKoEuWettbR/*Kerber/Schwalbe,* Einleitung, Rn. 306.

334 Siehe oben S. 80 ff.

335 *EuGH,* Urt. v. 02.10.2003, Rs. C-194/99 P (*Thyssen Stahl AG),* Slg. 2003, I-10821, Rn. 81. Siehe dazu auch *EuGH,* Urt. v. 16.12.1975, verb. Rs. C-40–48, 50, 54–56, 111, 113, 114/73 (*Suiker Unie),* Slg. 1975, 1663, Rn. 173/174; *EuGH,* Urt. v. 14.07.1981, Rs. C-172/80 (*Gerhard Züchner/Bayrische Vereinsbank AG),* Slg. 1981, 2021, Rn. 14; *EuGH,* Urt. v. 28.05.1998, Rs. C-7/95 P (*Deere),* Slg. 1998, I-3111, Rn. 51; *EuG,* Urt. v. 16.09.2013, verb. Rs. T-379/10 und 381/10 (*Keramag),* (noch nicht in amtl. Slg.), Rn. 54.

Wettbewerber auf intelligente Weise anzupassen; es steht jedoch streng jeder unmittelbaren oder mittelbaren Fühlungnahme zwischen den Wirtschaftsteilnehmern entgegen, die bezweckt oder bewirkt, dass Wettbewerbsbedingungen entstehen, die im Hinblick auf die Art der Waren oder erbrachten Dienstleistungen, die Bedeutung und Zahl der beteiligten Unternehmen sowie den Umfang des in Betracht kommenden Marktes nicht den normalen Bedingungen dieses Marktes entsprechen“[336].

Doch nicht jede Verletzung des Selbständigkeitspostulats soll eine Wettbewerbsbeschränkung darstellen. Insbesondere gehen die europäischen Gerichte davon aus, dass ein selbständiger Informationsaustausch auf einem vom Wettbewerb geprägten Markt wettbewerbsfördernde Wirkungen haben kann.[337] Bei der Beurteilung eines Informationsaustauschs seien der konkrete Rahmen und insbesondere der rechtliche und wirtschaftliche Zusammenhang zu berücksichtigen, in dem die betreffenden Unternehmen tätig sind, sowie die Natur der betroffenen Waren und Dienstleistungen, die auf dem betreffenden Markt oder den betreffenden Märkten bestehenden tatsächlichen Bedingungen und die Struktur dieses Marktes oder dieser Märkte.[338] Die Vereinbarkeit eines Informationsaustauschs mit den Wettbewerbsregeln soll sich darüber hinaus nach den charakteristischen Eigenschaften des Systems wie insbesondere „seinem Zweck, den Zugangsvoraussetzungen und den Bedingungen der Teilnahme am Austausch, der Natur der ausgetauschten Informationen – bei denen es sich z. B. um veröffentlichte oder vertrauliche, zusammengefasste oder detaillierte, historische oder gegenwärtige Angaben handeln kann –, deren Periodizität und ihrer Bedeutung für die Preisbildung sowie dem Umfang oder den Bedingungen der Leistung“[339] richten.

Eine wettbewerbsbeschränkende Marktverschließung kann sich dadurch ergeben, dass der Informationsaustausch eine Marktzutrittsschranke für potentielle

336 *EuGH*, Urt. v. 02.10.2003, Rs. C-194/99 P (*Thyssen Stahl AG)*, Slg. 2003, I-10821, Rn. 83; *EuGH*, Urt. v. 04.06.2009, Rs. C-8/08 (*T-Mobile Netherlands)*, Slg. 2009, I-4529, Rn. 33; *EuGH*, Urt. v. 19.03.2015, Rs. C-286/13 P (*Dole)*, (noch nicht in amtl. Slg.), Rn. 120. Vgl. auch *EuGH*, Urt. v. 28.05.1998, Rs. C-7/95 P (*Deere)*, Slg. 1998, I-3111, Rn. 52.

337 *EuG*, Urt. v. 27.10.1994, Rs. T-35/92 (*Deere)*, Slg. 1994, II-957, Rn. 51; bestätigt durch *EuGH*, Urt. v. 28.05.1998, Rs. C-7/95 P (*Deere)*, Slg. 1998, I-3111, Rn. 88 ff.

338 *EuGH*, Urt. v. 23.11.2006, Rs. C-238/05 (*Asnef-Equifax)*, Slg. 2006, I-11125, Rn. 49, 54; *EuG*, Urt. v. 16.09.2013, verb. Rs. T-379/10 und 381/10 (*Keramag)*, (noch nicht in amtl. Slg.), Rn. 57. Siehe zu diesem Erfordernis in anderen Fallgestaltungen bereits oben S. 56 ff. Zum Urteil des EuGH in Sachen *Asnef-Equifax* siehe auch unten S. 228 ff.

339 *EuGH*, Urt. v. 23.11.2006, Rs. C-238/05 (*Asnef-Equifax)*, Slg. 2006, I-11125, Rn. 54.

Wettbewerber darstellt.[340] Dies ist insbesondere dann der Fall, wenn potentiellen Wettbewerbern der Zugang zum Informationsaustausch verwehrt wird, sodass sie gegenüber den etablierten Wettbewerbern einen Informations- und damit möglicherweise auch einen Wettbewerbsnachteil haben.[341] Wenn dieser Nachteil erheblich genug ist, um den Marktzutritt für potentielle Wettbewerber unrentabel zu machen, kommt es zu einer Marktabschottung und der Wettbewerbsdruck auf die aktuellen Wettbewerber ist gegenüber einer Situation ohne einen entsprechenden Informationsaustausch verringert.

D. Die Bedeutung von Informationen in der Versicherungswirtschaft

Auf dem Versicherungsmarkt haben Informationen für den Wettbewerb im Vergleich zu anderen Märkten noch eine gesteigerte Bedeutung und ein gewisses Maß an Zusammenarbeit der Anbieter ist für die Aufrechterhaltung des Wettbewerbs unabdingbar.[342] Das ist in der Funktionsweise von Versicherungen begründet. Das Versicherungsgeschäft ist immer mit einer gewissen Unsicherheit verbunden.[343] Ein Versicherungsvertrag hat die Absicherung gegen die finanziellen Verluste aufgrund zukünftiger Schadenereignisse zum Gegenstand.[344] Der Versicherer kann daher bei Abschluss eines Versicherungsvertrags naturgemäß nicht wissen, ob ein oder mehrere Schadensfälle eintreten und auf welche Höhe sich die Schäden belaufen werden. Mithilfe statistischer Methoden versucht er die Wahrscheinlichkeit eines solchen Schadeneintritts und dessen Höhe so genau wie möglich vorherzusagen, um auf dieser Grundlage seinen

---

340 *Komm.E.*, 17.02.1992, 92/157/EWG (*UK Agricultural Tractor Registration Exchange)*, ABl. Nr. L 68 v. 13.03.1992, S. 19, Rn. 44–48; *Europäische Kommission*, Horizontalleitlinien, ABl. Nr. C 11 v. 14.01.2011, S. 1, Rn. 64, 69 ff.

341 *Europäische Kommission*, Horizontalleitlinien, ABl. Nr. C 11 v. 14.01.2011, S. 1, Rn. 70.

342 *Capobianco*, CMLR 41 (2004), 1247, 1272. Vgl. zur besonderen Bedeutung von Informationen für die Versicherungswirtschaft auch *Dreher/Hoffmann/Kling*, Kartell- und Wettbewerbsrecht der Versicherungsunternehmen (2015), § 1, Rn. 18 ff., § 7, Rn. 1 ff.

343 Zum Zusammenhang zwischen Versicherung und Unsicherheit vgl. etwa *Zweifel/Eisen*, Versicherungsökonomie (2003), S. 1 ff.

344 Hiermit ist lediglich der Kernbestandteil des Versicherungsvertrags abstrakt beschrieben. Es handelt sich dagegen nicht um eine Definition des Begriffs „Versicherung". Eine solche Definition wurde in der Literatur vielfach versucht. Siehe dazu *Dreher*, Die Versicherung als Rechtsprodukt (1991), S. 31 ff.; *Schulenburg/Lohse*, Versicherungsökonomik (2014), S. 34 ff.

Prämienbedarf zu ermitteln, und macht sich dabei das Gesetz der großen Zahlen zunutze.[345]

I. Die Relevanz statistischer Daten für die Versicherungstechnik

Das Grundkonzept einer Versicherung besteht darin, ein Kollektiv zu bilden, das im Fall der Realisierung bestimmter Risiken bei einzelnen Mitgliedern für die daraus entstehenden Schäden aufkommt.[346] Auf diese Weise wird die Last einzelner Schadeneintritte auf die Gruppe verteilt und es ist dem Einzelnen möglich, sich gegen finanzielle Risiken abzusichern, gegen die er sich ansonsten gar nicht oder nur unter der Rückstellung eines großen Teils seines Vermögens absichern könnte.[347] Insbesondere in Bezug auf relativ unwahrscheinliche Risiken, die aber im Fall ihrer Verwirklichung einen großen Schaden verursachen, wäre eine solche individuelle Absicherung auch wirtschaftlich nicht sinnvoll, weil durch sie unnötig viel Kapital gebunden würde.[348]

Geschichtlich hat der Gedanke der genossenschaftlichen Gemeinschaft seinen Ursprung bei den Germanen, die sich innerhalb ihrer Gemeinschaft bei einem Unglücksfall Hilfe leisteten.[349] Im 14. Jahrhundert gab es in Norditalien die ersten kaufmännischen Versicherungen in Form von Seeverkehrsversicherungen.[350] Mitte des 18. Jahrhunderts entstand in England die erste Lebensversicherungsgesellschaft mit wissenschaftlicher Grundlage. Ihre Berechnungen basierten auf der ersten Sterbetafel, die anhand des Zahlenmaterials aus Kirchenbüchern gefertigt war.[351] In den Anfängen erfolgte die Absicherung über

---

345 Siehe dazu sogleich S. 90 f., 95 f.

346 Vgl. dazu und zur geschichtlichen Entwicklung der Versicherung *Dreher,* Die Versicherung als Rechtsprodukt (1991), S. 13 ff. Siehe auch oben S. 69 ff.

347 *Beckmann,* in: Bruck/Möller, Einführung A, Rn. 227; *Wandt,* 1. Kapitel, in: Halm/Engelbrecht/Krahe (Hrsg.), Handbuch des Fachanwalts Versicherungsrecht (2018), Rn. 122 f.

348 Vgl. *Wandt,* Versicherungsrecht (2016), Rn. 123.

349 *Koch,* Die Geschichte der Versicherung, in: Farny (Hrsg.), Handwörterbuch der Versicherung (1988), S. 223, 225; *Büchner,* Geschichtliche Betrachtung zum Begriff der Versicherung, in: FG Möller (1972), S. 111, 117.

350 *Koch,* Die Geschichte der Versicherung, in: Farny (Hrsg.), Handwörterbuch der Versicherung (1988), S. 223, 227; *Ebel,* Rechtsgeschichtliche Entwicklung der Versicherung, in: Farny (Hrsg.), Handwörterbuch der Versicherung (1988), S. 616, 616.

351 *Koch,* Die Geschichte der Versicherung, in: Farny (Hrsg.), Handwörterbuch der Versicherung (1988), S. 223, 227.

die Umlage der Lasten im Fall des Schadenseintritts auf alle Mitglieder.[352] Später fand ein Wechsel vom Umlage- zu einem Prämienverfahren statt, das zunächst auf Erfahrungswerten beruhte und mit der Fortentwicklung von Mathematik und Datenerhebung mehr und mehr auf versicherungstechnische Grundlagen gestellt wurde.[353] Bei einem Prämienverfahren berechnet der Versicherer im Vorhinein den Prämienbedarf und verlangt von den Versicherungsnehmern entsprechende Vorauszahlungen. Bei Eintritt des Versicherungsfalls erhalten die Versicherungsnehmer dann einen Anspruch gegen den Versicherer auf die vereinbarte Versicherungsleistung. Dabei werden die realisierten Schäden aus dem durch die Prämieneinnahmen gesammelten Kapital beglichen.[354] Das Risiko, dass die Prämie nicht ausreicht um die anfallenden Schadenkosten zu decken, liegt damit zunächst beim Versicherer.[355] Er hat demnach ein Interesse daran, die zukünftige Schadenlast und darauf basierend seinen Prämienbedarf zutreffend zu berechnen. Dies erfordert eine möglichst exakte Schätzung der Schadenwahrscheinlichkeit und der zu erwartenden Schadenhöhe im Fall der Verwirklichung des Risikos. Risikoanalyse und -management gehören folglich zu den Hauptaufgaben der Versicherungsunternehmen.

Das Versicherungssystem macht sich insoweit zunutze, dass zwar die Wahrscheinlichkeit des Schadeneintritts in einem konkreten Fall nicht vorausgesagt werden kann, dass aber nach dem Gesetz der großen Zahlen bei der Betrachtung einer Vielzahl gleichartiger Risiken eine relativ exakte Vorhersage darüber getroffen werden kann, in wie vielen Fällen sich ein Risiko verwirklichen wird.[356] Die Versicherer fassen daher für die Tarifierung Gruppen von möglichst

352 *Büchner,* Geschichtliche Betrachtung zum Begriff der Versicherung, in: Schmidt/Sieg (Hrsg.), FG Möller (1972), S. 111, 118 f.

353 *Dreher,* Die Versicherung als Rechtsprodukt (1991), S. 15.

354 Dies ist eine vereinfachte Darstellung, die die Kosten sowie die Anlagetätigkeit der Versicherungen unberücksichtigt lässt. Siehe zur Prämienzusammensetzung unten S. 94. Im Gegensatz zum Prämiensystem wäre auch ein Umlageverfahren möglich, bei dem der Schaden nach seiner Entstehung auf die Mitglieder der Risikogemeinschaft umgelegt wird, oder eine Mischung aus beiden Systemen (siehe dazu *Wandt,* 1. Kapitel, in: Halm/Engelbrecht/Krahe (Hrsg.), Handbuch des Fachanwalts Versicherungsrecht (2018), Rn. 123 ff.).

355 *Wandt,* 1. Kapitel, in: Halm/Engelbrecht/Krahe (Hrsg.), Handbuch des Fachanwalts Versicherungsrecht (2018), Rn. 126.

356 *Wandt,* 1. Kapitel, in: Halm/Engelbrecht/Krahe (Hrsg.), Handbuch des Fachanwalts Versicherungsrecht (2018), Rn. 124; *Beckmann,* in: Bruck/Möller, Einführung A, Rn. 228. Ausführlich zum Gesetz der großen Zahlen *Schwintowski,* ZVersWiss 2007, 449, 451 ff.

homogenen Risiken zusammen und ermitteln aus Daten über bereits in dieser Gruppe eingetretene Schadensfälle Durchschnittswerte, die sie dann ihrer Berechnung der zukünftigen Schadenwahrscheinlichkeit zugrunde legen. Eine absolute Homogenität der Risiken ist aufgrund von Unterschieden sowohl bei den versicherten Gegenständen als auch in Bezug auf die Versicherungsnehmer nicht immer möglich, weswegen häufig einzelne höhere Risiken innerhalb einer Gruppe durch viele geringere ausgeglichen werden.[357]

Von der Kalkulation der Prämie zu unterscheiden ist die Prämienpolitik eines Versicherers.[358] Die Kalkulation ist zwar zwingende Voraussetzung für die Prämienpolitik. Die Prämien können aber aus verschiedenen Gründen von den erwarteten Kosten nach oben oder unten abweichen. Die Preisuntergrenze bildet dabei der von dem Versicherer für notwendig erachtete Mindestbetrag um kostendeckend, gewinnbringend und langfristig erfolgreich wirtschaften zu können.[359] Die Preisobergrenze wird dagegen von dem Nutzen bestimmt, den ein Versicherungsnehmer der Versicherung zumisst.[360]

---

357 *Dreher*, Die Versicherung als Rechtsprodukt (1991), S. 37; *Karten*, Das Einzelrisiko und seine Kalkulation (1993), S. 52. Vgl. auch *Beckmann*, in: Bruck/Möller, Einführung A, Rn. 229.

358 Vgl. dazu und zum Folgenden *Farny*, ZVersWiss 1971, 155, 169 ff.; *Karten*, Das Einzelrisiko und seine Kalkulation (1993), S. 35 ff. Vgl. zu der Unterscheidung auch *Braess*, VersWissArch 1958, 257, 258.

359 Damit ist jedoch nicht gesagt, dass Versicherungsunternehmen nicht in Einzelfällen für einen gewissen Zeitraum nicht kostendeckende Prämien anbieten um etwa Marktanteile zu gewinnen. Aktuelles Beispiel hierfür sind die über Jahre extrem niedrigen Prämien im Bereich der Kfz-Versicherung. Auf diesem Markt ist es seit der Deregulierung der Versicherungsmärkte zu einem starken, mit Verlusten verbundenen Preiswettbewerb gekommen, weil die Versicherungsunternehmen versuchten, durch Untertarifierung Marktanteile zu gewinnen (*Müller*, Die Entwicklung des Versicherungsaufsichtsrechts seit der Deregulierung und künftige Tendenzen, in: Kollhosser (Hrsg.), Die Privatversicherung im Wandel (2002), S. 19, 25 f.; *Herrmann*, in: Bruck/Möller, Einführung B, Rn. 35 f.; *Hohlfeld*, Auswirkungen der Deregulierung aus aufsichtsbehördlicher Sicht, Bd. 64 (1996), Rn. 5 ff.; *Erichsen*, VW 2010, 1606, 1607; *Gesamtverband der Deutschen Versicherungswirtschaft e.V.*, Jahrbuch 2011 (2011), S. 26 f.; *Ders.*, Jahrbuch 2012 (2012), S. 44 ff.).

360 *Farny*, ZVersWiss 1971, 155, 169. Problematisch ist insoweit, dass es sich hierbei um eine hochgradig komplexe Entscheidung handelt, und die Wahrnehmung des Risikos durch Verbraucher dadurch geprägt ist, dass künftige Risiken häufig unterbewertet werden, was zu einer Unterschätzung des Nutzens von Versicherungsprodukten führen kann. Vgl. dazu *Rehberg*, Der Versicherungsabschluss als Informationsproblem (2003), S. 64 ff.

1. Das Äquivalenzprinzip in Bezug auf die reine Risikoprämie

Nach dem versicherungstechnischen Äquivalenzprinzip soll die reine Risikoprämie, also der für die Deckung der zu erwartenden Schäden erforderliche Betrag[361], dem Erwartungswert der Schäden entsprechen.[362] Nach dem kollektiven Äquivalenzprinzip sollen die einem Versicherer zur Verfügung stehenden Gesamtrisikoprämien dessen gesamte Schadenkosten decken.[363]

Das individuelle Äquivalenzprinzip betrifft dagegen die Frage der möglichst risikoadäquaten Verteilung der insgesamt benötigten Prämie auf die einzelnen Versicherungsnehmer.[364] Denn das individuelle Risiko eines Versicherungsnehmers kann im Einzelfall gravierend von den Durchschnittswerten abweichen. Eine Bestimmung von Schadenwahrscheinlichkeit und zu erwartender Schadenhöhe für jeden Einzelfall ist aber nur in engen Grenzen möglich. Eine Untersuchung sämtlicher die Schadenwahrscheinlichkeit beeinflussender Faktoren ist jedenfalls im Massengeschäft mit Versicherungen unwirtschaftlich[365], wenn nicht sogar schlicht unmöglich. Daher werden trotz des Versuchs der Anpassung der Prämie an das individuelle Risiko immer einige hohe Risiken durch eine Vielzahl geringerer Risiken subventioniert.[366]

Innerhalb der Tarifstrukturen sind die Versicherer jedoch bemüht, die Prämie durch eine Prämiendifferenzierung anhand von Risikomerkmalen[367] so weit als

---

361 Vgl. zum Begriff der reinen Risikoprämie *Farny,* Versicherungsbetriebslehre (2011), S. 61 ff.

362 *Farny,* Versicherungsbetriebslehre (2011), S. 67 ff.; *Farny,* Versicherungsmarkt, in: Ders. (Hrsg.), Handwörterbuch der Versicherung (1988), S. 1043, 1046.

363 *Farny,* Versicherungsbetriebslehre (2011), S. 67 f.

364 *Farny,* Versicherungsbetriebslehre (2011), S. 67. Siehe dazu auch *Wallrabenstein,* Versicherung im Sozialstaat (2009), S. 123 ff.

365 *Wandt,* 1. Kapitel, in: Halm/Engelbrecht/Krahe (Hrsg.), Handbuch des Fachanwalts Versicherungsrecht (2018), Rn. 131.

366 *Wandt,* 1. Kapitel, in: Halm/Engelbrecht/Krahe (Hrsg.), Handbuch des Fachanwalts Versicherungsrecht (2018), Rn. 131. Eine solche Kompensation höherer Risiken ist in einigen Versicherungsbereichen, wie etwa der Sozialversicherung mit Versicherungspflicht ausdrücklich erwünscht, sodass das individuelle Äquivalenzprinzip hier nicht zur Anwendung kommt, sondern die Prämien nach einem anderen Schlüssel auf die Versicherungsnehmer verteilt werden (*Farny,* Versicherungsbetriebslehre (2011), S. 68; *Schulenburg/Lohse,* Versicherungsökonomik (2014), S. 85 ff., 335 ff.).

367 Risikomerkmale „sind Eigenschaften der versicherten Risiken, von denen vermutet wird und/oder (statistisch) nachgewiesen ist, daß zwischen ihnen und der versicherten Schadenverteilung, besonders der Schadenhäufigkeit, der Schadengröße und damit dem Schadenerwartungswert, ein quantitativer Zusammenhang besteht“

möglich an das individuelle Risiko anzupassen.[368] So erfolgt die Tarifierung in der Kfz-Versicherung in Abhängigkeit von „harten Risikomerkmalen“ einerseits, die in einem direkten Zusammenhang mit dem versicherten Risiko stehen, wie insbesondere dem Wert des versicherten Fahrzeugs, und andererseits von „weichen Risikofaktoren“, wie beispielsweise der jährlichen Kilometerleistung, der Anzahl der Fahrer, dem Vorhandensein einer Garage, bei denen es einen statistischen Zusammenhang zwischen dem Merkmal und den Schadenkosten gibt.[369] Da der Schadenverlauf auch durch die geografische Region beeinflusst wird, in der ein Fahrzeug hauptsächlich genutzt wird, weil beispielsweise bei hoher Verkehrsdichte, hoher Kriminalität oder häufigem Nebel höhere Schadenkosten zu erwarten sind, richtet sich die Tarifierung bei der Kfz-Versicherung auch nach einer durch die Versicherer vorgenommen Einteilung in Regionalklassen.[370]

Eine zur Erfüllung des individuellen Äquivalenzprinzips erforderliche Prämiendifferenzierung kann sowohl im Voraus durch eine Anpassung der Prämie an die durch den konkreten Vertrag zu erwartenden Schadenkosten als auch im Nachhinein durch eine Absenkung der Prämie im Fall der Schadenfreiheit sowie ihrer erneuten Anhebung im Schadenfall erfolgen.[371] Letzteres ist etwa im Fall der Kfz-Versicherung üblich, indem die Prämie bei Eintritt jeder Schadensregulierung erhöht wird. Eine solche sekundäre Prämiendifferenzierung kommt

(*Farny,* Versicherungsbetriebslehre (2011), S. 31). Vgl. dazu auch *Schulenburg/Lohse,* Versicherungsökonomik (2014), S. 378. Zu den Voraussetzungen, unter denen sich ein Merkmal zur Prämiendifferenzierung eignet, siehe *Braess,* VersWissArch 1958, 257, 258 ff.

368 *Mahr,* Einführung in die Versicherungswirtschaft (1970), S. 187 ff.; *Karten,* Das Einzelrisiko und seine Kalkulation (1993), S. 52 ff.

369 *Schulenburg/Lohse,* Versicherungsökonomik (2014), S. 116, 378. Vgl. auch *Stadler/Gail,* Die Kfz-Versicherung (2015), S. 65 f., die unter harten Risikomerkmalen solche verstehen, die bei Vertragsschluss nachprüfbar sind. Weiche Risikomerkmale sollen dagegen nicht ohne weiteres nachprüfbar sein, sodass sich der Versicherer bei Vertragsschluss zunächst auf die Angaben des Versicherungsnehmers verlassen muss und eine Überprüfung gegebenenfalls erst später, meist im Schadenfall, vornehmen kann.

370 *Schulenburg/Lohse,* Versicherungsökonomik (2014), S. 116, 378; *Stadler/Gail,* Die Kfz-Versicherung (2015), S. 66 f. Die Regionalklasse ist ein Indexwert, der aus Art und Höhe der durch Autofahrer von Fahrzeugen mit entsprechenden amtlichen Kennzeichen insgesamt verursachten und von der Versicherung regulierten Schäden errechnet wird. Neben Unfallschwerpunkten können zu einem überdurchschnittlichen Schadenaufkommen auch regionale Besonderheiten wie Diebstahlhäufigkeit, Sturm- und Hagelschäden sowie die Anzahl der Wildunfälle beitragen.

371 *Karten,* Das Einzelrisiko und seine Kalkulation (1993), S. 59.

insbesondere dann zum Einsatz, wenn die Risikomerkmale im Vorhinein für das Versicherungsunternehmen nicht erkennbar sind.[372]

Als betriebswirtschaftlich wichtigste Folge wird durch die Prämiendifferenzierung die Unabhängigkeit der Prämien von der Zusammensetzung des Versicherungsbestandes erreicht.[373] Denn unabhängig von Größe und Mischung des Bestandes entspricht dann die Summe der Risikoprämien dem kollektiven Erwartungswert der Schäden.[374] Eine Prämiendifferenzierung ist darüber hinaus insbesondere erforderlich um eine adverse Selektion auf den Versicherungsmärkten zu verhindern[375], auf die im Folgenden noch einzugehen sein wird.[376] Auch gesamtwirtschaftlich wirkt sich die Prämiendifferenzierung vorteilhaft aus, weil sie die Orientierung der Preise des Versicherungsschutzes an den Produktionskosten fördert[377] und zudem der Verwirklichung des moralischen Risikos entgegen wirkt.[378]

Die Bildung von Tarifgruppen anhand von Risikomerkmalen erfordert zunächst die Auswertung statistischen Datenmaterials. Darüber hinaus werden insoweit jedoch auch individuelle Daten über den einzelnen Versicherungsnehmer benötigt, um ihn dann der richtigen Tarifgruppe zuordnen zu können.[379]

2. *Übrige Bestandteile der Bruttoprämie*

Neben den Schadenkosten wird die Prämienhöhe auch von Rückversicherungskosten und den Kosten für die Vorhaltung des Kapitals für die künftig erwarteten Auszahlungen beeinflusst. Des Weiteren verlangen die Versicherer einen Sicherheitszuschlag für den Fall, dass das Risiko in den nächsten Jahren aufgrund von unvorhersehbaren Ereignissen oder Entwicklungen im Vergleich zu

---

372 *Farny,* Versicherungsbetriebslehre (2011), S. 71 f.

373 *Braess,* VersWissArch 1958, 257, 261; *Karten,* Das Einzelrisiko und seine Kalkulation (1993), S. 60 f.; *Farny,* Versicherungsbetriebslehre (2011), S. 70.

374 *Farny,* Versicherungsbetriebslehre (2011), S. 70.

375 *Farny,* Versicherungsbetriebslehre (2011), S. 70; *Braess,* VersWissArch 1958, 257, 261 f.; *Karten,* Das Einzelrisiko und seine Kalkulation (1993), S. 64.

376 Siehe dazu unten S. 99 ff.

377 *Farny,* Versicherungsbetriebslehre (2011), S. 70; *Karten,* Das Einzelrisiko und seine Kalkulation (1993), S. 60.

378 *Karten,* Das Einzelrisiko und seine Kalkulation (1993), S. 62 f. Siehe zum moralischen Risiko unten S. 104 ff. sowie zur sekundären Prämiendifferenzierung durch Erfahrungstarifierung als Gegenmaßnahme S. 117 ff.

379 Siehe dazu unten S. 97 ff.

den Vorjahren ansteigt.[380] Dazu kommen noch die Betriebs- und Vertriebskosten sowie der Gewinn des Versicherungsunternehmens und abgezogen werden müssen die Erträge aus Kapitalanlagen.

3. *Erfordernis gemeinsamer Schadenstatistiken*

Informationen über Schadenwahrscheinlichkeit und zu erwartende Schadenhöhe erlangen wegen des oben dargestellten Zusammenhangs zwischen der Schadenerwartung und der Prämienberechnung zunächst in abstrakter, nicht individualisierter Form Bedeutung. Erforderlich sind nicht konkrete Einzelinformationen über bestimmte Schadenereignisse, sondern statistische Daten über die Gesamtheit der eingetretenen Schäden. Je exakter die Prognose der zu erwartenden Schäden ist, desto wettbewerbsfähiger ist ein Versicherungsunternehmen, weil einerseits seine Prämien nicht zu hoch sind und andererseits im Schadenfall eine ausreichende Deckung gewährleistet ist. In diesem Sinne haben auch die Versicherungsnehmer ein Interesse daran, dass der Versicherer nicht zu geringe Prämien verlangt, weil sie im Fall von dessen Insolvenz nicht mehr von den eingezahlten Prämien profitieren können.[381]

Zumindest im Bereich des Massengeschäfts mit Versicherungsdienstleistungen erhöht sich nach dem Gesetz der großen Zahlen die Genauigkeit der Vorhersage der Schäden mit der Anzahl der Datensätze, die der Berechnung zugrunde gelegt werden.[382] Je mehr Daten ein Versicherer also für die Modellierung der Schadenverteilung zur Verfügung hat, desto besser ist sein Modell in der Lage, Prognosen der zukünftigen Schadenkosten zu liefern. Insbesondere für kleinere Versicherungsunternehmen, die nicht annähernd auf eine ausreichende Anzahl eigener Datensätze zurückgreifen können, ergibt sich daraus ein Wettbewerbsnachteil gegenüber ihren größeren Wettbewerbern. Dieser Nachteil kann jedoch ausgeglichen werden, indem die Versicherungsunternehmen gemeinsame

---

380 Vgl. dazu *Wandt,* 1. Kapitel, in: Halm/Engelbrecht/Krahe (Hrsg.), Handbuch des Fachanwalts Versicherungsrecht (2018), Rn. 127 f.; *Farny,* Versicherungsbetriebslehre (2011), S. 60 ff. Der Sicherheitszuschlag ist somit das „Äquivalent für die Tragung des versicherungstechnischen Risikos durch den Versicherer" (ebd., S. 61). Zum versicherungstechnischen Risiko siehe ebd., S. 78 ff.; *Schulenburg/Lohse,* Versicherungsökonomik (2014), S. 62 ff. Eine mathematische Darstellung findet sich bei *Zweifel/Eisen,* Versicherungsökonomie (2003), S. 240 ff.

381 *Schmidt,* Versicherungsmathematik (2009), S. 2; *Farny,* Versicherungsmarkt, in: Ders. (Hrsg.), Handwörterbuch der Versicherung (1988), S. 1043, 1046.

382 *Schulenburg/Lohse,* Versicherungsökonomik (2014), S. 33, 36; *Dreher/Hoffmann/Kling,* Kartell- und Wettbewerbsrecht der Versicherungsunternehmen (2015), § 7, Rn. 1.

Schadenstatistiken führen, die allen zur Verfügung gestellt werden.[383] Durch sie haben auch kleine Versicherungsunternehmen die Möglichkeit, Tarife auf der Basis repräsentativer Daten zu entwickeln und wettbewerbsfähige Produkte anzubieten. Gleichzeitig erleichtern solche Statistiken neuen Wettbewerbern den Marktzutritt. Die Erstellung gemeinsamer Schadenstatistiken fördert somit den Wettbewerb auf den Versicherungsmärkten.

Aus diesem Grund waren Vereinbarungen über die gemeinsame Erhebung und Verbreitung von Daten, die zur Berechnung von Durchschnittskosten für die Deckung eines genau beschriebenen Risikos in der Vergangenheit erforderlich sind, durch Art. 2 lit. a der GVO Versicherungswirtschaft[384] vom Verbot des Art. 101 Abs. 1 AEUV ausgenommen.[385] Die GVO Versicherungswirtschaft ist am 31. März 2017 außer Kraft getreten. Die Europäische Kommission entschied sich gegen eine Verlängerung, weil sie für eine sektorspezifische Gruppenfreistellungsverordnung für Versicherungen kein Erfordernis mehr sah. Die Europäische Kommission hat im Zusammenhang mit dem Auslaufen der GVO Versicherungswirtschaft zwar erneut bekräftigt, dass es bei den gemeinsamen Erhebungen, Tabellen und Studien in der Versicherungswirtschaft auch weiterhin einen erhöhten Bedarf für eine Zusammenarbeit zwischen den Wettbewerbern gibt.[386]

---

383 *Dreher,* Die wettbewerbsrechtliche Zulässigkeit der Information über Marktdaten, in: FIW (Hrsg.), Bewertung und Zulässigkeit von Marktinformationsverfahren (1993), S. 15, 33; *Ders.,* Die Versicherung als Rechtsprodukt (1991), S. 192; *Schmitt,* Empfehlungen in der Versicherungswirtschaft (1974), S. 45 f.

384 *Europäische Kommission,* Verordnung (EU) Nr. 267/2010 der Kommission vom 24. März 2010 über die Anwendung von Artikel 101 Absatz 3 des Vertrags über die Arbeitsweise der Europäischen Union auf Gruppen von Vereinbarungen, Beschlüssen und abgestimmten Verhaltensweisen im Versicherungssektor (im Folgenden: GVO Versicherungswirtschaft), ABl. Nr. L 83 v. 30.03.2010, S. 1.

385 *Europäische Kommission,* GVO Versicherungswirtschaft, ABl. Nr. L 83 v. 30.03.2010, S. 1, Erwägungsgrund 12; *Europäische Kommission,* Mitteilung der Kommission über die Anwendung von Artikel 101 Absatz 3 des Vertrags über die Arbeitsweise der Europäischen Union auf Gruppen von Vereinbarungen, Beschlüssen und abgestimmten Verhaltensweisen im Versicherungssektor (im Folgenden: Mitteilung Versicherungssektor), ABl. Nr. C 82 v. 30.03.2010, S. 20, Rn. 7 ff. Siehe dazu auch *Capobianco,* CMLR 41 (2004), 1247, 1272; Liebscher/Flohr/Petsche/*Schauer,* § 11. Vereinbarungen, Beschlüsse und abgestimmte Verhaltensweisen im Versicherungssektor (Verordnung (EG) Nr. 1534/1991 und Verordnung (EU) Nr. 267/2010), Rn. 33. Zum Umfang der Freistellung vgl. *Europäische Kommission,* GVO Versicherungswirtschaft, ABl. Nr. L 83 v. 30.03.2010, S. 1, Erwägungsgrund 9 und 10.

386 *Europäische Kommission,* Bericht der Kommission an das Europäische Parlament und den Rat über das Funktionieren der Verordnung (EU) Nr. 267/2010 der Kommission

Mit Blick auf die frühere Freistellung gemeinsamer Erhebungen, Tabellen und Studien in Art. 2 lit. a GVO Versicherungswirtschaft begründete die Kommission ein mangelndes Erfordernis einer Verlängerung jedoch damit, dass zum einen die nationalen Kartellbehörden besser in der Lage seien, derartige Sachverhalte unter Berücksichtigung der nationalen Gegebenheiten kartellrechtlich zu beurteilen.[387] Zum anderen gibt nach Ansicht der Europäischen Kommission der Abschnitt der Horizontalleitlinien zum Informationsaustausch für eine solche Beurteilung sowohl durch die nationalen Behörden als auch durch die Unternehmen im Rahmen einer nach Wegfall der Gruppenfreistellungsverordnung erforderlichen Selbsteinschätzung eine hinreichende Orientierungshilfe, sodass es einer darüber hinausgehenden sektorspezifischen Regelung nicht bedürfe.[388]

Der Wegfall der GVO Versicherungswirtschaft hat nicht zur Folge, dass die bisher von ihr erfasste Zusammenarbeit der Versicherer bei gemeinsamen Erhebungen, Tabellen und Studien in Zukunft *per se* nicht mehr möglich ist. Vielmehr unterliegen nun sämtliche Kooperationsformen zwischen Versicherern der Selbsteinschätzung durch die Unternehmen. Sofern eine Verhaltensweise dem Kartellverbot des Art. 101 Abs. 1 AEUV unterfällt, ist dann in einem weiteren Schritt eine mögliche Freistellung gemäß Art. 101 Abs. 3 AEUV zu prüfen. Die Zusammenarbeit im Bereich gemeinsamer Erhebungen, Tabellen und Studien wird auch künftig – nach Prüfung sämtlicher Voraussetzungen des Art. 101 Abs. 3 AEUV – auf Grund der mit ihr verbundenen Effizienzgewinne in der Regel freigestellt sein.[389]

II. Die Relevanz spezifischer Daten über einzelne Versicherungsnehmer – Informationsasymmetrie auf Versicherungsmärkten

Informationen haben aber auf dem Versicherungsmarkt nicht nur in Form statistischer Daten über eine Vielzahl von Fällen Bedeutung für die Tarifierung der

---

über die Anwendung von Artikel 101 Absatz 3 des Vertrags über die Arbeitsweise der Europäischen Union auf Gruppen von Vereinbarungen, Beschlüssen und abgestimmten Verhaltensweisen im Versicherungssektor, COM(2016) 153, 17.03.2016, Rn. 22; vgl. auch *Imgrund*, WuW 2017, 530, 531.

387 Commission staff working document impact assessment – HT.4012 – IBER, SEC(2016) 536, Rn. 135, 163.

388 Commission staff working document impact assessment – HT.4012 – IBER, SEC(2016) 536, Rn. 102 ff., 167.

389 *Stancke*, VersR 2017, 518, 522.

Unternehmen. Auch konkrete, einen bestimmten Versicherungsvertrag bzw. Versicherungsnehmer betreffende Daten sind für die Versicherungsunternehmen wichtiger, als dies bei anderen Produkten der Fall ist, weil Informationen über die konkrete Schadenwahrscheinlichkeit und damit über die zu erwartenden Schadenkosten die Prämienhöhe maßgeblich beeinflussen.[390]

Auf Versicherungsmärkten herrscht jedoch in zweierlei Hinsicht eine Informationsasymmetrie zulasten der Versicherer.[391] Zum einen besteht ein Informationsvorsprung des Versicherungsnehmers schon bei Abschluss des Versicherungsvertrags, denn er steht dem durch die konkrete Police zu versichernden Risiko näher als der Versicherungsgeber und kennt daher die risikobeeinflussenden Faktoren besser. Diese Informationsasymmetrie über objektive Aspekte des Versicherungsvertrags wird auch als *hidden characteristics* bezeichnet und kann zum Auftreten der von *Akerlof* erstmals beschriebenen adversen Selektion führen.[392] Zum anderen kann der Versicherungsnehmer durch sein Verhalten Einfluss auf die Wahrscheinlichkeit des Schadenseintritts sowie auf die Schadenshöhe nehmen, ohne dass der Versicherer dies erkennen kann (sog. *hidden action*).[393] Eine durch den Vertragsschluss begründete Änderung dieses Verhaltens bezeichnet man als moralisches Risiko oder *moral hazard*.[394]

---

390 *Rea,* Int. Rev. L. & Econ. 13 (1993), 145, 153 ff. Siehe oben S. 92 ff.

391 Dazu umfassend *Zweifel/Eisen,* Versicherungsökonomie (2003), S. 293 ff.; *Hellwig,* Versicherungsmärkte: Theorie, B. Versicherungsmärkte mit unvollständiger Information, in: Farny (Hrsg.), Handwörterbuch der Versicherung (1988), S. 1065; *Pauly,* The Quarterly Journal of Economics 88 (1974), 44.

392 *Akerlof,* The Quarterly Journal of Economics 84 (1970), 488. Siehe dazu sogleich S. 99 ff. Siehe auch *Fritsch,* Marktversagen und Wirtschaftspolitik (2018), S. 250, 263 f.; *Hellwig,* Versicherungsmärkte: Theorie, B. Versicherungsmärkte mit unvollständiger Information, in: Farny (Hrsg.), Handwörterbuch der Versicherung (1988), S. 1065, 1065; *Spremann,* Zeitschrift für Betriebswirtschaft 1990, 561, 566.

393 *Fleischer,* Informationsasymmetrie im Vertragsrecht (2001), S. 138 f.; *Fritsch,* Marktversagen und Wirtschaftspolitik (2018), S. 250, 256 f.; *Spremann,* Zeitschrift für Betriebswirtschaft 1990, 561, 566; *Hellwig,* Versicherungsmärkte: Theorie, B. Versicherungsmärkte mit unvollständiger Information, in: Farny (Hrsg.), Handwörterbuch der Versicherung (1988), S. 1065, 1065.

394 *Zweifel/Eisen,* Versicherungsökonomie (2003), S. 295 f.; *Fritsch,* Marktversagen und Wirtschaftspolitik (2018), S. 256. Siehe auch *Pauly,* The American Economic Review 58 (1968), 531; *Arrow,* Insurance, Risk and Resource Allocation, in: Ders., Essays in the theory of risk bearing (1976), S. 134, 142; *Mahr,* ZVersWiss 1977, 205, 231. Siehe dazu sogleich S. 104 ff.

Das Problem der asymmetrischen Information lässt sich auch als Anwendungsfall des von der Neuen Institutionenökonomie entwickelten Prinzipal-Agent-Modells verstehen.[395] Dabei stehen sich ein besser informierter Agent, hier der Versicherungsnehmer, und ein schlechter informierter Prinzipal, der Versicherungsgeber, gegenüber. Die Informationsasymmetrie betrifft dabei zum einen die Eigenschaften des Agenten, die der Prinzipal vor Vertragsschluss nicht kennt. Die relevante Eigenschaft ist hier das individuelle Risiko des Versicherungsnehmers. Zum anderen hat der Agent einen gewissen Handlungsspielraum, den der Prinzipal nicht vollständig überwachen kann. Die Tätigkeit des Agenten hat aber unmittelbare Auswirkungen auf das Vermögen des Prinzipals. Im Fall der Versicherung handelt es sich hierbei insbesondere um Risikovermeidungsmaßnahmen des Agenten, die dieser vornehmen oder unterlassen kann, ohne dass der Versicherer hierauf Einfluss nehmen kann. Daraus ergibt sich für den Agenten ein Anreiz, in erster Linie seine eigenen Interessen und nicht diejenigen des Prinzipals zu verfolgen, und auf diese Weise das Vermögen des Prinzipals zu schädigen.

1. *Adverse Selektion als Folge asymmetrischer Information*

a. *Market for lemons*

Die Folgen asymmetrischer Information über objektive Aspekte auf einem Markt wurden von *Akerlof* eingehend untersucht.[396] Als Beispiel legte *Akerlof* seiner Untersuchung einen Markt für Gebrauchtwagen zugrunde, auf dem es nur zwei Sorten von Fahrzeugen gibt, nämlich einerseits solche, die in einem sehr guten Zustand sind, und andererseits Fahrzeuge schlechter Qualität (sog. „lemons"). Der Verkäufer eines Gebrauchtwagens weiß über dessen Zustand sehr viel besser Bescheid als die potentiellen Käufer. Er weiß beispielsweise, ob der Wagen schon Unfälle hatte und wenn ja, in welchem Umfang er dabei beschädigt wurde, welche Reparaturen vorgenommen wurden, welche Verschleißteile ausgetauscht

---

395 *Holmström/Milgrom,* Econometrica 55 (1987), 303, 303. Entwickelt wurde das Prinzipal-Agent-Modell von *Jensen/Meckling,* Journal of Financial Economics 3 (1976), 305, 308 ff. Siehe dazu auch *Arrow,* Agency and the Market, in: Ders. (Hrsg.), Handbook of mathematical economics (1986), S. 1183, 1183 ff.; *Richter/Furubotn,* Neue Institutionenökonomik (2010), S. 172 ff., 225 ff., 241 ff.; *Fleischer,* Informationsasymmetrie im Vertragsrecht (2001), S. 138 ff.; *Fritsch,* Marktversagen und Wirtschaftspolitik (2018), S. 260 ff. Zur Anwendung des Prinzipal-Agent-Modells im Bereich der Versicherung siehe auch *Schulenburg/Lohse,* Versicherungsökonomik (2014), S. 315 f.

396 *Akerlof,* The Quarterly Journal of Economics 84 (1970), 488, 489 f.

wurden und ob das Fahrzeug derzeit Defekte aufweist. Selbst wenn der Verkäufer den Wagen seinerseits gebraucht gekauft und nur einige Zeit gefahren hat, kann er besser als der potentielle Käufer einschätzen, ob es sich um einen guten oder einen schlechten Gebrauchtwagen handelt. Denn selbst ein einigermaßen sachkundiger Käufer kann nicht sämtliche dieser Umstände bei einer Inaugenscheinnahme des Fahrzeugs und einer Probefahrt feststellen. Seine Einschätzung dessen, was das Fahrzeug wert ist, hängt daher letztlich auch von den Informationen ab, die er vom Verkäufer erhält und auf die er sich in gewissem Umfang verlassen muss.

Den Verkäufern ist ihre insofern überlegene Position bewusst, was einige von ihnen dazu verleiten wird, Informationen über den Zustand des Fahrzeugs zurückzuhalten oder Kaufinteressenten aktiv zu täuschen. Da für die potentiellen Käufer unter diesen Umständen nicht erkennbar ist, ob es sich bei einem bestimmten Wagen um einen guten oder einen schlechten handelt, werden sie die Wahrscheinlichkeit, ein minderwertiges Auto zu kaufen, berücksichtigen und daher nicht bereit sein, den für ein gutes Fahrzeug angemessenen hohen Preis zu zahlen. Alle Fahrzeuge werden daher zu dem Preis verkauft, den die Käufer unter Berücksichtigung der Wahrscheinlichkeit, eine „lemon“ zu erhalten, noch zu zahlen bereit sind (Marktpreis). Als Folge kommt es zu adverser Selektion.[397] Denn die Verkäufer der Fahrzeuge in sehr gutem Zustand werden nicht bereit sein, diese zum Marktpreis und damit unterhalb ihres tatsächlichen Wertes zu verkaufen. Das führt dazu, dass der Anteil schlechter Autos auf dem Markt steigt. Da die potentiellen Käufer dieses neue Verhältnis von guten und schlechten Fahrzeugen in ihre Preisberechnung mit einbeziehen, sinkt ihre Zahlungsbereitschaft erneut. Der Marktpreis fällt somit weiter, was wiederum einen Anteil der guten Fahrzeuge aus dem Markt verdrängt, weil ihre Eigentümer nicht zu einem Verkauf zum neuen Marktpreis bereit sind. Dieser Mechanismus setzt sich so lange fort, bis nur noch „lemons“ auf dem Markt sind. Ein Verkauf von Fahrzeugen hoher Qualität kommt nicht mehr zustande. Die Nachfrage nach guten Fahrzeugen wird nicht befriedigt und die bei dem Verkauf dieser Fahrzeuge möglichen Tauschgewinne werden nicht realisiert. Hierbei handelt es sich um den klassischen Fall des Marktversagens aufgrund von Informationsasymmetrie.

Einem solchen Marktversagen kann durch verschiedene Maßnahmen entgegengewirkt werden, die im Wesentlichen darauf zielen, die Informationsasymmetrie abzubauen.[398] *Akerlof* nennt als Beispiel hierfür die Einführung von

397 *Akerlof*, The Quarterly Journal of Economics 84 (1970), 488, 493.

398 Siehe dazu im Einzelnen unten S. 112 ff.

Garantien auf dem Gebrauchtwagenmarkt, die bewirken, dass die Käufer sich auf die Qualität der Produkte verlassen können und demzufolge auch bereit sind, höhere Preise zu bezahlen.[399] Da nur die Verkäufer von Fahrzeugen hoher Qualität bereit sein werden, eine Garantie zu übernehmen, werden die Käufer in die Lage versetzt, anhand des Bestehens einer Garantie die Fahrzeuge guter Qualität von denen schlechter Qualität zu unterscheiden. Auf diese Weise steigt der Anteil von qualitativ hochwertigen Fahrzeugen auf dem Markt und es können insgesamt höhere Tauschgewinne realisiert werden.

b. Adverse Selektion auf den Versicherungsmärkten

Auf dem Markt für Versicherungsdienstleistungen kennt der Versicherungsnehmer das zu versichernde Risiko besser als der Versicherer, die Informationsasymmetrie besteht also zulasten des Letzteren.[400] Das Problem der adversen Selektion auf Versicherungsmärkten lässt sich veranschaulichen, wenn man zunächst davon ausgeht, dass Versicherer überhaupt keine Möglichkeit haben, zu erkennen, ob es sich bei einem Versicherungsnehmer um ein „gutes" (also geringes) oder um ein „schlechtes" (also hohes) Risiko handelt. Der Versicherer ist dann gezwungen, einen einheitlichen Versicherungsvertrag für alle Versicherungsnehmer anzubieten, dessen reine Risikoprämie sich an den durchschnittlich für alle Versicherungsnehmer zu erwartenden Schadenkosten orientiert.[401] Versicherungsnehmer mit einem geringeren Risiko tragen auf diese Weise anteilig die Kosten mit, die durch das gegenüber dem Durchschnitt erhöhte Risiko anderer Versicherungsnehmer verursacht werden. Die Kosten eines erhöhten Risikos fallen also nicht bei dem Versicherungsnehmer an, der sie auch verursacht, sondern werden auf die Gesamtheit der Versicherungsnehmer umgelegt und auf diese Weise externalisiert.[402] Versicherungsnehmer mit einem geringen Risiko werden eine solche Prämie als unangemessen hoch betrachten und einen Vertragsabschluss zu dieser Prämie ablehnen.[403] Vorausgesetzt, dass sie die Möglichkeit haben, den Umfang der nachgefragten Versicherungsleistungen bei festgelegten Preisen selbst zu bestimmen, werden sie sich für eine geringere als

---

399 *Akerlof,* The Quarterly Journal of Economics 84 (1970), 488, 499 f.

400 Siehe oben S. 97 ff.

401 *Fritsch,* Marktversagen und Wirtschaftspolitik (2018), S. 253.

402 *Rothschild/Stiglitz,* The Quarterly Journal of Economics 90 (1976), 629, 629, 638.

403 *Hellwig,* Versicherungsmärkte: Theorie, B. Versicherungsmärkte mit unvollständiger Information, in: Farny (Hrsg.), Handwörterbuch der Versicherung (1988), S. 1065, 1067.

vollständige Versicherung entscheiden.[404] Für Versicherungsnehmer mit einem schlechten Risiko ist die Prämie dagegen sehr günstig, sie fragen daher mehr Versicherungsschutz nach, als sie es zu einer ihrem Risiko angepassten Prämie tun würden.[405] Es besteht demnach eine positive Korrelation zwischen der Versicherungsnachfrage und der Schadenswahrscheinlichkeit.[406] Da die Nachfrage nach Versicherungsschutz bei den schlechten Risiken höher ist als bei den guten Risiken, kommt es zu adverser Selektion.[407] Der Anteil der schlechten Risiken im Markt steigt und das Verhältnis der tatsächlich zu erwartenden Schadenkosten zur berechneten (Durchschnitts-)Risikoprämie gestaltet sich ungünstiger.[408]

Die Versicherer reagieren hierauf, indem sie die Prämie erhöhen, um die zu erwartende Steigerung der Schadenkosten auszugleichen. Der gestiegene Preis der Versicherungsleistung hat wiederum ein Austreten von Versicherungsnehmern mit verhältnismäßig geringem Risiko aus dem Markt zur Folge, wodurch der Anteil der schlechten Risiken erneut ansteigt. Dieser Kreislauf der adversen Selektion kann sich theoretisch so lange fortsetzen, bis nur noch Versicherungsnehmer mit einem hohen Risiko Versicherungsschutz nachfragen. Im Extremfall kommt es so zum Marktversagen, denn die Versicherer bieten diesen Nachfragern dann aus wirtschaftlichen Gründen entweder gar keine Policen mehr an oder verlangen dafür exorbitant hohe Prämien.[409] In jedem Fall führt adverse Selektion zu allokativen Ineffizienzen, indem mögliche Tauschgewinne durch den Verkauf von Versicherungsschutz an gute Risiken nicht realisiert werden. Denn obwohl die guten Risiken bereit wären, Versicherungsschutz zu einer ihrem Risiko angemessenen Prämien nachzufragen, kommen derartige Verträge

---

404 *Hellwig,* Versicherungsmärkte: Theorie, B. Versicherungsmärkte mit unvollständiger Information, in: Farny (Hrsg.), Handwörterbuch der Versicherung (1988), S. 1065, 1066.

405 *Hellwig,* Versicherungsmärkte: Theorie, B. Versicherungsmärkte mit unvollständiger Information, in: Farny (Hrsg.), Handwörterbuch der Versicherung (1988), S. 1065, 1066 f. Zum Problem der Überversicherung und ihrer Auswirkungen auf das Wettbewerbsgleichgewicht siehe *Pauly,* The Quarterly Journal of Economics 88 (1974), 44.

406 *Pauly,* The Quarterly Journal of Economics 88 (1974), 44; *Beliveau,* The Journal of Risk and Insurance 51 (1984), 286; *Rothschild/Stiglitz,* The Quarterly Journal of Economics 90 (1976), 629, 632; *Spence,* Journal of public economics 10 (1978), 427, 427.

407 *Akerlof,* The Quarterly Journal of Economics 84 (1970), 488, 492 f. Siehe auch *Schulenburg/Lohse,* Versicherungsökonomik (2014), S. 315.

408 *Hellwig,* Versicherungsmärkte: Theorie, B. Versicherungsmärkte mit unvollständiger Information, in: Farny (Hrsg.), Handwörterbuch der Versicherung (1988), S. 1065, 1067.

409 *Akerlof,* The Quarterly Journal of Economics 84 (1970), 488, 492 ff.

allein deshalb nicht zustande, weil die Versicherungsnehmer nicht in der Lage sind, die guten Risiken als solche zu erkennen.[410]

Darüber hinaus kann die Unfähigkeit der Versicherer, schlechte von guten Risiken zu unterscheiden, dazu führen, dass sich bei einem Versicherer schlechte Risiken ansammeln. Das Unternehmen kann dann in Schieflage geraten, weil die tatsächlichen Schadenkosten deutlich höher sind, als die anhand von Durchschnittswerten für die Schadenkosten berechnete Gesamtrisikoprämie.[411]

Eine Möglichkeit, die negativen Effekte der adversen Selektion auf die Ressourcenallokation abzuschwächen, ist ein regulativer Eingriff in Form der Einführung einer Versicherungspflicht bzw. eines staatlichen Versicherungsmonopols.[412] Auf diese Weise werden die guten Risiken am Marktaustritt gehindert. Wenn sich alle potentiellen Versicherungsnehmer versichern müssen, entspricht das tatsächliche Risiko dem der Berechnung der Risikoprämie zugrunde gelegten Durchschnittsrisiko. Da die Durchschnittsprämie geringer ist, als die durch adverse Selektion bedingte Prämie (s.o.), werden sowohl die schlechten Risiken als auch die guten Risiken durch die Versicherungspflicht besser gestellt. Die Verpflichtung führt also zu einer Pareto-Verbesserung.[413] Gleichzeitig findet auf diese Weise jedoch eine stärkere Umlage statt. Ob eine solche gewünscht ist, ist eine politische Entscheidung, für die es in manchen Bereichen, wie der Kranken-, Arbeitslosigkeits-, Renten-, Kfz-Haftpflicht- oder Berufshaftpflichtversicherung gute Gründe geben mag.[414] Darüber hinaus sind staatliche Eingriffe zum Beispiel dergestalt möglich, dass eine gesetzliche Verpflichtung zur Offenlegung risikobeeinflussender Umstände geschaffen[415] oder Schadensverhütungsmaßnahmen (durch Steuervorteile) staatlich subventioniert werden.[416]

Auch ohne Eingriffe in den Versicherungsmarkt von außen kann durch Preis- und Produktgestaltungsmaßnahmen adverser Selektion entgegengewirkt werden. So können Versicherer aufgrund der Beobachtung, dass die guten Risiken

---

410 *Fritsch,* Marktversagen und Wirtschaftspolitik (2018), S. 253 f.

411 *Schulenburg/Lohse,* Versicherungsökonomik (2014), S. 276.

412 *Varian,* Grundzüge der Mikroökonomik (2016), S. 826 f.; *Schulenburg/Lohse,* Versicherungsökonomik (2014), S. 433.

413 *Varian,* Grundzüge der Mikroökonomik (2016), S. 827.

414 Siehe dazu *Schulenburg/Lohse,* Versicherungsökonomik (2014), S. 388 ff.; *Puskás,* Pflichtversicherung, in: Farny (Hrsg.), Handwörterbuch der Versicherung (1988), S. 513.

415 Zu den entsprechenden Regelungen des VVG siehe unten S. 122 ff.

416 Vgl. hierzu *Schulenburg/Lohse,* Versicherungsökonomik (2014), S. 327.

weniger Versicherungsschutz nachfragen als die schlechten, versuchen, aus dem Nachfrageverhalten auf das Risiko zu schließen, indem sie zwei Verträge mit unterschiedlichem Versicherungsumfang zu unterschiedlichen Preisen anbieten. Im Wege der Selbstselektion würden die Versicherungsnehmer dann durch die Wahl eines der beiden Verträge ihre Zugehörigkeit zur einen oder anderen Risikogruppe offenbaren.[417] Das Problem liegt dabei jedoch darin, die Verträge so zu gestalten, dass jede Risikoart nur den für sie vorgesehenen Vertrag wählt. Der für die guten Risiken vorgesehene Vertrag darf daher nicht auch für die schlechten Risiken attraktiver sein.[418] Folglich kann für die guten Risiken nur ein Vertrag mit Unterversicherung (zu einem geringeren Preis) angeboten werden, denn diese ist für die schlechten Risiken weniger attraktiv als ein für sie vorgesehener Vertrag mit Vollversicherung zu einem höheren Preis. Eine derartige Selbstselektion kann etwa durch die Vereinbarung einer Selbstbeteiligung erreicht werden.[419]

Im Vergleich zu einer Versicherung bei Kenntnis der Risikotypen der jeweiligen Versicherungsnehmer handelt es sich hierbei jedoch nur um eine *Second best*-Lösung. Gesamtwirtschaftlich ist diese Situation gegenüber derjenigen bei vollständiger Information nachteilig, weil es zu einem externen Effekt in Form der Unterversicherung der guten Risiken kommt.[420]

2. Moralisches Risiko durch risikoerhöhendes Verhalten des Versicherungsnehmers

Bei Personen, die gegen ein bestimmtes Risiko versichert sind, verwirklicht sich dieses Risiko statistisch häufiger und auch mit höheren Schäden, als bei Personen, die keinen entsprechenden Versicherungsschutz genießen.[421]

---

417 Dazu grundlegend *Rothschild/Stiglitz,* The Quarterly Journal of Economics 90 (1976), 629.

418 *Rothschild/Stiglitz,* The Quarterly Journal of Economics 90 (1976), 629, 636; *Schulenburg/Lohse,* Versicherungsökonomik (2014), S. 323; *Zweifel/Eisen,* Versicherungsökonomie (2003), S. 325 f.

419 *Hellwig,* Versicherungsmärkte: Theorie, B. Versicherungsmärkte mit unvollständiger Information, in: Farny (Hrsg.), Handwörterbuch der Versicherung (1988), S. 1065, 1067. Siehe dazu sogleich S. 115 f.

420 *Rothschild/Stiglitz,* The Quarterly Journal of Economics 90 (1976), 629, 638; *Schulenburg/Lohse,* Versicherungsökonomik (2014), S. 324; *Zweifel/Eisen,* Versicherungsökonomie (2003), S. 326.

421 *Grubel,* The Journal of Risk and Insurance 38 (1971), 99, 100. Siehe auch *Mahr,* ZVersWiss 1977, 205, 212, der den Rückkoppelungseffekt zwischen dem Abschluss

Ein Versicherungsnehmer kann die Wahrscheinlichkeit des Eintritts eines Schadens oft durch sein Verhalten beeinflussen. Dabei kann er sich zum einen allgemein vorsichtiger oder unvorsichtiger verhalten.[422] Zum anderen kann er häufig konkrete Maßnahmen treffen, die das Risiko eines Schadenseintritts verringern, indem er beispielsweise eine Alarmanlage oder ein Sicherheitsschloss anschafft und damit die Wahrscheinlichkeit eines Einbruchs verringert. Unterlässt der Versicherungsnehmer nun diese Schadensverhütungsmaßnahmen wegen des bestehenden Versicherungsschutzes oder verhält er sich risikofreudiger, als er es vor Abschluss des Versicherungsvertrags getan hätte, steigt die Eintrittswahrscheinlichkeit des Schadens.[423] Die Motivation zu einem derartigen Verhalten und damit das moralische Risiko ergeben sich daraus, dass der Versicherungsnehmer nach Abschluss des Versicherungsvertrags die Kosten für den Eintritt eines Schadens nicht mehr selbst trägt und damit einen Schadenseintritt eher in Kauf nimmt, als er dies im unversicherten Zustand getan hat.[424] Der Versicherungsnehmer hat keinen Anreiz mehr, Schadensverhütungsmaßnahmen zu ergreifen, wenn ihn aufgrund von Vollversicherung die wirtschaftlichen Folgen eines Schadens nicht mehr treffen und der Versicherer keine Möglichkeit hat, dieses geänderte Verhalten des Versicherungsnehmers zu beobachten.[425]

Darüber hinaus kann der Versicherungsnehmer oft auch die Höhe des Schadens durch sein Verhalten beeinflussen, indem er Maßnahmen zur Schadensminderung unterlässt oder Versicherungsleistungen übermäßig in Anspruch nimmt.[426] Besonders deutlich zeigt sich dies am Beispiel der Krankenversicherung. Nach Abschluss eines Krankenversicherungsvertrags wird der

---

der Versicherung bzw. der Prämienhöhe und dem Anstieg der Schadenkosten als „Bajazzo-Effekt“ bezeichnet.

422 Vgl. *Grubel,* The Journal of Risk and Insurance 38 (1971), 99, 101.

423 *Zweifel/Eisen,* Versicherungsökonomie (2003), S. 295.

424 *Arrow,* The American Economic Review 53 (1963), 941, 961 f.; *Mahr,* in: FG Müller-Lutz (1972), S. 241, 259, 261; *Arnott/Stiglitz,* The Welfare Economics of Moral Hazard, in: Loubergé (Hrsg.), Risk, information and insurance (1991), S. 91, 91 f.; *Zweifel/Eisen,* Versicherungsökonomie (2003), S. 295; *Wagner-von Papp,* Marktinformationsverfahren (2004), S. 28; *Monopolkommission,* Hauptgutachten 2002/2003 (2005), Rn. 1002. Das Problem des moralischen Risikos tritt in ähnlicher Form im Kreditgeschäft auf. Die Gefahr besteht hier darin, dass der Kreditnehmer nach Erhalt der Kreditsumme sein Verhalten ändert, indem er beispielsweise größere wirtschaftliche Risiken eingeht und auf diese Weise die Rückzahlung des Kredits gefährdet. Siehe dazu *Stiglitz/Weiss,* The American Economic Review 71 (1981), 393.

425 *Schulenburg/Lohse,* Versicherungsökonomik (2014), S. 308 ff.

426 *Zweifel/Eisen,* Versicherungsökonomie (2003), S. 296.

Versicherungsnehmer eher geneigt sein, sich ärztlich behandeln zu lassen, als zuvor; er geht häufiger zum Arzt, lässt sich mehr und teurere Medikamente verschreiben und mehr Untersuchungen und Eingriffe durchführen.[427] Möglich ist dies einerseits, weil der Versicherungsnehmer es hier häufig selbst in der Hand hat, ob er sich behandeln lässt[428], und andererseits, weil die Ärzte, die entscheidenden Einfluss auf die Art und Anzahl der Untersuchungen und Therapien haben, ebenfalls kein Interesse daran haben, die Gesundheitskosten gering zu halten.[429] Insoweit besteht ein weiteres Problem des moralischen Risikos zwischen der Versicherung auf der einen und dem Arzt auf der anderen Seite. *Mahr* bezeichnet letzteres als „externes moralisches Risiko" im Gegensatz zum „internen moralischen Risiko" in der Beziehung zwischen Versicherungsnehmer und Versicherungsgeber.[430] Der Versicherer kann die Erforderlichkeit der vom Arzt angeordneten Untersuchungs- und Behandlungsmethoden nicht in jedem Einzelfall überprüfen. Der Arzt hat also dem Versicherer gegenüber einen Informationsvorsprung und zwischen beiden besteht eine Prinzipal-Agent-Beziehung. Gleichzeitig können die Patienten in der Regel die Wirksamkeit der gewählten Behandlung mangels medizinischer Qualifikation nicht beurteilen. Man spricht deshalb in diesem Zusammenhang von einer *angebotsinduzierten* oder *anbieterinduzierten Nachfrage*.[431] Gerade im Bereich der Krankenversicherung sind die zu erwartenden Kosten darüber hinaus auch stark von den individuellen Präferenzen der Versicherungsnehmer abhängig.[432]

Eine übermäßige Inanspruchnahme von Versicherungsleistungen ist jedoch auch in anderen Bereichen möglich. Wer beispielsweise eine Rechtsschutzversicherung abgeschlossen hat, ist eher bereit, anwaltliche Beratung in Anspruch zu nehmen oder eine Klage anzustrengen, als derjenige, der für die damit verbundenen Kosten selbst aufkommen muss.[433]

---

427 *Mahr*, ZVersWiss 1977, 205, 207 ff.; *Zweifel/Eisen*, Versicherungsökonomie (2003), S. 296. Vgl. zur Abhängigkeit der Bereitschaft von Patienten, sich für eine Diagnostik stationär in ein Krankenhaus aufnehmen zu lassen, vom Umfang ihres Versicherungsschutzes und zur entsprechenden Bereitschaft von Ärzten, diese Patienten für eine solche Diagnostik in ein Krankenhaus einzuweisen *Grubel*, The Journal of Risk and Insurance 38 (1971), 99, 101 f.

428 *Mahr*, ZVersWiss 1977, 205, 210.

429 *Mahr*, in: FG Müller-Lutz (1972), S. 241, 250 ff.; *Ders.*, ZVersWiss 1977, 205, 208 ff.

430 *Mahr*, in: FG Müller-Lutz (1972), S. 241, 261; *Ders.*, ZVersWiss 1977, 205, 222.

431 *Schulenburg/Lohse*, Versicherungsökonomik (2014), S. 451.

432 Siehe dazu *Spence*, Journal of public economics 10 (1978), 427, 428.

433 *Adams*, Ökonomische Analyse des Zivilprozesses (1981), S. 113 ff.

Auch bei der Kfz-Versicherung kann eine übermäßige Inanspruchnahme von Versicherungsleistungen dergestalt erfolgen, dass erhöhte Reparaturkosten in Rechnung gestellt werden, indem etwa Teile ausgetauscht statt repariert werden oder eine teurere Werkstatt für die Durchführung der Reparatur gewählt wird.[434] Hier kommt es, wie im eben beschrieben Fall der Krankenversicherung, zusätzlich zu externem moralischem Risiko im Verhältnis zwischen der Werkstatt als Agent und dem Versicherer als Prinzipal, weil das Interesse der zwischengeschalteten Werkstatt daran, an einem Schadenfall viel zu verdienen, dem Interesse des Versicherers an der Geringhaltung der Schadenkosten zuwider läuft.[435] Gerade im Bereich der Kfz-Versicherungen unternehmen die Versicherer vielfältige Versuche, dieses doppelte moralische Risiko und die dadurch verursachten Kosten zu unterbinden. So bieten Kfz-Versicherer beispielsweise vergünstigte Tarife unter der Bedingung der Vereinbarung einer Werkstattbindung an. Diese Vereinbarung beinhaltet, dass der Versicherungsnehmer im Schadenfall die Reparaturkosten nur dann in vollem Umfang erstattet bekommt, wenn er die Reparatur in einer Vertragswerkstatt des Versicherers vornehmen lässt.[436] In den kartellrechtlichen Blickpunkt sind in diesem Bereich insbesondere Vereinbarungen der Versicherer mit Leistungserbringern[437] sowie die Zusammenarbeit von Versicherern im Rahmen der Schadensabwicklung geraten.[438]

---

434 *Mahr,* in: FG Müller-Lutz (1972), S. 241, 252; *Ders.,* ZVersWiss 1977, 205, 211; *Stancke,* VersR 2014, 1043, 1043; *Zweifel/Eisen,* Versicherungsökonomie (2003), S. 296.

435 *Mahr,* in: FG Müller-Lutz (1972), S. 241, 252; *Ders.,* ZVersWiss 1977, 205, 211.

436 Vgl. zu den entsprechenden Verträgen der HUK-Coburg *o. V.,* VW 2009, 899. Siehe dazu auch *Dreher/Hoffmann/Kling,* Kartell- und Wettbewerbsrecht der Versicherungsunternehmen (2015), § 11, Rn. 8 ff., 61 f.

437 So hatte der EuGH im Jahr 2013 im Wege eines Vorabentscheidungsverfahrens über die Frage der Zulässigkeit von Vereinbarungen zwischen Versicherungsunternehmen und Kfz-Werkstätten zu entscheiden (*EuGH,* Urt. v. 14.03.2013, Rs. C-32/11 (*Allianz Hungária),* (noch nicht in amtl. Slg.)). Allerdings wies dieser Fall einige tatsächliche Besonderheiten auf und enthält daher nur wenige Anhaltspunkte für die generelle kartellrechtliche Beurteilung entsprechender Verhaltensweisen (vgl. dazu *Dreher/Hoffmann/Kling,* Kartell- und Wettbewerbsrecht der Versicherungsunternehmen (2015), § 11 Rn. 27, 83 ff.).

438 Siehe dazu *Dreher/Hoffmann/Kling,* Kartell- und Wettbewerbsrecht der Versicherungsunternehmen (2015), § 11, Rn. 1 ff.; MüKoEuWettbR/*Esser/Stappert,* SB Versicherungswirtschaft, Rn. 120 ff.; Langen/Bunte/*Röhrig,* Syst. VIII Versicherungswirtschaft, Rn. 135 ff. Von Interesse ist in diesem Zusammenhang insbesondere auch ein Beschluss des BGH aus dem Jahr 1998, in dem er die Untersagungsentscheidung des Bundeskartellamts bezüglich der Durchführung einer von sechs großen Versicherern gegründeten Autovermietungsgesellschaft bestätigte (*BGH,* Beschluss

Dabei ist die Verhaltensänderung aufseiten des Versicherungsnehmers häufig nicht so verwerflich, wie der Name moralisches Risiko vermuten lässt.[439] Die Bandbreite der Fälle moralischen Risikos reicht von geringfügig risikoreicherem Verhalten bis hin zum Versicherungsbetrug.[440] *Mahr* will von „moralischem Risiko" sogar ausschließlich solche gegen den Versicherer erhobenen Ansprüche erfasst sehen, die legitim oder zumindest „knapp noch nicht illegitim"[441] sind. Dabei räumt er zwar ein, dass eine klare Grenzlinie zwischen legitimen und illegitimen Handlungen nicht bestehe, begründet seine Ansicht aber damit, dass sich die Versicherer gegen illegitime Ansprüche, die aus einem Versicherungsbetrug rühren, „einigermaßen zu wehren" wüssten.[442]

Das muss jedoch bezweifelt werden. Zwar ist das Verhalten des Versicherungsnehmers bei der Verwirklichung moralischen Risikos häufig vertragswidrig, weil den Versicherungsnehmer (gesetzliche oder vertragliche) äquivalenzsichernde Obliegenheiten treffen, wie etwa die Gefahrstandsobliegenheit des § 23 VVG, nach der ein Versicherungsnehmer nach Abgabe seiner Vertragserklärung keine Gefahrerhöhung vornehmen darf und eine ohne sein Zutun eingetretene Gefahrerhöhung dem Versicherer anzeigen muss.[443] § 82 VVG normiert darüber hinaus eine Rettungs- und Schadenminderungsobliegenheit des Versicherungsnehmers. Das durch moralisches Risiko begründete Problem ergibt sich insoweit jedoch gerade daraus, dass die maßgeblichen Verhaltensänderungen für den anderen Vertragsteil, hier also für den Versicherer, nicht erkennbar sind und dieser daher die Leistung nicht unter Verweis auf das vertragswidrige Verhalten verweigern kann.[444] Die Versicherer können sich gegen eine illegitime Inanspruchnahme nur dann wehren, wenn sie von der Illegitimität auch Kenntnis erlangen. Im Bereich des Versicherungsbetrugs wird durchweg von einer extrem

---

v. 13.01.1998, KVR 40/96 (*Carpartner*), NJW 1998, 2825). Siehe zu dieser Entscheidung auch *Bunte*, NJW 1999, 93; *Dreher/Hoffmann/Kling*, Kartell- und Wettbewerbsrecht der Versicherungsunternehmen (2015), § 11, Rn. 50 ff.

439 *Mahr*, ZVersWiss 1977, 205, 218 f.; *Pauly*, The American Economic Review 58 (1968), 531, 531, 535; zustimmend *Grubel*, The Journal of Risk and Insurance 38 (1971), 99, 102. Siehe auch *Zweifel/Eisen*, Versicherungsökonomie (2003), S. 296. Zusammenfassend zur Diskussion über die moralische Bewertung siehe *Mahr*, in: FG Müller-Lutz (1972), S. 241, 231 ff.

440 *Farny*, Versicherungsbetriebslehre (2011), S. 32 f.; vgl. auch *Grubel*, The Journal of Risk and Insurance 38 (1971), 99, 101.

441 *Mahr*, ZVersWiss 1977, 205, 233.

442 *Mahr*, in: FG Müller-Lutz (1972), S. 241, 257 f., 269; *Ders.*, ZVersWiss 1977, 205, 231 ff.

443 Siehe dazu *Wandt*, Versicherungsrecht (2016), Rn. 557.

444 *Fritsch*, Marktversagen und Wirtschaftspolitik (2018), S. 256 f.

hohen Dunkelziffer nicht aufgedeckter Fälle ausgegangen.[445] Auch die illegitime Inanspruchnahme von Versicherungsleistungen ist daher ein (Extrem-)Fall moralischen Risikos.[446]

Williamson ordnet sowohl die adverse Selektion als auch das moralische Risiko als Folgen opportunistischen Verhaltens der Versicherungsnehmer ein.[447] Dabei versteht er unter Opportunismus „die Verfolgung des Eigeninteresses unter Zuhilfenahme von List. Das schließt krassere Formen ein, wie Lügen, Stehlen und Betrügen, beschränkt sich aber keineswegs auf diese. Häufiger bedient sich der Opportunismus raffinierterer Formen der Täuschung."[448] Dabei sei der Hang zu opportunistischem Verhalten zwar bei den einzelnen Individuen unterschiedlich stark ausgeprägt, insgesamt aber Bestandteil der menschlichen Natur, und die Tatsache, dass er nur bei einigen Vertragspartnern vorhanden sei, erschwere das Problem noch, weil so eine Unterscheidung zwischen beiden Typen erforderlich werde.[449]

Unter ökonomischen Gesichtspunkten ist ein entsprechendes Verhalten des Versicherungsnehmers dagegen rational und nutzenmaximierend, weil er seine Anstrengungen zur Schadensvermeidung und -eindämmung durch Versicherungsleistungen substituiert.[450] Durch ein derartiges Verhalten schadet der Versicherungsnehmer aber nicht nur dem Versicherungsgeber, der die höheren Schadenkosten tragen muss, sondern auch der Gesamtheit der Versicherungsnehmer und damit letztlich auch sich selbst, weil seine Prämie infolge der steigenden Schadenkosten auf lange Sicht ebenfalls ansteigt.[451] Denn durch die bewusste oder unbewusste Verhaltensänderung des Versicherungsnehmers beeinflusst dieser die Daten, die der Versicherer seinen Berechnungen der zu

---

445 *Zweifel/Eisen*, Versicherungsökonomie (2003), S. 296 f.; *Wittkämper/Wulff-Nienhüser/Kammer*, Versicherung und Kriminalität (1990), S. 2 f.; *Franzke*, Strafrechtliche Instrumentarien zur Eindämmung von Versicherungsbetrug, Bd. 2 (2012), S. 47 m.w.Nw.

446 So auch *Zweifel/Eisen*, Versicherungsökonomie (2003), S. 296.

447 *Williamson*, Die ökonomischen Institutionen des Kapitalismus (1990), S. 54. Ebenso in Bezug auf moral hazard *Takao*, ZVersWiss 1982, 5, 10, 16 f.

448 *Williamson*, Die ökonomischen Institutionen des Kapitalismus (1990), S. 54.

449 *Williamson*, Die ökonomischen Institutionen des Kapitalismus (1990), S. 54.

450 *Pauly*, The American Economic Review 58 (1968), 531, 535; *Zweifel/Eisen*, Versicherungsökonomie (2003), S. 286.

451 *Takao*, ZVersWiss 1982, 5, 7 f.: „Im Versicherungsmarkt wird grundsätzlich der Ausgleich der vorgegebenen unbeeinflußten Risiken im Kollektiv angestrebt, jedoch entstehen durch das moralische Risiko zusätzliche unnötige soziale Kosten in Form von Schäden, die den Gesamtnutzen des Systems mindern." Zu den sozial unnötigen Kosten siehe auch in und bei Fn. 458.

erwartenden Schadenkosten zugrunde gelegt hat.[452] Die Risikoerhöhung durch moralisches Risiko muss von den Versicherungen bei der Prämienberechnung berücksichtigt werden, um Verluste zu vermeiden.[453]

In erster Linie führt ein solches Verhalten jedoch zu einem externen Effekt in Form der Erhöhung der Prämien für die übrigen Versicherungsnehmer.[454] Da sich das moralische Risiko nur bei einigen Versicherungsnehmern verwirklicht, die Versicherer diese „schwarzen Schafe“ aber nicht identifizieren können, werden die durch Einzelne verursachten zusätzlichen Schadenkosten auf die Gesamtheit der Versicherten umgelegt. Davon profitieren diese Wenigen, denn sie tragen die durch sie verursachten zusätzlichen Kosten nur zu einem geringen Anteil. Dieser Nachteil in Form (geringfügig) höherer Prämien macht sich jedoch nicht umgehend bemerkbar und resultiert für den unsorgfältigen Versicherungsnehmer nicht erkennbar aus der durch ihn veranlassten Absenkung der Schadenverhinderungsmaßnahmen. Der durch die Prämienerhöhung entstehende Nachteil ist zu gering und zu indirekt, als dass er eine sanktionierende Wirkung gegenüber dem risikoerhöhenden Verhalten des Versicherungsnehmers hätte. Die Situation des Versicherungsnehmers entspricht der eines Gefangenendilemmas.[455] Wenn alle Versicherten Schadenvorkehrungsmaßnahmen träfen bzw. sich vorsichtig

---

452 *Mahr,* in: FG Müller-Lutz (1972), S. 241, 259.

453 *Mahr,* ZVersWiss 1977, 205, 212; *Dreher/Hoffmann/Kling,* Kartell- und Wettbewerbsrecht der Versicherungsunternehmen (2015), § 7, Rn. 2; *Monopolkommission,* Hauptgutachten 2002/2003 (2005), Rn. 1002.

454 *Arnott/Stiglitz,* The Welfare Economics of Moral Hazard, in: Loubergé (Hrsg.), Risk, information and insurance (1991), S. 91, 93.

455 Bei einem Gefangenendilemma handelt es sich um ein Modell aus der Spieltheorie. Es beschreibt ein symmetrisches Spiel mit zwei Spielern: Zwei Gefangene werden verdächtigt, gemeinsam eine Straftat begangen zu haben. Die Höchststrafe für die ihnen vorgeworfene Straftat beträgt zehn Jahre. Eine Verurteilung wegen dieses Deliktes ist aber nur möglich, wenn mindestens einer der beiden Gefangenen aussagt. Der Aussagende bliebe als Kronzeuge straffrei, der andere Gefangene würde zu zehn Jahren Haft verurteilt. Sagen dagegen beide aus, so würden sie wegen der Kooperation mit den Ermittlungsbehörden jeweils nur zu einer Haftstrafe von sechs Jahren verurteilt. Wenn beide Verdächtigen schweigen, können sie nur wegen eines geringeren Delikts zu jeweils zwei Jahren Haft verurteilt werden. Die Verdächtigen werden getrennt voneinander verhört und haben keine Möglichkeit, ihre Strategie abzusprechen, oder zu erfahren, wie sich der Mitgefangene verhält. Beide Gefangenen müssen befürchten, dass der Komplize gesteht, und werden sich daher entscheiden, selbst zu gestehen um wenigstens das Risiko einer zehnjährigen Haftstrafe für sich ausschließen zu können. Das Dilemma liegt also darin, dass es zwar im Gesamtergebnis besser wäre, wenn beide Gefangenen schweigen (insgesamt vier Jahre Haft), dass es aber für jeden

verhielten, würden auch alle in Form niedrigerer Prämien davon profitieren. Der Nachteil, den ein einzelner Versicherungsnehmer erfährt, wenn er selbst die Schadenverhinderungsmaßnahmen unterlässt, ist jedoch wegen der Umlage auf die Vielzahl von Versicherungsnehmern so gering, dass für ihn der Anreiz zu unvorsichtigem Verhalten aufgrund der direkt eintretenden und spürbaren Besserstellung durch die Inanspruchnahme von Leistungen oder die Ersparnis von Kosten für Schadenvorkehrungsmaßahmen größer ist.[456] Individuelle und kollektive Rationalität stehen sich somit diametral gegenüber.[457]

Die durch die Verwirklichung des moralischen Risikos entstehenden zusätzlichen Kosten sind „sozial unnötig“[458] und führen nicht nur zu einer unbilligen Erhöhung der Kosten für die übrigen Versicherten, sondern auch zu einer Steigerung der Betriebskosten der Versicherer durch die Zahl der zusätzlich zu bearbeitenden Schadensfälle und dadurch, dass sie Maßnahmen zur Unterbindung des moralischen Risikos treffen müssen.[459] Ebenso wie adverse Selektion führt demnach auch moralisches Risiko gesamtwirtschaftlich zu Ineffizienzen in der Versicherungsbranche, indem es eine optimale Ressourcenallokation verhindert.[460]

Einzelnen sicherer ist, zu gestehen. Vgl. dazu *Holler/Illing,* Einführung in die Spieltheorie (2009), S. 2 ff.; *Pindyck/Rubinfeld,* Mikroökonomie (2013), S. 632 f.

456 So auch *Pauly,* The American Economic Review 58 (1968), 531, 534 in Bezug auf die „übermäßige“ Inanspruchnahme von Gesundheitsleistungen durch Versicherte: “Each individual may well recognize that ‘excess’ use of medical care makes the premium he must pay rise. No individual will be motivated to restrain his own use, however, since the incremental benefit to him for excess use is great, while the additional cost of his use is largely spread over other insurance holders, and so he bears only a tiny fraction of the cost of his use. It would be better for all insurance beneficiaries to restrain their use, but such a result is not forthcoming because the strategy of ‘restrain use’ is dominated by that of ‘use excess care.’” Vgl. auch *Takao,* ZVersWiss 1982, 5, 17 f., der das moralische Risiko mithilfe des *chicken game* erklärt. Zum *chicken game* vgl. *Holler/Illing,* Einführung in die Spieltheorie (2009), S. 90 ff.

457 *Mahr,* in: FG Müller-Lutz (1972), S. 241, 273.

458 *Arrow,* Insurance, Risk and Resource Allocation, in: Ders., Essays in the theory of risk bearing (1976), S. 134, 142 f.

459 Vgl. dazu *Mahr,* in: FG Müller-Lutz (1972), S. 241, 245; *Takao,* ZVersWiss 1982, 5, 8, 12 f.

460 *Pindyck/Rubinfeld,* Mikroökonomie (2013), S. 861; *Arrow,* The American Economic Review 58 (1968), 537, 538; *Mahr,* in: FG Müller-Lutz (1972), S. 241, 278 f. Siehe zu ökonomischen Ineffizienzen durch adverse Selektion oben S. 102 f.

Die Erhöhung der Versicherungsprämie aufgrund der Kostensteigerung durch moralisches Risiko kann darüber hinaus das Problem der adversen Selektion verstärken. Zu einer Prämie, die die Kosten der Verwirklichung des moralischen Risikos berücksichtigt, werden einige potentielle Versicherungsnehmer mit gutem Risiko vom Abschluss eines Vertrags absehen; moralisches Risiko kann auf diese Weise auch zu adverser Selektion führen.[461]

Beschleunigt wird dieser Prozess noch dadurch, dass die Verwirklichung moralischen Risikos in einigen wenigen Fällen im Laufe der Zeit durch einen „Lernprozess" dazu führen kann, dass sich das moralische Risiko in immer mehr Fällen verwirklicht; denn wenn die bisher „anständigen" Versicherungsnehmer erkennen, dass sie von einer kleinen Anzahl „Unmoralischer" ausgebeutet werden, so wird wenigstens ein Teil von ihnen diese Ausbeutung nicht weiter hinnehmen wollen und in Ermangelung von Sanktionsmöglichkeiten gegenüber den Ausbeutern selbst zu Ausbeutern werden.[462]

3. *Marktinterne Maßnahmen gegen adverse Selektion und moral hazard*

Der Versicherungsgeber ist für die Einschätzung des individuellen Risikos eines Versicherungsnehmers auf dessen Angaben angewiesen. Die Kosten einer individuellen Überprüfung dieser Angaben durch den zukünftigen Versicherungsgeber vor Vertragsschluss – sofern eine solche überhaupt möglich ist – sind zumindest im Bereich der Massenversicherung prohibitiv hoch. So kann beispielsweise im Fall einer Kraftfahrtversicherung der Versicherer nicht in jedem Einzelfall vor Vertragsschluss ermitteln, ob der zukünftige Vertragspartner schon vorher Unfälle verursacht hat und welche Schäden hierbei entstanden sind, ob er sein Fahrzeug tatsächlich in einer Garage parkt und ob die angegebene jährliche Kilometerleistung realistisch ist.

Neben den bereits kurz angesprochenen Möglichkeiten staatlicher Eingriffe zur Verhinderung eines Marktversagens aufgrund asymmetrischer Information wie einer Versicherungspflicht sowie den sogleich unter 4. darzustellenden Regelungen des Versicherungsvertragsgesetztes (VVG) gibt es auch marktinterne Möglichkeiten, die vertikale Informationsasymmetrie abzubauen. In diesem Sinne kann einerseits die besser informierte Marktseite (Agent) versuchen, dem zukünftigen Vertragspartner bereits im Vorfeld der Transaktion möglichst glaubwürdige Informationen über die eigenen Eigenschaften zukommen zu

---

461 *Fritsch,* Marktversagen und Wirtschaftspolitik (2018), S. 257.

462 *Mahr,* in: FG Müller-Lutz (1972), S. 241, 271; zustimmend *Takao,* ZVersWiss 1982, 5, 18 f.

lassen (Signaling).[463] Andererseits kann auch die schlechter informierte Marktseite (Prinzipal) versuchen, mehr Informationen zu erhalten (Screening).[464] Durch den Abbau der Informationsasymmetrie werden zusätzliche Transaktionen ermöglicht, was sich für beide Seiten wohlfahrtssteigernd auswirkt.[465] Versicherungsnehmer können den guten Risiken, wenn sie sie als solche erkennen, die Versicherung zu günstigeren Prämien anbieten. Zu diesem Preis fragen die guten Risiken mehr Versicherungsschutz nach. Darüber hinaus steigt für die guten Risiken durch die Prämiensenkung die Differenz zwischen ihrem Reservationspreis und der Prämie und damit die Konsumentenwohlfahrt.

a. Screening

Beim Screening versucht der Prinzipal die Informationsasymmetrie abzubauen, indem er Informationen über die Marktgegenseite, also über den Agenten, einholt.[466] Sofern der Prinzipal nicht selbst zu einer entsprechenden Informationsbeschaffung oder Verarbeitung in der Lage ist, kann er sich die benötigten Informationen auch von dritter Seite, beispielsweise von einem Sachverständigen, einholen.[467]

Um die Versicherungsprämie an das individuelle Risiko anpassen zu können und Versicherungsnehmer mit einem hohen moralischen Risiko zu erkennen, haben die Versicherer ein Interesse daran, die Angaben des Antragstellers, aus denen sich auch Erkenntnisse über die Wahrscheinlichkeit der Verwirklichung des moralischen Risikos ableiten lassen, zu überprüfen.[468] Diese Überprüfung findet in erster Linie durch die Durchführung der Vorversichereranfrage, also durch einen Informationsaustausch zwischen den Wettbewerbern statt. Der damit der Vorversichereranfrage zugrunde liegende Zweck des Abbaus der vertikalen Informationsasymmetrie durch einen Informationsaustausch im Horizontalverhältnis zwischen den Versicherern muss bei der kartellrechtlichen Beurteilung der Vorversichereranfrage Berücksichtigung finden.[469] Im Folgenden sollen zunächst jedoch andere Maßnahmen zum Abbau der

---

463 *Fritsch,* Marktversagen und Wirtschaftspolitik (2018), S. 266 ff.; *Varian,* Grundzüge der Mikroökonomik (2016), S. 830 ff.

464 *Fritsch,* Marktversagen und Wirtschaftspolitik (2018), S. 265 f.

465 Siehe dazu oben S. 99 ff.

466 *Fritsch,* Marktversagen und Wirtschaftspolitik (2018), S. 265.

467 *Fritsch,* Marktversagen und Wirtschaftspolitik (2018), S. 266.

468 *Dreher/Hoffmann/Kling,* Kartell- und Wettbewerbsrecht der Versicherungsunternehmen (2015), § 7, Rn. 2.

469 Siehe dazu unten. S. 213 ff.

Informationsasymmetrie dargestellt werden, die keinen Datenaustausch zwischen den Versicherern erfordern.

b. Signaling

Da die Allokation unter den Bedingungen asymmetrischer Information nicht Pareto-optimal ist, hat die besser informierte Marktseite ein Interesse daran, ihre Information durch sogenanntes Signaling mit den schlechter informierten Prinzipalen zu teilen, um ein besseres Ergebnis zu erzielen.[470] In dem von *Akerlof* beschriebenen *market for lemons*[471] ist ein Signaling dergestalt denkbar, dass die Gebrauchtwagenhändler Garantien für ihre Autos anbieten und auf diese Weise den Käufern die Möglichkeit geben, ein Fahrzeug guter Qualität zu erkennen.[472] Das dient einerseits den Interessen der Gebrauchtwagenhändler, die auf diese Weise für die guten Fahrzeuge einen höheren Preis verlangen können. Andererseits sind auch die Käufer bereit, den für einen guten Gebrauchtwagen angemessenen Preis zu zahlen. Das Qualitätsrisiko wird so auf den Verkäufer verlagert, der jedoch auch über die besseren Möglichkeiten zur Einschätzung dieses Risikos verfügt.[473]

Auf dem Versicherungsmarkt stellt beispielsweise die Menge der nachgefragten Versicherungsleistung ein Signal für das Risiko des Versicherungsnehmers dar, denn Versicherungsnehmer mit einem höheren Risiko fragen mehr Versicherungsschutz nach.[474] Das Interesse der guten Risiken daran, ihre Risikostruktur zu offenbaren, ist offensichtlich, weil sie auf mehr Versicherungsschutz zu günstigeren Konditionen hoffen dürfen. Das Signaling kann jedoch auch dergestalt erfolgen, dass die schlechter informierte Marktseite ein System schafft, das nicht nur den guten, sondern auch den schlechten Risiken Anreize setzt,

---

470 Vgl. *Fritsch,* Marktversagen und Wirtschaftspolitik (2018), S. 266 f. Grundlegend zum *Signaling Spence,* The Quarterly Journal of Economics 87 (1973), 355; *Ders.,* Market signaling (1974). Zur Anwendung auf Versicherungsmärkte *Rothschild/Stiglitz,* The Quarterly Journal of Economics 90 (1976), 629.

471 Siehe dazu oben S. 99.

472 *Akerlof,* The Quarterly Journal of Economics 84 (1970), 488, 499. Siehe dazu bereits oben S. 100 f.

473 *Akerlof,* The Quarterly Journal of Economics 84 (1970), 488, 499.

474 *Arrow,* Agency and the Market, in: Ders. (Hrsg.), Handbook of mathematical economics (1986), S. 1183, 1188; *Beliveau,* The Journal of Risk and Insurance 51 (1984), 286; *Jaynes,* Journal of economic theory 19 (1978), 394; *Wilson,* Journal of economic theory 16 (1977), 167. Zum Zusammenhang zwischen der Höhe des Risikos und der Nachfrage nach Versicherungsschutz siehe oben S. 101 f.

ihre Risikostruktur zu offenbaren (*self-selection*, Selbstwahlschema).[475] Ein solcher Anreiz kann im Bereich der Versicherungswirtschaft insbesondere durch die Vereinbarung von Selbstbehalten gesetzt werden (dazu sogleich unter aa.).[476] Daneben kann der Versicherungsgeber dem Versicherungsnehmer durch ein Bonus-Malus-System Anreize setzten, um das gewünschte Verhalten bei ihm zu erreichen (siehe dazu sogleich unter bb.).

aa. Selbstbehalte

Um Informationen über das individuelle Risiko der einzelnen Vertragspartner zu erhalten, bieten Versicherer ihren zukünftigen Vertragspartnern im Rahmen der Vertragsverhandlungen Tarife mit verschieden hohen Selbstbehalten zur Auswahl an.[477] Je höher der Selbstbehalt, desto geringer ist die zu zahlende Prämie. Die Vereinbarung eines geringen Selbstbehalts lohnt sich für den Versicherungsnehmer daher nur, wenn bei ihm die Wahrscheinlichkeit eines Schadenseintritts

---

475 *Spremann* führt hierzu das eingängige Beispiel der Tarifgestaltung der Eisenbahn an, die Karten erster und zweiter Klasse anbietet, sowie Karten, die einen zur Reise in schnelleren oder nur in langsameren Zügen berechtigen, oder wechselnde Sondertickets, deren Buchung zeitaufwändig ist. Über eine Einschränkung des gebotenen Komforts können so die zahlungskräftigeren Kunden von den weniger zahlungskräftigen unterschieden werden. Auf diese Weise gelingt es, denjenigen Kunden, die sich Fahrkarten zum kostendeckenden Preis der ersten Klasse nicht leisten können, einen Rabatt zu gewähren und gleichzeitig zu verhindern, dass auch die zahlungskräftigen Kunden diesen Rabatt in Anspruch nehmen (*Spremann,* Zeitschrift für Betriebswirtschaft 1990, 561, 578 f.). Auf die gleiche Art agieren Hersteller von Konsumgütern, wenn sie Coupons in Umlauf bringen, die den Kunden einen Rabatt auf ein Produkt gewähren, oder wenn sie gleichzeitig ein teures Markenprodukt und ein fast identisches günstigeres No-Name-Produkt vertreiben. Am Beispiel der Coupons zeigt sich, dass nur etwa 20–30 % der Käufer diese überhaupt nutzten. Die Couponnutzer haben aber in der Regel eine höhere Nachfrageelastizität und einen geringeren Reservationspreis. Durch die Ausgabe von Coupons gelingt es also genau denjenigen Kunden, die das Produkt zu dem teureren Preis nicht kaufen würden, einen Rabatt zu gewähren. Es handelt sich hierbei um eine Form der Preisdiskriminierung (hierzu und zu den Beispielen siehe *Pindyck/Rubinfeld,* Mikroökonomie (2013), S. 548–555).

476 *Hellwig,* Versicherungsmärkte: Theorie, B. Versicherungsmärkte mit unvollständiger Information, in: Farny (Hrsg.), Handwörterbuch der Versicherung (1988), S. 1065, 1067; *Fritsch,* Marktversagen und Wirtschaftspolitik (2018), S. 268.

477 *Hellwig,* Versicherungsmärkte: Theorie, B. Versicherungsmärkte mit unvollständiger Information, in: Farny (Hrsg.), Handwörterbuch der Versicherung (1988), S. 1065, 1067 f.; *Shapira/Venezia,* The Geneva Papers on Risk and Insurance Theory 1999 (24), 139.

entsprechend hoch ist. Auf der anderen Seite hat ein Versicherungsnehmer mit einer geringen Schadenwahrscheinlichkeit ein wirtschaftliches Interesse daran, eine möglichst hohe Selbstbeteiligung zu vereinbaren, weil er dann nur eine verhältnismäßig geringe Prämie zahlen muss. Der Versicherungsnehmer wägt also sein Interesse an einer geringen Prämie gegen dasjenige an einer möglichst vollständigen Deckung im Schadenfall ab. Die schlechten Risiken wählen so einen Vertrag mit möglichst vollständiger Deckung und geringem Selbstbehalt; Versicherungsnehmer mit einem geringen Risiko wählen dagegen eine Prämie mit einer hohen Selbstbeteiligung zu einer geringeren Prämie.[478] Das System der abgestuften Selbstbehalte ermöglicht zumindest eine Einordnung der Versicherungsnehmer in Risikoklassen und eine entsprechende Prämienabstufung. Auf diese Weise wird dem individuellen Äquivalenzprinzip Rechnung getragen.[479] Die Vereinbarung von Selbstbehalten ist somit eine Form des Signaling, die die asymmetrische Information und insbesondere das daraus resultierende Problem der adversen Selektion bekämpft.

Die Vereinbarung eines Selbstbehalts wirkt darüber hinaus auch der Verwirklichung des moralischen Risikos entgegen. Dadurch, dass der Versicherungsnehmer bei Vereinbarung eines Selbstbehalts nicht das gesamte Risiko auf den Versicherer abwälzen kann, sondern einen Teil der Schadenkosten trägt, wird ein wirtschaftlicher Anreiz für sorgfältiges Verhalten gesetzt und so das moralische Risiko bekämpft.[480] Der Vertrag wird also so ausgestaltet, dass die unterschiedlichen Verhaltensanreize von Prinzipal und Agent, zumindest zu einem gewissen Grad, in Einklang gebracht werden (Anreizkompatibilität).[481]

---

478 *Fritsch,* Marktversagen und Wirtschaftspolitik (2018), S. 268. Siehe die Nachweise und den Verweis in Fn. 474.

479 Zum individuellen Äquivalenzprinzip siehe oben S. 92 f.

480 *Holmström,* The Bell Journal of Economics 10 (1979), 74, 80 f.; *Mahr,* in: FG Müller-Lutz (1972), S. 241, 275. Zweifel an der Fähigkeit von Selbstbehalten im Bereich der Kraftfahrversicherung, die Umsicht der Versicherten im Straßenverkehr zu erhöhen, äußert *Schmidt,* The Journal of Insurance 28 (1961), 89. Zum Zusammenhang zwischen dem Selbstbehalt, der adversen Selektion und dem moralischen Risiko siehe *Chiappori/Salanié,* Journal of Political Economy 108 (2000), 56, 60; *Eisen,* Problems of equilibria in insurance markets with asymmetric information, in: Loubergé (Hrsg.), Risk, information and insurance (1991), 131 ff. Zur Wirkung der Vollversicherung auf den Anreiz zu Schadensverhütungsmaßnahmen siehe oben S. 105.

481 *Schwalbe,* Das Effizienzkonzept der Wirtschaftstheorie, in: Fleischer/Zimmer (Hrsg.), Effizienz als Regelungsziel im Handels- und Wirtschaftsrecht (2008), S. 43, 50 f.

Die Methoden der Selbstselektion liefern jedoch keine vollständige Information über die Risikostruktur.[482] Die Wahl eines Tarifs mit einer geringen Selbstbeteiligung kann zum Beispiel auch darin begründet sein, dass ein Versicherungsnehmer zwar ein geringes Risiko hat, aber sehr risikoavers ist.[483]

Das durch Selbstbehalte erzielte Marktergebnis ist auch nicht dasjenige, das unter den Bedingungen vollständiger Information erreicht werden könnte, es ist immer nur *second best*.[484] Aufgrund der Selbstbehalte schließen die Versicherungsnehmer mit geringem Risiko keine Verträge mit vollständiger Deckung ab, obwohl diese von den Versicherern zu akzeptablen Preisen angeboten werden könnten und zu diesem Preis auch von den guten Risiken nachgefragt würden.[485] Trotz der Selbstselektion durch die Versicherungsnehmer werden daher nicht sämtliche möglichen Tauschgewinne realisiert. Es kommt weiterhin zu einem Wohlfahrtsverlust, auch wenn dieser deutlich geringer ist, als ohne die Vereinbarung von Selbstbehalten.

bb. Erfahrungstarifierung durch Bonus-Malus-Systeme

Eine Erfahrungstarifierung bzw. sekundäre Preisdifferenzierung durch ein Bonus-Malus-System wirkt sowohl der Verwirklichung moralischen Risikos als auch der adversen Auslese entgegen.

Das Hauptproblem bei der Bekämpfung moralischen Risikos liegt darin, dass der Versicherer auch im Nachhinein nicht erkennen kann, ob sich das moralische Risiko verwirklicht hat.[486] Wenn bei einem Versicherungsnehmer überdurchschnittlich viele oder hohe Schäden eintreten, kann das zwar ein Hinweis auf die Verwirklichung moralischen Risikos sein. Genauso gut wäre es aber auch möglich, dass der Versicherungsnehmer von Anfang an ein überdurchschnittlich hohes Schadensrisiko hatte, oder dass die Schäden durch äußere Faktoren beeinflusst wurden, auf die der Versicherungsnehmer keinen Einfluss hat und

482 *Hellwig*, Versicherungsmärkte: Theorie, B. Versicherungsmärkte mit unvollständiger Information, in: Farny (Hrsg.), Handwörterbuch der Versicherung (1988), S. 1065, 1067.

483 *Hellwig*, Versicherungsmärkte: Theorie, B. Versicherungsmärkte mit unvollständiger Information, in: Farny (Hrsg.), Handwörterbuch der Versicherung (1988), S. 1065, 1067.

484 *Eisen*, Problems of equilibria in insurance markets with asymmetric information, in: Loubergé (Hrsg.), Risk, information and insurance (1991), 133. Siehe dazu bereits oben S. 104.

485 *Fritsch*, Marktversagen und Wirtschaftspolitik (2018), S. 268.

486 Vgl. *Spremann*, Zeitschrift für Betriebswirtschaft 1990, 561, 566, 571.

die sich zufällig bei ihm häufen. Auch *ex post* gibt es für den Versicherungsgeber keine Möglichkeit zwischen diesen Fällen zu unterscheiden, sodass eine gezielte Sanktionierung nur des moralischen Risikos durch eine nachträgliche Prämienerhöhung nicht möglich ist.

Es bleibt dem schlechter informierten Vertragsteil (Prinzipal) in solchen Fällen nur die Möglichkeit, das Verhalten des Agenten durch die Schaffung von Anreizen für ein Wohlverhalten von vornherein zu beeinflussen.[487] Im Verhältnis zwischen Arbeitgeber und Arbeitnehmer als einer klassischen Prinzipal-Agent-Beziehung funktioniert eine solche Anreizschaffung häufig über die Vereinbarung einer zumindest teilweise erfolgsabhängigen Entlohnung (Bonus- oder Prämiensystem).[488]

Im Rahmen von Versicherungsverträgen kann der Verwirklichung des moralischen Risikos durch die Vereinbarung von Schadenfreiheitsrabatten oder -prämien entgegengesteuert werden. Dabei wird dem Versicherungsnehmer bei einer längeren Periode der Schadenfreiheit eine Absenkung der Prämie oder ihre teilweise Erstattung in Aussicht gestellt (Bonussystem). Andererseits kann vereinbart werden, dass die Prämie bei Eintritt eines Schadenfalls in Abhängigkeit von der Höhe der Schadenkosten wieder ansteigt (Malussystem). Auf diese Weise wird der Versicherungsnehmer angehalten, Schäden zu vermeiden oder sie gering zu halten, um seine Prämie weiter zu reduzieren.[489] Durch die Schadenfreiheitsrabatte wird demnach – ähnlich wie beim Selbstbehalt – ein zumindest teilweiser Gleichlauf der wirtschaftlichen Interessen des Versicherungsnehmers mit denjenigen des Versicherers erzeugt. Gegenüber der Selbstbeteiligung weist ein derartiges Anreizsystem ein höheres Maß an Gläubigerschutz auf, denn der anfallende Schaden wird von dem Versicherer vollständig gedeckt.[490]

In erster Linie wird durch ein derartiges Bonus-Malus-System jedoch der adversen Selektion entgegengewirkt, indem die anfängliche Informationsasymmetrie über die Zeit abgebaut wird und wenigstens eine nachträgliche Anpassung der Prämie an das individuelle Risiko des Vertragspartners stattfindet

---

487 *Spremann,* Zeitschrift für Betriebswirtschaft 1990, 561, 581 ff.; *Zweifel/Eisen,* Versicherungsökonomie (2003), S. 201 ff.

488 *Spremann,* Zeitschrift für Betriebswirtschaft 1990, 561, 581 ff.; *Fritsch,* Marktversagen und Wirtschaftspolitik (2018), S. 269 f.; *Richter/Furubotn,* Neue Institutionenökonomik (2010), S. 222 ff.

489 *Schulenburg/Lohse,* Versicherungsökonomik (2014), S. 118; *Hellwig,* Versicherungsmärkte: Theorie, B. Versicherungsmärkte mit unvollständiger Information, in: Farny (Hrsg.), Handwörterbuch der Versicherung (1988), S. 1065, 1074.

490 *Schulenburg/Lohse,* Versicherungsökonomik (2014), S. 118.

(sekundäre Prämiendifferenzierung).[491] Der Versicherer setzt zwar zu Anfang eine lediglich an harten und weichen Risikomerkmalen orientierte Prämie an, erhält aber aufgrund der Schadenhistorie nach und nach mehr Informationen über seinen Vertragspartner und kann darauf durch eine Veränderung der Prämienhöhe reagieren.[492] Nach mehreren Perioden der Prämienanpassung wird dem individuellen Äquivalenzprinzip entsprechend eine wenigstens annähernd an das individuelle Risiko angepasste Prämiendifferenzierung erreicht.[493] Die Anzahl von Schäden in der Vergangenheit wird dabei als Grundlage für eine Prognose der Schadenwahrscheinlichkeit in der Zukunft verwendet (sog. Experience Rating).[494] Im Bereich der Kfz-Haftpflicht- und der Vollkaskoversicherung erfolgt eine entsprechende Tarifierung, indem die Prämie nach einem schadenfreien Beitragsjahr durch Einstufung in eine höhere Schadenfreiheitsklasse sinkt und bei jedem durch die Versicherung regulierten Schaden durch Einstufung in eine niedrigere Schadenfreiheitsklasse steigt.[495]

Doch auch ein solches Bonussystem ist allenfalls in der Lage, die aus der Informationsasymmetrie resultierende wirtschaftliche Fehlallokation abzuschwächen, nicht aber, sie gänzlich zu beheben.[496] So setzt das Funktionieren dieses Systems zunächst voraus, dass die Vertragsbeziehung von einiger Dauer ist, damit die schrittweise Anpassung der Prämie an das Risiko erfolgen kann. Die Verzögerung, mit der der Versicherer die für ihn notwendige Information über das individuelle Risiko in Bezug auf einen bestimmten Versicherungsnehmer erhält, führt dazu, dass in den ersten Jahren ein Versicherungsnehmer mit einem geringen Risiko eine zu hohe Prämie zahlt.[497] Das Bonussystem wirkt also zu spät.

Darüber hinaus erfolgt die Anpassung der Prämie nicht direkt, also orientiert am individuellen Risiko – was aufgrund der mangelnden Kenntnis dieses

---

491 *Hellwig*, Versicherungsmärkte: Theorie, B. Versicherungsmärkte mit unvollständiger Information, in: Farny (Hrsg.), Handwörterbuch der Versicherung (1988), S. 1065, 1074; *Schulenburg/Lohse*, Versicherungsökonomik (2014), S. 116 ff.; *Farny*, Versicherungsbetriebslehre (2011), S. 71 f., 460. Siehe zur Prämiendifferenzierung oben S. 93 f.

492 Zu den harten und weichen Risikomerkmalen siehe oben S. 93 f.

493 *Schulenburg/Lohse*, Versicherungsökonomik (2014), S. 116 ff.; *Karten*, Das Einzelrisiko und seine Kalkulation (1993), S. 59.

494 *Schulenburg/Lohse*, Versicherungsökonomik (2014), S. 117.

495 *Schulenburg/Lohse*, Versicherungsökonomik (2014), S. 116 f.

496 Vgl. *Karten*, Das Einzelrisiko und seine Kalkulation (1993), S. 69 ff.

497 *Gürtler*, ZVersWiss 1963, 1, 9, 12; *Fritsch*, Marktversagen und Wirtschaftspolitik (2018), S. 268 f.

Risikos nicht möglich ist – sondern nur indirekt über die Schadenhäufigkeit bzw. die Schadenkosten. In dieser Mittelbarkeit liegt eine unvermeidbare Fehlerquelle, denn auch bei einem „guten Risiko" können zufallsbedingt über einen Zeitraum viele Schäden bzw. hohe Schadenkosten entstehen und genauso können bei einem „schlechten Risiko" zeitweise wenige oder nur geringe Schäden eintreten.[498] Eine Unterscheidung zwischen den „schlechten" und den „guten", aber vom Pech verfolgten Risiken ist aber auch mithilfe eines an den Schadenverläufen orientierten Bonussystems nicht möglich.[499]

Auch melden die Versicherungsnehmer kleinere Schäden womöglich nicht der Versicherung, um ihren Rabattstatus nicht zu verlieren, bzw. einer Prämienerhöhung zu entgehen (sog. Bonushungereffekt).[500] Dies führt zu einer Erschwerung der Einstufung der Risiken, weil der Versicherungsnehmer entscheidet, wann er einen Schaden der Versicherung meldet, und damit die Zahlen über die Schadenhäufigkeit und Gesamtschadenhöhe verfälscht.[501]

Trotz einer Verbesserung gegenüber der Situation bei einer gleichbleibenden Prämie können auch durch die Vereinbarung von Schadenfreiheitsrabatten und Prämienanstiegen im Schadenfall die aus der Informationsasymmetrie resultierenden Ineffizienzen nicht vollständig abgebaut werden.

---

498 *Gürtler,* ZVersWiss 1963, 1, 9 am Beispiel der Kraftfahrtversicherung. *Karten,* Das Einzelrisiko und seine Kalkulation (1993), S. 70.

499 Siehe dazu bereits oben S. 117 f. *Gürtler,* ZVersWiss 1963, 1, 12: „Wenn es gute und schlechte Risiken gibt, für die man a priori eine einheitliche Durchschnittsprämie erhebt, ist es dann wirklich möglich, aufgrund des individuellen Schadenverlaufes a posteriori die guten von den schlechten zu trennen? (…) Die Gruppen, die aus der Aufteilung nach Tarifklassen resultieren, sind nicht homogen, und es entsteht nun die Frage, ob wir mit Hilfe einer weiteren Gliederung nach Bonus-, Rabatt- oder Malusstufen wesentlich homogenere Gruppen zu erreichen vermögen. Untersuchungen an Modellen zeigen, daß das aufgrund der Zahl der *schadenfreien* Jahre nur sehr schlecht möglich ist, auch nicht für lange Beobachtungszeiten. Versuchen wir hingegen die Trennung aufgrund der *Zahl der Schäden* [Hervorhebungen im Original] zu erreichen, so erhalten wir sehr viel bessere Ergebnisse; bei hinreichend langer Beobachtungszeit von zum Beispiel 10 oder 20 Jahren und bei stark inhomogenen Beständen sogar ausgezeichnete Resultate. Leider sind für die Praxis so lange Beobachtungszeiten wenig befriedigend. (…) Mit anderen Worten heißt das, daß die durch die Bonus-, Rabatt- oder Malusstufen gebildeten Gruppen längst nicht ausreichend homogen sind."

500 *Karten,* Das Einzelrisiko und seine Kalkulation (1993), S. 70.

501 *Gürtler,* ZVersWiss 1963, 1, 13.

c. Scoring

Im Bereich der Kreditwirtschaft wurden zur Vereinheitlichung und Beschleunigung der Kreditwürdigkeitsprüfung sogenannte Scoring-Systeme entwickelt. Es handelt sich hierbei um statistische Verfahren, die aus den über einen potentiellen Kreditnehmer vorhandenen Daten aus der Vergangenheit eine Prognose der Wahrscheinlichkeit treffen, mit der der begehrte Kredit vertragsgemäß zurückgezahlt wird.[502] Aufgrund dieser Prognose kann der Kreditgeber entscheiden, ob und zu welchen Konditionen, insbesondere zu welchem Zinssatz er den Kredit vergibt. Eine solche Kreditwürdigkeitsprüfung ist notwendigerweise jeder seriösen Kreditvergabe vorgeschaltet. Die Verwendung von Scoring-Systemen ermöglicht lediglich eine Objektivierung und Beschleunigung und damit auch Kostenminderung durch Rationalisierung des Prozesses und durch die Verringerung der Fehlerquote.[503] Diese Kostensenkung kommt in Form einer Senkung der Kreditkosten auch den Kreditnehmern zugute. Ebenso liegen die Beschleunigung der Kreditvergabe sowie die erzwungene Gleichbehandlung der Kreditnehmer durch das einheitliche Verfahren in der Regel im Interesse der Kreditnehmer.[504] Gleichzeitig wird die Annahmequote erhöht, sodass mehr Antragsteller in den Genuss eines Kreditvertragsabschlusses kommen, und Verbraucher werden vor Überschuldung geschützt.[505]

Die für das Scoring erforderlichen Daten umfassen insbesondere Daten über frühere Kreditverträge des potentiellen Kreditnehmers. Diese Daten erhalten die Kreditgeber entweder von ihren Wettbewerbern oder von anderen privaten Anbietern, vor allem aber über die SCHUFA Holding AG (im Folgenden: SCHUFA).[506] Neben dem Auskunftssystem bietet die SCHUFA auch einen

---

502 *Koch,* MMR 1998, 458, 458; *Beckhusen,* BKR 2005, 335, 336 f.; *Bäumler/Gutsche,* VuR 2008, 81, 81; *Metz,* VuR 2009, 403, 403. Vgl. auch § 31 Abs. 1 BDSG: „Die Verwendung eines Wahrscheinlichkeitswerts über ein bestimmtes zukünftiges Verhalten einer natürlichen Person zum Zweck der Entscheidung über die Begründung, Durchführung oder Beendigung eines Vertragsverhältnisses mit dieser Person (Scoring) ist nur zulässig, wenn (…)".

503 *Koch,* MMR 1998, 458, 458; *Bäumler/Gutsche,* VuR 2008, 81, 82.

504 *Koch,* MMR 1998, 458, 458.

505 *Koch,* MMR 1998, 458, 458; *Wuermeling,* NJW 2002, 3508, 3508 f.

506 Die SCHUFA Holding AG ist eine von den kreditgebenden Unternehmen Deutschlands getragene Gemeinschaftseinrichtung, deren Zielsetzung es ist, die angeschlossenen Unternehmen mit Informationen über die Kreditwürdigkeit ihrer Kunden zu versorgen und ihnen so eine möglichst exakte Anpassung der Kreditbedingungen an das individuelle Risiko des Kreditnehmers zu ermöglichen. Dadurch sollen die Unternehmen vor Verlusten durch Kreditausfälle geschützt werden. Das SCHUFA-Auskunftssystem beruht auf dem Prinzip der Gegenseitigkeit. Die an ihm beteiligten

eigenen Scoring-Dienst an, der den Unternehmen auf Anfrage nicht die jeweiligen Daten zur eigenen Auswertung, sondern einen Scorewert übermittelt, den die Unternehmen unmittelbar ihrer Vertragsgestaltung zugrunde legen können.[507]

Da die Probleme der Informationsasymmetrie über das Risiko in Kreditwirtschaft und Versicherungswirtschaft sehr ähnlich sind, bietet sich der Einsatz von Scoring auch in der Versicherungsbranche an. So stellt die Bildung von Fahrzeug-Typenklassen oder Regionalklassen durch die statistische Auswertung von Daten über frühere Schadensfälle im Ergebnis ein Scoring-System dar. Ein Scoring-System, das – ähnlich wie das Scoring-System der SCHUFA – aus den über einen Versicherungsnehmer vorhandenen Daten einen Scorewert ermittelt, der dessen individuelles Risiko beschreibt, gibt es aber derzeit nicht. Die Vorversichereranfrage ist jedoch zumindest ein mit dem Scoring verwandtes System, bei dem die einer Bewertung der Versicherungsnehmer zugrunde liegenden Informationen ausgetauscht werden.[508]

4. *Regelungen des VVG zum Schutz gegen die Folgen asymmetrischer Information*

Neben den bisher beschriebenen marktinternen Maßnahmen zur Eindämmung der Folgen asymmetrischer Information sind auch entsprechende gesetzgeberische Maßnahmen denkbar.[509] So enthält das VVG einige Regelungen, die Versicherer vor einer unzureichenden Prämienkalkulation aufgrund mangelnder Information über das konkrete Risiko und vor einer ungerechtfertigten

Unternehmen verpflichten sich also zur Meldung spezifischer, von der SCHUFA im Einzelnen vorgegebener Daten über ihre Kunden an die SCHUFA. Im Gegenzug erteilt die SCHUFA auf Anfrage Auskunft über potentielle Kreditnehmer, indem sie von anderen Unternehmen mitgeteilte sowie aus amtlichen Bekanntmachungen und den Schuldverzeichnissen der Amtsgerichte stammende Daten an den Anfragenden weiterleitet. Der Umfang der mitgeteilten Daten variiert dabei in Abhängigkeit vom Bedarf der anfragenden Unternehmen. Die SCHUFA bietet insbesondere zwei Auskunftssysteme an, von denen das umfangreichere den Bedarf der Kreditinstitute deckt und das weniger umfangreiche auf den Bedarf des Einzel- und Versandhandels sowie etwa der Energieversorgungsunternehmen zugeschnitten ist. Vgl. dazu *Beckhusen,* BKR 2005, 335, 335 f.; *Kamlah,* MMR 1999, 395, 396; *Kloepfer/Kutzschbach,* MMR 1998, 650, 651.

507 Siehe dazu *Wuermeling,* NJW 2002, 3508, 3508 f.; *Beckhusen,* BKR 2005, 335, 335 ff.

508 Vgl. *Heyers,* Facilitating Practices, S. 414 ff.

509 Siehe allgemein zu regulatorischen Eingriffen oben S. 103.

Inanspruchnahme durch Versicherungsnehmer schützen sollen. Dazu gehören neben dem Freiwerden des Versicherers von seiner Leistungspflicht nach § 81 VVG (a.) insbesondere die Anzeigepflicht des Versicherungsnehmers nach den §§ 16–22 VVG (b.) sowie die Regeln zur Gefahrerhöhung in den §§ 23–27 VVG (c.).

a. *Das Freiwerden des Versicherers von seiner Leistungspflicht nach § 81 VVG*

§ 81 VVG regelt das Freiwerden des Versicherers von seiner Leistungspflicht, wenn der Versicherungsnehmer den Versicherungsfall vorsätzlich herbeigeführt hat, sowie die Quotelung des Schadens bei grob fahrlässiger Herbeiführung.

aa. Geschichtliche Entwicklung des Leistungsausschlusses bei Herbeiführung des Versicherungsfalls durch den Versicherungsnehmer

Früher herrschte das Verständnis vor, dass Versicherungen grundsätzlich nur die Gefahr des zufälligen Schadeneintritts umfassen.[510] Erst später wurde auch die Gefahr des durch den Versicherungsnehmer verursachten Schadenseintritts abgedeckt und durch § 61 VVG a.F. eine Ausnahme für die Fälle der vorsätzlichen oder grob fahrlässigen Herbeiführung des Versicherungsfalls geschaffen. Nach § 61 VVG a.F. führte auch die grob fahrlässige Verursachung des Versicherungsfalls zu einem gänzlichen Freiwerden des Versicherers von der Leistungspflicht.[511] Im Rahmen der VVG-Reform im Jahr 2008 wurde dieses vielfach als unbillig empfundene[512] Alles-oder-nichts-Prinzip durch eine Quotelung des Schadens bei grober Fahrlässigkeit nach Maßgabe der Schwere des Verschuldens des Versicherungsnehmers in § 81 VVG ersetzt.

bb. Der Schutzzweck des § 81 VVG

Durch diese Vorschrift soll einerseits der Versicherer vor einer Inanspruchnahme geschützt werden, die auf einem Fehlverhalten des Versicherungsnehmers

---

510 Hierzu und zum Folgenden siehe BK/*Beckmann*, § 61 VVG, Rn. 1; *Möller*, in: Bruck/Möller (8. Aufl. 1980), § 61 VVG, Anm. 3.

511 § 61 VVG a.F. lautete: „Der Versicherer ist von der Verpflichtung zur Leistung frei, wenn der Versicherungsnehmer den Versicherungsfall vorsätzlich oder durch grobe Fahrlässigkeit herbeiführt."

512 Vgl. etwa BK/*Schwintowski*, § 6 VVG, Rn. 165; *Römer*, NVersZ 2000, 259, 262; *Ders.*, VersR 2000, 661, 663. Verfassungsrechtliche Bedenken erhebt insbesondere *Canaris*, JZ 1987, 993, 1003 f.

beruht[513], und andererseits der Versicherungsnehmer von unsorgfältigem Verhalten abgeschreckt werden (Präventionsinteresse)[514]. Durch den Versicherungsvertrag sollen nur solche Schäden abgedeckt werden, „die durch ein ‚normales' Fehlverhalten entstanden sind, das auch einem Versicherungsnehmer unterlaufen kann, der mit seinem Eigentum sorgfältig umgeht"[515]. Dagegen sollen Schäden, die darauf beruhen, dass sich der Versicherungsnehmer „in Bezug auf das versicherte Interesse völlig sorglos oder sogar unlauter verhält"[516] den Versicherer nicht zur Zahlung verpflichten. Eine allgemeine Schadenverhinderungspflicht des Versicherungsnehmers begründet § 81 VVG aber nicht.[517]

Das (teilweise) Freiwerden des Versicherers von der Leistungspflicht in den Fällen des § 81 VVG bezweckt eine Reduzierung sowohl des subjektiven als auch des moralischen Risikos.[518] Das subjektive Risiko „umfaßt, bezogen auf eine bestimmte versicherte Gefahr, alle gefahrerhöhenden und gefahrvermindernden Einflüsse, welche sich aus der bewußten oder unbewußten geistigen Einstellung, der Mentalität und dem Charakter des Versicherungsnehmers und der anderen Menschen ergeben, die irgendwelchen Einfluß auf die versicherten Personen, Güter und Interessen ausüben können".[519] Das moralische Risiko unterscheidet

---

513 Looschelders/Pohlmann/*Schmidt-Kessel*, § 81 VVG, Rn. 1.

514 *Canaris*, JZ 1987, 993, 1004; zustimmend Looschelders/Pohlmann/*Schmidt-Kessel*, § 81 VVG, Rn. 1. Siehe auch *Looschelders*, VersR 2008, 1, 1 f.

515 VVG-Kommission Abschlussbericht 2004 (2004), S. 69. Der Zweck des § 81 VVG stimmt mit demjenigen der Vorgängervorschrift des § 61 VVG a.F. überein. Vgl. auch *Baumann*, Recht und Schaden 2005, 1, 3; *Koppenfels-Spies*, VersR 2006, 23, 24; Langheid/Wandt/*Looschelders*, § 81 VVG, Rn. 1.

516 VVG-Kommission Abschlussbericht 2004 (2004), S. 69. Ebenso *BGH*, Urt. v. 14.04.1976, IV ZR 29/74, VersR 1976, 649, 649 f.; *BGH*, Urt. v. 08.02.1989, IVa ZR 57/88, NJW 1989, 1354, 1354 f. = VersR 1989, 582.

517 *BGH*, Urt. v. 05.10.1983, IV a ZR 210/81, VersR 1984, 25, 26 (zu § 61 VVG a.F.). Dem zustimmend HK VVG/*Karczewski*, § 81, Rn. 1.

518 *Baumann*, Recht und Schaden 2005, 1, 3; BK/*Beckmann*, § 61 VVG, Rn. 2 f.; Langheid/Wandt/*Looschelders*, § 81 VVG, Rn. 1; *Armbrüster*, in: Prölss/Martin, § 81 VVG, Rn. 1. Vgl. auch *Haberstroh*, VersR 1998, 943, 945, der die Bestimmung dessen, was im Rahmen des subjektiven Risikos als problematisch und daher nicht von der Versicherung gedeckt anzusehen ist, für problematisch, wenn nicht sogar unmöglich hält und daher in der Begrenzung des moralischen Risikos den eigentlichen Hauptzweck des § 61 VVG a.F. sieht.

519 *Grossmann*, in: FS Braess (1969), S. 81, 97; siehe auch ebd., 84 f. Zustimmend *Mahr*, in: FG Müller-Lutz (1972), S. 241, 246; *Möller*, in: Bruck/Möller (8. Aufl. 1980), § 61 VVG, Anm. 3. Da § 81 VVG nur die Herbeiführung des Versicherungsfalls durch den Versicherungsnehmer sanktioniert und ein Einstehen für Dritte nur

sich dabei vom subjektiven Risiko dadurch, dass das unvorsichtige Verhalten nicht lediglich der „Natur" und üblichen Verhaltensweise des Versicherungsnehmers entspricht, sondern gerade durch den Umstand ausgelöst wird, dass er einen Versicherungsvertrag abgeschlossen hat und somit nicht mehr selbst für die Schäden aufkommen muss.[520]

Die Minimierung des subjektiven und moralischen Risikos soll dabei nicht nur den Versicherern, sondern auch der großen Mehrheit der sorgfältigen Versicherungsnehmer zugutekommen, deren Prämie auf diese Weise auf einem akzeptablen Niveau gehalten wird.[521]

Die Beweislast dafür, dass der Versicherungsnehmer bei der Herbeiführung des Versicherungsfalls vorsätzlich bzw. grob fahrlässig gehandelt hat, trägt jedoch der Versicherungsgeber.[522] Auch lässt sich die Grenze zwischen einem „erlaubten" unvorsichtigen Verhalten des Versicherungsnehmers und der vorsätzlichen oder fahrlässigen Herbeiführung eines Schadens im Sinne von § 81 VVG

---

in begrenztem Umfang erfasst wird (vgl. dazu Looschelders/Pohlmann/*Schmidt-Kessel,* § 81 VVG, Rn. 42 ff.), kann die Frage, welcher Personenkreis in die Definition des subjektiven Risikos einzubeziehen ist, hier dahinstehen (vgl. dazu *Grossmann,* in: FS Braess (1969), S. 81, 96 f. Dem zustimmend *Mahr,* in: FG Müller-Lutz (1972), S. 241, 246).

520 Zum moralischen Risiko siehe oben S. 104 ff. Zur Unterscheidung zwischen subjektivem und moralischem Risiko vgl. *Möller,* in: Bruck/Möller (8. Aufl. 1980), § 61 VVG, Anm. 3. Dem zustimmend *Baumann,* Recht und Schaden 2005, 1, 3. A. A. wohl *Rokas,* VersR 2008, 1457, 1457, der beide Begriffe gleichbedeutend verwendet. Siehe auch *Grossmann,* in: FS Braess (1969), S. 81, 91, 97; sowie *Gürtler,* ZVersWiss 1963, 1, 3, die das moralische Risiko als Bestandteil des subjektiven Risikos sehen. Vgl. auch *Mahr,* ZVersWiss 1977, 205, 224 f., der das wesentliche Unterscheidungskriterium des moralischen gegenüber dem subjektiven Risiko darin sieht, dass „es (…) sich nicht auf das Verhalten einzelner, aus der Masse der Versicherungsnehmer herausfallender ‚Subjekte', sondern auf das durch die Versicherungsnahme veranlaßte Verhalten einer ständig wachsenden Zahl von Versicherten aus der Gesamtheit aller gegen die gleiche Gefahr Versicherten" bezieht. Siehe auch *Ders.,* in: FG Müller-Lutz (1972), 258 f. Subjektives, objektives und moralisches Risiko treten in der Praxis jedoch meist zusammen auf und lassen sich in ihren Auswirkungen kaum voneinander unterscheiden und einzeln beziffern (*Arrow,* Insurance, Risk and Resource Allocation, in: Ders., Essays in the theory of risk bearing (1976), S. 134, 142; zustimmend *Mahr,* in: FG Müller-Lutz (1972), S. 241, 260).

521 *Koppenfels-Spies,* VersR 2006, 23, 24; *Lorenz,* VersR 2000, 2, 5; *Prölss,* in: FS Larenz (1983), S. 487, 499; *Armbrüster,* in: Prölss/Martin, § 81 VVG, Rn. 1; *Rokas,* VersR 2008, 1457, 1457. In Bezug auf das moralische Risiko siehe dazu schon oben S. 113 f.

522 Langheid/Wandt/*Looschelders,* § 81 VVG, Rn. 168.

in vielen Fällen nur schwer ziehen.[523] Einer effektiven Präventionswirkung des § 81 VVG im Sinne einer Minderung des subjektiven und moralischen Risikos stehen daher neben Beweisproblemen aufseiten des Versicherers bezüglich des Verschuldens des Versicherungsnehmers[524] auch mangelnde Rechtssicherheit aufgrund von Einzelfallentscheidungen entgegen.

b. Die Anzeigepflicht des Versicherungsnehmers (§§ 19–22 VVG)

Die §§ 19–22 VVG normieren die vorvertragliche Pflicht des Versicherungsnehmers, sämtliche ihm bekannten Gefahrumstände, die für den Inhalt des Versicherungsvertrags von Bedeutung sind, gegenüber dem Versicherer anzuzeigen. Dabei handelt es sich nicht um eine Pflicht im Rechtssinn, sondern um eine Obliegenheit, deren Vornahme nicht einklagbar ist und deren Verletzung keinen Schadensersatzanspruch des Versicherers, sondern nur die in den § 19 Abs. 2–4 VVG normierten Folgen begründet.[525]

Die Anzeigepflicht des Versicherungsnehmers soll es dem Versicherer ermöglichen, den Versicherungsvertrag und insbesondere die Versicherungsprämie möglichst genau an das individuelle Risiko des Vertragspartners anzupassen.[526] Die Kenntnis aller gefahrerheblichen Umstände ist Voraussetzung dafür, dass der Versicherer eine Einschätzung der künftig aus einer konkreten Versicherungspolice resultierenden Schadenkosten und somit auch der für diese Police aktuarisch fairen Prämie treffen kann.[527] Gelingt eine solche Anpassung der

---

523 Zu der diesbezüglichen umfangreichen Rechtsprechung siehe *Baumann,* in: Bruck/Möller, § 81 VVG, S. 72 ff.; Langheid/Rixecker/*Langheid,* § 81 VVG, Rn. 47 ff.; Langheid/Wandt/*Looschelders,* § 81 VVG, Rn. 84 ff.

524 Zum Problem mangelnder Kenntnis des Versicherers von der Verwirklichung des moralischen Risikos siehe auch sogleich S. 132 ff.

525 *Brand,* VersR 2009, 715, 715; Langheid/Wandt/*Langheid,* § 19 VVG, Rn. 2; HK VVG/*Felsch,* § 28, Rn. 5.

526 Regierungsentwurf zur VVG-Reform, 20.12.2006, BT-Drucks. 16/3945, 64; *BGH,* Urt. v. 09.12.1992, IV ZR 232/91, NJW 1993, 596, 596 = BGHZ 121, 6; *BGH,* Urt. v. 02.03.1994, IV ZR 109/93, NJW 1994, 1534, 1536 = VersR 1994, 549; Langheid/Rixecker/*Langheid,* § 19 VVG, Rn. 2 f.; Langheid/Wandt/*Langheid,* § 19 VVG, Rn. 1; Looschelders/Pohlmann/*Looschelders,* § 19 VVG, Rn. 3; *Rolfs,* in: Bruck/Möller, § 19 VVG, Rn. 6; *Schäfers,* Die vorvertragliche Anzeigepflicht des Versicherungsnehmers und das allgemeine Leistungsstörungsrecht (2014), S. 88 ff. Zu den §§ 16 ff. VVG a.F. siehe *Röhr,* Die vorvertragliche Anzeigepflicht (1980), S. 52 ff.; *Fleischer,* Informationsasymmetrie im Vertragsrecht (2001), S. 507 f.

527 Siehe zum Erfordernis der Prämiendifferenzierung und dem zugrunde liegenden individuellen Äquivalenzprinzip oben S. 92 f.

Prämienhöhe an die einzelne versicherte Gefahr, so wird dadurch insbesondere adverse Selektion verhindert.[528]

Darüber hinaus dienen die §§ 19 ff. VVG jedoch auch dem Schutz des Versicherungsnehmers, indem sie ein grundsätzlich abgeschlossenes Haftungsregime bilden, das die Irrtumsanfechtung nach § 119 BGB, den Wegfall der Geschäftsgrundlage nach § 311 BGB sowie die Culpa in contrahendo nach §§ 311 Abs. 2, 280 Abs. 1, 241 Abs. 2 BGB verdrängt und auf diese Weise die Rechte des Versicherers bei einer Verletzung der Anzeigepflicht einschränkt.[529]

aa. Der Umfang der Anzeigepflicht

Der Umfang der Anzeigepflicht des Versicherungsnehmers wird durch den Wortlaut des § 19 Abs. 1 S. 1 VVG in zweifacher Weise beschränkt.

Die erste Einschränkung liegt darin, dass die Anzeigepflicht nur solche Umstände erfasst, die „für den Entschluss des Versicherer, den Vertrag mit dem vereinbarten Inhalt zu schließen, erheblich sind“. Es kann sich hierbei sowohl um objektive Umstände handeln, wie etwa Vorschäden an der versicherten Sache oder Vorerkrankungen des Versicherungsnehmers im Fall von Kranken- oder Lebensversicherungen, als auch um subjektive Umstände, wie zum Beispiel die Absicht des Versicherungsnehmers einen Versicherungsfall herbeizuführen.[530]

Gefahrerheblich sind sämtliche Umstände, die für die Einschätzung des durch die Police abgedeckten Risikos relevant sind, in deren Kenntnis der Versicherer den Vertrag also nicht oder nicht zu den vereinbarten Bedingungen, insbesondere zur vereinbarten Prämie abgeschlossen hätte.[531] Ob ein bestimmter Umstand für die Risikobeurteilung eines Versicherers relevant ist ergibt sich in der Regel aus seinen konkreten Annahmerichtlinien bzw. Risikoprüfungsgrundsätzen.[532]

Über diese subjektive, also auf die konkrete Versicherungspraxis des betroffenen Versicherers abstellende Gefahrerheblichkeit hinaus, ist jedoch auch eine objektive Gefahrerheblichkeit zu verlangen.[533] Der in Frage stehende Umstand

---

528 Siehe dazu oben S. 99 f., 117 ff.

529 *Brand,* VersR 2009, 715, 715 f.

530 Siehe dazu *Rolfs,* in: Bruck/Möller, § 19 VVG, Rn. 37 ff. m.w.Nw.

531 Langheid/Wandt/*Langheid,* § 19 VVG, Rn. 63; Looschelders/Pohlmann/*Looschelders,* § 19 VVG, Rn. 26; *Rolfs,* in: Bruck/Möller, § 19 VVG, Rn. 63.

532 *BGH,* Urt. v. 11.07.1984, IVa ZR 157/82, VersR 1984, 855, 855 = BeckRS 1984 30400714; *BGH,* Urt. v. 20.09.2000, IV ZR 203/99, NJW-RR 2001, 234, 234 f. = VersR 2000, 1486; Langheid/Wandt/*Langheid,* § 19 VVG, Rn. 64; *Rolfs,* in: Bruck/Möller, § 19 VVG, Rn. 64.

533 Regierungsentwurf zur VVG-Reform, BT-Drucks. 16/3945, 64.

muss auch aus Sicht eines Versicherers mit durchschnittlich strenger Risikoprüfung für die Beurteilung des Risikos relevant sein.[534] Dies soll etwa bei Nachfragen, die sich auf einen sehr lang zurückliegenden Zeitraum beziehen, in der Regel nicht der Fall sein.[535]

Die zweite Einschränkung liegt darin, dass sich die Anzeigepflicht nur auf solche gefahrerheblichen Umstände bezieht, nach denen der Versicherer in Textform gefragt hat.[536] Das umfasst nach Abs. 1 S. 2 auch Nachfragen des Versicherers vor Zustandekommen des Vertrags. Dieser Einschränkung liegt der Gedanke zu Grunde, dass der Versicherer in der Regel besser als der Versicherungsnehmer einschätzen kann, ob ein Umstand im konkreten Fall gefahrrelevant ist.[537] Ein Verschweigen eines gefahrerheblichen Umstandes, nach dem der Versicherungsgeber nicht gefragt hat, begründet jedoch, wenn der Versicherungsnehmer insofern arglistig handelte, ein Recht des Versicherers zur Anfechtung gemäß § 123 BGB.[538] Die Anwendbarkeit des § 123 BGB neben den ansonsten abschließenden Rechtsfolgen des § 19 Abs. 2–4 VVG ist in § 22 VVG ausdrücklich angeordnet.

bb. Die Rechtsfolgen eines Verstoßes gegen die Anzeigepflicht

Die Rechtsfolgen eines Verstoßes des Versicherungsnehmers gegen die Anzeigeobliegenheit aus § 19 Abs. 1 VVG umfassen das Recht des Versicherungsgebers zum Rücktritt vom Vertrag nach § 19 Abs. 2 VVG bei Vorsatz oder grober

---

534 *Neuhaus,* Recht und Schaden 2008, 45, 47; zustimmend Looschelders/Pohlmann/*Looschelders,* § 19 VVG, Rn. 26.

535 Regierungsentwurf zur VVG-Reform, BT-Drucks. 16/3945, 64.

536 Die frühere Regelung der Anzeigepflicht des Versicherungsnehmers in § 16 Abs. 1 VVG a.F. enthielt demgegenüber eine sogenannte „spontane Anzeigepflicht“ des Versicherungsnehmers: „Der Versicherungsnehmer hat bei der Schließung des Vertrags alle ihm bekannten Umstände, die für die Übernahme der Gefahr erheblich sind, dem Versicherer anzuzeigen. Erheblich sind die Gefahrumstände, die geeignet sind, auf den Entschluß des Versicherers, den Vertrag überhaupt oder zu dem vereinbarten Inhalt abzuschließen, einen Einfluß auszuüben. Ein Umstand, nach welchem der Versicherer ausdrücklich und schriftlich gefragt hat, gilt im Zweifel als erheblich.“ Durch die Änderung wurde das Risiko einer Fehleinschätzung der Gefahrrelevanz eines Umstands vom Versicherungsnehmer auf den Versicherer verlagert (Regierungsentwurf zur VVG-Reform, BT-Drucks. 16/3945, 64).

537 *Brand,* VersR 2009, 715, 716.

538 Regierungsentwurf zur VVG-Reform, BT-Drucks. 16/3945, 64; Langheid/Rixecker/*Langheid,* § 22 VVG, Rn. 2. Differenzierend zwischen „Jedermannsverträgen“ und stark individualisierten Verträgen *Brand,* VersR 2009, 715, 720 f.

Fahrlässigkeit des Versicherungsnehmers sowie anderenfalls ein Kündigungsrecht nach § 19 Abs. 3 VVG. Die bisher eingezahlten Prämien darf der Versicherer in beiden Fällen gemäß § 39 Abs. 1 S. 2 VVG behalten.

Das Rücktrittsrecht des Versicherers wegen grob fahrlässigen Handelns des Versicherungsnehmers und das Kündigungsrecht sind jedoch nach § 19 Abs. 4 S. 1 VVG ausgeschlossen, wenn der Versicherer den Vertrag auch in Kenntnis der nicht angezeigten Umstände abgeschlossen hätte. Hätte er den Vertrag dann nur zu anderen Bedingungen geschlossen, so werden diese nach § 19 Abs. 4 S. 2 VVG auf ein entsprechendes Verlangen des Versicherers hin rückwirkend, sofern der Versicherungsnehmer die Verletzung der Anzeigepflicht zu vertreten hat, ansonsten ab der laufenden Vertragsperiode Bestandteil des Vertrags.

c. Die Regeln zur Gefahrerhöhung (§§ 23–27 VVG)

Die Vorschriften der §§ 23–27 VVG regeln den Fall der Änderung des versicherten Risikos nach Abschluss des Versicherungsvertrags und sollen die Aufrechterhaltung des Gleichgewichts zwischen der versicherten Gefahr und der vereinbarten Prämie gewährleisten.[539] Sie stellen eine Sonderregelung der Störung der Geschäftsgrundlage für das Versicherungsvertragsrecht dar.[540] In § 23 VVG werden drei Obliegenheiten des Versicherungsnehmers normiert. Die Rechtsfolgen einer Verletzung dieser Obliegenheiten sind in den §§ 24–26 VVG geregelt.

Zunächst darf ein Versicherungsnehmer nach § 23 Abs. 1 VVG keine Gefahrerhöhung vornehmen oder eine Gefahrerhöhung durch Dritte gestatten (subjektive Gefahrerhöhung[541]). Der Begriff der Gefahrerhöhung wird nicht durch das Gesetz definiert. Darunter wird eine nachträgliche wesentliche Veränderung der bei Abgabe der Vertragserklärung tatsächlich vorliegenden Gefahrumstände

---

539 *Kisch,* Handbuch des Privatversicherungsrechtes, Bd. II (1920), S. 449; *BGH,* Urt. v. 18.10.1952, II ZR 72/52, NJW 1952, 1291, 1292 = BGHZ 7, 311 = VersR 52, 387; *BGH,* Urt. v. 05.05.2004, IV ZR 183/03, NJW-RR 2004, 1098, Rn. 1099 = VersR 2004, 895; *BGH,* Urt. v. 23.06.2004, IV ZR 219/03, NJW-RR 2004, 1476, 1477 = VersR 2005, 218; Looschelders/Pohlmann/*Looschelders,* § 23 VVG, Rn. 1; Langheid/Wandt/*Reusch,* § 23 VVG, Rn. 3.

540 *BGH,* Urt. v. 18.10.1952, II ZR 72/52, NJW 1952, 1291, 1292 = BGHZ 7, 311 = VersR 52, 387; *BGH,* Urt. v. 12.03.1975, IV ZR 97/73, NJW 1975, 978, 979 = VersR 1975, 461.

541 Zur uneinheitlichen Terminologie in Bezug auf die drei in § 23 Abs. 1–3 VVG formulierten Obliegenheiten des Versicherten vgl. Langheid/Wandt/*Reusch,* § 23 VVG, Rn. 7.

verstanden, die zu einer Erhöhung der Wahrscheinlichkeit eines Schadeneintritts (Erhöhung der Grundgefahr) oder einer Vergrößerung des Schadens (Erhöhung der Schadenauswirkungsgefahr) oder dazu führt, dass die ungerechtfertigte Inanspruchnahme des Versicherers wahrscheinlicher wird (Erhöhung der Vertragsgefahr).[542]

Tatsächlich ändert sich das Risiko der Verwirklichung eines versicherten Risikos jedoch ständig in die eine oder andere Richtung. Das Risiko des Eintritts eines Schadenfalls im Rahmen einer Kfz-Kaskoversicherung erhöht sich beispielsweise, wenn der Versicherungsnehmer sein Fahrzeug, das er sonst in der Garage parkt, über Nacht am Straßenrand abstellt. Die Regeln der §§ 23–26 VVG greifen jedoch nur ein, wenn die Gefahrerhöhung von gewisser Dauer und in ihrem Umfang nicht nur unerheblich ist (§ 27 VVG). Maßgeblich für die Erheblichkeit ist dabei, ob der Versicherer den Vertrag in Kenntnis der veränderten Umstände nicht oder nicht mit dem vereinbarten Inhalt, insbesondere zu der vereinbarten Prämie abgeschlossen hätte.[543] Um dies zu beurteilen, dürfen nicht nur einzelne gefahrerhöhende Faktoren betrachtet werden, sondern es ist eine Gesamtschau aller Umstände erforderlich, die die Wahrscheinlichkeit eines Schadeneintritts, die Schadenshöhe oder die Wahrscheinlichkeit einer unberechtigten Inanspruchnahme der Versicherung beeinflussen.[544] Dabei kann insbesondere auch eine Risikokompensation in der Weise stattfinden, dass den gefahrerhöhenden Umständen gefahrmindernde gegenüberstehen.[545]

---

542 *BGH,* Urt. v. 10.01.1951, II ZR 21/50, NJW 1951, 231, 232 = VersR 51, 67; *BGH,* Urt. v. 15.11.1978, IV ZR 103/77, VersR 1979, 73, 74 = BeckRS 1978, 30375951; *Matusche-Beckmann,* in: Bruck/Möller, § 23 VVG, Rn. 4; *Wandt,* Versicherungsrecht (2016), Rn. 860; Langheid/Wandt/*Reusch,* § 23 VVG, Rn. 21 ff.; Langheid/Rixecker/*Langheid,* § 23 VVG, Rn. 11.

543 *BGH,* Urt. v. 18.10.1952, II ZR 72/52, NJW 1952, 1291, 1292 = BGHZ 7, 311 = VersR 52, 387; *BGH,* Urt. v. 11.12.1980, IVa ZR 18/80, NJW 1981, 926, 927 = BGHZ 79, 156 = VersR 1981, 1094; *BGH,* Urt. v. 05.05.2004, IV ZR 183/03, NJW-RR 2004, 1098, 1099 = VersR 2004, 895; *BGH,* Urt. v. 23.06.2004, IV ZR 219/03, NJW-RR 2004, 1476, 1477 = VersR 2005, 218; *BGH,* Urt. v. 16.06.2010, IV ZR 229/09, NJW 2010, 3450, Rn. 16 = BGHZ 186, 42 = VersR 2010, 1032; *Wandt,* Versicherungsrecht (2016), Rn. 861; Langheid/Wandt/*Reusch,* § 23 VVG, Rn. 26.

544 *BGH,* Urt. v. 11.12.1980, IVa ZR 18/80, NJW 1981, 926, 927 = BGHZ 79, 156 = VersR 1981, 1094; *BGH,* Urt. v. 05.05.2004, IV ZR 183/03, NJW-RR 2004, 1098, Rn. 1099 = VersR 2004, 895; *BGH,* Urt. v. 23.06.2004, IV ZR 219/03, NJW-RR 2004, 1476, 1477 = VersR 2005, 218.

545 *BGH,* Urt. v. 11.12.1980, IVa ZR 18/80, NJW 1981, 926, 927 = BGHZ 79, 156 = VersR 1981, 1094; *BGH,* Urt. v. 23.06.2004, IV ZR 219/03, NJW-RR 2004, 1476, 1477 =

Die Gefahrerhöhung darf nicht nur vorübergehend, sondern muss von einer gewissen Dauer sein.[546] Auf diese Weise werden solche kurzfristigen gefahrerhöhenden Umstände von den Regelungen des §§ 23 ff. VVG ausgenommen, von denen der Versicherungsnehmer berechtigterweise erwarten darf, dass sie vom Versicherungsschutz umfasst sind.[547] Tritt während einer kurzen Phase der vorübergehenden Gefahrerhöhung ein Schaden ein, so wird der Versicherer allenfalls nach § 81 VVG von seiner Leistungspflicht befreit.[548] Die Wertung dieser für den Versicherungsnehmer günstigeren Regelung, die nur Vorsatz und grobe Fahrlässigkeit umfasst und bei der die Beweislast vollständig beim Versicherer liegt, soll nicht durch eine Anwendung der §§ 23 ff. VVG auch auf solche Fälle unterlaufen werden.[549]

Erkennt der Versicherungsnehmer nachträglich, dass er eine Gefahrerhöhung vorgenommen hat (nachträgliche subjektive Gefahrerhöhung), so hat er diese dem Versicherer nach § 23 Abs. 2 VVG unverzüglich anzuzeigen. Gleiches gilt auch nach § 23 Abs. 3 VVG, wenn der Versicherungsnehmer Kenntnis von einer unabhängig von seinem Willen eingetretenen Gefahrerhöhung erlangt (objektive Gefahrerhöhung).

Verletzt der Versicherungsnehmer eine der in § 23 VVG normierten Obliegenheiten schuldhaft, so kann der Versicherer den Vertrag nach § 24 Abs. 1 oder 2 VVG kündigen oder die Versicherungsprämie nach § 25 Abs. 1 VVG erhöhen. Bei einer Erhöhung um mehr als 10 % steht dem Versicherungsnehmer nach § 25 Abs. 2 VVG ein außerordentliches Kündigungsrecht zu. Die Beweislast für das Verschulden trägt im Fall der einfachen Fahrlässigkeit

---

VersR 2005, 218; *Kisch,* Handbuch des Privatversicherungsrechtes, Bd. II (1920), S. 452 ff.

546 „Gefährdungsvorgänge sind hiernach nur dann als Gefahrerhöhung i.S. der §§ 23 ff. anzusehen, wenn sie einen neuen Zustand erhöhter Gefahr schaffen, der seiner Natur nach geeignet ist, von so langer Dauer zu sein, daß er die Grundlage eines neuen natürlichen Gefahrenverlaufs bilden und damit den Eintritt des Versicherungsfalles generell fördern kann" (*BGH,* Urt. v. 18.10.1952, II ZR 72/52, NJW 1952, 1291, 1292 = BGHZ 7, 311 = VersR 52, 387; siehe auch *BGH,* Urt. v. 09.07.1975, IV ZR 95/73, VersR 1975, 845, 846).

547 Langheid/Wandt/*Reusch,* § 23 VVG, Rn. 35 ff.; *Wandt,* Versicherungsrecht (2016), Rn. 863 f.

548 Siehe dazu oben S. 123 ff.

549 Ausführlich zum Verhältnis zwischen § 81 VVG und §§ 23 ff. VVG: Langheid/Wandt/*Reusch,* § 23 VVG, Rn. 128 ff. Dem folgend Looschelders/Pohlmann/*Looschelders,* § 23 VVG, Rn. 15; *Wandt,* Versicherungsrecht (2016), Rn. 864.

der Versicherer (§ 24 Abs. 1 S. 2 VVG). Bei Vorsatz und grober Fahrlässigkeit wird das Verschulden dagegen nach § 24 Abs. 1 S. 1 VVG vermutet.

Darüber hinaus wird der Versicherer nach § 26 VVG von seiner Leistungspflicht ganz oder teilweise frei, wenn der Schaden nach der Gefahrerhöhung eingetreten ist. Die Beweislast ist auch hier aufgeteilt. Im Fall der subjektiven Gefahrerhöhung trägt der Versicherer die Beweislast für Vorsatz, während im Fall grober Fahrlässigkeit das Verschulden vermutet wird. Bei einer unbewussten subjektiven oder einer objektiven Gefahrerhöhung ist nach § 26 Abs. 2 VVG sowohl bei Vorsatz als auch grober Fahrlässigkeit die Beweislast umgekehrt.[550] Nach § 26 Abs. 3 VVG bleibt die Leistungspflicht jedoch bestehen, wenn der Schadenseintritt oder der Umfang des Schadens nicht kausal auf der Gefahrerhöhung beruht (Nr. 1) oder wenn die Kündigungsfrist[551] im Zeitpunkt des Eintrittes des Versicherungsfalls abgelaufen und eine Kündigung nicht erfolgt ist (Nr. 2).

d. Grenzen der Wirksamkeit der Regelungen des VVG

Sämtliche Regeln des VVG über die Leistungsfreiheit bei Herbeiführung des Versicherungsfalls durch den Versicherungsnehmer und über Rücktritt, Kündigung und Vertragsanpassung bei einem Verstoß gegen die Anzeigepflicht bzw. bei einer Gefahrerhöhung sind jedoch in der Praxis nicht geeignet, die aus der Informationsasymmetrie resultierenden Problem der adversen Selektion und des moralischen Risikos effektiv zu bekämpfen.

Sie sollen zwar nach ihrem Normzweck insbesondere die Auswirkungen des moralischen Risikos, nämlich die Erhöhung der versicherten Gefahr ohne eine entsprechende Anpassung der Prämienhöhe verhindern.[552] Dies kann aber schon deshalb nicht gelingen, weil sie das Kernproblem des moralischen Risikos, nämlich die mangelnde Erkennbarkeit der durch den Vertragsschluss bewirkten Verhaltensänderung aufseiten des Versicherungsnehmers, nicht beheben können.[553] Die Geltendmachung der Rechte aus § 81 VVG sowie aus den §§ 19–22 VVG und §§ 23–27 VVG setzt immer eine entsprechende Kenntnis des Versicherers von den Tatsachen voraus, die seine Rechte begründen. Da

550 Vgl. Langheid/Rixecker/*Langheid,* § 26 VVG, Rn. 6.

551 Die Kündigungsfrist beträgt einen Monat bei grob fahrlässiger subjektiver Gefahrerhöhung (§ 24 Abs. 1 S. 2 VVG) oder nachträglicher subjektiver oder objektiver Gefahrerhöhung (§ 24 Abs. 2 VVG). Im Fall vorsätzlicher subjektiver Gefahrerhöhung kann der Versicherer dagegen nach § 24 Abs. 1 S. 1 VVG fristlos kündigen.

552 Siehe dazu oben S. 123 ff., 126, 129.

553 Siehe zur mangelnden *ex post*-Erkennbarkeit moralischen Risikos bereits oben S. 117.

der Versicherungsnehmer diese Kenntnis aufgrund der Unmöglichkeit, das Verhalten des Versicherungsnehmers zu überwachen, in vielen Fällen nicht besitzt, stellen diese Maßnahmen nur ein stumpfes Schwert im Kampf gegen die Folgen der Informationsasymmetrie dar. Die Dunkelziffer derjenigen Fälle, in denen die Versicherer ihre Rechte mangels entsprechender Kenntnis nicht ausüben können, dürfte beträchtlich sein.

Die gleichen Bedenken ergeben sich auch gegenüber der strafrechtlichen Sanktionierung des versuchten und vollendeten Versicherungsmissbrauchs durch § 265 StGB. Auch diese Vorschrift hat zwar eine gewisse abschreckende Wirkung. Eine effektive Strafrechtsverfolgung wird aber auch hier in vielen Fällen dadurch verhindert, dass den Versicherern gar nicht zur Kenntnis gelangt, dass es sich in einem konkreten Fall um einen strafbaren Versicherungsmissbrauch handelt.[554]

Ebenso sind die Regelungen des VVG nur bedingt geeignet, adverse Selektion durch die Aufrechterhaltung der Äquivalenz zwischen versichertem Risiko und Prämie zu bekämpfen. Ähnlich wie die Bonus-Malus-Tarifierung ermöglichen sie dem Versicherer nur ein nachträgliches Tätigwerden, indem er sich vom Vertrag lösen bzw. im Fall der Gefahrerhöhung dessen Bedingungen an die tatsächlichen Umstände anpassen kann. Die Falschangabe oder die Gefahrerhöhung kommt dem Versicherer aber in der Regel wohl erst nach einiger Zeit und womöglich erst nach dem Eintreten mehrerer Schadensfälle zur Kenntnis, sodass dem Versicherer bereits ein finanzieller Schaden durch die im Verhältnis zum tatsächlichen Risiko zu geringen Prämien entstanden ist. Durch die Kündigung oder den Rücktritt vom Vertrag wird dieser bereits eingetretene Äquivalenzschaden nicht beseitigt. Und selbst bei einer rückwirkenden Prämienanpassung trägt der Versicherer das Insolvenzrisiko des Versicherungsnehmers. Zwar trägt er dessen Insolvenzrisiko auch in Bezug auf die laufenden Prämien. Bei einer Verletzung der Zahlungspflicht steht ihm aber ein Recht zur Leistungsverweigerung und zum Rücktritt bzw. zur Kündigung gemäß §§ 37, 38 VVG zu, sodass er sich gegen eine Inanspruchnahme durch einen Versicherungsnehmer, der seiner Zahlungspflicht nicht nachkommt, verwehren kann. Bei einer nachträglichen Prämienerhöhung hat er diese Möglichkeit nicht mehr, weil er in der Vergangenheit gegebenenfalls schon Schadensfälle reguliert hat, ohne Kenntnis von den Umständen zu haben, die ihn zur Erhöhung der Prämie berechtigen.

Die dargestellten Regelungen des VVG dienen damit zwar im Wesentlichen den gleichen Zwecken wie die Vorversichereranfrage, nämlich einer Anpassung

554 Siehe dazu die Nachweise in Fn. 445.

der Prämie an das individuelle Risiko sowie der Bekämpfung moralischen Risikos. Sie entfalten aber nur eine begrenzte Wirksamkeit. Die Vorversichereranfrage vor Vertragsschluss ermöglicht insbesondere eine bessere Beurteilung des individuellen Risikos schon von Vertragsbeginn an. Darüber hinaus bedürfen die Versicherer auch für die Ausübung der Rechte des VVG der Information über das Vorliegen der Tatbestandsvoraussetzungen. Da die Vorversichereranfrage die für die Ermittlung des Risikos maßgeblichen Informationen liefert, geht sie somit in ihrer Wirksamkeit bei der Bekämpfung der Folgen asymmetrischer Information über die Wirkungen sowohl der marktinternen Maßnahmen, wie Selbstbehalten und Erfahrungstarifierung durch Bonus-Malus-Systeme, als auch der Regelungen des VVG hinaus. Unter Effizienzgesichtspunkten besteht daher ein Bedürfnis für einen Informationsaustausch zwischen den Versicherungsunternehmen über die Versicherungsnehmer.

Teil 3: Kartellrechtliche Untersuchung der Vorversichereranfrage

Bisher wurden die wettbewerbstheoretischen Grundlagen des Kartellverbots sowie die ökonomische Bedeutung von Informationen und insbesondere der im Rahmen der Vorversichereranfrage ausgetauschten Informationen über konkret zu versichernde Risiken für das Funktionieren von Versicherungsmärkten dargestellt. Im dritten Teil der Arbeit soll nun geprüft werden, ob der oben beschriebene Austausch von Informationen durch die Versicherungsunternehmen im Rahmen der Vorversichereranfrage unter Zugrundelegung der Rechtsprechung der europäischen Gerichte sowie der Praxis der Europäischen Kommission zum Informationsaustausch zwischen Wettbewerbern gegen das europäische Kartellrecht, insbesondere gegen Art. 101 Abs. 1 AEUV verstößt.

A. Art. 101 AEUV

Das Kartellverbot des Art. 101 Abs. 1 AEUV erklärt Vereinbarungen zwischen Unternehmen, Beschlüsse von Unternehmensvereinigungen und aufeinander abgestimmte Verhaltensweisen für mit dem Gemeinsamen Markt unvereinbar und verboten, die den Handel zwischen Mitgliedstaaten zu beeinträchtigen geeignet sind und eine Verhinderung, Einschränkung oder Verfälschung des Wettbewerbs innerhalb des Binnenmarkts bezwecken oder bewirken.

I. Adressaten des Kartellverbots

Adressaten des Verbots des Art. 101 Abs. 1 AEUV sind damit Unternehmen und Unternehmensvereinigungen.

1. Unternehmen

Im Europäischen Recht findet ein funktionaler Unternehmensbegriff[555] Anwendung, wonach Unternehmen „jede eine wirtschaftliche Tätigkeit ausübende Einheit, unabhängig von ihrer Rechtsform und der Art ihrer Finanzierung"

555 MüKoEuWettbR/*Herrmann,* Einleitung, Rn. 952; Langen/Bunte/*Hengst,* Artikel 101 AEUV, Rn. 5; Calliess/Ruffert/*Weiß,* Art. 101 AEUV, Rn. 25; Bechtold/Bosch/Brinker, Art. 101 AEUV, Rn. 11; *Mestmäcker/Schweitzer,* Europäisches Wettbewerbsrecht (2014), § 9, Rn. 6.

ist.[556] Die Unternehmenseigenschaft beschränkt sich somit nicht auf bestimmte Gesellschaftsformen und umfasst neben den deutschen Kapitalgesellschaften insbesondere auch Vereine[557], juristische Personen des ausländischen und europäischen Rechts[558] sowie Körperschaften des öffentlichen Rechts[559]. Die Weite des Begriffs der *Einheit* zeigt sich unter anderem darin, dass die Kommission hierzu unter bestimmten Voraussetzungen auch den Konzern zählt.[560] Nach der Rechtsprechung des Europäischen Gerichtshofs ist es darüber hinaus nicht erforderlich, dass eine solche Einheit eine eigene Rechtspersönlichkeit besitzt[561], sodass nicht nur handelsrechtliche Gesellschaften, sondern auch die Gesellschaft bürgerlichen Rechts Unternehmen im Sinne von Art. 101 Abs. 1 AEUV sein kann.[562] Durch diese weite, unionsrechtliche Auslegung des Unternehmensbegriffs wird die einheitliche Anwendung des Kartellverbots in den Mitgliedsstaaten unabhängig von den dortigen gesellschaftsrechtlichen Gegebenheiten sichergestellt.[563] Auch Einzelkaufleute und Einzelpersonen können demnach Unternehmen im Sinne der Vorschrift sein.[564]

Ebenso unterfallen Genossenschaften[565] und Versicherungsvereine auf Gegenseitigkeit[566] dem Unternehmensbegriff, sofern sie sich wirtschaftlich betätigen. Unter einer wirtschaftlichen Tätigkeit versteht der Europäische Gerichtshof

556 StRspr seit *EuGH,* Urt. v. 23.04.1991, Rs. C-41/90 (*Höfner und Elser*), Slg. 1991, I-1979, Rn. 21; vgl. auch MüKoEuWettbR/*Herrmann,* Einleitung, Rn. 952 m.w.Nw.

557 *EuGH,* Urt. v. 22.10.1997, verb. Rs. T-213/95 & T-18/96 (*SCK/FNK*), Slg. 1997, II-1739, Rn. 121 f.

558 *Roth/Ackermann,* in: FK, Grundfragen Art. 81 Abs. 1 EG, Rn. 116.

559 *EuGH,* Urt. v. 16.03.2004, verb. Rs. C-264/01, C-306/01, C-354/01 und C-355/01 (*AOK-Bundesverband*), Slg. 2004, I-2493, Rn. 33 ff., 58. Siehe auch von der Groeben/Schwarze/Hatje/*Schröter,* Vor Art. 101–105 AEUV, Rn. 47.

560 Grundlegend dazu *Komm.E.,* 13.07.1994., 94/601/EG (*Karton*), ABl. Nr. L 243 v. 19.09.1994, S. 1, Rn. 140; vgl. auch *Roth/Ackermann,* in: FK, Grundfragen Art. 81 Abs. 1 EG, Rn. 119 ff. m.w.Nw.; von der Groeben/Schwarze/Hatje/*Schröter,* Vor Art. 101–105 AEUV, Rn. 51.

561 *EuGH,* Urt. v. 28.06.2005, verb. Rs. C-189/02 P, 202/02 P, 205/02 P bis 208/02 P und 213/02 (*Dansk Rorindustrie*), Slg. 2005, I-5425, Rn. 113.

562 *Komm.E.,* 07.12.1984, 85/76/EWG (*Milchförderungsfonds*), ABl. Nr. L 35 v. 07.02.1985, S. 35; von der Groeben/Schwarze/Hatje/*Schröter,* Vor Art. 101–105 AEUV, Rn. 45.

563 *Mestmäcker/Schweitzer,* Europäisches Wettbewerbsrecht (2014), § 9, Rn. 9.

564 Von der Groeben/Schwarze/Hatje/*Schröter,* Vor Art. 101–105 AEUV, Rn. 45.

565 *EuGH,* Urt. v. 15.12.1994, Rs. C-250/92 (*DLG*), Slg. 1994, I-5641.

566 *Komm.E.,* 16.12.1985, 85/615/EWG (*P&I-Clubs I*), ABl. Nr. L 376 v. 31.12.1985, S. 2; *Komm.E.,* 12.04.1999, 1999/329/EG (*P&I-Clubs II*), ABl. L 125 v. 19.05.1999, S. 12.

dabei das Anbieten von Gütern und Dienstleistungen auf einem bestimmten Markt.[567]

Die im GDV organisierten Versicherungsunternehmen bieten Finanzdienstleistungen an. Hierbei handelt es sich um eine wirtschaftliche Tätigkeit, sodass die Versicherungsunternehmen ohne weiteres unter den Unternehmensbegriff des Art. 101 Abs. 1 AEUV fallen.

2. *Unternehmensvereinigung*

Auch der Begriff der Unternehmensvereinigung ist im Vertrag über die Arbeitsweise der Europäischen Union nicht definiert. Mit ihm werden Zusammenschlüsse von Unternehmen im oben beschriebenen Sinn erfasst, wobei die Unternehmensvereinigung selbst kein solches Unternehmen sein, insbesondere also keine wirtschaftliche Tätigkeit ausüben muss.[568] Der GDV ist ein Zusammenschluss von Versicherungsunternehmen, die allesamt Unternehmen im Sinne des Art. 101 Abs. 1 AEUV sind.[569]

Die Rechts- und Organisationsform der Unternehmensvereinigung selbst ist insoweit unerheblich.[570] Erforderlich ist lediglich, dass die Unternehmensvereinigung über ein Organ verfügt, das in der Lage ist, einen einheitlichen Willen der Mitglieder zu bilden.[571] Auch dieses Erfordernis erfüllt der GDV, der nach § 7 seiner Satzung über drei Organe, nämlich ein Präsidium, einen Präsidialausschuss, sowie eine Mitgliederversammlung verfügt.[572]

Der Einordnung als Unternehmensvereinigung steht es auch nicht entgegen, dass Mitglied des GDV auch der Verband der privaten Krankenversicherung e. V ist, der seinerseits als Unternehmensvereinigung einzuordnen sein dürfte. Denn

---

567 *EuGH,* Urt. v. 12.09.2000, verb. Rs. C-180/98 bis C-184/98 *(Pavlov),* Slg. 2000, I-6451, Rn. 75; *EuGH,* Urt. v. 16.06.1987, Rs. C-118/85 *(Kommission/Italien),* Slg. 1987, 2599, Rn. 7.

568 *EuGH,* Urt. v. 29.10.1980, verb. Rs. C-209 bis 215 und 218/78 *(van Landewyck),* Slg. 1980, 3125, Rn. 87 f.; *EuG,* Urt. v. 15.03.2000, verb. Rs. T-25/95 u.a. *(Cimenteries CBR SA),* Slg. 2000, II-491, Rn. 1320.

569 Siehe zum Unternehmensbegriff oben S. 135 f.

570 MüKoEuWettbR/*Herrmann,* Einleitung, Rn. 1021; *EuGH,* Urt. v. 30.01.1985, Rs. C-123/83 *(BNIC/Clair),* Slg. 1985, 391, Rn. 17.

571 MüKoEuWettbR/*Herrmann,* Einleitung, Rn. 1022; *Roth/Ackermann,* in: FK, Grundfragen Art. 81 Abs. 1 EG, Rn. 130.

572 Satzung des Gesamtverbandes der Deutschen Versicherungswirtschaft e.V. in der Fassung vom 26.09.2017, abrufbar unter https://www.gdv.de/resource/blob/23898/dac9a49f0314e6e7be4d0debbb26f5fa/satzung-des-gdv-data.pdf (Stand 29.09.2018).

auch ein Zusammenschluss von Unternehmensvereinigungen kann wiederum selbst eine Unternehmensvereinigung im Sinne von Art. 101 Abs. 1 AEUV sein.[573] Auch der GDV ist daher als Unternehmensvereinigung Adressat des Kartellverbots.

II. Mittel der Wettbewerbsbeschränkung

Art. 101 Abs. 1 AEUV erfasst als Mittel der Wettbewerbsbeschränkung Vereinbarungen von Unternehmen, Beschlüsse von Unternehmensvereinigungen sowie aufeinander abgestimmte Verhaltensweisen.

Auch ein Informationsaustausch ist – in Abgrenzung von einer autonomen Marktbeobachtung durch die Wettbewerber – nur dann vom Kartellverbot erfasst, wenn ihm eine entsprechende Abstimmung zugrunde liegt.[574] Zunächst ist daher zu untersuchen, ob den Versicherungsunternehmen bzw. dem GDV wegen der Organisation und Durchführung der Vorversichereranfragen ein Verhaltensvorwurf im Sinne von Art. 101 Abs. 1 AEUV gemacht werden kann.

Nach Ansicht des Europäischen Gerichtshofs erfassen dabei alle drei Verhaltensweisen „in subjektiver Hinsicht Formen der Kollusion (…), die in ihrer Art übereinstimmen, und (…) sich nur in ihrer Intensität und ihren Ausdrucksformen unterscheiden."[575]

Bei der Vorversichereranfrage gibt es – anders als im Rahmen des HIS – keine zentral geführte Datenbank, sondern die Versicherungsunternehmen stellen die jeweilige Anfrage direkt oder über die sog. Clearingstelle des GDV an den vom Antragsteller benannten Vorversicherer.[576]

1. *Einwilligungserklärung der Antragsteller*

Grundlage für die Vorversichereranfrage ist die im Rahmen des vorformulierten Antrags gegenüber dem Versicherer erteilte Einwilligung des

573 *Komm.E.*, 24.09.1971, 71/337/EWG (*CEMATEX)*, ABl. Nr. L 227 v. 08.10.1971, S. 26, unter II. 1.; *Europäische Kommission*, XXIV. Bericht über die Wettbewerbspolitik 1994 (1995), Rn. 149.

574 *Dreher/Hoffmann*, WuW 2011, 1181, 1184 f.; MüKoEuWettbR/*Wollmann/Herzog*, Art. 101 AEUV, Rn. 193.

575 *EuGH*, Urt. v. 04.06.2009, Rs. C-8/08 (*T-Mobile Netherlands)*, Slg. 2009, I-4529, Rn. 23. Ähnlich zuvor auch schon *EuGH*, Urt. v. 08.07.1999, Rs. C-49/92 (*Anic Partecipazioni)*, Slg. 1999, I-4162, Rn. 131. Siehe zum Verhältnis der drei Begriffe auch *EuGH*, Urt. v. 11.09.2014, Rs. C-382/12 P (*MasterCard)*, (noch nicht in amtl. Slg.), Rn. 63.

576 Siehe zum HIS oben S. 69 ff.

Antragstellers in die Einholung von Informationen vom Vorversicherer.[577] Dieser nicht-institutionalisierte Informationsaustausch beruht demnach auf einer direkten Vereinbarung zwischen Antragsteller und Versicherer. Den Tatbestand des Art. 101 Abs. 1 AEUV erfüllen aber nur Vereinbarungen zwischen Unternehmen. Unternehmen im Sinne von Art. 101 Abs. 1 AEUV ist, wie bereits dargelegt, „jede eine wirtschaftliche Tätigkeit ausübende Einheit, unabhängig von ihrer Rechtsform und der Art ihrer Finanzierung“[578]. Beim Antragsteller handelt es sich jedoch in den von der Vorversichereranfrage betroffenen Fällen in der Regel um eine Privatperson, die keine wirtschaftliche Tätigkeit ausübt, sodass die Vereinbarung zwischen ihm und dem Versicherungsunternehmen schon deshalb nicht den Tatbestand des Kartellverbots gemäß Art. 101 Abs. 1 AEUV erfüllt. Die Vorversichereranfrage lässt sich auf diese Weise kartellrechtlich nicht erfassen.[579]

2. *Versicherungsverträge*

Ein kartellrechtlich relevantes Verhalten könnte jedoch in der übereinstimmenden Aufnahme der Einwilligungsklauseln in die Versicherungsanträge durch sämtliche an der Vorversichereranfrage beteiligten Versicherer und in der Durchführung der dadurch ermöglichten Anfragen liegen.[580] Die in den Verträgen enthaltenen Klauseln decken dabei beide Formen der Beteiligung an der Informationsweitergabe ab.[581] Einerseits enthalten Anträge auf Abschluss eines Versicherungsvertrags standardisierte Einwilligungserklärungen, in denen sich der Antragsteller mit einer Kontaktaufnahme des Versicherers mit dem Vorversicherer einverstanden erklärt. Dabei verpflichtet sich der Antragsteller gleichzeitig zu wahrheitsgemäßen Angaben über die Identität des Vorversicherers. Andererseits lassen sich die Versicherungsunternehmen ihrerseits auch eine Einwilligung des Versicherungsnehmers in die Weitergabe der Daten erteilen. Durch die einheitliche Verwendung solcher Klauseln durch sämtliche Versicherungsunternehmen ist sowohl das Vorgehen des anfragenden auch das des Auskunft erteilenden Unternehmens im Fall der Vorversichereranfrage von der Einwilligung des Antragstellers gedeckt.

577 Siehe dazu oben S. 73 ff.

578 Siehe die Nachweise oben in Fn. 556.

579 *Heyers,* Facilitating Practices, S. 420.

580 Vgl. dazu auch *Schwintowski,* VuR 2004, 242, 249.

581 Siehe zu den verwendeten Klauseln oben S. 73 f.

Ein Verstoß gegen das Kartellverbot setzt daher voraus, dass dieses Verhalten einer der Begehungsvarianten des Art. 101 Abs. 1 AEUV unterfällt.

a. Beschluss einer Unternehmensvereinigung

Sofern der einheitlichen Verwendung von Datenweitergabeklauseln in den Versicherungsverträgen ein Beschluss des GDV zugrunde liegt, könnte dies den Tatbestand des Beschlusses einer Unternehmensvereinigung im Sinne von Art. 101 Abs. 1 AEUV erfüllen.

Die Tatbestandsvariante des Beschlusses einer Unternehmensvereinigung stellt einen Umgehungstatbestand dar, mit dessen Hilfe verhindert werden soll, dass Unternehmen eine Institution bilden, die selbständig (kartellrechtswidrige) Beschlüsse fasst, weil ein solches Verhalten vom Tatbestand der Vereinbarung zwischen Unternehmen gerade nicht erfasst ist.[582] Der Begriff des Beschlusses ist durch den AEUV nicht näher definiert. Es handelt sich hierbei aber – ebenso wie bei der Vereinbarung – nicht um ein gesondertes gemeinschaftsrechtliches Institut.[583] Es werden darunter „allgemein sämtliche Rechtsakte verstanden, durch die eine Unternehmensvereinigung ihren Willen bildet“[584]. Dabei ist der Beschluss im Sinne von Art. 101 Abs. 1 AEUV nicht auf einstimmige oder mehrheitlich gefasste Entscheidungen der Mitgliederversammlung beschränkt, sondern umfasst auch Maßnahmen anderer Organe der Unternehmensvereinigung.[585] An der kartellrechtlichen Einordnung einer etwaigen Entscheidung des GDV, die Einwilligungsklauseln in die Versicherungsanträge aufzunehmen, änderte es demnach nichts, ob sie durch die Mitgliederversammlung oder durch das Präsidium oder durch einen Ausschuss getroffen worden wäre.

Die Wirksamkeit eines solchen Akts der Willensbildung richtet sich nach der jeweiligen mitgliedstaatlichen Zivilrechtsordnung und nach dem der Unternehmensvereinigung zugrunde liegenden Statut.[586] Ihr kommt jedoch für die

---

582 *Roth/Ackermann*, in: FK, Grundfragen Art. 81 Abs. 1 EG, Rn. 140, 145; *Mestmäcker/Schweitzer*, Europäisches Wettbewerbsrecht (2014), § 10, Rn. 27; *Lübbig*, in: Wiedemann (Hrsg.), Handbuch des Kartellrechts, § 8, Rn. 11; Langen/Bunte/*Hengst*, Artikel 101 AEUV, Rn. 110.

583 *Fikentscher*, Wirtschaftsrecht, 1. Weltwirtschaftsrecht, europäisches Wirtschaftsrecht (1983), S. 591.

584 Immenga/Mestmäcker/*Emmerich*, Art. 101 Abs. 1 AEUV, Rn. 76.

585 Immenga/Mestmäcker/*Emmerich*, Art. 101 Abs. 1 AEUV, Rn. 77; *Roth/Ackermann*, in: FK, Grundfragen Art. 81 Abs. 1 EG, Rn. 141.

586 *Fikentscher*, Wirtschaftsrecht, 1. Weltwirtschaftsrecht, europäisches Wirtschaftsrecht (1983), S. 596; vgl. zum gleichen Problem im Rahmen des Merkmals „Vereinbarung“ auch bereits ebd., S. 591.

kartellrechtliche Beurteilung keine Bedeutung zu. Entgegen der von der Kommission noch in der Entscheidung *Feuerversicherung* vertretenen Ansicht[587] ist es für das Vorliegen eines Beschlusses unerheblich, ob das zuständige Organ gehandelt hat und ob die sonstigen formellen Anforderungen des der Unternehmensvereinigung zugrunde liegenden Gesamtrechtsakts, hier also der Satzung des GDV, eingehalten wurden.[588] Von Art. 101 Abs. 1 AEUV werden vielmehr aufgrund des Effektivitätsgebots alle Verhaltensweisen erfasst, die ihrem Inhalt nach auf diejenigen Folgen abzielen, die das Verbot des Art. 101 Abs. 1 AEUV gerade verhindern will.[589] Anderenfalls hätten die Unternehmen es in der Hand, die Anwendbarkeit des Art. 101 Abs. 1 AEUV auszuschließen indem sie, wie es in der Praxis auch häufig der Fall sein wird, die Beschlussfassung über rechtswidrige Gegenstände ausschließen.[590] Ein Beschluss im Sinne von Art. 101 Abs. 1 AEUV kann also auch dann vorliegen, wenn die von der Unternehmensvereinigung getroffene Entscheidung die formellen Anforderungen der Satzung nicht erfüllt und somit unwirksam ist.

Davon zu unterscheiden ist die Frage, ob eine solche Entscheidung der Mitgliederversammlung oder eines Gremiums der Vereinigung eine Bindungswirkung für die Mitglieder entfalten muss. Relevant wird dies insbesondere bei Äußerungen von Unternehmensvereinigungen, die als „Empfehlung" oder „unverbindliche Empfehlung" betitelt sind. Eine solche Bezeichnung allein vermag nichts an der rechtlichen Einordnung einer Maßnahme zu ändern.[591]

In der Entscheidung *Verband der Sachversicherer* stellte der Europäische Gerichtshof insoweit fest, dass es sich auch dann um einen Beschluss im Sinne von Art. 101 Abs. 1 AEUV handele, wenn zwar keine rechtliche Verbindlichkeit gegeben sei, den Mitgliedern der Unternehmensvereinigung bei Nichtbefolgung

---

587 *Komm.E.*, 05.12.1984, 85/75/EWG (*Feuerversicherung*), ABl. Nr. L 35 v. 07.02.1985, S. 20, Rn. 23.

588 *EuGH*, Urt. v. 27.01.1987, Rs. C-45/85 (*Verband der Sachversicherer*), Slg. 1987, 405, Rn. 27, 31 f.; *EuG*, Urt. v. 15.03.2000, verb. Rs. T-25/95 u.a. (*Cimenteries CBR SA*), Slg. 2000, II-491, Rn. 927 f.

589 *EuGH*, Urt. v. 29.10.1980, verb. Rs. C-209 bis 215 und 218/78 (*van Landewyck*), Slg. 1980, 3125, Rn. 88; *EuGH*, Urt. v. 08.11.1983, verb. Rs. C-96–102, 104, 105, 108 und 110/82 (*IAZ*), Slg. 1983, 3369, Rn. 20; *EuG*, Urt. v. 15.03.2000, verb. Rs. T-25/95 u.a. (*Cimenteries CBR SA*), Slg. 2000, II-491, Rn. 928.

590 *EuG*, Urt. v. 15.03.2000, verb. Rs. T-25/95 u.a. (*Cimenteries CBR SA*), Slg. 2000, II-491, Rn. 928. Vgl. auch MüKoEuWettbR/*Paschke*, Art. 101 AEUV, Rn. 55.

591 *EuGH*, Urt. v. 27.01.1987, Rs. C-45/85 (*Verband der Sachversicherer*), Slg. 1987, 405, Rn. 30.

der Empfehlung aber tatsächliche Nachteile drohten.[592] Auch in einem solchen Fall faktischer Verbindlichkeit sei die Maßnahme der Unternehmensvereinigung geeignet, eine Befolgung durch die Mitgliedsunternehmen sicherzustellen. Im Ergebnis komme es nur darauf an, dass die Äußerung des Verbands „getreuer Ausdruck des Willens (…) war, das Verhalten seiner Mitglieder (…) der Empfehlung entsprechend zu koordinieren“[593]. Im konkreten Fall sollten die Schadensfälle der Versicherungsunternehmen, die der Empfehlung des Verbands nicht nachkamen, als Unterversicherung behandelt werden[594], wodurch den Versicherern ein erheblicher finanzieller Nachteil drohte. Eine rechtliche Verbindlichkeit ist demnach entbehrlich, wenn der Entscheidung der Unternehmensvereinigung zumindest eine faktische Verbindlichkeit zukommt.

Zuvor hatte der Europäische Gerichtshof in der Entscheidung *van Landewyck* einen Beschluss auch ohne rechtliche oder faktische Verbindlichkeit allein deshalb angenommen, weil einige Mitglieder der Unternehmensvereinigung die Empfehlung tatsächlich befolgt hatten und diese Befolgung „einen Einfluss auf den Wettbewerb auf dem betreffenden Markt ausübt[e]“[595]. Diese letzte Anforderung darf dabei allerdings nicht dahingehend missverstanden werden, dass hier das Vorliegen einer Wettbewerbsbeschränkung schon vorweggenommen werden soll. Wie auch aus der Entscheidung *IZA* deutlich wird, ist mit dem Erfordernis des „spürbaren Einfluss[es] auf den Wettbewerb“ lediglich gemeint, dass eine Befolgung der Empfehlung durch eine nicht unerhebliche Zahl von Marktteilnehmern erforderlich ist, sodass ein wesentlicher Teil des Marktes betroffen ist.[596] Es handelt sich hierbei also um eine Art Bagatellgrenze, die

---

592 *EuGH,* Urt. v. 27.01.1987, Rs. C-45/85 (*Verband der Sachversicherer),* Slg. 1987, 405, Rn. 30 ff.

593 *EuGH,* Urt. v. 27.01.1987, Rs. C-45/85 (*Verband der Sachversicherer),* Slg. 1987, 405, Rn. 32.

594 *EuGH,* Urt. v. 27.01.1987, Rs. C-45/85 (*Verband der Sachversicherer),* Slg. 1987, 405, Rn. 30.

595 *EuGH,* Urt. v. 29.10.1980, verb. Rs. C-209 bis 215 und 218/78 (*van Landewyck),* Slg. 1980, 3125, Rn. 89.

596 *EuGH,* Urt. v. 08.11.1983, verb. Rs. C-96–102, 104, 105, 108 und 110/82 (*IAZ),* Slg. 1983, 3369, Rn. 20 f. Hier fordert der EuGH in Rn. 20 zunächst auch, dass „die Annahme der Empfehlung durch die Unternehmen, an die sie gerichtet ist, einen spürbaren Einfluß auf den Wettbewerb auf dem betreffenden Markt ausübt“. In Rn. 21 schlussfolgert er jedoch, dass „[d]iese Empfehlungen (…) die Verhaltensweise eines großen Teils der Mitglieder von ANSEAU bestimmt und somit einen spürbaren Einfluß auf den Wettbewerb ausgeübt“ haben. Auch in *EuGH,* Urt. v. 29.10.1980, verb. Rs. C-209 bis 215 und 218/78 (*van Landewyck),* Slg. 1980, 3125, Rn. 89 stellte

solche Empfehlungen vom Kartellverbot ausnimmt, die weder rechtlich noch faktisch verbindlich sind und die nur von einer kleinen Anzahl von Mitgliedern der Unternehmensvereinigung mit einem geringen Marktanteil befolgt werden und somit das Marktergebnis auch nur in einem so geringen Ausmaß verfälschen, dass ein Verbot durch Art. 101 Abs. 1 AEUV nicht geboten scheint.

Nur vereinzelt wird in der Literatur noch vertreten, bei einer zwar unverbindlichen, aber durch die Mitglieder der Unternehmensvereinigung befolgten Empfehlung handle es sich nicht um einen Beschluss, sondern lediglich um eine abgestimmte Verhaltensweise.[597] Zwar ist die Kritik dieser Mindermeinung insofern berechtigt, als dass die Annahme eines Beschlusses schon bei der bloßen Befolgung einer unverbindlichen Empfehlung durch die Adressaten zu einem Verschwimmen der Grenze zwischen Beschluss und abgestimmter Verhaltensweise führt.[598]

Dennoch ist dem Europäischen Gerichtshof in seiner insgesamt weiten Auslegung des Merkmals des Beschlusses zuzustimmen, weil nur so eine effektive Durchsetzung des Kartellrechts gewährleistet werden kann. Die Forderung nach einer rechtlichen Verbindlichkeit der Beschlüsse führt zu widersprüchlichen Ergebnissen. Die Unternehmensvereinigung hätte es dann selbst in der Hand, ihre Verhaltensweisen durch Verwendung einer für die Mitgliedsunternehmen nicht verbindlichen Form dem Anwendungsbereich des Kartellrechts zu entziehen.[599] Dies widerspricht der im Übrigen wenig formalistischen, sondern am Ziel der effektiven Bekämpfung wettbewerbsbeschränkender Verhaltensweisen orientierten Auslegung der Tatbestandsmerkmale des Art. 101 Abs. 1 AEUV, wie sie etwa in dem funktionalen Unternehmensbegriff zum Ausdruck kommt.[600] Die durch den Auffangtatbestand des Beschlusses einer Unternehmensvereinigung verdeutlichte Zielsetzung, einen möglichst lückenlosen Schutz vor wettbewerbsbeschränkenden Verhaltensweisen zu gewährleisten, würde durch eine

---

der EuGH bereits darauf ab, „dass die Annahme der Empfehlung durch die Klägerinnen in den vorliegenden Rechtssachen, die einen wesentlichen Teil des gesamten Zigarettenverkaufs in Belgien kontrollieren, einen Einfluss auf den Wettbewerb auf dem betreffenden Markt ausübt." Ebenfalls auf die Befolgung durch einen *Großteil* der Mitglieder abstellend *Roth/Ackermann,* in: FK, Grundfragen Art. 81 Abs. 1 EG, Rn. 143.

597 *Hirsch/Burkert,* in: Gleiss/Hirsch, Art. 85 (1), Rn. 86; *Lübbig,* in: Wiedemann (Hrsg.), Handbuch des Kartellrechts, § 8, Rn. 11.

598 MüKoEuWettbR/*Paschke,* Art. 101 AEUV, Rn. 56.

599 MüKoEuWettbR/*Paschke,* Art. 101 AEUV, Rn. 55.

600 Siehe dazu oben S. 135 ff.

Einengung des Tatbestandsmerkmals auf rechtlich verbindliche Beschlüsse von Unternehmensvereinigungen konterkariert.[601]

Auch auf die faktische Verbindlichkeit kann verzichtet werden, wenn ein nicht unwesentlicher Teil der Mitglieder im Fall einer gänzlich unverbindlichen Empfehlung ihre Zustimmung zu dem wettbewerbsbeschränkenden Verhalten durch eine Befolgung der Empfehlung zum Ausdruck gebracht hat. Eine derartige Befolgung, verbunden mit der Eignung zur Wettbewerbsbeschränkung gemessen an der Zahl der zustimmenden Mitglieder lässt ohne weiteres den Schluss auf eine weitgehende konkludente Zustimmung zu dem von der Unternehmensvereinigung empfohlenen Verhalten zu. Warum ein solches Verhalten anders gewertet werden soll als eine ausdrückliche Zustimmung ist nicht ersichtlich.[602]

Durch ein Festhalten am Erfordernis der faktischen Verbindlichkeit ist auch kein Mehr an Rechtssicherheit für die Unternehmen zu erreichen. Selbst wenn man eine faktische Verbindlichkeit verlangt, bleibt unklar, welches Ausmaß oder welche Qualität die im Fall einer Nichtbefolgung zu erwartenden negativen Folgen haben müssen, damit der Beschluss als faktisch verbindlich anzusehen ist. In der Literatur werden hierunter nicht nur rechtliche, sondern auch wirtschaftliche oder gesellschaftliche[603] und sogar moralische Nachteile[604] verstanden. Demnach könnte ein solcher Nachteil möglicherweise schon in der Ausübung von Druck durch die übrigen Verbandmitglieder auf einen Abweichler liegen. Die Grenze zu einer „freiwilligen" Befolgung ist in diesem Fall fließend, sodass auf das Kriterium der faktischen Verbindlichkeit zumindest im Fall der tatsächlichen Befolgung ohne weiteres verzichtet werden kann.

Gleichzeitig wird auf diese Weise verhindert, dass an den Beschluss als Umgehungstatbestand der Vereinbarung weitergehende Anforderungen gestellt werden, als an das Merkmal der Vereinbarung selbst.[605] Denn auch eine solche kann nach Ansicht der Rechtsprechung in Form eines *gentlemen's agreement* ohne jede

---

601 Vgl. *Roth/Ackermann*, in: FK, Grundfragen Art. 81 Abs. 1 EG, Rn. 145; MüKoEuWettbR/*Paschke*, Art. 101 AEUV, Rn. 55 f.

602 So im Ergebnis auch MüKoEuWettbR/*Paschke*, Art. 101 AEUV, Rn. 56.

603 Calliess/Ruffert/*Weiß*, Art. 101 AEUV, Rn. 53, 57; von der Groeben/Schwarze/Hatje/*Schröter/Voet van Vormizeele*, Art. 101 AEUV, Rn. 52.

604 Calliess/Ruffert/*Weiß*, Art. 101 AEUV, Rn. 53; *Lübbig*, in: Wiedemann (Hrsg.), Handbuch des Kartellrechts, § 8, Rn. 11.

605 *Mestmäcker/Schweitzer*, Europäisches Wettbewerbsrecht (2014), § 10, Rn. 27.

rechtliche oder faktische Verbindlichkeit für die betroffenen Unternehmen vorliegen.[606]

Eine trennscharfe Abgrenzung zwischen der Vereinbarung bzw. dem Beschluss und der abgestimmten Verhaltensweise ist in der Praxis meist entbehrlich, weil alle drei Merkmale gleichermaßen von Art. 101 Abs. 1 AEUV erfasst sind.[607] Ein Unterschied besteht jedoch darin, dass die abgestimmte Verhaltensweise ein zweigliedriger Tatbestand ist, der neben der Abstimmung zwischen den Unternehmen noch ein entsprechendes Verhalten verlangt.[608] Dagegen reicht in den Fällen der Vereinbarung und des Beschlusses der Akt der Willensübereinkunft aus, ohne dass es auf die tatsächlichen Auswirkungen ankommt. Ein Beschluss oder eine Vereinbarung werden demnach auch dann von Art. 101 Abs. 1 AEUV erfasst, wenn sie nachfolgend gar nicht durch die Unternehmen umgesetzt werden. Eine Abgrenzung zwischen einer Vereinbarung oder einem Beschluss und einer abgestimmten Verhaltensweise ist somit jedenfalls dann entbehrlich, wenn die tatsächliche Umsetzung der Entscheidung nachgewiesen werden kann.[609]

Sofern der GDV die Verwendung von Einwilligungserklärungen in die Datenweitergabe im Rahmen der Vorversichereranfrage durch einen Verbandsbeschluss festgelegt hätte, wäre ein solcher nach § 4 Abs. 2 der Satzung des GDV, wonach die Mitglieder die „im Rahmen der Satzung getroffene Verbandsentscheidungen mitzutragen“[610] haben, wohl für die Versicherungsunternehmen verbindlich und wäre somit ohne weiteres von Art. 101 Abs. 1 AEUV erfasst.

---

606 *EuG,* Urt. v. 06.04.1995, Rs. T-141/89 *(Tréfileurope),* Slg. 1995, II-791, Rn. 95 f. Zustimmend *Roth/Ackermann,* in: FK, Grundfragen Art. 81 Abs. 1 EG, Rn. 156 f. A.A. von der Groeben/Schwarze/Hatje/*Schröter/Voet van Vormizeele,* Art. 101 AEUV, Rn. 40, 52, die für das Vorliegen sowohl einer Vereinbarung als auch eines Beschlusses eine rechtliche, quasi-rechtliche, moralische oder rein faktische Bindungswirkung voraussetzen. Dafür spreche insbesondere auch der systematische Zusammenhang zu Art. 101 Abs. 2 AEUV, der den Vereinbarungen und Beschlüssen ihre inzidenter vorausgesetzte Rechtsverbindlichkeit nehme. Zum anderen sei eine Erweiterung der Begriffe aufgrund der Möglichkeit, unverbindliche Absprachen unter das Merkmal der abgestimmten Verhaltensweise zu fassen, auch rechtspolitisch nicht geboten. Ähnlich Immenga/Mestmäcker/*Emmerich,* Art. 101 Abs. 1 AEUV, Rn. 61.

607 Calliess/Ruffert/*Weiß,* Art. 101 AEUV, Rn. 53; Bellamy/Child/*Rose/Bailey,* Chapter 2: Article 101(1), Rn. 2.032, 2.055.

608 Vgl. dazu unten S. 154.

609 *Roth/Ackermann,* in: FK, Grundfragen Art. 81 Abs. 1 EG, Rn. 139.

610 Satzung des Gesamtverbandes der Deutschen Versicherungswirtschaft e.V. in der Fassung vom 26.09.2017, abrufbar unter https://www.gdv.de/resource/blob/23898/dac9a49f0314e6e7be4d0debbb26f5fa/satzung-des-gdv-data.pdf (Stand 29.09.2018).

Doch auch für den Fall, dass der GDV seine Mitglieder nur unverbindlich zu einem entsprechenden Verhalten aufgefordert hätte, sind nach dem oben Gesagten die Voraussetzungen eines Beschlusses schon deshalb erfüllt, weil die Versicherungsunternehmen der Empfehlung nachgekommen sind. Eine tatsächliche Befolgung der Empfehlung durch die Mitglieder, wie sie vom Europäischen Gerichtshof in den Entscheidungen *van Landewyck* und *IZA* für das Vorliegen eines Beschlusses als ausreichend angesehen wurde[611], liegt somit vor. Durch die große Zahl der an der Vorversichereranfrage mitwirkenden Unternehmen ist auch das vom Europäischen Gerichtshof für den Fall des Beschlusses durch tatsächliche Befolgung einer unverbindlichen Empfehlung aufgestellte Kriterium der Ausübung eines Einflusses auf den Wettbewerb auf dem betreffenden Markt erfüllt.[612] Damit läge ein Beschluss des GDV im Sinne von Art. 101 Abs. 1 AEUV vor.

b. Zurechnung eines Beschlusses als Tathandlung der einzelnen Versicherungsunternehmen

Bei Vorliegen eines entsprechenden Beschlusses des GDV wäre in einem zweiten Schritt zu prüfen, ob neben dem GDV auch die an der Vorversichereranfrage teilnehmenden Versicherer – das Vorliegen der übrigen Voraussetzungen des Kartellverbots, insbesondere das Bezwecken oder Bewirken einer Wettbewerbsbeschränkung vorausgesetzt – Täter eines Kartellverstoßes wären.

Neben der Unternehmensvereinigung können auch ihre Mitglieder den Tatbestand des Art. 101 Abs. 1 AEUV verwirklicht haben. Ob ein Beschluss einer Unternehmensvereinigung gleichzeitig auch eine von Art. 101 Abs. 1 AEUV erfasste Tathandlung der einzelnen Mitgliedsunternehmen darstellt, muss jedoch gesondert festgestellt werden. Unproblematisch ist der Fall, dass in der Beschlussfassung gleichzeitig auch eine Vereinbarung oder eine Verhaltensabstimmung zwischen den einzelnen Unternehmen gesehen werden kann, denn dann haben diese ebenfalls eine Tathandlung des Art. 101 Abs. 1 AEUV begangen. Das ist insbesondere dann der Fall, wenn die betreffenden Unternehmen den Beschluss unterstützt haben.[613] Eine aktive Mitwirkung an der Beschlussfassung selbst ist

---

611 *EuGH,* Urt. v. 29.10.1980, verb. Rs. C-209 bis 215 und 218/78 (*van Landewyck),* Slg. 1980, 3125, Rn. 89; *EuGH,* Urt. v. 08.11.1983, verb. Rs. C-96–102, 104, 105, 108 und 110/82 (*IAZ),* Slg. 1983, 3369, Rn. 20.

612 Zum Inhalt diese Kriteriums vgl. oben S. 142 f.

613 *EuG,* Urt. v. 16.12.2003, verb. Rs. T-5/00 und 6/00 (*Nederlandse Federatieve),* Slg. 2003, II-5761, 371.

demnach hinreichende Bedingung für das Vorliegen einer eigenen kartellrechtswidrigen Handlung im Sinne von Art. 101 Abs. 1 AEUV.

Ein Beschluss im Sinne von Art. 101 Abs. 1 AEUV verlangt jedoch nicht zwingend die Beteiligung und noch weniger die Zustimmung aller Mitglieder der Unternehmensvereinigung. Vielmehr bestimmt sich nach dem der Unternehmensvereinigung zugrunde liegenden Organisationsakt – hier nach der Satzung des GDV –, ob für Entscheidungen einer Mitgliederversammlung eine einfache Mehrheit zur Beschlussfassung ausreicht oder eine qualifizierte Mehrheit oder sogar Einstimmigkeit erforderlich ist.[614]

Nach Ansicht des Europäischen Gerichtshofs soll darüber hinaus auch solchen Mitgliedern, die dem Beschluss zwar weder zugestimmt noch ausdrücklich widersprochen, an der Beschlussfassung aber mitgewirkt haben, ebenfalls ein von Art. 101 Abs. 1 AEUV erfasstes Verhalten vorgeworfen werden können.[615] Die Kommission hat sich dem angeschlossen und begründet das damit, dass sich die Mitgliedsunternehmen durch ihre Mitgliedschaft in der Unternehmensvereinigung deren Satzung und damit im Fall des GDV wegen § 14 Abs. 7 der Satzung auch einer Mehrheitsherrschaft unterworfen haben.[616] Außer im Fall eines offenen Widerspruchs könne eine Vereinigung nicht nur im Bereich ihrer satzungsmäßigen Tätigkeit sondern auch im Rahmen ihrer de-facto Tätigkeiten mit der Zustimmung und Unterstützung jedes Mitglieds rechnen.[617]

Diese Argumentation überzeugt indes nicht. Adressat des Verbots wettbewerbsbeschränkender Beschlüsse sind Unternehmensvereinigungen, nicht

---

614 Von der Groeben/Schwarze/Hatje/*Schröter/Voet van Vormizeele,* Art. 101 AEUV, Rn. 50; *Fikentscher,* Wirtschaftsrecht, 1. Weltwirtschaftsrecht, europäisches Wirtschaftsrecht (1983), S. 591.

615 *EuGH,* Urt. v. 29.10.1980, verb. Rs. C-209 bis 215 und 218/78 (*van Landewyck),* Slg. 1980, 3125, Rn. 90 f., 156 Ebenso *Windhagen,* Die Versicherungswirtschaft im europäischen Kartellrecht (1996), S. 54; Immenga/Mestmäcker/*Emmerich,* Art. 101 Abs. 1 AEUV, Rn. 82.

616 *Komm.E.,* 30.11.1994, 94/815/EG (*Zement),* ABl. Nr. L 343 v. 30.12.1994, S. 1, Rn. 44 unter (4). § 12 Abs. 7 der Satzung des GDV lautet: „Die Beschlüsse der Mitgliederversammlung werden, soweit nicht die Satzung oder das Gesetz zwingend etwas anderes vorschreiben, mit einfacher Stimmenmehrheit der anwesenden oder vertretenen Stimmberechtigten gefasst" (Satzung des Gesamtverbandes der Deutschen Versicherungswirtschaft e.V. in der Fassung vom 26.09.2017, abrufbar unter https://www.gdv.de/resource/blob/23898/dac9a49f0314e6e7be4d0debbb26f5fa/satzung-des-gdv-data.pdf (Stand 29.09.2018)).

617 *Komm.E.,* 30.11.1994, 94/815/EG (*Zement),* ABl. Nr. L 343 v. 30.12.1994, S. 1, Rn. 44 unter (4).

dagegen einzelnen Unternehmen.[618] Eine Vereinbarung zwischen den einzelnen Unternehmen kann nur dann angenommen werden, wenn zwischen ihnen eine Willensübereinstimmung erzielt wurde. Das ist aber gerade nicht der Fall in Bezug auf Unternehmen, die an der Beschlussfassung nicht beteiligt waren oder die überstimmt wurden.[619] Eine Vereinbarung kann auch nicht mit dem Hinweis auf die Unterwerfung unter die Mehrheitsherrschaft innerhalb des Verbands fingiert werden. Die Mehrheitsherrschaft führt zwar dazu, dass die Mitgliedsunternehmen nach dem Verbandsrecht an die von der Mehrheit gefassten Beschlüsse gebunden sind. Sie führt jedoch nicht zu einer Zustimmung zu dem fraglichen Handeln und damit zur Beteiligung an einer Vereinbarung nach Art. 101 Abs. 1 AEUV.[620]

Etwas anderes kann nur dann gelten, wenn ein nicht an der Beschlussfassung beteiligtes oder überstimmtes Mitglied der Unternehmensvereinigung den Beschluss in der Folgezeit umsetzt. Auch dies erfüllt zwar nicht den Tatbestand einer Vereinbarung. Mit der Befolgung macht das Unternehmen aber deutlich, dass es sich in Kenntnis der Abstimmung entsprechend verhält. Es liegt also eine abgestimmte Verhaltensweise im Sinne von Art. 101 Abs. 1 AEUV vor.[621] Liegt dagegen weder eine Mitwirkung am Beschluss noch eine Befolgung des Beschlusses durch das Mitgliedsunternehmen vor, so kann diesem kein gegen das Kartellverbot des Art. 101 Abs. 1 AEUV verstoßendes Verhalten vorgeworfen werden.[622]

---

618 Dauses/Ludwigs/*Hoffmann*, H. I. § 1, Rn. 72; MüKoEuWettbR/*Paschke*, Art. 101 AEUV, Rn. 57.

619 Um eine effektive Kartellverfolgung zu ermöglichen, käme insoweit jedoch eine Beweislastumkehr zu Lasten der betreffenden Verbandsmitglieder in Betracht.

620 So auch MüKoEuWettbR/*Paschke*, Art. 101 AEUV, Rn. 57. Zum Erfordernis einer Willensübereinstimmung der Parteien als Voraussetzung einer Vereinbarung siehe *Roth/Ackermann*, in: FK, Grundfragen Art. 81 Abs. 1 EG, Rn. 151; Langen/Bunte/*Hengst*, Artikel 101 AEUV, Rn. 84 f.

621 *Roth/Ackermann*, in: FK, Grundfragen Art. 81 Abs. 1 EG, Rn. 149; *Hirsch/Burkert*, in: Gleiss/Hirsch, Art. 85 (1), Rn. 87.

622 MüKoEuWettbR/*Paschke*, Art. 101 AEUV, Rn. 57. Siehe auch *Roth/Ackermann*, in: FK, Grundfragen Art. 81 Abs. 1 EG, Rn. 149, der eine Verantwortlichkeit jedoch dann annimmt, wenn die Mitglieder an der Beschlussfassung teilgenommen haben, weil sie sich dann dem Beschlussverfahren der Mehrheitsentscheidung unterworfen hätten. Die Verantwortlichkeit soll dagegen entfallen, wenn ein Unternehmen dem Beschluss ausdrücklich widersprochen oder an der Beschlussfassung nicht teilgenommen und den Beschluss nicht befolgt hat.

Da die Versicherungsunternehmen vorliegend einheitlich die Einwilligungserklärung in die Datenweitergabe im Rahmen der Vorversichereranfrage in ihren Versicherungsanträgen verwenden, setzten sie jedenfalls einen etwaigen Beschluss des GDV um und wären daher im kartellrechtlichen Sinne für diesen verantwortlich.

c. *Vereinbarung zwischen Unternehmen*

Das Vorgehen der Versicherungsunternehmen könnte auch auf einer direkten Absprache zwischen ihnen beruhen, die dann gegebenenfalls als Vereinbarung zwischen Unternehmen von Art. 101 Abs. 1 AEUV erfasst wäre.

Eine Vereinbarung im Sinne von Art. 101 Abs. 1 AEUV liegt immer dann vor, wenn mindestens zwei Unternehmen ihren gemeinsamen Willen zum Ausdruck bringen, sich in einer bestimmten Weise auf dem Markt zu verhalten.[623]

An die Form einer solchen Absprache sind keine hohen Anforderungen zu stellen, sie kann formlos oder auch nur konkludent erfolgen.[624] Die Weite des Begriffs der Vereinbarung entspricht dem Willen des Gesetzgebers, möglichst jede Form von Wettbewerbsbeschränkungen zu erfassen, und kommt in Art. 101 Abs. 1 AEUV insbesondere in der Formulierung „alle" Vereinbarungen zum Ausdruck.[625] Es kommt bei einer Vereinbarung auch nicht drauf an, ob die Unternehmen die getroffene Absprache auch tatsächlich einhalten.[626] Der Tatbestand der Vereinbarung ist vielmehr schon dann erfüllt, wenn die Absprache getroffen wurde.

Auch inhaltlich ist nicht zu verlangen, dass die Vereinbarung das Marktverhalten im eigentlichen Sinne betrifft, sondern es reicht aus, wenn sie ein Verhalten der Wettbewerber betrifft, „das für den Ablauf des Markgeschehens von

---

623 StRspr des EuGH seit *EuGH,* Urt. v. 15.07.1970, Rs. C-41/69 (*ACF Chemiefarma),* Slg. 1970, 661, Rn. 110/114; *EuGH,* Urt. v. 15.07.1970, Rs. C-45/69 (*Boehringer),* Slg. 1970, 769, Rn. 28; bestätigt z.B. durch *EuGH,* Urt. v. 08.07.1999, Rs. C-49/92 (*Anic Partecipazioni),* Slg. 1999, I-4162, Rn. 130; *EuGH,* Urt. v. 08.07.1999, Rs. C-235/92 P (*Montecatini),* Slg. 1999, I-4539, Rn. 162.

624 *Lübbig,* in: Wiedemann (Hrsg.), Handbuch des Kartellrechts, § 8, Rn. 9; Immenga/Mestmäcker/*Emmerich,* Art. 101 Abs. 1 AEUV, Rn. 55 m.w.Nw.

625 Immenga/Mestmäcker/*Emmerich,* Art. 101 Abs. 1 AEUV, Rn. 55; MüKoEuWettbR/*Paschke,* Art. 101 AEUV, Rn. 11.

626 Vgl. MüKoEuWettbR/*Paschke,* Art. 101 AEUV, Rn. 11 m.w.Nw. Zu der Frage, ob eine Umsetzung im Fall der abgestimmten Verhaltensweise erforderlich ist, siehe *Roth/Ackermann,* in: FK, Grundfragen Art. 81 Abs. 1 EG, Rn. 193 ff.; *Stockenhuber,* in: Grabitz/Hilf/Nettesheim, Art. 101 AEUV, Rn. 100.

Bedeutung sein kann"[627]. Insbesondere ist die in der Literatur vereinzelt im Zusammenhang mit Wettbewerbsbeschränkungen durch einen Informationsaustausch vertretene Ansicht, wonach eine Vereinbarung eine Einigung über zukünftiges Marktverhalten erfordere[628], abzulehnen. Sie engt den Begriff der Vereinbarung zu sehr ein und vernachlässigt, dass sich die Vereinbarung und die abgestimmte Verhaltensweise lediglich in ihrer Intensität und ihrer Ausdrucksform, nicht jedoch in ihrem Inhalt unterscheiden.[629] Demgemäß geht auch die Europäische Kommission in ihren Horizontalleitlinien davon aus, dass ein Informationsaustausch in allen drei Formen der Verhaltenskoordination vorkommen könne.[630]

Die Versicherungsunternehmen verwenden sämtlich inhaltlich weitgehend identische Datenweitergabeklauseln im Rahmen der Versicherungsanträge, mit denen sie die Einwilligung der Versicherungsnehmer in die Verwendung und Weitergabe ihrer Daten im Rahmen der Vorversichereranfrage einholen.[631] Dabei beruht das System der Vorversichereranfrage gerade darauf, dass möglichst viele der auf den Märkten für die entsprechenden Versicherungsprodukte tätigen Unternehmen sich an ihm beteiligen, denn nur, wenn ein möglichst lückenloses Informationsnetz über die der Risikoeinschätzung zugrunde zu legenden Daten besteht, erbringt die Vorversichereranfrage verlässliche Resultate.[632] Es ist daher davon auszugehen, dass die einzelnen Versicherungsunternehmen nur deshalb an der Vorversichereranfrage teilnehmen und entsprechende Klauseln in ihre Versicherungsverträge aufnehmen, weil sie wissen, dass auch ihre Wettbewerber so verfahren. Die Verwendung der Datenweitergabeklauseln und die tatsächliche Durchführung der Vorversichereranfrage stellen somit ein starkes Indiz dafür dar, dass dem eine (jedenfalls konkludente) Vereinbarung der Versicherer über ein entsprechendes Vorgehen zugrunde liegt.

627 MüKoEuWettbR/*Pohlmann*, Art. 101 AEUV, Rn. 216.

628 *Schroeder*, WuW 2009, 718, 718; *Polley/Kuhn*, CFL 2012, 117, 119. Ein selbständiger Informationsaustausch soll nach dieser Ansicht nie eine Vereinbarung darstellen können. Vielmehr soll es sich immer um eine abgestimmte Verhaltensweise handeln. Zweifelnd auch *Besen/Gronemeyer*, CCZ 2013, 137, 139.

629 *Dreher/Körner*, WuW 2012, 104, 107.

630 *Europäische Kommission*, Horizontalleitlinien, ABl. Nr. C 11 v. 14.01.2011, S. 1, Rn. 56, 60.

631 Zweifel an der Wirksamkeit dieser Einwilligung erhebt besonders deutlich *Schwintowski*, VuR 2004, 242 (siehe auch oben S. 74).

632 *Heyers*, Facilitating Practices, S. 420.

Zum Teil wird das Vorliegen einer Vereinbarung auch im Sinne einer „durch konkludentes Verhalten realisierten Vereinbarung“ daraus abgeleitet, dass der ursprüngliche Wortlaut der Datenweitergabeklauseln zwar vom damaligen BAV (heute BaFin) empfohlen, aber von den Versicherern nach der Marktöffnung im Jahr 1994 weiter praktiziert wurde.[633]

Unabhängig vom konkreten Wortlaut der Datenweitergabeklauseln muss zwischen den Versicherern aber jedenfalls eine Einigkeit darüber hergestellt worden sein, in welcher Art die Vorversichereranfrage durchgeführt und welcher Standard für die ausgetauschten Daten gelten soll (z.B. über Risikoklassen oder auf welchen Zeitraum sich die Auskunft über frühere Schadensfälle bezieht).[634] Besonders deutlich wird dies in Bezug auf die Organisation der Vorversichereranfrage im Bereich der Kfz-Versicherung. Denn dort findet der Informationsaustausch unter Zwischenschaltung der GDV Dienstleistungs-GmbH & Co. KG statt. Diese nimmt die Anfragen der Unternehmen entgegen, leitet sie an den jeweiligen Vorversicherer weiter und lässt dessen Antwort dem anfragenden Unternehmen zukommen.[635] Sofern dem nicht ein Beschluss des GDV im oben beschriebenen Sinne zugrunde liegt, kann dieses Vorgehen nur auf einer entsprechenden Vereinbarung zwischen den Versicherern beruhen.

Diese (konkludente) Vereinbarung über die Durchführung des Informationsaustauschs weist auch einen direkten Bezug zum Marktverhalten der Versicherer auf, denn sie erklären sich durch die Verwendung der Datenweitergabeklauseln und durch die Durchführung der entsprechenden Anfragen bereit, Informationen über ihre Kunden, die sie unmittelbar ihrer Prämiengestaltung zugrunde legen, mit ihren Wettbewerbern zu teilen. Da auch die Nachversicherer diese Informationen nun bei ihrer Entscheidung über die Versicherung des entsprechenden Risikos und über die dafür angemessene Prämienhöhe berücksichtigen können, ist der Informationsaustausch im Rahmen der Vorversichereranfrage für das wettbewerbliche Verhalten von Relevanz.[636]

---

633 *Schwintowski*, VuR 2004, 242, 249.

634 *Heyers*, WuW 2012, 557, 559.

635 Siehe dazu oben S. 75.

636 *Dreher/Hoffmann/Kling*, Kartell- und Wettbewerbsrecht der Versicherungsunternehmen (2015), § 7, Rn. 59.

d. Abgestimmte Verhaltensweise

Jedenfalls stellen die einheitliche Verwendung der Datenweitergabeklauseln und die Teilnahme der Versicherungsunternehmen an der Vorversichereranfrage eine abgestimmte Verhaltensweise der Versicherer dar.

Zwischen der Vereinbarung und der abgestimmten Verhaltensweise im Sinne von Art. 101 Abs. 1 AEUV besteht kein Ausschließlichkeitsverhältnis, beide Begehungsvarianten können sich vielmehr überschneiden oder auch gleichzeitig erfüllt sein.[637] Zumindest dann, wenn ein entsprechendes Marktverhalten nachgewiesen ist, kann daher auf eine Abgrenzung zwischen Abstimmung und Vereinbarung verzichtet werden.[638] Ein etwaiges Bestehen einer Vereinbarung zwischen den Versicherungsunternehmen hindert folglich nicht die Erfassung desselben Sachverhalts auch als abgestimmte Verhaltensweise im Sinne von Art. 101 Abs. 1 AEUV.

Der Europäische Gerichtshof definiert eine abgestimmte Verhaltensweise als „eine Form der Koordinierung zwischen Unternehmen (…), die zwar noch nicht bis zum Abschluß eines Vertrags im eigentlichen Sinne gediehen ist, jedoch bewußt eine praktische Zusammenarbeit an die Stelle des mit Risiken verbundenen Wettbewerbs treten läßt.“[639]. Es handelt sich hierbei um einen Umgehungs- bzw. Auffangtatbestand[640], mit dessen Hilfe auch Formen der „faktischen Koordinierung“[641] zwischen Wettbewerbern erfasst werden sollen. Das Kartellverbot wird somit auf solche Kooperationsformen ausgedehnt, die zwar nicht die Anforderungen einer Vereinbarung oder eines Beschlusses erfüllen, die aber durch andere Formen der Kollusion, insbesondere durch eine rein praktische Zusammenarbeit die Risiken des Wettbewerbs mindern.[642] Angesichts der

---

637 Bellamy/Child/*Rose/Bailey,* Chapter 2: Article 101(1), Rn. 2.032, 2.055.

638 *Roth/Ackermann*, in: FK, Grundfragen Art. 81 Abs. 1 EG, Rn. 139.

639 *EuGH,* Urt. v. 14.07.1972, Rs. C-48/69 (*ICI),* Slg. 1972, 619, Rn. 64/67; *EuGH,* Urt. v. 31.03.1993, Rs. C-89/85 (*Ahlström Osakeyhtiö),* Slg. 1993, I-1307, Rn. 63; *EuGH,* Urt. v. 05.04.2006, Rs. T-279/02 (*Degussa),* Slg. 2006, II-897, Rn. 132.

640 Vgl. *Komm.E.,* 21.10.1998, 1999/60/EG (*Fernwärmetechnik),* ABl. Nr. L 24 v. 30.01.1999, S. 1, Rn. 130. Vgl. auch Bechtold/Bosch/Brinker, Art. 101 AEUV, Rn. 53; Immenga/Mestmäcker/*Emmerich,* Art. 101 Abs. 1 AEUV, Rn. 85; MüKoEuWettbR/*Paschke,* Art. 101 AEUV, Rn. 59; *Roth/Ackermann,* in: FK, Grundfragen Art. 81 Abs. 1 EG, Rn. 183; *Hirsch/Burkert,* in: Gleiss/Hirsch, Art. 85 (1), Rn. 90; *Mestmäcker/Schweitzer,* Europäisches Wettbewerbsrecht (2014), § 10, Rn. 36; von der Groeben/Schwarze/Hatje/*Schröter/Voet van Vormizeele,* Art. 101 AEUV, Rn. 53.

641 *Mestmäcker/Schweitzer,* Europäisches Wettbewerbsrecht (2014), § 10, Rn. 36.

642 Vgl. *Roth/Ackermann,* in: FK, Grundfragen Art. 81 Abs. 1 EG, Rn. 183.

vielfältigen Möglichkeiten der Abstimmung zwischen Unternehmen ist es notwendig, die Begehungsvarianten des Art. 101 Abs. 1 AEUV den tatsächlichen Gegebenheiten anzupassen und das Merkmal der abgestimmten Verhaltensweise inhaltlich weit zu fassen.

Der Europäische Gerichtshof und die Kommission stellen bei der Beurteilung abgestimmter Verhaltensweisen regelmäßig auf das Selbständigkeitspostulat ab.[643] Danach habe „jeder Unternehmer selbständig zu bestimmen (…), welche Politik er auf dem Gemeinsamen Markt zu betreiben gedenkt“[644]. Die Unternehmen hätten zwar das Recht, „sich dem festgestellten oder erwarteten Verhalten ihrer Mitbewerber mit wachem Sinne anzupassen“[645]. Das Selbständigkeitspostulat stehe aber „streng jeder unmittelbaren oder mittelbaren Fühlungnahme zwischen Unternehmen entgegen, die bezweckt oder bewirkt, entweder das Marktverhalten eines gegenwärtigen oder potentiellen Mitbewerbers zu beeinflussen oder einen solchen Mitbewerber über das Marktverhalten ins Bild zu setzen, das man selbst an den Tag zu legen entschlossen ist oder in Erwägung zieht.“[646]

Eine Abstimmung erfordert also gerade keine ausdrückliche oder stillschweigende Übereinkunft der Beteiligten, sich in einer bestimmten Weise zu verhalten. Vielmehr reicht eine praktische Zusammenarbeit zwischen ihnen aus, sofern diese die Unsicherheit über das Marktverhalten der Teilnehmer verringert. Hiervon zu unterscheiden ist ein bewusstes Parallelverhalten der Unternehmen, dem jedoch gerade keine Fühlungnahme zwischen ihnen zugrunde liegt, sondern das auf der bloßen Beobachtung der übrigen Marktteilnehmer beruht.[647] Ein solches ist natürlicher Bestandteil des Wettbewerbsprozesses und daher nicht von Art. 101 Abs. 1 AEUV erfasst.

---

643 Siehe zum Selbständigkeitspostulat auch oben S. 86 f.

644 *EuGH,* Urt. v. 16.12.1975, verb. Rs. C-40–48, 50, 54–56, 111, 113, 114/73 (*Suiker Unie),* Slg. 1975, 1663, Rn. 173/174; *EuGH,* Urt. v. 14.07.1981, Rs. C-172/80 (*Gerhard Züchner/Bayrische Vereinsbank AG),* Slg. 1981, 2021, Rn. 14; *EuGH,* Urt. v. 28.05.1998, Rs. C-7/95 P (*Deere),* Slg. 1998, I-3111, Rn. 87; *EuGH,* Urt. v. 08.07.1999, Rs. C-199/92 P (*Hüls),* Slg. 1999, I-4287, Rn. 160; *EuGH,* Urt. v. 12.07.2001, verb. Rs. T-202/98, 204/98 und 207/98 (*Tate & Lyle),* Slg. 2001, II-2035, Rn. 55; *EuGH,* Urt. v. 05.04.2006, Rs. T-279/02 (*Degussa),* Slg. 2006, II-897, Rn. 132; *Komm.E.,* 21.12.1988, 89/191/EWG (*LDPE),* ABl. Nr. L 74 v. 17.03.1989, S. 21, Rn. 40; *Komm.E.,* 13.07.1994., 94/601/EG (*Karton),* ABl. Nr. L 243 v. 19.09.1994, S. 1, Rn. 127.

645 Siehe die Nachweise in Fn. 644.

646 Siehe den Nachweis in Fn. 644.

647 Loewenheim/Meessen/Riesenkampff/Kersting/Meyer-Lindemann/*Grave/Nyberg,* Art. 101 Abs. 1 AEUV, Rn. 232; MüKoEuWettbR/*Paschke,* Art. 101 AEUV, Rn. 61, 69; *Roth/Ackermann,* in: FK, Grundfragen Art. 81 Abs. 1 EG, Rn. 192.

Bei der abgestimmten Verhaltensweise handelt es sich zwar nach Ansicht des Europäischen Gerichtshofs grundsätzlich um einen zweigliedrigen Tatbestand, der neben der Abstimmung auch ein kausal auf der Abstimmung beruhendes Marktverhalten der Kartellanten voraussetzt.[648] Hierin unterscheidet sich die abgestimmte Verhaltensweise von den beiden anderen Begehungsvarianten des Art. 101 Abs. 1 AEUV, bei denen schon die bloße Absprache an sich verboten und bußgeldbewährt ist. Die abgestimmte Verhaltensweise kann daher auch als Erfolgsdelikt qualifiziert werden.[649] Dagegen erfordert das Tatbestandsmerkmal der abgestimmten Verhaltensweise nicht, dass die Abstimmung wettbewerbswidrige Wirkungen zur Folge hat.[650] Vielmehr kann eine abgestimmte Verhaltensweise auch eine bezweckte Wettbewerbsbeschränkung darstellen.[651]

Eine Ausnahme macht die Rechtsprechung insoweit jedoch in Fällen des Informationsaustauschs zwischen Wettbewerbern. In diesen Fällen geht der Gerichtshof allein wegen der erwiesenermaßen erfolgten Abstimmung vom Vorliegen einer abgestimmten Verhaltensweise aus, weil widerleglich zu vermuten sei, dass die an einer Abstimmung beteiligten und weiterhin auf dem Markt tätigen Unternehmen die ausgetauschten Informationen bei der Bestimmung ihres Marktverhaltens zwangsläufig berücksichtigen würden.[652] Einen tatsächlichen

---

648 *EuGH,* Urt. v. 08.07.1999, Rs. C-49/92 (*Anic Partecipazioni),* Slg. 1999, I-4162, Rn. 118; *EuGH,* Urt. v. 08.07.1999, Rs. C-199/92 P (*Hüls),* Slg. 1999, I-4287, Rn. 161; *EuGH,* Urt. v. 04.06.2009, Rs. C-8/08 (*T-Mobile Netherlands),* Slg. 2009, I-4529, Rn. 51. Zu den vor dieser Klarstellung hierzu vertretenen unterschiedlichen Ansichten siehe *Roth/Ackermann,* in: FK, Grundfragen Art. 81 Abs. 1 EG, Rn. 194 ff. m.w.Nw.

649 *GA Vesterdorf,* Schlussanträge zu EuG verb. Rs. T-1/89 bis T-4/89, T-6/89 bis T-15/89 (*Rhône-Poulenc*), Slg. 1991, II-867, 923; *Mestmäcker/Schweitzer,* Europäisches Wettbewerbsrecht (2014), § 10 Rn. 34; MüKoEuWettbR/*Paschke,* Art. 101 AEUV, Rn. 60.

650 *EuGH,* Urt. v. 08.07.1999, Rs. C-199/92 P (*Hüls),* Slg. 1999, I-4287, Rn. 153; *EuGH,* Urt. v. 04.06.2009, Rs. C-8/08 (*T-Mobile Netherlands),* Slg. 2009, I-4529, Rn. 51; *EuGH,* Urt. v. 19.03.2015, Rs. C-286/13 P (*Dole),* (noch nicht in amtl. Slg.), Rn. 127.

651 Vgl. dazu *Mestmäcker/Schweitzer,* Europäisches Wettbewerbsrecht (2014), § 10 Rn. 46.

652 *EuGH,* Urt. v. 08.07.1999, Rs. C-49/92 (*Anic Partecipazioni),* Slg. 1999, I-4162, Rn. 121; *EuGH,* Urt. v. 08.07.1999, Rs. C-199/92 P (*Hüls),* Slg. 1999, I-4287, Rn. 162; *EuGH,* Urt. v. 04.06.2009, Rs. C-8/08 (*T-Mobile Netherlands),* Slg. 2009, I-4529, Rn. 51 f.; *EuGH,* Urt. v. 19.03.2015, Rs. C-286/13 P (*Dole),* (noch nicht in amtl. Slg.), Rn. 57. Zu den praktischen Schwierigkeiten im Zusammenhang mit der Widerlegung dieser Vermutung siehe *Dreher/Hoffmann,* WuW 2011, 1181, 1188.

Nachweis entsprechender Umsetzungsmaßnahmen verlangt der Gerichtshof in diesen Fällen demnach nicht.[653]

Eine abgestimmte Verhaltensweise erfordert im Fall des Informationsaustauschs auch nicht notwendig die gegenseitige Mitteilung marktrelevanter Daten.[654] Vielmehr wird bereits die einseitige Übermittlung von Daten als tatbestandlich angesehen, sofern die Mitteilung entweder auf Wunsch des Wettbewerbers erfolgt oder von diesem akzeptiert und nicht nur passiv entgegengenommen wird.[655]

Das dargestellte Verständnis von der Struktur der abgestimmten Verhaltensweise und der Vermutung der Kausalität des Informationsaustauschs für das Marktverhalten der an ihm beteiligten Unternehmen wird durch die Rechtsprechung des Europäischen Gerichtshofs in der Entscheidung *Asnef-Equifax* bestätigt. Der Gerichthof ging hier ohne weiteres davon aus, dass die notwendige Beteiligung der Kreditinstitute an einem Register zur Erteilung von Auskünften über Kreditnehmer zwangsläufig eine gewisse Zusammenarbeit zwischen den Wettbewerbern in Form des mittelbaren Austauschs von Kreditinformationen impliziert. Art. 101 Abs. 1 AEUV sei daher auf die Planung und Durchführung des Registers anwendbar, ohne dass es einer genauen Bestimmung der Form der Zusammenarbeit zwischen den Unternehmen bedürfe.[656] Nichts anderes kann für die Vorversichereranfrage gelten. Zwar führen die Versicherer vorliegend keine gemeinsame Datei, in die sie entsprechende Daten einmelden. Auch die Vorversichereranfrage erfordert jedoch eine gewisse Zusammenarbeit der Versicherungsunternehmen, weil das System insgesamt darauf basiert, dass sämtliche Versicherer daran teilnehmen, indem sie die Datenweitergabeklauseln in ihren Versicherungsverträgen verwenden und Vorversichereranfragen durchführen sowie vor allem auch die Anfragen ihrer Wettbewerber beantworten.

---

653 *Stockenhuber,* in: Grabitz/Hilf/Nettesheim, Art. 101 AEUV, Rn. 113. Siehe dazu auch *Roth/Ackermann,* in: FK, Grundfragen Art. 81 Abs. 1 EG, Rn. 195, 198; *Eilmansberger/Kruis,* in: Streinz (Hrsg.), EUV/AEUV, Art. 101 AEUV, Rn. 18.

654 *Mestmäcker/Schweitzer,* Europäisches Wettbewerbsrecht (2014), § 10 Rn. 39; *Dreher/Körner,* WuW 2012, 104, 106.

655 *EuG,* Urt. v. 15.03.2000, verb. Rs. T-25/95 u.a. (*Cimenteries CBR SA),* Slg. 2000, II-491, Rn. 1849.

656 *EuGH,* Urt. v. 23.11.2006, Rs. C-238/05 (*Asnef-Equifax),* Slg. 2006, I-11125, Rn. 30 f.

III. Zwischenstaatlichkeit

Unter das europäische Wettbewerbsrecht des Art. 101 Abs. 1 AEUV fallen nur solche Verhaltensweisen, die den freien Handel zwischen den Mitgliedstaaten zu beeinträchtigen geeignet sind, indem sie insbesondere zu einer Abschottung der nationalen Märkte oder zu einer Veränderung der Wettbewerbsstruktur auf dem gemeinsamen Markt führen.[657]

Das Merkmal der Beeinträchtigung des Handels zwischen den Mitgliedstaaten dient der Abgrenzung der Anwendungsbereiche von europäischem und nationalem Wettbewerbsrecht.[658] Sofern die Zwischenstaatlichkeitsklausel erfüllt ist, greift der Grundsatz vom Vorrang des Europarechts.[659]

1. Eignung zur Handelsbeeinträchtigung

Durch den Beschluss, die Vereinbarung oder die abgestimmte Verhaltensweise muss zunächst also der Handel zwischen den Mitgliedstaaten betroffen sein. Das ist zu bejahen, „wenn sich anhand der Gesamtheit objektiver rechtlicher und tatsächlicher Umstände mit hinreichender Wahrscheinlichkeit voraussehen lässt, dass sie unmittelbar oder mittelbar, tatsächlich oder potentiell den Handel zwischen den Mitgliedsstaaten in einer Weise beeinflussen können, die die Verwirklichung eines einheitlichen Marktes der Mitgliedstaaten hemmen könnte."[660]

Bei der Auslegung dieses Merkmals ist vom Zweck der europäischen Wettbewerbsvorschriften, den freien Verkehr von Waren, Dienstleistungen, Personen und Kapital zu fördern, auszugehen.[661] Dies rechtfertigt eine weite Auslegung des Begriffs „Handel", die sich nicht auf den Austausch von Waren oder Dienstleistungen beschränkt, sondern alle grenzüberschreitenden wirtschaftlichen

---

657 *EuGH,* Urt. v. 31.05.1979, Rs. C-22/78 (*Hugin),* Slg. 1979, 1869, Rn. 17; *EuGH,* Urt. v. 13.07.2006, verb. Rs. C-295/04 bis C-298/04 (*Manfredi),* Slg. 2006, I-6619, Rn. 41.

658 *EuGH,* Urt. v. 13.07.1966, verb. Rs. C-56/64 und 58/64 (*Consten und Grundig),* Slg. 1966, 322, 389; *EuGH,* Urt. v. 31.05.1979, Rs. C-22/78 (*Hugin),* Slg. 1979, 1869, Rn. 17; *EuGH,* Urt. v. 13.07.2006, verb. Rs. C-295/04 bis C-298/04 (*Manfredi),* Slg. 2006, I-6619, Rn. 41.

659 Siehe dazu oben S. 75 f.

660 *EuGH,* Urt. v. 13.07.2006, verb. Rs. C-295/04 bis C-298/04 (*Manfredi),* Slg. 2006, I-6619, Rn. 42.

661 *Europäische Kommission,* Leitlinien über den Begriff der Beeinträchtigung des zwischenstaatlichen Handels in den Artikeln 81 und 82 des Vertrages (2004/C 101/07) (im Folgenden: Leitlinien über den Begriff der Beeinträchtigung des zwischenstaatlichen Handels), ABl. Nr. C 101 v. 27.04.2004, S. 81, Rn. 19.

Tätigkeiten erfasst.[662] Darunter fällt nach der Rechtsprechung des Europäischen Gerichtshofs auch der Verkauf von Versicherungen.[663]

Ferner ist nicht erforderlich, dass Waren oder Dienstleistungen grenzüberschreitend angeboten werden, sondern es werden sämtliche wirtschaftlichen, die Grundfreiheiten des EU-Vertrags betreffenden Tätigkeiten erfasst.[664] Der Handel zwischen den Mitgliedstaaten kann somit ohne eine grenzüberschreitende Ver- oder Ankaufstätigkeit schon dann berührt sein, wenn „andere Aspekte zwischenstaatlichen Verkehrs"[665] betroffen sind.

Dabei verlangt der Begriff der „Beeinträchtigung" im Rahmen von Art. 101 Abs. 1 AEUV nicht das Vorliegen zusätzlicher, über das Merkmal der „Wettbewerbsbeschränkung"[666] hinausgehender, negativer Auswirkungen auf den Binnenmarkt, sondern dient lediglich der Abgrenzung des Anwendungsbereichs von solchen Sachverhalten, die aufgrund ihres rein nationalen Charakters dem jeweiligen mitgliedstaatlichen Kartellrecht unterfallen.[667]

Das Merkmal der Zwischenstaatlichkeit ist an der Zielsetzung der Europäischen Verträge, einen einheitlichen Binnenmarkt innerhalb der Europäischen Union zu schaffen[668], orientiert. Das Verbot des Art. 101 Abs. 1 AEUV beschränkt sich daher auf solche Verhaltensweisen, die „unmittelbar oder mittelbar, tatsächlich oder der Möglichkeit nach geeignet [sind], den Handel zwischen den Mitgliedstaaten in einer Weise zu gefährden, die der Verwirklichung der Ziele eines einheitlichen zwischenstaatlichen Marktes nachteilig sein kann"[669]. Zu diesem Zweck ist eine Wahrscheinlichkeitsprognose[670] „anhand einer Gesamtheit objektiver rechtlicher oder tatsächlicher Umstände"[671] anzustellen, ob sich der grenzüberschreitende Handel ohne die betreffende Maßnahme anders entwickelt

---

662 *Europäische Kommission,* Leitlinien über den Begriff der Beeinträchtigung des zwischenstaatlichen Handels, ABl. Nr. C 101 v. 27.04.2004, S. 81, Rn. 19.

663 *EuGH,* Urt. v. 27.01.1987, Rs. C-45/85 (*Verband der Sachversicherer),* Slg. 1987, 405, Rn. 44 ff.

664 *Roth/Ackermann,* in: FK, Grundfragen Art. 81 Abs. 1 EG, Rn. 430; MüKoEuWettbR/*Kirchhoff,* Art. 101 AEUV, Rn. 495; Langen/Bunte/*Hengst,* Artikel 101 AEUV, Rn. 306.

665 *Roth/Ackermann,* in: FK, Grundfragen Art. 81 Abs. 1 EG, Rn. 429.

666 Zum Begriff der Wettbewerbsbeschränkung siehe unten S. 164 ff.

667 Vgl. *Mestmäcker/Schweitzer,* Europäisches Wettbewerbsrecht (2014), § 5, Rn. 12.

668 Vgl. Art. 3 Abs. 3 S. 1 EUV; siehe dazu auch oben S. 20 ff.

669 *EuGH,* Urt. v. 13.07.1966, verb. Rs. C-56/64 und 58/64 (*Consten und Grundig),* Slg. 1966, 322, 389; ähnlich auch zuvor schon in *EuGH,* Urt. v. 30.06.1966, Rs. C-56/65 (*Maschinenbau Ulm),* Slg. 1966, 282, 303.

670 Langen/Bunte/*Hengst,* Artikel 101 AEUV, Rn. 304.

671 *EuGH,* Urt. v. 30.06.1966, Rs. C-56/65 (*Maschinenbau Ulm),* Slg. 1966, 282, 303.

hätte, als es mit ihr der Fall ist, insbesondere ob sich der zwischenstaatliche Handel aufgrund der Maßnahme anders entwickelt, als dies in einem System unverfälschten Wettbewerbs der Fall gewesen wäre.[672] Dabei ergeben sich die Auswirkungen auf den innerstaatlichen Handel häufig daraus, dass mehrere – für sich allein genommen nicht ausschlaggebende – Kriterien erfüllt sind.[673] Eine Kumulation verschiedener eher unbedeutender Aspekte kann daher in der Gesamtheit zur Bejahung der Zwischenstaatlichkeit einer Verhaltensweise führen.

Von Bedeutung ist insofern zunächst, ob es sich bei den Teilnehmern der Vorversichereranfrage lediglich um deutsche Unternehmen oder auch um solche aus anderen EU-Mitgliedstaaten handelt. Der Europäische Gerichtshof hat es in seiner Entscheidung *Verband der Sachversicherer* für die Bejahung der Zwischenstaatlichkeit als ausreichend angesehen, dass Versicherungsunternehmen aus anderen Mitgliedsstaaten über deutsche Zweigniederlassungen auf dem deutschen Markt für Versicherungsdienstleistungen tätig sind.[674]

Auf den Versicherungsmärkten sind aufgrund der unterschiedlichen nationalen versicherungsvertraglichen, versicherungsaufsichtsrechtlichen und steuerrechtlichen Rahmenbedingungen typischerweise nur sehr wenige ausländische Versicherer direkt tätig.[675] Vielmehr findet der Marktzutritt ausländischer Versicherer häufig über Tochterunternehmen oder durch eine Fusion mit einem nationalen Versicherer statt.[676]

---

672 *EuGH,* Urt. v. 29.10.1980, verb. Rs. C-209 bis 215 und 218/78 (*van Landewyck),* Slg. 1980, 3125, Rn. 172 stellt darauf ab, ob eine Verhaltensweise geeignet ist, „die Handelsströme (…) aus der Richtung abzulenken, die sie andernfalls genommen hätten."

673 *EuGH,* Urt. v. 15.12.1994, Rs. C-250/92 (*DLG),* Slg. 1994, I-5641, Rn. 54; *EuGH,* Urt. v. 29.04.2004, Rs. C-359/01 P (*British Sugar),* Slg. 2004, I-4933, Rn. 27; *EuGH,* Urt. v. 13.07.2006, verb. Rs. C-295/04 bis C-298/04 (*Manfredi),* Slg. 2006, I-6619, Rn. 43.

674 *EuGH,* Urt. v. 27.01.1987, Rs. C-45/85 (*Verband der Sachversicherer),* Slg. 1987, 405, Rn. 48, 50. Siehe dazu *Rauh,* Versicherungsverbände und Kartellrecht (2013), S. 99 f.

675 *Wolgast,* Kreditwesen 2003, 42; *Rauh,* Versicherungsverbände und Kartellrecht (2013), S. 100. Vgl. auch Commission staff working document (VO 358/2003) SEC (2009) 364, 24.03.2009, Rn. 12. Eine Liste der Mitglieder des GDV findet sich http://www.gdv.de/mitglieder/ (Stand 29.09.2018).

676 *Wolgast,* Kreditwesen 2003, 42, 43; *Rauh,* Versicherungsverbände und Kartellrecht (2013), S. 100; vgl. auch Langen/Bunte/*Röhrig,* Syst. VIII Versicherungswirtschaft, Rn. 31.

In der Entscheidung *Manfredi* hat der Europäische Gerichtshof konkretisierend zur Möglichkeit der Beeinträchtigung des zwischenstaatlichen Handels auf dem Versicherungsmarkt Stellung genommen.[677] Dabei hat er seine Rechtsprechung in Sachen *Verband der Sachversicherer* dahingehend eingeschränkt, dass „die bloße Tatsache, dass an einem nationalen Kartell auch Wirtschaftsteilnehmer aus anderen Mitgliedstaaten beteiligt sind" nunmehr nur noch ein „wichtiges Merkmal im Rahmen der Sachverhaltswürdigung" sei, aber „für sich allein betrachtet noch nicht den Schluss zu[lasse], dass die Voraussetzung einer Beeinflussung des Handels zwischen Mitgliedstaaten erfüllt ist."[678] Andererseits könne daraus, dass ein Kartell nur den Markt auf einem einzelnen Mitgliedstaat betreffe, nicht auf ein Fehlen der Beeinträchtigung des zwischenstaatlichen Handels geschlossen werden.[679] Denn gerade in der auf das gesamte Gebiet eines Mitgliedstaates beschränkten Durchführung einer wettbewerbswidrigen Verhaltensweise, hat der Europäische Gerichtshof in der Vergangenheit einen wesentlichen Anhaltspunkt für das Vorliegen einer Beeinträchtigung des zwischenstaatlichen Handels gesehen.[680] Begründet hat er dies damit, dass ein Kartell, das sich auf die geografischen Grenzen eines Mitgliedstaates beschränke, „schon seinem Wesen nach die Wirkung [habe], die Abschottung der Märkte auf nationaler Ebene zu verfestigen, indem es die vom EG-Vertrag gewollte wirtschaftliche Verflechtung behindert"[681]. Dies widerspricht nach Ansicht des Gerichtshofs der Integrationsfunktion des Kartellverbots, indem es die gegenseitige wirtschaftliche Durchdringung der Märkte verhindert.[682] Dies

---

677 *EuGH,* Urt. v. 13.07.2006, verb. Rs. C-295/04 bis C-298/04 (*Manfredi),* Slg. 2006, I-6619, Rn. 40 ff. Siehe dazu *Rauh,* Versicherungsverbände und Kartellrecht (2013), S. 100 ff.

678 *EuGH,* Urt. v. 13.07.2006, verb. Rs. C-295/04 bis C-298/04 (*Manfredi),* Slg. 2006, I-6619, Rn. 44. Siehe auch *EuGH,* Urt. v. 23.11.2006, Rs. C-238/05 (*Asnef-Equifax),* Slg. 2006, I-11125, Rn. 36 zum Bankensektor.

679 *EuGH,* Urt. v. 13.07.2006, verb. Rs. C-295/04 bis C-298/04 (*Manfredi),* Slg. 2006, I-6619, Rn. 45.

680 *EuGH,* Urt. v. 23.11.2006, Rs. C-238/05 (*Asnef-Equifax),* Slg. 2006, I-11125, Rn. 37.

681 *EuGH,* Urt. v. 23.11.2006, Rs. C-238/05 (*Asnef-Equifax),* Slg. 2006, I-11125, Rn. 37. Vgl. auch *EuGH,* Urt. v. 17.10.1972, Rs. 8/72 (*Cementhandelaren),* Slg. 1972, 977, Rn. 28/30; *EuGH,* Urt. v. 19.02.2002, Rs. C-309/99 (*Wouters),* Slg. 2002, I-1577, § 95; *EuGH,* Urt. v. 13.07.2006, verb. Rs. C-295/04 bis C-298/04 (*Manfredi),* Slg. 2006, I-6619, Rn. 45.

682 *EuGH,* Urt. v. 17.10.1972, Rs. 8/72 (*Cementhandelaren),* Slg. 1972, 977, Rn. 28/30.

hat der Europäische Gerichtshof in *Manfredi* auch für Versicherungsmärkte bestätigt.[683]

Die Möglichkeit zur Beeinträchtigung des zwischenstaatlichen Handels soll dabei unabhängig davon vorliegen, ob es durch das betreffende Verhalten tatsächlich zu einem schlechteren Marktergebnis gekommen ist, als dies unter Wettbewerbsbedingungen der Fall gewesen wäre. Vielmehr soll es allein auf eine Ablenkung der Handelsströme ankommen, sodass eine Beeinträchtigung des zwischenstaatlichen Handels auch dann vorliegen soll, wenn die betreffende Maßnahme zu einer Ausweitung des Handelsvolumens geführt hat.[684]

Der Europäische Gerichtshof hat die Bejahung der Zwischenstaatlichkeit aufgrund der Erstreckung einer Absprache auf das gesamte Gebiet eines Mitgliedsstaates dabei nicht nur in Fällen von Preis- oder Mengenkartellen, sondern explizit auch für Fälle des Informationsaustauschs angenommen. So hat er in der Entscheidung *Asnef-Equifax*, die ein zentrales Register über die Zahlungsfähigkeit von Bankkunden zum Gegenstand hatte[685], in Bezug auf die Zwischenstaatlichkeit dieselben Maßstäbe angelegt und mögliche Auswirkungen auf den zwischenstaatlichen Handel für naheliegend erachtet, wenn sich ein Kartell auf das Gebiet eines gesamten Mitgliedsstaates erstreckt.[686] Im Ergebnis ließ der Europäische Gerichtshof in dieser Entscheidung die Frage der Zwischenstaatlichkeit zwar ausdrücklich offen.[687] Er gab jedoch den Hinweis, dass die Möglichkeit des Zugangs zum Register sowie die Voraussetzungen dieses Zugangs für die Entscheidung von Kreditinstituten aus anderen Mitgliedstaaten, im spanischen Markt tätig zu werden, von entscheidender Bedeutung sein können.[688] Insoweit sei jedoch nicht zu verlangen, dass die fragliche Verhaltensweise den innergemeinschaftlichen Handel tatsächlich spürbar beeinträchtige; vielmehr sei ausreichend, dass sie hierzu bloß geeignet sei.[689] Bei der Beurteilung sei daher der „vorhersehbaren Entwicklung der Wettbewerbsbedingungen und der Handelsströme zwischen Mitgliedstaaten Rechnung zu tragen."[690]

---

683 *EuGH,* Urt. v. 13.07.2006, verb. Rs. C-295/04 bis C-298/04 (*Manfredi),* Slg. 2006, I-6619, Rn. 45.

684 *EuGH,* Urt. v. 13.07.1966, verb. Rs. C-56/64 und 58/64 (*Consten und Grundig),* Slg. 1966, 322, 389; *EuGH,* Urt. v. 23.11.2006, Rs. C-238/05 (*Asnef-Equifax),* Slg. 2006, I-11125, Rn. 38.

685 Siehe zu der Entscheidung ausführlich unten S. 228 ff.

686 *EuGH,* Urt. v. 23.11.2006, Rs. C-238/05 (*Asnef-Equifax),* Slg. 2006, I-11125, Rn. 37.

687 *EuGH,* Urt. v. 23.11.2006, Rs. C-238/05 (*Asnef-Equifax),* Slg. 2006, I-11125, Rn. 39.

688 *EuGH,* Urt. v. 23.11.2006, Rs. C-238/05 (*Asnef-Equifax),* Slg. 2006, I-11125, Rn. 41 f.

689 *EuGH,* Urt. v. 23.11.2006, Rs. C-238/05 (*Asnef-Equifax),* Slg. 2006, I-11125, Rn. 43.

690 *EuGH,* Urt. v. 23.11.2006, Rs. C-238/05 (*Asnef-Equifax),* Slg. 2006, I-11125, Rn. 44.

Aufgrund der insgesamt weiten Auslegung des Merkmals der Zwischenstaatlichkeit durch den Europäischen Gerichtshof wird heute allgemein davon ausgegangen, dass es im Bereich der Versicherungswirtschaft kaum noch Kooperationsformen gibt, die nicht in den Anwendungsbereich des europäischen Kartellrechts fallen.[691] Etwas anderes soll allenfalls für Vereinbarungen mit rein regionalem Bezug gelten.[692]

Auch die Vorversichereranfrage bildet insoweit keine Ausnahme. Zum einen sind auf dem deutschen Versicherungsmarkt einige, wenn auch – aufgrund der Besonderheiten der Versicherungsmärkte[693] – nur wenige Versicherer aus anderen Mitgliedsstaaten tätig und beteiligen sich an der Vorversichereranfrage.[694] Zum anderen findet der Informationsaustausch im Rahmen von Vorversichereranfragen zwischen sämtlichen in Deutschland tätigen privaten Versicherern statt und ist auf das Gebiet der Bundesrepublik Deutschland beschränkt. Es handelt sich demnach um eine Praxis, die nach der Rechtsprechung des Europäischen Gerichtshofs grundsätzlich die Gefahr einer Marktabschottung birgt. Insofern ist insbesondere der Situation potentieller Wettbewerber aus anderen EU-Staaten Rechnung zu tragen. Für diese birgt das auf dem deutschen Versicherungsmarkt

---

691 MüKoEuWettbR/*Esser/Stappert,* SB Versicherungswirtschaft, Rn. 1a; *Stappert/Esser-Wellié,* EuZW 2006, 758, Rn. 759; *Herrmann,* in: Bruck/Möller, Einführung B, Rn. 2 f.; Prölss (11. Aufl., 1997)/*Kollhosser,* Anh. II zu § 81 VAG, Rn. 8; *Kirscht,* Versicherungskartellrecht (2003), S. 21; *Pohlmann/Orlikowski-Wolf,* VersR 2005, 171, 174; *Meyer-Lindemann,* Das Versicherungskartellrecht in Deutschland nach der 7. GWB-Novelle (2006), S. 5; *Dreher/Hoffmann/Kling,* Kartell- und Wettbewerbsrecht der Versicherungsunternehmen (2015), § 3, Rn. 2, § 7, Rn. 8; Langen/Bunte/*Röhrig,* Syst. VIII Versicherungswirtschaft, Rn. 31; *Rauh,* Versicherungsverbände und Kartellrecht (2013), Rn. 98 m.w.Nw. Auch die deutsche Bundesregierung ging im Rahmen der 7. GWB-Novelle davon aus, dass Vereinbarungen, Beschlüsse und abgestimmte Verhaltensweisen im Bereich der Kredit- und Versicherungswirtschaft in der Regel zwischenstaatliche Auswirkungen haben, sodass sie allein nach dem europäischen Kartellverbot zu beurteilen sind (Regierungsentwurf zur 7. GWB Novelle, BT-Drucks. 15/3640, 48 f.).

692 Langen/Bunte/*Röhrig,* Syst. VIII Versicherungswirtschaft, Rn. 31; *Rauh,* Versicherungsverbände und Kartellrecht (2013), S. 99; *Dreher,* VersR 2004, 1, Rn. 3; *Dreher/Hoffmann/Kling,* Kartell- und Wettbewerbsrecht der Versicherungsunternehmen (2015), § 3, Rn. 2, § 7, Rn. 8. A.A. *Herrmann,* in: Bruck/Möller, Einführung B, Rn. 3, der auch bei regionalen Sachverhalten die Zwischenstaatlichkeitsklausel aufgrund der „europäischen Verflechtung der Versicherungswirtschaft" regelmäßig als erfüllt ansieht.

693 Siehe dazu oben S. 158.

694 *Heyers,* Facilitating Practices, S. 423.

etablierte Informationssystem die Gefahr von Wettbewerbsnachteilen gegenüber den bereits in Deutschland tätigen Versicherern. Ohne den Zugang zum Informationssystem der hiesigen Versicherer hätten neue Marktteilnehmer gegenüber den etablierten einen Informationsnachteil bezüglich der Risikodaten, der es ihnen unter Umständen unmöglich macht, die Prämien für neu zu gewinnende Kunden entsprechend an das individuelle Risiko der Antragsteller anzupassen. Das kann dazu führen, dass neu in den Markt eintretende Unternehmen nicht in der Lage sind, Versicherungswechslern[695] – insbesondere solchen mit einem geringen individuellen Risiko – wettbewerbsfähige Angebote zu unterbreiten. Gleichzeitig liefen neue Marktteilnehmer Gefahr, schlechte Risiken nicht erkennen zu können. Ohne Zugang zum System der Vorversichereranfrage wäre Versicherern aus anderen EU-Staaten der Markteintritt daher deutlich erschwert.

Da insoweit nicht erforderlich ist, dass der zwischenstaatliche Handel tatsächlich beeinträchtigt ist, kann dahinstehen, ob neuen Versicherern der Zugang zum Informationsaustausch derzeit ermöglicht wird. Denn jedenfalls eignet sich das System der Vorversichereranfrage zu einer entsprechenden Beeinträchtigung des zwischenstaatlichen Handels.[696]

2. *Spürbarkeit der Handelsbeeinträchtigung*

Die mögliche Beeinträchtigung des zwischenstaatlichen Handels muss darüber hinaus auch „spürbar" sein. Durch das Kriterium der Spürbarkeit der Handelsbeeinträchtigung soll die Anwendung des europäischen Kartellverbots auf solche Verhaltensweisen beschränkt werden, die geeignet sind, die Verwirklichung eines gemeinsamen Binnenmarktes zu beeinflussen.[697]

Die Spürbarkeit der Handelsbeeinträchtigung im Rahmen der Zwischenstaatlichkeit ist von der Spürbarkeit der Wettbewerbsbeschränkung zu unterscheiden, die eine Bagatellgrenze für in ihren Auswirkungen lediglich geringfügige

695 Auf die Neukunden kommt es hier nicht an, weil über diese noch keine Informationen bei den Versicherern gespeichert sind, von denen die in Deutschland tätigen Versicherer im Wege der einzelfallbezogenen Informationsweitergabe Kenntnis erlangen könnten. Der Informationsvorsprung kann sich daher nur bei der Akquise solcher Kunden auswirken, die zuvor schon einen Versicherungsvertrag abgeschlossen hatten.

696 Vgl. zum (allein) erforderlichen Nachweise der Eignung zu Beeinträchtigung des zwischenstaatlichen Handels *EuGH,* Urt. v. 01.02.1978, Rs. C-19/77 (*Miller),* Slg. 1978, 131, Rn. 15; *EuGH,* Urt. v. 17.07.1997, Rs. C-219/95 P (*Ferriere Nord),* Slg. 1997, I-4411, Rn. 19.

697 Immenga/Mestmäcker/*Zimmer,* Art. 101 Abs. 1 AEUV, Rn. 204.

Wettbewerbsbeschränkungen darstellt.[698] Behandelte die Europäische Kommission im Rahmen ihrer Bagatellbekanntmachung aus dem Jahr 1997[699] noch beide Spürbarkeitsbegriffe gemeinsam, trennt sie heute strikt zwischen der Spürbarkeit der Handelsbeeinträchtigung, die sie im Rahmen der Leitlinien über den Begriff der Beeinträchtigung des zwischenstaatlichen Handels behandelt[700], und der Spürbarkeit der Wettbewerbsbeschränkung, zu deren Beurteilung sie 2014 eine neue De minimis-Bekanntmachung erlassen hat[701]. Auch der Europäische Gerichtshof prüft die Spürbarkeit der Wettbewerbsbeschränkung gesondert.[702]

Für die Beurteilung der Spürbarkeit berücksichtigen die Gemeinschaftsorgane neben quantitativen auch qualitative Aspekte.[703] Die Europäische Kommission stellt in ihren Leitlinien über den Begriff der Beeinträchtigung des zwischenstaatlichen Handels aber jedenfalls eine widerlegliche Vermutung für die Spürbarkeit solcher Verhaltensweisen auf, die ihrem Wesen nach geeignet sind, den zwischenstaatlichen Handel zu beeinträchtigen, wenn der kumulierte Umsatz der an einer Verhaltensweise beteiligten Unternehmen 40 Mio. Euro im Geschäftsjahr übersteigt.[704] Als ihrem Wesen nach zur Beeinträchtigung des

698 Siehe dazu unten S. 293 f. Zur Abgrenzung zwischen den beiden Spürbarkeitsbegriffen siehe *Europäische Kommission,* Bekanntmachung über Vereinbarungen von geringer Bedeutung, die im Sinne des Artikels101 Absatz 1 des Vertrags über die Arbeitsweise der Europäischen Union den Wettbewerb nicht spürbar beschränken (im Folgenden: De minimis-Bekanntmachung), ABl. Nr. C 291 v. 30.08.2014, S. 1, Rn. 3; Immenga/Mestmäcker/*Zimmer,* Art. 101 Abs. 1 AEUV, Rn. 204 f; *Mestmäcker/Schweitzer,* Europäisches Wettbewerbsrecht (2014), § 11, Rn. 70 ff., § 5 Rn. 33, 36; *Rittner/Dreher,* Europäisches und deutsches Wirtschaftsrecht (2008), § 16, Rn. 24, 56.

699 *Europäische Kommission,* Bekanntmachung über Vereinbarungen von geringer Bedeutung, die nicht unter Artikel 85 Absatz 1 des Vertrags zur Gründung der Europäischen Gemeinschaft fallen (im Folgenden: Bagatellbekanntmachung 1997), ABl. Nr. C 372 v. 09.12.1997, S. 13.

700 *Europäische Kommission,* Leitlinien über den Begriff der Beeinträchtigung des zwischenstaatlichen Handels, ABl. Nr. C 101 v. 27.04.2004, S. 81.

701 *Europäische Kommission,* De minimis-Bekanntmachung, ABl. Nr. C 291 v. 30.08.2014, S. 1.

702 *EuGH,* Urt. v. 23.11.2006, Rs. C-238/05 (*Asnef-Equifax),* Slg. 2006, I-11125, 35 und 50.

703 Siehe dazu zusammenfassend Immenga/Mestmäcker/*Zimmer,* Art. 101 Abs. 1 AEUV, Rn. 205 ff. m.w.Nw.

704 *Europäische Kommission,* Leitlinien über den Begriff der Beeinträchtigung des zwischenstaatlichen Handels, ABl. Nr. C 101 v. 27.04.2004, S. 81, Rn. 53 f. Darüber hinaus könne häufig davon ausgegangen werden, dass die Wirkungen einer Vereinbarung spürbar seien, wenn der gemeinsame Marktanteil der an ihr beteiligten Unternehmen auf einem von der Vereinbarung betroffenen relevanten Markt 5 % übersteigt (ebd.).

zwischenstaatlichen Handels geeignet sieht der EuGH insbesondere solche Verhaltensweisen an, die sich – wie die Vorversichereranfrage – auf das gesamte Gebiet eines Mitgliedsstaates erstrecken.[705]

Im Bereich der Versicherungswirtschaft insgesamt dürfte das Spürbarkeitskriterium aufgrund der hohen Umsätze von Versicherungsunternehmen[706] in der Regel erfüllt sein.[707] Vorliegend nehmen alle auf dem deutschen Markt tätigen Versicherungsunternehmen an dem System der Vorversichereranfrage teil und die von der Kommission aufgestellte Umsatzschwelle von 40 Mio. Euro wird bei Weitem übertroffen. Das Kriterium der Spürbarkeit der Handelsbeeinträchtigung ist daher erfüllt und die Vorversichereranfrage ist somit geeignet, den zwischenstaatlichen Handel nicht nur geringfügig zu beeinträchtigen.

IV. Wettbewerbsbeschränkung

Als zentrales Tatbestandmerkmal verlangt Art. 101 Abs. 1 AEUV eine durch den Beschluss, die Vereinbarung oder die abgestimmte Verhaltensweise bezweckte oder bewirkte Verhinderung, Einschränkung oder Verfälschung des Wettbewerbs innerhalb des Binnenmarktes. Alle drei Tatbestandsalternativen sind gleichwertig und vom Gesetz gleichgestellt, sodass die Gemeinschaftsgerichte und auch die Literatur kaum zwischen den Begriffen der Verhinderung, Einschränkung und Verfälschung differenzieren, sondern in der Regel allgemein auf das Vorliegen einer Wettbewerbsbeschränkung abstellen.[708]

---

705 *EuGH,* Urt. v. 19.02.2002, Rs. C-309/99 (*Wouters),* Slg. 2002, I-1577, Rn. 95; *EuGH,* Urt. v. 18.07.2013, Rs. C-136/12 (*Consiglio nazionale dei geologi),* (noch nicht in amtl. Slg.), Rn. 50.

706 Die gesamten Beiträge im Bereich der Erstversicherung beliefen sich in Deutschland im Jahr 2016 nach einer vorläufigen Angabe auf EUR 194,309 Mrd. Allein im Bereich der Schaden- und Unfallversicherung betrug das Volumen EUR 66,296 Mrd. (*Gesamtverband der Deutschen Versicherungswirtschaft e. V.,* Statistisches Taschenbuch der Versicherungswirtschaft 2017 (2017), Tabelle 1).

707 *Kirscht,* Versicherungskartellrecht (2003), S. 21. In Bezug auf Verbandsempfehlungen von Versicherungsverbänden *Rauh,* Versicherungsverbände und Kartellrecht (2013), S. 104.

708 *EuGH,* Urt. v. 25.10.1977, Rs. C-26/76 (*Metro),* Slg. 1977, 1875, Rn. 27, 37; *EuGH,* Urt. v. 28.01.1986, Rs. C-161/84 (*Pronuptia),* Slg. 1986, 353, Rn. 16 f. Vgl. auch *Mestmäcker/Schweitzer,* Europäisches Wettbewerbsrecht (2014), § 11, Rn. 1; *Roth/Ackermann,* in: FK, Grundfragen Art. 81 Abs. 1 EG, Rn. 234.

1. *Marktabgrenzung*

Um festzustellen, ob der Wettbewerb durch die betreffende Verhaltensweise beschränkt wird, muss zunächst der relevante Markt als der Rahmen festgelegt werden, innerhalb dessen der auf eine Beschränkung zu untersuchende Wettbewerb stattfindet.[709] Die Marktabgrenzung dient im Rahmen von Art. 101 Abs. 1 AEUV damit lediglich der Feststellung der Wettbewerbsbeschränkung sowie der Spürbarkeit.[710]

Der Wettbewerb, dem ein Unternehmen ausgesetzt ist, lässt sich untersuchen, indem man zunächst ermittelt, welche anderen Unternehmen in der Lage sind, wettbewerblichen Druck auf das fragliche Unternehmen auszuüben.[711] In einem nächsten Schritt können dann die Marktanteile der verschiedenen Wettbewerber auf dem gefundenen relevanten Markt ermittelt und so Aussagen über die Marktstellung einzelner Unternehmen getroffen werden.[712] Der Marktabgrenzung kommt daher insbesondere im Rahmen der Fusionskontrolle und der Untersuchung des Missbrauchs einer marktbeherrschenden Stellung Bedeutung zu.[713] Doch auch bei der Prüfung eines Verstoßes gegen das Kartellverbot ist eine Marktabgrenzung erforderlich.[714]

Der relevante Markt ist grundsätzlich in sachlicher, räumlicher und gegebenenfalls auch in zeitlicher Hinsicht abzugrenzen.[715] Die zeitliche Marktabgrenzung

---

709 Vgl. *Europäische Kommission,* Bekanntmachung der Kommission über die Definition des relevanten Marktes im Sinne des Wettbewerbsrechts der Gemeinschaft (im Folgenden: Bekanntmachung relevanter Markt), ABl. Nr. C 372 v. 09.12.1997, S. 5, Rn. 2; *Europäische Kommission,* Leitlinien zur Anwendung von Artikel 81 Absatz 3 EG-Vertrag, ABl. Nr. C 101 v. 27.04.2004, S. 97, Rn. 27; *EuG,* Urt. v. 10.03.1992, verb. Rs. T-68/89, 77/89 und 78/89 *(SIV),* Slg. 1992, II-1403, Rn. 159.

710 *EuG,* Urt. v. 24.05.2012, Rs. T-111/08 *(MasterCard),* (noch nicht in amtl. Slg.), Rn. 171. Vgl. auch *Roth/Ackermann,* in: FK, Grundfragen Art. 81 Abs. 1 EG, Rn. 365.

711 *Europäische Kommission,* Bekanntmachung relevanter Markt, ABl. Nr. C 372 v. 09.12.1997, S. 5, Rn. 2.

712 *Europäische Kommission,* Bekanntmachung relevanter Markt, ABl. Nr. C 372 v. 09.12.1997, S. 5, Rn. 2. Vgl. dazu auch *Schwalbe/Zimmer,* Kartellrecht und Ökonomie (2011), S. 72 f.

713 Vgl. Langen/Bunte/*Hengst,* Artikel 101 AEUV, Rn. 255; Dauses/Ludwigs/*Emmerich,* H. I. § 2, Rn. 78. Zum deutschen Kartellrecht vergleiche *Bechtold,* in: FS von Gamm (1990), S. 537, 537.

714 *EuGH,* Urt. v. 28.02.1991, Rs. C-234/89 *(Delimitis),* Slg. 1991, I-935, Rn. 16.

715 Zur Bedeutung der Marktabgrenzung siehe *Roth/Ackermann,* in: FK, Grundfragen Art. 81 Abs. 1 EG, Rn. 365 ff.; Langen/Bunte/*Bulst,* Artikel 102 AEUV, Rn. 38.

spielt jedoch bei Versicherungen keine Rolle, weil Versicherungsprodukte in der Regel nicht nur zeitlich begrenzt angeboten werden.[716]

Aufgrund von Besonderheiten des Produkts Versicherung einerseits sowie der Versicherungsmärkte andererseits, auf die im Folgenden näher eingegangen wird, ist die Abgrenzung der relevanten Märkte im Bereich der Versicherungen mit besonderen Schwierigkeiten verbunden.[717]

a. Sachlich relevanter Markt

Naheliegend ist zunächst die Überlegung, den relevanten Markt in sachlicher Hinsicht entsprechend den Versicherungssparten abzugrenzen, in deren Rahmen der einzelfallbezogene Informationsaustausch zwischen den Versicherungsunternehmen stattfindet.

aa. Terminologie

Dabei tritt zunächst ein terminologisches Problem auf, denn die Begriffe *Versicherungsart*, *Versicherungszweig* und *Versicherungssparte* werden sowohl in den Gesetzestexten als auch in Literatur und Praxis mit unterschiedlichen Bedeutungen verwandt. Den weiteren Ausführungen sollen die folgenden Definitionen zugrunde liegen.

Bei einer *Versicherungsart* handelt es sich um den speziellen Versicherungstyp, beispielsweise um eine Krankheitskostenversicherung oder eine Krankentagegeldversicherung.[718] Beispiele aus dem vorliegend relevanten Bereich der Sachversicherung wären etwa die Kfz-Haftpflichtversicherung und die Kfz-Kaskoversicherung. Eine Versicherungsart bestimmt sich nach der Art des versicherten Gegenstands, der Versicherungsleistung oder den unterschiedlichen gedeckten Gefahren[719], wobei der Grad der Differenzierung variiert[720].

---

716 *Dreher/Hoffmann/Kling*, Kartell- und Wettbewerbsrecht der Versicherungsunternehmen (2015), § 5, Rn. 8.

717 *Dreher/Hoffmann/Kling*, Kartell- und Wettbewerbsrecht der Versicherungsunternehmen (2015), § 5, Rn. 1.

718 *Wandt*, 1. Kapitel, in: Halm/Engelbrecht/Krahe (Hrsg.), Handbuch des Fachanwalts Versicherungsrecht (2018), Rn. 30; *Ders.*, Versicherungsrecht (2010), Rn. 27 ff. Vgl. auch *Farny*, Versicherungsbetriebslehre (2011), S. 370; *Koch/Weiss*, Gabler Versicherungslexikon (1994), „Versicherungszweig“, S. 960.

719 *Koch*, Versicherungsformen, in: Farny (Hrsg.), Handwörterbuch der Versicherung (1988), S. 1025, 1025; *Ders.*, Versicherungszweige, System und übrige Sparten, in: Farny (Hrsg.), Handwörterbuch der Versicherung (1988), S. 1251, 917.

720 Vgl. *Wandt*, 1. Kapitel, in: Halm/Engelbrecht/Krahe (Hrsg.), Handbuch des Fachanwalts Versicherungsrecht (2018), Rn. 30; *Ders.*, Versicherungsrecht (2010), Rn. 28. Der

Diesen Versicherungsarten übergeordnet sind die *Versicherungszweige* bzw. *Versicherungssparten.*[721] Sie fassen mehrere verwandte Versicherungsarten zusammen.[722] So werden beispielsweise im Rahmen der Versicherungssparte „Krankenversicherung“ die Krankheitskostenversicherung und die Krankentagegeldversicherung zusammengefasst.[723] Die Kfz-Haftpflichtversicherung und die Kfz-Kaskoversicherung gehören der Versicherungssparte der Kfz-Versicherungen an.

Innerhalb einer *Versicherungsbranche* werden wiederum mehrere Versicherungssparten mit einem gleichen Merkmal zusammengefasst (z.B. Personen- oder Sachversicherungen).[724]

bb. Marktabgrenzung unter Berücksichtigung besonderer versicherungsrechtlicher Regelungen

In der Literatur wird aufgrund der Besonderheiten der Versicherungsmärkte eine Bestimmung des sachlich relevanten Marktes im Rahmen des Versicherungskartellrechts anhand der in einigen versicherungskartellrechtlichen oder versicherungsaufsichtsrechtlichen Regelungen enthaltenen Einteilung der verschiedenen Risiken in Versicherungssparten diskutiert.[725]

Begriff der *Versicherungsform* wird teils synonym zu demjenigen der *Versicherungsart* verwandt (*Wandt,* 1. Kapitel, in: Halm/Engelbrecht/Krahe (Hrsg.), Handbuch des Fachanwalts Versicherungsrecht (2018), Rn. 30; *Ders.,* Versicherungsrecht (2010), Rn. 28). Zum Teil werden *Versicherungsformen* aber auch nach dem Umfang der dem Versicherungsnehmer zustehenden Leistungen eingeteilt (*Koch,* Versicherungsformen, in: Farny (Hrsg.), Handwörterbuch der Versicherung (1988), S. 1025; *Farny,* Versicherungsbetriebslehre (2011), S. 370, 396 ff.).

721 Die Begriffe werden auch im Folgenden synonym verwandt.

722 *Wandt,* 1. Kapitel, in: Halm/Engelbrecht/Krahe (Hrsg.), Handbuch des Fachanwalts Versicherungsrecht (2018), Rn. 32; *Ders.,* Versicherungsrecht (2010), Rn. 29; *Koch,* Versicherungszweige, System und übrige Sparten, in: Farny (Hrsg.), Handwörterbuch der Versicherung (1988), S. 1251, 1251; *Farny,* Versicherungsbetriebslehre (2011), S. 370.

723 *Wandt,* 1. Kapitel, in: Halm/Engelbrecht/Krahe (Hrsg.), Handbuch des Fachanwalts Versicherungsrecht (2018), Rn. 32; *Ders.,* Versicherungsrecht (2010), Rn. 29.

724 *Farny,* Versicherungsbetriebslehre (2011), S. 370.

725 Vgl. *Kreiling,* Versicherungsgemeinschaften im europäischen Kartellrecht (1999), S. 112 ff.; *Görner,* ZVersWiss 2005, 739; MüKoEuWettbR/*Esser/Stappert,* SB Versicherungswirtschaft, Rn. 185; *Dreher/Hoffmann/Kling,* Kartell- und Wettbewerbsrecht der Versicherungsunternehmen (2015), § 5, Rn. 11 ff.

(1) Die Gruppenfreistellungsverordnungen

Anhaltspunkte für die Abgrenzung des relevanten Marktes im Bereich der Versicherungen könnten sich demnach zunächst aus den bisherigen drei Gruppenfreistellungsverordnungen zur Versicherungswirtschaft ergeben. Die erste Gruppenfreistellungsverordnung Versicherungswirtschaft aus dem Jahr 1992[726] sprach im Zusammenhang mit den für die Freistellung maßgeblichen Marktanteilsschwellen von Märkten „für identische oder – im Hinblick auf die gedeckten Risiken und angebotenen Leistungen – vergleichbare Versicherungsprodukte".[727] Diese Formulierung wurde nachfolgend auch vom Bundeskartellamt fast wörtlich übernommen.[728] Ob ihr Anhaltspunkte für die Marktabgrenzung entnommen werden können, die über das hinausgehen, was im Rahmen der allgemeinen Kriterien der Marktabgrenzung zu ermitteln ist[729], erscheint zweifelhaft, kann hier aber dahinstehen. Denn ein solcher Hinweis auf Reichweite und Abgrenzung des sachlich relevanten Marktes war schon in der nachfolgenden Gruppenfreistellungsverordnung aus dem Jahr 2003[730] nicht mehr enthalten. Auch die letzte, inzwischen außer Kraft getretene Gruppenfreistellungsverordnung aus dem Jahr 2010 enthielt keine Aussage hierzu. Das Außerkrafttreten der Gruppenfreistellungsverordnung aus dem Jahr 1992 führte jedenfalls dazu, dass der in ihr enthaltene Hinweis zur Reichweite des relevanten Marktes heute keine Wirkung mehr entfaltet.

---

726 *Europäische Kommission,* Verordnung (EWG) Nr. 3932/92 der Kommission vom 21. Dezember 1992 über die Anwendung von Artikel 85 Absatz 3 EWG-Vertrag auf bestimmte Gruppen von Vereinbarungen, Beschlüssen und aufeinander abgestimmten Verhaltensweisen im Bereich der Versicherungswirtschaft (im Folgenden: GVO Versicherungswirtschaft (1992)), ABl. Nr. L 389 v. 31.12.1992, S. 7.

727 *Europäische Kommission,* GVO Versicherungswirtschaft (1992), ABl. Nr. L 389 v. 31.12.1992, S. 7, Art. 11; vgl. dazu *Brinker/Schädle*, VersR 2003, 1475, 1480.

728 *Bundeskartellamt,* TB 1999/2000, S. 169: „Die GVO Versicherungen stellt nicht nur auf identische, sondern auch auf – im Hinblick auf die Risiken – vergleichbare Versicherungsprodukte ab".

729 Zu den allgemeinen Kriterien der Marktabgrenzung siehe unten S. 173 ff.

730 *Europäische Kommission,* Verordnung (EG) Nr. 358/2003 der Kommission vom 27. Februar 2003 über die Anwendung von Artikel 81 Absatz 3 EG-Vertrag auf bestimmte Gruppen von Vereinbarungen, Beschlüssen und aufeinander abgestimmten Verhaltensweisen im Versicherungssektor (im Folgenden: GVO Versicherungswirtschaft (2003)), ABl. Nr. L 53 v. 28.02.2003, S. 8.

(2) Die Solvency II-Richtlinie

Anhang I der Solvency II-Richtlinie[731] enthält eine Einteilung der Risiken nach Versicherungszweigen, die fast vollständig derjenigen in Anhang A der ersten Schadenversicherungsrichtlinie vom 24. Juli 1973[732] entspricht.[733] In ihr werden etwa im Rahmen der Sparte „Unfall" einmalige Leistungen, wiederkehrende Leistungen, kombinierte Leistungen und Personenbeförderung zusammengefasst. Daneben gibt es beispielsweise die Sparten „Haftpflicht für Landfahrzeuge mit eigenem Antrieb", „Luftfahrzeughaftpflicht" und „See-, Binnensee- und Flussschifffahrtshaftpflicht" sowie eine Sparte „Allgemeine Haftpflicht", die „[a]lle sonstigen Haftpflichtfälle, die nicht unter die Nummern 10, 11 und 12 fallen"[734] enthält.

Gegen eine Übernahme der „Einteilung der Risiken" aus der Solvency II-Richtlinie in die kartellrechtliche Abgrenzung des sachlich relevanten Marktes spricht jedoch der Zweck, der dem Anhang dieser Richtlinie zugrunde liegt. Die Einteilung in Versicherungszweige dient allein aufsichtsrechtlichen Zwecken wie etwa den Regelungen über die Zulassung (Art. 15 Solvency II-Richtlinie). Der dritte Erwägungsgrund zur ersten Schadenversicherungsrichtlinie statuierte insoweit eindeutig: „Eine Einteilung der Risiken nach Versicherungszweigen ist insbesondere erforderlich, um die Tätigkeiten, die Gegenstand der vorgeschriebenen Zulassung sind, um die Höhe des Mindestgarantiefonds, die sich nach dem jeweils betriebenen Versicherungszweig richtet, zu bestimmen." Die in Anhang A zur ersten Schadenversicherungsrichtlinie vorgenommene Einteilung dient also der Bestimmung von Zulassungs- und Eigenkapitalanforderungen an

---

731 Richtlinie 2009/138/EG des europäischen Parlamentes und des Rates vom 25. November 2009 betreffend die Aufnahme und Ausübung der Versicherungs- und der Rückversicherungstätigkeit (Solvabilität II), ABl. Nr. L 335 v. 17.12.2009, 1.

732 Erste Richtlinie des Rates vom 24. Juli 1973 zur Koordinierung der Rechts- und Verwaltungsvorschriften betreffend die Aufnahme und Ausübung der Tätigkeit der Direktversicherung (mit Ausnahme der Lebensversicherung) (73/239/EWG), ABl. Nr. L 228 v. 16.08.1973, 3, S. 17.

733 Die Solvency II-Richtlinie ersetzt insoweit seit dem 01.11.2012 die erste Schadenversicherungsrichtlinie (vgl. Richtlinie 2009/138/EG des europäischen Parlamentes und des Rates vom 25. November 2009 betreffend die Aufnahme und Ausübung der Versicherungs- und der Rückversicherungstätigkeit (Solvabilität II), ABl. Nr. L 335 v. 17.12.2009, 1, Erwägungsgrund 1, Art. 310).

734 Erste Richtlinie des Rates vom 24. Juli 1973 zur Koordinierung der Rechts- und Verwaltungsvorschriften betreffend die Aufnahme und Ausübung der Tätigkeit der Direktversicherung (mit Ausnahme der Lebensversicherung) (73/239/EWG), ABl. Nr. L 228 v. 16.08.1973, 3, S. 18.

die Versicherungsunternehmen, nicht dagegen der Bestimmung der Zugehörigkeit der betreffenden Versicherungsprodukte zu einem sachlich relevanten Markt im Sinne des Kartellrechts.[735] Bei der sachlichen Marktabgrenzung kommt es dagegen nicht auf die Zulassungsanforderungen oder den Eigenkapitalbedarf im Zusammenhang mit den verschiedenen Produkten an. Relevant ist vielmehr die Frage, ob die betreffenden Produkte miteinander im Wettbewerb stehen.[736]

Auch die Europäische Kommission hat in ihrem Bericht über die Anwendung der VO Nr. 3932/92 vom 12.05.1999 für die Beurteilung von Mitversicherungsgemeinschaften bzw. Mitrückversicherungsgemeinschaften festgestellt, dass für die sachgemäße Definition des relevanten Marktes nicht auf die sich aus der ersten Schadenversicherungsrichtlinie ergebende Einteilung der Risiken nach Versicherungszweigen zurückgegriffen werden kann, weil „diese Zweige nicht zwangsläufig der Auffassung von einem sachlich relevanten Markt entsprechen".[737] Eine Übernahme der Einordnung der ersten Schadenversicherungsrichtlinie würde im Ergebnis dazu führen, dass die sachlichen Märkte deutlich zu weit gefasst wären.[738]

---

735 *Dreher/Hoffmann/Kling,* Kartell- und Wettbewerbsrecht der Versicherungsunternehmen (2015), § 7, Rn. 14 f.; *Dreher,* Stand und Perspektiven des europäischen Kartellrechts für Versicherungsunternehmen, in: DVS Deutscher Versicherungsschutzverband e.V. (Hrsg.), Zukunft der Wirtschaft – Versicherung der Zukunft (2001), S. 83, 86 f.

736 *Europäische Kommission,* Bekanntmachung relevanter Markt, ABl. Nr. C 372 v. 09.12.1997, S. 5, Rn. 2.

737 *Europäische Kommission,* Bericht an das Europäische Parlament und den Rat über die Anwendung der Verordnung Nr. 3932/92, 12.05.1999, Rn. 28 unter a).

738 Vgl. *Kreiling,* Versicherungsgemeinschaften im europäischen Kartellrecht (1999), S. 113, der als Beispiel anführt, dass nach der Einteilung in Anhang A zur ersten Schadenversicherungsrichtlinie die Umwelthaftpflichtversicherung einen gemeinsamen sachlich relevanten Markt mit der Haftpflichtversicherung für das Baugewerbe bilden würde, weil beide unter den Punkt „13. *Allgemeine Haftpflicht*" fallen (Erste Richtlinie des Rates vom 24. Juli 1973 zur Koordinierung der Rechts- und Verwaltungsvorschriften betreffend die Aufnahme und Ausübung der Tätigkeit der Direktversicherung (mit Ausnahme der Lebensversicherung) (73/239/EWG), ABl. Nr. L 228 v. 16.08.1973, 3, S. 18). Unter Berücksichtigung des allgemeinen Marktabgrenzungskriteriums der Nachfragesubstituierung (siehe dazu unten S. 186 ff.) handelt es sich hierbei schwerlich um einen einzigen Markt, denn ein Nachfrager würde wohl kaum eine Umwelthaftpflichtversicherung durch eine Haftpflichtversicherung für das Baugewerbe ersetzen wollen. Siehe auch *Vernimmen,* VW 1993, 559, 561.

Nichts anderes gilt für die Einteilung in der Solvency II-Richtlinie, auch sie ist nicht zur kartellrechtlichen Marktabgrenzung geeignet.[739]

(3) Anlage A zum VAG

Die in der Anlage A zum Gesetz über die Beaufsichtigung der Versicherungsunternehmen (VAG) enthaltene Einteilung in Versicherungssparten beruht auf derjenigen aus Anhang A zur ersten Schadenversicherungsrichtlinie.[740] Für sie gilt folglich das Gleiche; die in ihr festgelegten Versicherungssparten sind ebenfalls zu weit gefasst und können daher nicht ohne weiteres auf die Abgrenzung des sachlich relevanten Marktes im Sinne des Kartellrechts übertragen werden.[741]

(4) Anlage 1 Abschnitt C zur Verordnung über die Berichterstattung von Versicherungsunternehmen gegenüber der Bundesanstalt für Finanzdienstleistungsaufsicht

Auch Anlage 1 Abschnitt C zur Verordnung über die Berichterstattung von Versicherungsunternehmen gegenüber der Bundesanstalt für Finanzdienstleistungsaufsicht (Versicherungsberichterstattungs-Verordnung – BerVersV)[742] enthält eine Klassifizierung von Versicherungen in verschiedene Sparten.[743] Diese ist schon deutlich differenzierter als die Einteilung im Rahmen der ersten

---

739 MüKoEuWettbR/*Esser/Stappert*, SB Versicherungswirtschaft, Rn. 185; Immenga/Mestmäcker/*Ellger*, Art. 6 Vers-GVO, Rn. 12; *Dreher/Hoffmann/Kling*, Kartell- und Wettbewerbsrecht der Versicherungsunternehmen (2015), § 7, Rn. 14.

740 *Dreher/Hoffmann/Kling*, Kartell- und Wettbewerbsrecht der Versicherungsunternehmen (2015), § 7, Rn. 15; *Görner*, ZVersWiss 2005, 739, 743. Siehe dazu oben S. 169 ff.

741 *Fürstenwerth*, WM 1994, 365, 371; *Kreiling*, Versicherungsgemeinschaften im europäischen Kartellrecht (1999), S. 113; GK/*Hootz*, Artikel 7 VO Nr. 358/2003, Rn. 4; *Dreher/Hoffmann/Kling*, Kartell- und Wettbewerbsrecht der Versicherungsunternehmen (2015), § 5, Rn. 15.

742 Versicherungsberichterstattungs-Verordnung vom 29. März 2006 (BGBl. I S. 622), die zuletzt durch Artikel 1 der Verordnung vom 16. Dezember 2013 (BGBl. I S. 4353) geändert worden ist.

743 Anlage 1 Abschnitt C zur Verordnung über die Berichterstattung von Versicherungsunternehmen gegenüber der Bundesanstalt für Finanzdienstleistungsaufsicht ist weitgehend identisch mit Anlage 1 Abschnitt C zur Verordnung über die Berichterstattung von Versicherungsunternehmen gegenüber dem Bundesaufsichtsamt für das Versicherungswesen vom 14.06.1995, die der heute gültigen BerVersV voranging. Einzig der in Anlage 1 Abschnitt C BerVersV von 2006 eingefügte Versicherungszweig „Sonstige Sachversicherungen“ (Versicherungszweig Kennzahl 28) war in der Vorgängerverordnung noch nicht enthalten.

Schadenversicherungsrichtlinie bzw. der Anlage A zum VAG. Legt man vorliegend die Anlage 1 Abschnitt C zur Versicherungsberichterstattungs-Verordnung zugrunde, so stellen die von der Vorversichereranfrage betroffenen Sach-, Kraftfahrt-, Haftpflicht-, Unfall- und Rechtsschutzversicherungen jeweils eigene Versicherungssparten dar.

Dennoch kann sich diese Einteilung in einigen Fällen, insbesondere im Rahmen der Mitversicherung spezieller Risiken, noch immer als zu grob erweisen.[744] Auch unter dem Gesichtspunkt des Anlage 1 Abschnitt C zur Versicherungsberichterstattungs-Verordnung zugrundeliegenden Zwecks erscheint eine generelle Übernahme der in ihr getroffenen Einteilung nicht zweckmäßig, denn diese dient, ebenso wie die beiden oben genannten Einteilungen, ausschließlich versicherungsaufsichtsrechtlichen Zwecken.[745] Bei der Einteilung waren somit andere als die für die sachliche Marktabgrenzung relevanten Kriterien ausschlaggebend.

Trotz dieser Bedenken wird aufgrund der faktischen Übereinstimmung des sachlich relevanten Marktes mit den in Anlage 1 Abschnitt C BerVersV aufgeführten Versicherungssparten vorgeschlagen, diese zur Grundlage der sachlichen Marktabgrenzung zu machen.[746] Die Annahme, die in ihr enthaltenen Versicherungssparten bildeten jeweils einen eigenen sachlich relevanten Markt,

---

744 *Kreiling,* Versicherungsgemeinschaften im europäischen Kartellrecht (1999), S. 113 f.; zustimmend *Görner,* ZVersWiss 2005, 739, 744.

745 *Görner,* ZVersWiss 2005, 739, 744.

746 *Kreiling,* Versicherungsgemeinschaften im europäischen Kartellrecht (1999), S. 113 f., der die Marktabgrenzung „in Anlehnung" an die Einteilung in Anlage 1 Abschnitt C zur BerVersV vornehmen will. Dem zustimmend Immenga/Mestmäcker/*Ellger,* Art. 6 Vers-GVO, Rn. 12 Fn. 37. Anders *Brinker/Schädle,* VersR 2004, 673, 676, die die in der Anlage enthaltenen 250 Versicherungsarten als Anhaltspunkt für die Marktabgrenzung nehmen wollen. Sie räumen jedoch ein, dass diese Untergliederung jedenfalls teilweise zu detailliert sei. Kritisch demgegenüber auch *Meyer-Lindemann,* in: FK, Sonderbereiche Versicherungswirtschaft, Rn. 98. Siehe auch *Dreher/Hoffmann/Kling,* Kartell- und Wettbewerbsrecht der Versicherungsunternehmen (2015), § 7, Rn. 15, die aus Anlage 1 zum VAG und Anlage 1 Abschnitt C BerVersV allenfalls Anhaltspunkte für die kartellrechtliche Marktabgrenzung gewinnen möchten. Vgl. auch GK/*Hootz,* Artikel 7 VO Nr. 358/2003, Rn. 4, der die Einteilung in der Anlage zur BerVersV von 1995 als zutreffende Beschreibung der Märkte ansieht, dessen Aussagen aber aufgrund der großen Ähnlichkeit der Anlage 1 Abschnitt C zur BerVersV von 2006 zur Vorgängerverordnung (siehe dazu oben Fn. 743) wohl fortgelten. Ebenso *Fürstenwerth,* WM 1994, 365, 371, der sich zwar für eine Marktabgrenzung anhand von Anlage 1 Abschnitt C der Verordnung über die Rechnungslegung von Versicherungsunternehmen gegenüber dem Bundesaufsichtsamt für das Versicherungswesen (interne VUReV) vom 30. Januar 1987 (BGBl. I Nr. 13 vom 12.02.1987, S. 530) ausspricht. Die

bedarf dann jedoch im Einzelfall einer Überprüfung anhand der allgemeinen Kriterien der sachlichen Marktabgrenzung. Von daher ist durch eine Übernahme der Einteilung wenig gewonnen, sodass eine Ermittlung des sachlich relevanten Marktes vielmehr direkt anhand der allgemeinen Marktabgrenzungskriterien erfolgen sollte.[747]

cc. Marktabgrenzung nach den allgemeinen Kriterien

Die allgemeinen Regeln zur Marktabgrenzung ergeben sich auf Ebene des europäischen Rechts insbesondere aus der Bekanntmachung der Kommission zur Definition des relevanten Marktes.[748] Der sachlich relevante Markt umfasst danach sämtliche Produkte, die miteinander im Wettbewerb stehen, die also gegeneinander austauschbar sind.[749]

(1) Bedarfsmarktkonzept

Dabei soll es in erster Linie auf die Substituierbarkeit aus Sicht der Nachfrager ankommen (Bedarfsmarktkonzept).[750] Nur in Ausnahmefällen halten die Kommission und der Europäische Gerichtshof subsidiär auch die Austauschbarkeit aus Sicht der Angebotsseite für maßgeblich.[751] Der von der Kommission als dritter Wettbewerbsfaktor angesehene potentielle Wettbewerb soll bei der

---

darin enthaltene Einteilung in Versicherungssparten ist aber ebenfalls weitgehend identisch mit derjenigen in Anlage 1 Abschnitt C zur BerVersV.

747 MüKoEuWettbR/*Esser/Stappert,* SB Versicherungswirtschaft, Rn. 185; *Görner,* ZVersWiss 2005, 739, 744. So im Ergebnis auch *Dreher/Hoffmann/Kling,* Kartell- und Wettbewerbsrecht der Versicherungsunternehmen (2015), § 5, Rn. 15.

748 *Europäische Kommission,* Bekanntmachung relevanter Markt, ABl. Nr. C 372 v. 09.12.1997, S. 5.

749 Vgl. *Europäische Kommission,* Bekanntmachung relevanter Markt, ABl. Nr. C 372 v. 09.12.1997, S. 5, Rn. 7.

750 *Europäische Kommission,* Bekanntmachung relevanter Markt, ABl. Nr. C 372 v. 09.12.1997, S. 5, Rn. 7, 13. Zur Entwicklung des Bedarfsmarktkonzepts siehe *Schwalbe/Zimmer,* Kartellrecht und Ökonomie (2011), S. 74 ff.

751 *Europäische Kommission,* Bekanntmachung relevanter Markt, ABl. Nr. C 372 v. 09.12.1997, S. 5, Rn. 13 f.; *EuGH,* Urt. v. 21.02.1973, Rs. C-6/72 (*Europempallage & Continental Can),* Slg. 1973, 215, Rn. 32; *EuGH,* Urt. v. 14.02.1978, Rs. C-27/76 (*United Brands),* Slg. 1978, 207, Rn. 12, 22; *EuGH,* Urt. v. 11.12.1980, Rs. C-31/80 (*L'Oréal),* Slg. 1980, 3775, Rn. 25; *EuGH,* Urt. v. 09.11.1983, Rs. C-322/81 (*Michelin),* Slg. 1983, 3461, Rn. 37. Ausführlich zu diesen und anderen Methoden der Marktabgrenzung MüKoEuWettbR/*Kerber/Schwalbe,* Einleitung, Rn. 223 ff.

Marktabgrenzung dagegen keine Berücksichtigung finden.[752] In ihrer Bekanntmachung zur Definition des relevanten Marktes hat die Kommission verschiedene Möglichkeiten zum Nachweis der Nachfragesubstituierbarkeit aufgezeigt, wobei sie ausdrücklich darauf hinweist, dass die verschiedenen Aspekte je nach den Gegebenheiten des konkreten Falls eine unterschiedliche Gewichtung haben können.[753] Insoweit berücksichtigt die Kommission nach eigenen Angaben quantitative Nachweise, sofern sie einer strengen Nachprüfung standhalten.[754] Ferner sollen, falls es in der jüngeren Vergangenheit aufgrund bestimmter Ereignisse oder Schocks zu einer Substitution durch bestimmte Produkte gekommen ist, die Daten hierüber bei der Marktabgrenzung Berücksichtigung finden.[755] Auch von den Unternehmen selbst in Auftrag gegebene Studien über die Verbraucherpräferenzen können Eingang in die Beurteilung finden.[756]

Des Weiteren ist der Grad der Substituierbarkeit zweier Produkte nach Ansicht der Kommission gemindert, wenn sogenannte Substitutionsschranken bestehen oder wenn beim Nachfrager durch die Substitution zusätzliche Kosten entstehen. Solche Substitutionskosten sind versunkene Kosten, die dem Käufer durch den Wechsel vom Ausgangsprodukt zum Substitut entstehen. Sie treten insbesondere – aber nicht ausschließlich – bei Komplementärgütern auf, wenn also die Nutzung des Substituts das Vorhandensein eines bestimmten anderen Gutes voraussetzt, das Ausgangsprodukt aber ein anderes Komplementärgut erfordert.[757] Substitutionskosten können, je nach ihrer Höhe, einen

752 *Europäische Kommission,* Bekanntmachung relevanter Markt, ABl. Nr. C 372 v. 09.12.1997, S. 5, Rn. 24. Dazu sogleich unten S. 193 f.

753 *Europäische Kommission,* Bekanntmachung relevanter Markt, ABl. Nr. C 372 v. 09.12.1997, S. 5, Rn. 25, 37 ff.

754 *Europäische Kommission,* Bekanntmachung relevanter Markt, ABl. Nr. C 372 v. 09.12.1997, S. 5, Rn. 39.

755 *Europäische Kommission,* Bekanntmachung relevanter Markt, ABl. Nr. C 372 v. 09.12.1997, S. 5, Rn. 38.

756 *Europäische Kommission,* Bekanntmachung relevanter Markt, ABl. Nr. C 372 v. 09.12.1997, S. 5, Rn. 41. Nach Ansicht einiger Autoren soll bei der Marktabgrenzung generell eine deutlich subjektivere Perspektive einzunehmen und zu fragen sein, welche anderen Unternehmen der potentielle Kartellant selbst als seine Wettbewerber ansieht und auf deren Marktverhalten er daher bei seinen strategischen Entscheidungen Rücksicht nimmt (*Säcker,* ZWeR 2004, 1, 14 ff.; Immenga/Mestmäcker/*Emmerich,* Art. 101 Abs. 1 AEUV, Rn. 154 m.w.Nw., 158).

757 Ein Beispiel für Substitutionskosten sind aufeinander abgestimmte Hard- oder Softwareprodukte, bei denen der Wechsel der einen Komponente dazu führt, dass auch andere Komponenten ausgetauscht werden müssen.

maßgeblichen Einfluss auf die Kaufentscheidung des Abnehmers ausüben.[758] Zu den unterschiedlichen Erscheinungsformen von Substitutionsschranken und -kosten führt die Kommission in der Bekanntmachung zur Definition des relevanten Marktes einige Beispiele aus ihrer bisherigen Erfahrung an.[759]

(2) SSNIP-Test

Solche ökonomischen Partialanalysen spielen aber nach der Bekanntmachung der Europäischen Kommission nur in Einzelfällen eine Rolle. Ihr Hauptaugenmerk richtet sich bei der Bestimmung des relevanten Marktes dagegen auf den SSNIP-Test.[760] Die Abkürzung SSNIP steht für *small but significant non-transitory increase in price.* Es handelt sich hierbei um ein iteratives Verfahren, bei dem untersucht wird, ob ein gewinnmaximierender hypothetischer Monopolist auf dem betreffenden Markt die Preise dauerhaft um einen kleinen, aber signifikanten Betrag anheben würde.[761] Unter „klein aber signifikant“ versteht man dabei eine Preiserhöhung um 5 bis 10 %. Der Test wird auch als *hypothetischer Monopoltest* oder *hypothetischer Monopolisten Test* bezeichnet.[762] Kann

758 Zur Frage, ob es sich bei Substitutionskosten um Marktzutrittsschranken handelt, siehe *Weizsäcker,* Marktzutrittsschranken, in: Böge/Oberender (Hrsg.), Effizienz und Wettbewerb (2005), S. 43, 53 ff.

759 „Bei ihren Entscheidungen wurde die Kommission bislang konfrontiert mit regulatorischen Hemmnissen und anderen Formen staatlichen Eingreifens, auf nachgelagerten Märkten wirksamen Kräften, dem Erfordernis der Umstellung auf alternative Einsatzmittel - abhängig von besonderen Investitionen oder von der Hinnahme von Verlusten bei der laufenden Produktion –, Fragen des Kundenstandorts, gezielten Investitionen im Herstellungsverfahren, Investitionen in Ausbildung und Humankapital, Umrüstungskosten oder sonstige Investitionen, Unsicherheiten hinsichtlich Qualität und Ansehen unbekannter Anbieter usw.“ (*Europäische Kommission,* Bekanntmachung relevanter Markt, ABl. Nr. C 372 v. 09.12.1997, S. 5, Rn. 42).

760 *Europäische Kommission,* Bekanntmachung relevanter Markt, ABl. Nr. C 372 v. 09.12.1997, S. 5, Rn. 15 ff.

761 Vgl. hierzu und zu den folgenden Ausführungen zur Anwendung des SSNIP-Tests *Massey,* The Economic and Social Review 31 (2000), 309, 318 f.; *Schwalbe/Zimmer,* Kartellrecht und Ökonomie (2011), S. 77 ff. Eine Erläuterung der Funktionsweise an einem Beispiel bietet *Klein,* WuW 2010, 169, 171 ff.

762 Es geht bei dem Test nicht darum, ob der hypothetische Monopolist die Preise um diesen Wert anheben könnte – denn eine solche Preiserhöhung steht einem Anbieter grundsätzlich immer frei – sondern darum, ob er dies auch tun könnte, ohne dass ein wesentlicher Teil der Nachfrager aus dem Markt ausscheidet oder auf andere ähnliche Produkte ausweicht (Nachfragesubstituierung) oder andere Anbieter in den Markt eintreten, indem sie ein ähnliches Produkt anbieten und sich so der Gewinn der hypothetischen Monopolisten schmälert und die Preiserhöhung unrentabel macht

ein hypothetischer Monopolist auf dem in Frage stehenden Markt eine solche Preiserhöhung nicht gewinnbringend über einen längeren Zeitraum durchführen, reagiert die Nachfrage auf diesem Markt also sehr preiselastisch, so handelt es sich bei dem angenommenen Markt nicht um den aus kartellrechtlicher Sicht relevanten Markt. Denn augenscheinlich gibt es noch andere Substitute – oder im Rahmen der räumlichen Marktabgrenzung andere Gebiete –, auf die die Nachfrager ausweichen können, um ihren Bedarf zu decken, und die daher Wettbewerbsdruck auf den Anbieter des Ausgangsprodukts ausüben. Je weniger preiselastisch die Nachfrage dagegen auf einem hypothetischen Monopolmarkt ist, desto mehr Marktmacht besitzt der hypothetische Monopolist und desto eher ist eine Preiserhöhung für ihn rentabel.[763]

Um den sachlich relevanten Markt zu bestimmen, werden dem zunächst angenommenen Markt daher so lange weitere Produkte hinzugefügt, bis eine solche Preiserhöhung für einen hypothetischen Monopolisten gewinnmaximierend

---

(*Friederiszick,* Marktabgrenzung und Marktmacht, in: Schwarze (Hrsg.), Recht und Ökonomie im Europäischen Wettbewerbsrecht (2006), S. 29, 30 f.). Siehe dazu auch MüKoEuWettbR/*Kerber/Schwalbe,* Einleitung, Rn. 232; *Brodbeck,* in: FG Schneyder (2002), S. 41, 46.

763 Bei der Betrachtung des Zusammenhangs zwischen Preiselastizität der Nachfrage und Marktmacht ist jedoch zu berücksichtigen, dass diese These nicht zwischen der Marktnachfrage und der Nachfragekurve, der sich ein einzelnes Unternehmen gegenübersieht, unterscheidet. Die Aussage, dass ein Unternehmen nur dann Marktmacht hat, wenn es sich einer unelastischen Nachfrage gegenübersieht, ist zwar grundsätzlich richtig. Es geht hierbei jedoch um die spezifische Nachfragekurve eines Unternehmens. Diese kann sich jedoch sehr deutlich von der Marktnachfragekurve unterscheiden (*Werden,* Antitrust Law Journal 66 (1998), 363, 370). So kann beispielsweise die Marktnachfrage nach Zahnbürsten insgesamt relativ preisunelastisch sein, weil ein Ausweichen auf andere Produkte als Zahnbürsten den Nachfragern nur in sehr begrenztem Umfang möglich ist. Die Nachfragekurve, der sich ein einzelner Zahnbürstenproduzent gegenübersieht, kann dagegen sehr elastisch sein, weil die Nachfrager bei einer Preiserhöhung ohne weiteres auf die Produkte der Wettbewerber ausweichen würden (Beispiel übernommen aus *Pindyck/Rubinfeld,* Mikroökonomie (2013), S. 500 f.; zu den Ausführungen vgl. ebd., S. 508 f.). Für die Anwendung des SSNIP-Tests und damit für Zwecke der Marktabgrenzung spielt diese Unterscheidung zwar keine Rolle, weil hier gerade geprüft wird, ob ein *hypothetischer* Monopolist den Preis gewinnbringend erhöhen könnte. Hierfür ist demnach nur die Marktnachfrage insgesamt von Bedeutung. Daraus jedoch darauf zu schließen, dass sich auch ein *tatsächlicher* einzelner Anbieter einer unelastischen Nachfragekurve gegenübersieht und daher marktmächtig ist, wäre aus den eben genannten Gründen ein Trugschluss.

wäre.[764] Dabei sind dem Markt zunächst die engsten Substitute des Ausgangsprodukts hinzuzufügen. Welche das sind, lässt sich empirisch anhand der Kreuzpreiselastizität der Nachfrage bestimmen.[765] Die Kreuzpreiselastizität der Nachfrage beschreibt, die „prozentuale Änderung der nachgefragten Menge eines Gutes infolge der Erhöhung des Preises eines anderen Gutes um ein Prozent".[766] Je enger ein Substitut dem Ausgangsprodukt ist, desto stärker reagiert die Nachfrage nach diesem Substitut bei Erhöhung des Preises für das Ausgangsprodukt.[767]

Eine andere Möglichkeit zur Ermittlung der engsten Substitute bietet die relative Abwanderungsrate (*relative diversion ratio*).[768] Um diese zu ermitteln, ist gedanklich ein Markt aus dem Ausgangsprodukt und allen in Frage kommenden Substituten zu bilden und festzustellen, welchen Marktanteil die einzelnen Substitute jeweils haben. Geht man nun davon aus, alle Substitute wären gleich eng zum Ausgangsprodukt, so müsste theoretisch bei einer Erhöhung des Preises des Ausgangsprodukts die Nachfrage nach den einzelnen Substituten jeweils im gleichen Verhältnis steigen, in dem zuvor schon ihre Marktanteile zueinander standen. Steigt dagegen die Nachfrage nach einem Substitut infolge der Preiserhöhung des Ausgangsprodukts in Relation zu seinem ursprünglichen Marktanteil stärker an, wechseln also aufgrund des Preisanstiegs im Verhältnis mehr Nachfrager zu diesem als zu den anderen Substituten, so handelt es sich dabei um ein engeres Substitut.[769]

---

764 *Schwalbe/Zimmer,* Kartellrecht und Ökonomie (2011), S. 101; *Roth/Ackermann,* in: FK, Grundfragen Art. 81 Abs. 1 EG, Rn. 374; *Peeperkorn/Verouden,* in: Faull/Nikpay, The Economics of Competition, Rn. 1.148 f.; *Bishop/Walker,* The economics of EC competition law (2010), Rn. 4–008.

765 *Werden,* Antitrust Law Journal 66 (1998), 363, 398; *Schwalbe/Zimmer,* Kartellrecht und Ökonomie (2011), S. 105; MüKoEuWettbR/*Kerber/Schwalbe,* Einleitung, Rn. 263. Die Autoren weisen jedoch zurecht darauf hin, dass bei dieser Methode das Problem auftreten kann, dass auch Produkte, die nur in sehr geringem Umfang konsumiert werden und daher kein wichtiges Substitut sind, eine hohe Kreuzpreiselastizität aufweisen können.

766 *Pindyck/Rubinfeld,* Mikroökonomie (2013), S. 67.

767 *Schwalbe/Zimmer,* Kartellrecht und Ökonomie (2011), S. 105. Siehe zur Bedeutung der Kreuzpreiselastizität im Zusammenhang mit dem SSNIP-Test auch *Peeperkorn/Verouden,* in: Faull/Nikpay, The Economics of Competition, Rn. 1.158.

768 Siehe dazu und zu den folgenden Ausführungen *Ewald,* ZWeR 2004, 512, 532; *Werden,* Antitrust Law Journal 66 (1998), 363, 404 ff.

769 Besonders anschaulich ist dazu das Beispiel von *Ewald,* ZWeR 2004, 512, 532, Fn. 84, 85: „Die Gesamtnachfrage nach den Substitutionsprodukten Y1, Y2 und Y3 beträgt vor der Preiserhöhung 900, 600 bzw. 300 Produkteinheiten (Mengenverhältnis 3: 2: 1).

Nach Hinzufügen des engsten Substituts wird das Testverfahren des SSNIP-Tests wiederholt. Wäre eine Preiserhöhung dann für den hypothetischen Monopolisten immer noch nicht wirtschaftlich, so werden so lange die nächstengsten Substitute zum Markt hinzugefügt, bis ein gewinnmaximierender Monopolist den Preis erhöhen würde. Erst dann ist der sachlich relevante Markt gefunden. Der relevante Markt ist demnach ein solcher, der es wert wäre, ihn zu monopolisieren.[770]

In Ihrer Bekanntmachung zur Abgrenzung des relevanten Marktes führt die Europäische Kommission den SSNIP-Test als ein Verfahren zur Bestimmung der Austauschbarkeit von Produkten aus Sicht der Nachfrager in ihre Praxis ein.[771] Der SSNIP-Test soll damit in das bestehende Bedarfsmarktkonzept integriert und in dessen Rahmen anwendet werden.[772] Daneben soll die Angebotssubstituierbarkeit weiterhin nur eine untergeordnete Bedeutung haben.[773] Durch diese Darstellung wird das systematische Verhältnis von SSNIP-Test und Nachfrage- bzw. Angebotssubstituierbarkeit jedoch verkannt. Der SSNIP-Test ist kein partialanalytisches Verfahren zur Bestimmung der Nachfragesubstituierbarkeit. Es handelt sich bei ihm vielmehr um ein Gesamtkonzept zur Marktabgrenzung, das Nachfrage- und Angebotssubstitution gleichermaßen berücksichtigt.[774] Die

Nach der unterstellten Preiserhöhung für das Produkt X geht die Nachfrage nach diesem Produkt um 60 Einheiten zurück und die Nachfrage nach Y1, Y2 und Y3 steigt exakt im Verhältnis 3: 2: 1 (d.h. für Y1 um 30, für Y2 um 20 und für Y3 um 10 Einheiten). (…) Unterstellt, die nachgefragte Menge für das Produkt Y1 steigt um 25 Einheiten, die des Produkts Y2 um 20 und die des Produkts Y3 um 15 Einheiten. Obwohl die absolut größte Nachfragemenge zum Produkt Y1 abwandert, ist das Produkt Y3 das stärkste und das Produkt Y1 das schwächste Substitutionsprodukt." Siehe auch *Werden,* Antitrust Law Journal 66 (1998), 363, 403 f.

770 *"[A] relevant market is something worth monopolising"* (*Bishop/Walker,* The economics of EC competition law (2010), Rn. 4-005).

771 *Europäische Kommission,* Bekanntmachung relevanter Markt, ABl. Nr. C 372 v. 09.12.1997, S. 5, Rn. 15 ff. Siehe dazu auch *Dreher/Thomas,* ZWeR 2014, 366, 396.

772 Vgl. *Roth/Ackermann,* in: FK, Grundfragen Art. 81 Abs. 1 EG, Rn. 373 ff.; *de Bronett,* in: Schulte/Just, KartellR, Art. 101 AEUV, Rn. 68. *Richter/Steinvorth,* in: Wiedemann (Hrsg.), Handbuch des Kartellrechts, § 20, Rn. 23 bezeichnen den SSNIP-Test als „Fortentwicklung des klassischen Bedarfsmarktkonzepts".

773 *Europäische Kommission,* Bekanntmachung relevanter Markt, ABl. Nr. C 372 v. 09.12.1997, S. 5, Rn. 20 ff.

774 *Crocioni,* ECLR (2002), 354, 355; MüKoEuWettbR/*Kerber/Schwalbe,* Einleitung, Rn. 233; *Friederiszick,* Marktabgrenzung und Marktmacht, in: Schwarze (Hrsg.), Recht und Ökonomie im Europäischen Wettbewerbsrecht (2006), S. 29, 30 f.

Möglichkeit des hypothetischen Monopolisten, seinen Gewinn durch eine Preiserhöhung zu steigern, hängt einerseits davon ab, ob die Nachfrager bei einer Preiserhöhung auf andere Produkte ausweichen, bzw. auf den Kauf ganz verzichten, und andererseits davon, ob im Fall einer Preiserhöhung andere Anbieter in den Markt eintreten und so den Marktanteil und folglich auch den Gewinn des hypothetischen Monopolisten verringern. Entscheidend für die Frage, ob ein hypothetischer Monopolist eine Preiserhöhung vornehmen würde, sind somit die zu erwartenden Reaktionen von Anbieter- und Nachfragerseite.[775]

Der SSNIP-Test soll demzufolge hier als eine Art Gegenkonzept zum Bedarfsmarktkonzept verstanden werden. Auf das Ergebnis der Marktabgrenzung mag dieses Verständnis vom SSNIP-Test als einem übergeordneten Marktabgrenzungskonzept nur in seltenen Fällen Auswirkungen haben.

(3) Kritik am SSNIP-Test

Der SSNIP-Test begegnet in der Literatur erheblichen Bedenken.[776] Schon die Tatsache, dass das iterative Verfahren des hypothetischen Monopoltests die Bildung einer Rangfolge der Substitute entsprechend dem Grad ihrer Substituierbarkeit verlangt, stellt ein Problem dar. Der Test setzt damit nicht nur die Kenntnis darüber voraus, welche Substitute überhaupt existieren, sondern darüber hinaus auch eine Hierarchisierung dieser Substitute nach ihrer Nähe zum Ausgangsprodukt. Das führt zu der Kritik, der SSNIP-Test ersetze nicht eine qualitative Beurteilung der Substitute, sondern setze eine solche vielmehr voraus.[777] Das Ausmaß der Substituierbarkeit zweier Produkte kann zwar zumindest theoretisch anhand der oben beschriebenen Verfahren ermittelt werden.[778] Diese sind aber – wie alle ökonomischen Methoden im Rahmen der Kartellrechtsanwendung – den Einwänden der mangelnden Verfügbarkeit der zu ihrer

775 MüKoEuWettbR/*Kerber/Schwalbe*, Einleitung, Rn. 233.

776 Vgl. etwa *Ewald*, ZWeR 2004, 512, 524 ff.; *Crocioni*, ECLR (2002), 354, 355 ff.; *Massey*, The Economic and Social Review 31 (2000), 309, 320 ff.; *Müller*, Abschied vom Bedarfsmarktkonzept bei der Marktabgrenzung? (2007), S. 130 ff.; *Roth/Ackermann*, in: FK, Grundfragen Art. 81 Abs. 1 EG, Rn. 375.

777 *Ewald*, ZWeR 2004, 512, 524 f. A.A. Dauses/Ludwigs/*Emmerich*, H. I. § 2, Rn. 85, der den Zweck des SSNIP-Tests darin sieht, „die engsten **Substitute** eines Produktes zu **ermitteln** [Hervorhebungen im Original]".

778 Zur Bestimmung des nächsten Substituts mit Hilfe der Kreuzpreiselastizität und der *relative diversion ratio* siehe oben S. 177.

Anwendung erforderlichen Daten und der Aufblähung des kartellbehördlichen Verfahrens durch zusätzliche ökonomische Gutachten ausgesetzt.[779]

(a) Cellophane fallacy

Einen weiteren Kritikpunkt bildet die Tatsache, dass dem SSNIP-Test die Annahme zugrunde liegt, der Rückgang der Nachfrage als Folge der Preiserhöhung komme ausschließlich dadurch zustande, dass die Nachfrager auf Substitute ausweichen und ihren Bedarf auf diese Weise decken. Aus einer hohen Preiselastizität der Nachfrage schlussfolgert der Test somit immer die Existenz eines Substituts. Die Preiselastizität der Nachfrage, die der SSNIP-Test als Maßstab für die Substitution verwendet, beschreibt jedoch den Nachfragerückgang infolge einer Preiserhöhung, ohne zu unterscheiden, ob dieser in einer Substitutions- oder Verzichtsentscheidung der Verbraucher begründet ist. Der Test vernachlässigt somit den Anteil des Nachfragerückgangs, der dadurch zustande kommt, dass einige Nachfrager das Produkt gar nicht mehr nachfragen. Insofern könnte man zwar argumentieren, dass bei einer moderaten Preiserhöhung um fünf bis zehn Prozent der Anteil der Nachfrager, die auf den Kauf des Produkts verzichten, relativ gering ist und daher vernachlässigt werden kann. Auf Märkten, auf denen die Anbieter einem hohen Maß an Wettbewerbsdruck ausgesetzt sind und der Preis sich somit nahe dem idealtypischen Wettbewerbspreis, also nahe den Grenzkosten bewegt[780], mag diese Annahme auch zutreffen.

Gleiches gilt aber nicht auf Märkten, auf denen bereits vorhandene Wettbewerbsstörungen zu deutlich über dem Wettbewerbsniveau liegenden Preisen geführt haben. Dort wird vielmehr die Nachfrage sehr preiselastisch sein, sodass jede weitere Preiserhöhung zu einem vermehrten Verzicht der Nachfrager auf den Kauf des Produkts führt. In einer solchen Situation käme der SSNIP-Test zu dem Ergebnis, dass sich eine Preiserhöhung nicht profitabel durchführen ließe und würde daraus fälschlicherweise den Schluss ziehen, dass dem sachlich relevanten Markt weitere Produkte zuzufügen seien (sog. *cellophane fallacy*[781]).[782]

---

779 *Mestmäcker/Schweitzer,* Europäisches Wettbewerbsrecht (2014), § 26, Rn. 45; *Roth/Ackermann,* in: FK, Grundfragen Art. 81 Abs. 1 EG, Rn. 375. Siehe zum Problem der Datenerhebung sogleich S. 183.

780 Vgl. dazu oben S. 34.

781 In Anlehnung an United States v. E.I. du Pont de Nemour & Co., 351 U.S. 377 (1956).

782 Vgl. Langen/Bunte/*Bulst,* Artikel 102 AEUV, Rn. 39; *Roth/Ackermann,* in: FK, Grundfragen Art. 81 Abs. 1 EG, Rn. 368, 375; *Ewald,* ZWeR 2004, 512, 525; *Massey,* The Economic and Social Review 31 (2000), 309, 310 f., 320 f.; *Bishop/Walker,* The economics of EC competition law (2010), Rn. 4-017 ff.; MüKoEuWettbR/*Kerber/Schwalbe,* Einleitung, Rn. 252 ff.

Einen Ausweg aus dieser Misere bietet allenfalls das Abstellen auf einen hypothetischen Wettbewerbspreis im Rahmen des SSNIP-Tests.[783] Die Praktikabilität eines solchen Verfahrens wird jedoch unter Hinweis auf die Komplexität und die Schwierigkeit der Berechnung eines hypothetischen Monopolpreises mitunter bezweifelt.[784] Dem vorgelagert stellt sich jedoch ein gravierenderes Problem. Die Anwendung des SSNIP-Tests unter Zugrundelegung des hypothetischen Wettbewerbspreises setzt zunächst voraus, dass Kartellbehörden und Gerichte überhaupt erkennen, wann ein solches Vorgehen erforderlich ist. Sie müssten also schon vor Anwendung des Tests wissen, dass es sich im betreffenden Fall *nicht* um den Wettbewerbspreis handelt, sondern dass der oder die Anbieter aufgrund bestehender Marktmacht den Preis oberhalb des Wettbewerbspreises festsetzen können und dass somit die Gefahr einer *cellophane fallacy* besteht. Das setzt einen weitreichenden Einblick in die Marktstruktur und insbesondere Informationen über das Ausmaß der Marktmacht des Anbieters bzw. der Anbieter voraus. Man dreht sich insofern im Kreis, wenn man für die Abgrenzung des Marktes, die systematisch aufs Engste mit dem Vorhandensein von Marktmacht verknüpft ist, das Wissen um das Bestehen von Marktmacht voraussetzt.[785] Zumindest im Rahmen von Fusionskontrollfällen oder wenn der Missbrauch einer marktbeherrschenden Stellung im Sinne von Art. 102 AEUV in Frage steht, erweist sich eine Marktabgrenzung mithilfe des hypothetischen Monopoltests dann als überflüssig, wenn die Marktmacht als Voraussetzung für dessen Anwendbarkeit zuvor schon direkt festgestellt wird.[786] Insbesondere im

---

783 *Crocioni,* ECLR (2002), 354, 359; *Geroski/Griffith,* Identifying antitrust markets, in: Neumann/Weigand (Hrsg.), The international handbook of competition (2004), S. 290, 296; Bellamy/Child/*Lindsay/Scola,* Chapter 4: Market Definition, Rn. 4.026; MüKoEuWettbR/*Kerber/Schwalbe,* Einleitung, Rn. 254. So wohl auch *Europäische Kommission,* Bekanntmachung relevanter Markt, ABl. Nr. C 372 v. 09.12.1997, S. 5, Rn. 19.

784 *Crocioni,* ECLR (2002), 354, 359; Bellamy/Child/*Lindsay/Scola,* Chapter 4: Market Definition, Rn. 4.026.

785 Zum Zusammenhang zwischen dem Bestehen von Marktmacht und der Marktabgrenzung siehe auch *Werden,* Antitrust Law Journal 66 (1998), 363, 384 ff.; *Massey,* The Economic and Social Review 31 (2000), 309.

786 *Kerber/Schwalbe* beschreiben diesen Zirkelschluss zutreffend: „Eine korrekte Anwendung des hypothetischen Monopoltests bei bestehender Marktmacht ist jedoch gleichbedeutend mit ihrer direkten Feststellung. Denn hätte man den wettbewerbsanalogen Preis bestimmt, dann wäre Marktmacht unmittelbar nachgewiesen und eine Marktabgrenzung wäre überflüssig“ (MüKoEuWettbR/*Kerber/Schwalbe,* Einleitung, Rn. 255).

Rahmen von Art. 102 AEUV kommt dem SSNIP-Test daher nur eine begrenzte Aussagekraft zu.[787]

(b) Umgekehrte cellophane fallacy

Spiegelbildlich zur oben beschriebenen Problematik der Abgrenzung eines zu weiten Marktes aufgrund der *cellophane fallacy* kann auch eine zu enge Definition des relevanten Marktes dadurch zustande kommen, dass der dem SSNIP-Test zugrunde gelegte Preis nicht zu hoch, sondern zu niedrig ist.[788] Das ist beispielsweise dann der Fall, wenn ein Unternehmen ein neues Produkt auf dem Markt einführen möchte und zum Zweck seiner Etablierung und des Aufbaus einer Markenbindung der Kunden das Produkt unterhalb des Wettbewerbspreises anbietet.[789] Unter diesen Gegebenheiten würde eine Preiserhöhung um 5 bis 10 % nur zu einem geringen Nachfragerückgang beim Ausgangsprodukt führen, obwohl durchaus Substitute des in Frage stehenden Produkts existieren. Sie sind aber aufgrund des anfänglichen Preisunterschiedes, der durch die Preiserhöhung möglicherweise nur zum Teil kompensiert wird, für die Nachfrager weniger attraktiv. Der SSNIP-Test schließt jedoch von der Möglichkeit, eine solche Preiserhöhung gewinnbringend durchführen zu können, ohne weiteres auf das Nichtvorhandensein von Substituten. Er käme bei dieser Ausgangssituation daher fälschlicherweise zu dem Ergebnis, der Markt umfasse nur das Ausgangsprodukt. Der relevante Markt würde unter Anwendung des SSNIP-Tests somit zu eng beschrieben werden.[790]

---

787 *Wessely,* in: FK, Art. 82 EG-Vertrag Normadressaten, Rn. 36; Langen/Bunte/*Bulst,* Artikel 102 AEUV, Rn. 40; *Mestmäcker/Schweitzer,* Europäisches Wettbewerbsrecht (2014), § 17, Rn. 11.

788 *Crocioni,* ECLR (2002), 354, 360.

789 *Crocioni,* ECLR (2002), 354, 361. Ähnliche Effekte können sich auch dann ergeben, wenn es zwar nicht ein einziges enges Substitut für das Ausgangsprodukt gibt, wenn aber das Vorhandensein mehrerer Substitute insgesamt Wettbewerbsdruck für den Hersteller des Ausgangsprodukts generiert oder wenn es sich um einen Cluster-Markt handelt, der sich dadurch auszeichnet, dass bestimmte Produkte gemeinsam in Bündeln verkauft werden (ebd., S. 360 ff.). Auch im Fall von hoch produktdifferenzierten Innovationsmärkten, innerhalb derer Wettbewerbsdruck nicht so sehr über den Preis, sondern mehr über die Eigenschaften und die Fähigkeiten der Produkte erzeugt wird, soll es zu einer solchen „umgekehrten *cellophane fallacy*" kommen können (*Organisation for Economic Co-operation and Development (OECD),* Merger Review in Emerging High Innovative Markets, S. 8).

790 *Crocioni,* ECLR (2002), 354, 361.

Auch in solchen Fällen führt der hypothetische Monopoltest nur unter Zugrundelegung des hypothetischen Wettbewerbspreises zu sachlich richtigen Ergebnissen, wobei sich jedoch die oben bereits im Rahmen der *cellophane fallacy* beschriebenen Schwierigkeiten stellen.[791]

(c) Datenerhebung

Wie bei jedem anderen quantitativen Verfahren stellt sich auch beim SSNIP-Test das grundlegende Dilemma der Beschaffung ausreichender und stichhaltiger Daten für die empirisch-quantitative Anwendung des Tests.[792] Hierfür werden unter anderem Schätzungen der eigenen Preiselastizität und der Kreuzpreiselastizität der Nachfrage, sowie Daten über Produktcharakteristika und Konsumentenpräferenzen, vergangene Preisentwicklungen und Produktionskosten benötigt.[793] Solche Daten stehen den Wettbewerbsbehörden aber kaum je in vollständiger und verlässlicher Form zur Verfügung, sodass häufig auf Methoden zur indirekten Ermittlung von Daten zurückgegriffen werden muss und die Ergebnisse des Tests somit immer mit einer gewissen Ungenauigkeit und Subjektivität belastet sind.[794] Folglich wird eine Rationalisierung der Marktabgrenzung durch eine ökonomische Fundierung derselben zwar als grundsätzlich wünschenswert, in der Realität aber regelmäßig aufgrund fehlender verlässlicher Daten als nicht empirisch-quantitativ durchführbar angesehen.[795]

Die Mehrheit der Befürworter des hypothetischen Monopoltests versteht diesen dagegen nicht als empirisches Verfahren, sondern vielmehr als ein Konzept, das hilft, die Überlegungen zur Marktabgrenzung zu strukturieren und zu vereinheitlichen.[796] Dem ist zuzustimmen. Der hypothetische Monopoltest bietet,

---

791 Siehe oben S. 180 ff.

792 Siehe die Nachweise oben in Fn. 779, sowie *Geroski/Griffith,* Identifying antitrust markets, in: Neumann/Weigand (Hrsg.), The international handbook of competition (2004), S. 290, 293; *Ewald,* ZWeR 2004, 512, 528.

793 *Geroski/Griffith,* Identifying antitrust markets, in: Neumann/Weigand (Hrsg.), The international handbook of competition (2004), S. 290, 293.

794 *Geroski/Griffith,* Identifying antitrust markets, in: Neumann/Weigand (Hrsg.), The international handbook of competition (2004), S. 290, 293. Zu den verschiedenen Ansätzen der Berechnung oder Schätzung der für die Anwendung des SSNIP-Test erforderlichen Werte siehe *Massey,* The Economic and Social Review 31 (2000), 309, 319 ff. m.w.Nw.

795 *Ewald,* ZWeR 2004, 512, 529; *Roth/Ackermann,* in: FK, Grundfragen Art. 81 Abs. 1 EG, Rn. 375.

796 *Peeperkorn/Verouden,* in: Faull/Nikpay, The Economics of Competition, Rn. 1.151; MüKoEuWettbR/*Kerber/Schwalbe,* Einleitung, Rn. 256; *Ewald,* ZWeR 2004, 512, 529; *Crocioni,* ECLR (2002), 354, 355; Bellamy/Child/*Lindsay/Scola,*

anders als das Bedarfsmarktkonzept, „**einen konzeptionellen Rahmen** [Hervorhebung im Original], in dem die Frage der Marktbeherrschung in ökonomisch fundierter Weise beantwortet werden kann."[797] Wo das Bedarfsmarktkonzept in der Konzentration auf die Nachfragesubstituierbarkeit zu kurz greift und dieses Manko durch eine vereinzelte Hinzuziehung der Angebotssubstituierbarkeit zu beheben sucht, liefert der SSNIP-Test eine nachvollziehbare Struktur. Er gewährleistet somit eine einheitliche Anwendung der für die Marktabgrenzung relevanten Kriterien und führt auf diese Weise zu mehr Rechtssicherheit. Das Verdienst des hypothetischen Monopoltests liegt nicht darin, dass er eine Rechenformel liefert, anhand derer sich der relevante Markt durch das Einsetzen der entsprechenden Werte exakt berechnen lässt. Dies soll und kann der Test nicht leisten. Insofern ist zwischen dem hypothetischen Monopoltest als einem Konzept der Marktabgrenzung einerseits und der Umsetzung dieses Konzepts unter Zuhilfenahme empirischer Methoden andererseits zu unterscheiden.[798] Eine quantitative Umsetzung des Tests kann nur durch die Anwendung empirischer Verfahren erfolgen, die jedoch unabhängig von dem befürworteten Marktabgrenzungsverfahren ist.[799] So sind auch im Rahmen des Bedarfsmarktkonzeptes Erhebungen über die Substituierbarkeit aus Sicht der Nachfrager erforderlich. Zu diesem Zweck muss die Marktgegenseite befragt und die Ergebnisse müssen ausgewertet werden, um den Grad der Substituierbarkeit verschiedener Produkte und damit die Austauschbarkeit aus Sicht der Nachfrager ermitteln zu können. Werden solche Daten dagegen nicht erhoben, sondern wird stattdessen für die Identifizierung der aus Sicht der Nachfrager substituierbaren Produkte auf die (vermeintliche) Ansicht eines „verständigen" oder „vernünftigen" Verbrauchers abgestellt, wie es in der deutschen Kartellrechtspraxis häufig geschieht[800], so handelt es sich hierbei nicht mehr um die Substituierbarkeit aus Sicht der

---

Chapter 4: Market Definition, Rn. 4.023. Siehe auch *Roth/Ackermann,* in: FK, Grundfragen Art. 81 Abs. 1 EG, Rn. 375, die auch die Aussagen der Europäischen Kommission zum SSNIP-Test im Rahmen der Bekanntmachung zur Definition des relevanten Marktes in diesem Sinne verstehen. Jedoch sehen sie den Test – entgegen der hier vertretenen Ansicht – nicht als Gesamtkonzept der Marktabgrenzung, sondern messen ihm lediglich einen Erklärungsgehalt in Bezug auf die Frage der Nachfragesubstituierbarkeit zu. A. A. wohl *Brodbeck,* in: FG Schneyder (2002), S. 41, 46 f.

797 MüKoEuWettbR/*Kerber/Schwalbe,* Einleitung, Rn. 256.

798 MüKoEuWettbR/*Kerber/Schwalbe,* Einleitung, Rn. 256.

799 MüKoEuWettbR/*Kerber/Schwalbe,* Einleitung, Rn. 256.

800 *BGH,* Beschluss v. 21.12.2004, KVR 26/03 (*trans-o-flex),* NJW-RR 2005, 474, 476. Siehe auch *Traugott,* WuW 1998, 929, 939 m.w.Nw. in Fn. 50; *Klein,* WuW 2010, 169, 174.

Nachfrager, sondern aus Sicht des Rechtsanwenders.[801] Diese Vorgehensweise widerspricht nicht nur dem Grundgedanken des Konzepts der Nachfragesubstituierbarkeit, sondern mindert auch die Rechtssicherheit für die betroffenen Unternehmen. Darüber hinaus kann es dabei insbesondere auch dazu kommen, dass der funktionellen Austauschbarkeit zweier Produkte ein zu starkes Gewicht beigemessen wird und auf diese Weise Verbraucherpräferenzen, die die Abnehmer an einer Substitution des einen durch ein funktional vergleichbares Produkt hindern, keine Berücksichtigung finden.[802] Auch die Europäische Kommission spricht sich dafür aus, die tatsächliche Substituierbarkeit aus Sicht der Verbraucher mithilfe quantitativer Nachweise zu ermitteln.[803] Eine Erhebung und Auswertung bestimmter Daten ist demzufolge im Rahmen der Anwendung nicht nur des SSNIP-Tests, sondern auch des Bedarfsmarktkonzepts erforderlich.

Daneben stellt sich auch bei Anwendung des Bedarfsmarktkonzepts die grundsätzliche Frage jeder quantitativen Analyse, bis zu welcher Grenze man bestimmte Daten berücksichtigt. In Bezug auf die Nachfragesubstituierung muss festgelegt werden, bis zu welchem Grad an Austauschbarkeit man Produkte noch als zu einem Markt zugehörig betrachtet. Und auch in den Fällen, in denen die Angebotssubstituierung als Kriterium hinzugezogen wird, ist nicht von vornherein eine Grenze determiniert, bis zu der das Angebotsumstellungspotential potentieller Wettbewerber berücksichtigt wird.[804] Diese Problematik ist, ebenso wie diejenige der Datenbeschaffung, unabhängig von dem zugrunde liegenden Konzept, und stellt sich nahezu gleichermaßen bei allen quantitativen Analysen.[805] Sie kann nicht mathematisch beantwortet werden, sondern erfordert eine „qualitativ-wertende Beurteilung“[806].

---

801 *Traugott,* WuW 1998, 929, 936 f.

802 Siehe dazu *Bechtold,* in: FS von Gamm (1990), S. 537, 540, der das Beispiel von Personenkraftwagen anführt, bei dem „eine Vielzahl von Verbrauchern auf Autos einer bestimmten Marke festgelegt sind, und daher die Autos verschiedener Marken tatsächlich als nicht ‚ohne weiteres‘ austauschbar ansehen und behandeln.“

803 *Europäische Kommission,* Bekanntmachung relevanter Markt, ABl. Nr. C 372 v. 09.12.1997, S. 5, Rn. 39.

804 *Ewald,* ZWeR 2004, 512, Rn. 538.

805 Vgl. *Ewald,* ZWeR 2004, 512, 534: „Das ‚Standardproblem‘ einer jeden quantitativen Analyse, vorab den Schwellenwert festzulegen, ab dem eine bestimmte (‚qualitative‘) Schlussfolgerung gezogen werden kann, stellt sich auch bei der Preiskorrelationsanalyse.“

806 *Ewald,* ZWeR 2004, 512, Rn. 538.

(4) Einzelaspekte der Marktabgrenzung

Nachfolgend werden die einzelnen für die Marktabgrenzung relevanten Aspekte, namentlich die Nachfrage- sowie die Angebotssubstituierbarkeit im Bereich der Versicherungsmärkte dargestellt.

(a) Nachfragesubstituierung

Aus Sicht der Nachfrager sind solche Produkte substituierbar, die „hinsichtlich ihrer Eigenschaften, Preise und ihres vorgesehenen Verwendungszwecks als austauschbar oder substituierbar angesehen werden“[807]. Dabei sollte jedoch den (physischen) Eigenschaften keine allzu große Bedeutung beigemessen werden, denn auch Produkte mit sehr unterschiedlichen Eigenschaften, wie beispielsweise Busse und Bahnen, können für den Nachfrager aufgrund ihrer funktionellen Austauschbarkeit substituierbar sein.[808] Besondere Bedeutung erlangt daher regelmäßig die funktionelle Austauschbarkeit aus Sicht der Nachfrager, also der Verwendungszweck.[809] Auch er stellt jedoch kein hinreichendes Kriterium dar, sondern kann nach Ansicht der Kommission lediglich ein Anhaltspunkt für die Eingrenzung möglicher Substitute sein, „da die Kundenreaktion auf Änderungen bei den relativen Preisen auch von anderen Faktoren abhängen kann“[810].

Die Europäische Kommission unterscheidet bei den Versicherungen zunächst zwischen den drei großen Bereichen der Lebens-, Nichtlebens- (auch Schadensversicherung genannt) und Rückversicherung.[811] Im Bereich der Nichtlebensversicherung, der vorliegend von Bedeutung ist, nimmt die Kommission zunächst so viele unterschiedliche Produktmärkte an, wie es Versicherungen für unterschiedliche Risiken gibt.[812] Das begründet sie damit, dass Versicherungen

---

807 *Europäische Kommission,* Bekanntmachung relevanter Markt, ABl. Nr. C 372 v. 09.12.1997, S. 5 f., Rn. 7.

808 MüKoEuWettbR/*Kerber/Schwalbe,* Einleitung, Rn. 230.

809 GK/*Hootz,* Artikel 7 VO Nr. 358/2003, Rn. 4; *Brinker/Schädle,* VersR 2004, 673, 676; *Dreher,* ZWeR 2009, 149, 155.

810 *Europäische Kommission,* Bekanntmachung relevanter Markt, ABl. Nr. C 372 v. 09.12.1997, S. 5, Rn. 36.

811 *Komm.E.,* 03.04.1995, IV/M.539 (*Allianz/Elvia/Lloyd Adriatico),* ABl. Nr. C 180 v. 14.07.1995, S. 4, unter V. A.; *Komm.E.,* 11.11.1996, IV/M.812 (*Allianz/Vereinte),* Rn. 8; *Komm.E.,* 19.07.2001, IV/M.2431 (*Allianz/Dresdner),* Rn. 11; *Komm.E.,* 28.02.2003, COMP/M.3035 (*Berkshire/Hathaway/Converium/Gaum/JV),* Rn. 25; *Komm.E.,* 28.06.2004, COMP/M.3446 (*UNIQA/Mannheimer),* Rn. 10.

812 *Komm.E.,* 03.04.1995, IV/M.539 (*Allianz/Elvia/Lloyd Adriatico),* ABl. Nr. C 180 v. 14.07.1995, S. 4, unter V. A.; *Komm.E.,* 14.03.1995, IV/M.518 (*Winterthur/Schweizer Rück),* ABl. Nr. C 73 v. 25.03.1995, S. 18, Rn. 7; *Komm.E.,* 11.11.1996, IV/M.812 (*Allianz/Vereinte),* Rn. 8; *Komm.E.,* 19.07.2001, IV/M.2431 (*Allianz/Dresdner),* Rn. 11;

für unterschiedliche Risiken sich aufgrund ihrer Eigenschaften, Prämien und Verwendungsmöglichkeiten deutlich unterscheiden und daher zwischen ihnen aus Sicht der Versicherungsnehmer nur eine geringe Austauschbarkeit besteht.[813] Noch weitergehend hat die Kommission jedoch festgestellt, dass aus Sicht der Nachfrager die Substituierbarkeit im Grunde gleich Null sei, weil für die Versicherungsnehmer jeder Versicherungsvertrag einzigartig sei.[814] Um einer zu engen Abgrenzung der Märkte zu begegnen, misst die Europäische Kommission der Angebotsumstellungsflexibilität im Bereich der Versicherungen zunehmend besondere Bedeutung zu.[815]

Die Frage der Nachfragesubstituierbarkeit wird insoweit dadurch beeinflusst, dass es sich bei Versicherungen um reine Rechtsprodukte[816] handelt. Das Produkt „Versicherung" ist nicht, wie die meisten anderen Produkte, von äußeren, physischen Merkmalen bestimmt, sondern definiert sich ausschließlich durch die Versicherungsbedingungen, also durch den Inhalt des zwischen Versicherer und Versicherungsnehmer geschlossenen Vertrags.[817] Die Substituierbarkeit aus Nachfragersicht hängt damit von der Vertragsgestaltung im Einzelfall ab.

Insoweit ist, in Übereinstimmung mit der Europäischen Kommission, nach der Art des versicherten Risikos zu unterscheiden. Für einen Nachfrager, der ein konkretes Risiko, zum Beispiel das Risiko der Entstehung von Kosten für die Wahrnehmung seiner rechtlichen Interessen, versichern möchte, ist es keine Option, statt einer Rechtsschutzversicherung eine andere Art von Versicherung,

---

Komm.E., 28.02.2003, COMP/M.3035 (*Berkshire/Hathaway/Converium/Gaum/JV*), Rn. 25; *Komm.E.*, 28.06.2004, COMP/M.3446 (*UNIQA/Mannheimer*), Rn. 10. Vgl. auch MüKoEuWettbR/*Esser/Stappert*, SB Versicherungswirtschaft, Rn. 195 ff. m.w.Nw.

813 *Komm.E.*, 14.03.1995, IV/M.518 (*Winterthur/Schweizer Rück*), ABl. Nr. C 73 v. 25.03.1995, S. 18, Rn. 7; *Komm.E.*, 19.07.2001, IV/M.2431 (*Allianz/Dresdner*), Rn. 11; *Komm.E.*, 28.02.2003, COMP/M.3035 (*Berkshire/Hathaway/Converium/Gaum/JV*), Rn. 25; *Komm.E.*, 28.06.2004, COMP/M.3446 (*UNIQA/Mannheimer*), Rn. 10.

814 *Europäische Kommission*, Bericht an das Europäische Parlament und den Rat über die Anwendung der Verordnung Nr. 3932/92, 12.05.1999, Rn. 26; Commission staff working document (VO 358/2003) SEC (2009) 364, Rn. 141.

815 *Europäische Kommission*, Bericht an das Europäische Parlament und den Rat über die Anwendung der Verordnung Nr. 3932/92, 12.05.1999, Rn. 26; *Komm.E.*, 28.06.2004, COMP/M.3446 (*UNIQA/Mannheimer*), Rn. 10; Commission staff working document (VO 358/2003) SEC (2009) 364, Rn. 141. Siehe dazu sogleich S. 196 ff.

816 *Dreher*, Die Versicherung als Rechtsprodukt (1991).

817 Dazu umfassend *Dreher*, Die Versicherung als Rechtsprodukt (1991), S. 147, 151 und passim. Siehe auch *Brinker/Schädle*, VersR 2004, 673, 676.

beispielsweise eine Haftpflichtversicherung abzuschließen.[818] Mit einer solchen kann er sein Interesse nicht befriedigen, sodass eine Austauschbarkeit aus Sicht der Nachfrager in der Regel nur in Bezug auf Produkte besteht, die das gleiche Risiko betreffen. Eine Substituierbarkeit eines Versicherungsprodukts durch ein anderes ist aus Sicht der Nachfrager nur in sehr begrenztem Umfang möglich.[819]

Dagegen erscheint die Ansicht der Kommission, dass aus Sicht der Nachfrager die Substituierbarkeit einzelner Versicherungen gleich Null sei, weil für die Versicherungsnehmer jede Police einzigartig sei[820], zu weitgehend.

Zumindest auf den hier zu beurteilenden Märkten, auf denen die Vorversichereranfrage praktiziert wird, handelt es sich bei den angebotenen Versicherungsprodukten nicht um Spezialversicherungen, die in jedem Fall eigens auf den betreffenden Versicherungsnehmer zugeschnitten werden, sondern um Standardversicherungen, die tausendfach verkauft werden.[821] Im Massengeschäft mit Versicherungen verwenden die Versicherer zu diesem Zweck Allgemeine Versicherungsbedingungen (AVB)[822], sodass die wesentlichen Bestandteile aller

---

818 *Plaß,* Die Zusammenschlusskontrolle von Versicherungen und Kreditinstituten nach der europäischen Fusionskontrollverordnung (1997), S. 136, die allerdings in eng umgrenzten Fällen eine Substituierbarkeit einer Versicherungsart durch eine andere für möglich hält (ebd., S. 139 ff.).

819 So soll etwa eine Kautionsversicherung aus Sicht des Versicherungsnehmers durch eine Bürgschaft oder eine Kursverlustversicherung mit einer Garantie austauschbar sein (*Dreher/Hoffmann/Kling,* Kartell- und Wettbewerbsrecht der Versicherungsunternehmen (2015), § 7, Rn. 16 m.w.Nw.). Auch soll im Fall eines beschränkten Versicherungsbudgets, das den Versicherungsnehmer dazu zwingt, eine Rangordnung der zu versichernden Risiken in dem Bewusstsein aufzustellen, dass nicht alle Risiken versichert werden können, eine Substitutionsbeziehung zwischen unterschiedlichen Versicherungsarten bestehen. So könne etwa ein Privatkunde anstatt eine umfassende Hausratsversicherung abzuschließen, auch eine der Höhe nach begrenzte Hausratsversicherung und zusätzlich eine Diebstahlsversicherung vorziehen. Insoweit könnten Diebstahl- und Hausratsversicherung im begrenztem Umfang austauschbar sein (*Plaß,* Die Zusammenschlusskontrolle von Versicherungen und Kreditinstituten nach der europäischen Fusionskontrollverordnung (1997), S. 138 f.).

820 Siehe dazu die Nachweise in Fn. 814.

821 Im Fall solcher Spezialrisiken, die in der Regel auch nur von wenigen Versicherern gezeichnet werden, ist der relevante Markt deutlich enger zu definieren. Vgl. *Bundeskartellamt,* Leitbrief vom 18.12.1981, abgedruckt in: Gemeinschaftskommentar, § 102 Rn. 14, S. 19.

822 Allgemeine Versicherungsbedingungen sind laut GDV „Regeln für die vertraglichen Rechte und Pflichten des Versicherungsnehmers und Versicherers, gegebenenfalls ergänzt durch besondere Versicherungsbedingungen [und] legen Inhalt und Umfang

Versicherungsverträge, die ein bestimmtes Risiko betreffen, identisch sind. Die einzelnen Verträge unterscheiden sich nur in für die Marktabgrenzung unmaßgeblichen Details voneinander, wie zum Beispiel in Bezug auf Deckungssumme, Selbstbehalt, Spezifizierung des versicherten Gegenstands oder des Versicherungsnehmers (z.B. spezielle Tarife in der Kfz-Haftpflicht für Beschäftigte des öffentlichen Dienstes oder junge Fahrer) oder in Bezug auf Zusatzleistungen der Versicherung, wie zum Beispiel einen Rabattschutz im Rahmen der Kfz-Haftpflichtversicherung. Die abweichenden Regelungen sind zwar für die Prämienhöhe relevant, sie haben aber keinen Einfluss auf den Zweck des Vertrags, nämlich die Versicherung eines bestimmten Risikos[823], das sich in der Regel nach der Art des Versicherungsgegenstands oder nach der Art des drohenden Schadens bestimmt. Die Grundstruktur[824] der Absicherung bleibt davon unberührt.

Da sich der Gegenstand der Versicherung also durch diese Variablen nicht ändert, haben sie auch keinen Einfluss auf die Substituierbarkeit aus Sicht der Nachfrager und folglich auf die sachliche Marktabgrenzung.[825] Jedenfalls

---

des Versicherungsschutzes fest" (http://www.gdv.de/glossar/#a, Stand 19.09.2015). Zur Bedeutung der Allgemeinen Versicherungsbedingungen für das Produkt Versicherung siehe *Dreher,* Die Versicherung als Rechtsprodukt (1991), S. 159 ff.

823 *Kreiling,* Versicherungsgemeinschaften im europäischen Kartellrecht (1999), S. 114; *Brinker/Schädle,* VersR 2004, 673, 676.

824 *Michaels,* VW 1995, 1612, 1614; *Plaß,* Die Zusammenschlusskontrolle von Versicherungen und Kreditinstituten nach der europäischen Fusionskontrollverordnung (1997), S. 142; *Kreiling,* Versicherungsgemeinschaften im europäischen Kartellrecht (1999), S. 114.

825 Vgl. *Brinker/Schädle,* VersR 2004, 673, 676; Immenga/Mestmäcker/*Ellger,* Art. 6 Vers-GVO, Rn. 12. A.A. *Thomas,* Aktuelle Entwicklungen des Versicherungskartellrechts: Relevanter Markt und hypothetische Marktverhältnisse im Rahmen der neuen Versicherungs-GVO und in § 33 GWB, in: Körber/Rauh (Hrsg.), Aktuelle Entwicklungen im Versicherungskartellrecht (2011), S. 57, 62 f., der davon ausgeht, dass die Vergleichbarkeit aus Sicht der Nachfrager nur in wenigen Fällen gegeben sei. Die Vergleichbarkeit aus Sicht der Nachfrager richte sich nach dem konkreten Kundenbedürfnis und das werde bei Versicherungen erst durch das versicherte Interesse und das versicherungsrechtliche Risiko abgebildet. Aus den unterschiedlichen Versicherungsinteressen und Versicherungswerten folgen darüber hinaus auch unterschiedliche Deckungssummen innerhalb einer Versicherungsart. Die Marktabgrenzung anhand der Nachfragesubstituierbarkeit führe demnach im Bereich von Versicherungen zu einer Atomisierung der Märkte, weil nur in seltenen Fällen identisch ausgestaltete Versicherungsverträge für mehrere Versicherungsnehmer in Frage kämen. Vgl. auch *Bartmann,* 10. Kapitel, in: Mäger (Hrsg.), Europäisches Kartellrecht (2011), Rn. 11, die aufgrund einer unterschiedlichen Ausgestaltung von

Versicherungen gleicher Risiken sind daher aus Sicht der Nachfrager grundsätzlich gegeneinander austauschbar.

Ähnlich hat das Bundeskartellamt in einem Leitbrief vom 18.12.1981 das Bestehen von Musterversicherungsbedingungen als Anhaltspunkt für die Abgrenzung des sachlich relevanten Marktes gesehen.[826] Aus ihnen ergäben sich die angebotenen Versicherungsprodukte.[827]

Der GDV stellt seinen Mitgliedern derartige Musterversicherungsbedingungen für eine Vielzahl von Versicherungsarten zur Verfügung.[828] Die Versicherer können diese dann, ggf. in leicht abgewandelter Form, ihren Verträgen mit Versicherungsnehmern zugrunde legen. Auf diese Weise findet eine gewisse Vereinheitlichung der Versicherungsbedingungen für eine Versicherungsart und damit der Produkte verschiedener Versicherer statt. Die Verwendung der Musterversicherungsbedingungen ist jedoch für die Mitgliedsunternehmen keinesfalls zwingend. Dies war unter Geltung der ersten und zweiten GVO Versicherungswirtschaft notwendige Voraussetzung für die Freistellung.[829]

In der letzten GVO Versicherungswirtschaft aus dem Jahr 2010 war die Ausarbeitung von Musterversicherungsbedingungen nicht mehr freigestellt. Die Kommission begründete dies damit, dass die Freistellung durch eine sektorspezifische GVO nicht gerechtfertigt sei, weil Muster Allgemeiner Geschäftsbedingungen kein Spezifikum der Versicherungswirtschaft seien, sondern auch in anderen Bereichen vorkämen.[830] Darüber hinaus sah die Kommission in den

---

„Besonderen Versicherungsbedingungen" oder Unterschieden im Deckungsumfang (z.B. Selbstbehalte, Deckungssumme) zwar die Nachfragesubstituierung verneint, einen einheitlichen Markt in diesen Fällen aber unter dem Aspekt der Angebotsumstellungsflexibilität annimmt.

826 *Bundeskartellamt,* Leitbrief vom 18.12.1981, abgedruckt in: Gemeinschaftskommentar, § 102 Rn. 14.

827 *Bundeskartellamt,* Leitbrief vom 18.12.1981, abgedruckt in: Gemeinschaftskommentar, § 102 Rn. 14.

828 Eine Übersicht über die vom GDV bereitgestellten Musterversicherungsbedingungen findet sich unter: http://www.gdv.de/downloads/versicherungsbedingungen/ (Stand 29.09.2018).

829 *Europäische Kommission,* GVO Versicherungswirtschaft (1992), ABl. Nr. L 389 v. 31.12.1992, S. 7, Art. 6 Abs. 1 lit. a) sowie Erwägungsgrund 7; *Europäische Kommission,* GVO Versicherungswirtschaft (2003), ABl. Nr. L 53 v. 28.02.2003, S. 8, Art. 5 Abs. 1 lit. a) sowie Erwägungsgrund 15.

830 Commission staff working document (VO 358/2003) SEC (2009) 364, Rn. 80 ff., 102; *Europäische Kommission,* GVO Versicherungswirtschaft, ABl. Nr. L 83 v. 30.03.2010, S. 1, Erwägungsgrund 3. Kritisch hierzu *Dreher/Hoffmann,* ZWeR 2012, 403, 405 f., die insbesondere den Vergleich zum Bankensektor und die mangelnde Beachtung

Musterversicherungsbedingungen die Gefahr einer zu starken Standardisierung der Produkte und einer dadurch bedingten Einschränkung des Produktwettbewerbs.[831]

Daraus ist jedoch nicht zu folgern, dass Musterversicherungsbedingungen nunmehr grundsätzlich nicht mehr freigestellt wären. Vielmehr muss die Freistellung, sofern eine Wettbewerbsbeschränkung vorliegt, im Einzelfall am Maßstab des Art. 101 Abs. 1 und 3 AEUV geprüft werden.[832] Dabei betont die Europäische Kommission auch weiterhin die Vorteile von Musterversicherungsbedingungen, die insbesondere in der höheren Vergleichbarkeit der Produkte verschiedener Anbieter und der damit einhergehenden Erleichterung eines Wechsels zwischen Versicherungsgesellschaften sowie in der Erleichterung des Marktzutritts für neue Anbieter lägen.[833] Anhaltspunkte für die Bewertung liefern die neuen Horizontalleitlinien. Aus ihnen ergibt sich einerseits, dass von sogenannten Standardbedingungen, zu denen auch die Musterversicherungsbedingungen zählen, in der Regel keine wettbewerbsbeschränkenden Auswirkungen erwartet werden, wenn „(über einen Wirtschaftsverband oder direkt) eine **uneingeschränkte** Beteiligung der Wettbewerber auf dem relevanten Markt an der tatsächlichen Festlegung von Standardbedingungen gewährleistet ist und es

---

versicherungsspezifischer Besonderheiten wie insbesondere der produktgestaltenden Wirkung Allgemeiner Versicherungsbedingungen sowie des erhöhten Kooperationsbedarfs im Versicherungssektor kritisieren. Ebenso *Dreher/Hoffmann/Kling,* Kartell- und Wettbewerbsrecht der Versicherungsunternehmen (2015), § 9, Rn. 10.

831 Commission staff working document (VO 358/2003) SEC (2009) 364, Rn. 89; *Europäische Kommission,* GVO Versicherungswirtschaft, ABl. Nr. L 83 v. 30.03.2010, S. 1, Erwägungsgrund 3. Siehe dazu auch bereits *Europäische Kommission,* GVO Versicherungswirtschaft (2003), ABl. Nr. L 53 v. 28.02.2003, S. 8, Erwägungsgrund 15. Vgl. auch *Pohlmann,* WuW 2010, 1106, 1006, 1008; *Gruber,* JBl 2011, 477, 486; *Bartel,* Die neue Gruppenfreistellungsverordnung für die Versicherungswirtschaft – Eine Auseinandersetzung mit den wesentlichen Änderungen, in: Körber/Rauh (Hrsg.), Aktuelle Entwicklungen im Versicherungskartellrecht (2011), S. 25, 48 ff.; Langen/Bunte/*Röhrig,* Syst. VIII Versicherungswirtschaft, Rn. 123, 125.

832 Umfassend hierzu *Pohlmann,* WuW 2010, 1106, 1107. Siehe auch *Meyer-Lindemann,* in: FK, Sonderbereich Versicherungswirtschaft, Rn. 136 ff.

833 *Europäische Kommission,* Horizontalleitlinien, ABl. Nr. C 11 v. 14.01.2011, S. 1, Rn. 312, 335; Commission staff working document (VO 358/2003) SEC (2009) 364, Rn. 88, 101. Zur Erleichterung des Marktzutritts siehe auch *Europäische Kommission,* GVO Versicherungswirtschaft (2003), ABl. Nr. L 53 v. 28.02.2003, S. 8, Erwägungsgrund 14. Vgl. auch *Pohlmann,* WuW 2010, 1106, 1115, die Kriterien für eine Abwägung zwischen Produktvielfalt und Produktvergleichbarkeit liefert (ebd., S. 1116). Siehe auch *Rauh,* Versicherungsverbände und Kartellrecht (2013), S. 212 ff.

sich um **nicht verbindliche** und **uneingeschränkt zugängliche** [Hervorhebungen im Original] Standardbedingungen handelt".[834] Dagegen stellt es andererseits ohne weiteres einen Verstoß gegen Art. 101 Abs. 1 AEUV dar, wenn in den Allgemeinen Musterversicherungsbedingungen Angaben über die Bruttoprämien oder über die Berechnung der Bruttoprämien enthalten sind.[835] Dementsprechend werden Musterversicherungsbedingungen dann als besonders kritisch gesehen, wenn sie sich negativ auf den Preiswettbewerb auswirken oder die Produktvielfalt und -innovation etwa durch den Leistungsumfang bestimmende und damit produktgestaltende Klauseln einschränken.[836] Auch nach Wegfall der Regelung in der Gruppenfreistellungsverordnung sind Musterversicherungsbedingungen damit weiterhin möglich und werden vom GDV zur Verfügung gestellt.[837]

Unabhängig davon, ob man auf das Bestehen von Musterversicherungsbedingungen oder direkt auf die Art des versicherten Risikos abstellt, ergibt sich damit nach dem Kriterium der Nachfragesubstituierbarkeit ein sachlich relevanter Markt für jede Versicherungsart. Eine weitergehende Untergliederung der sachlich relevanten Märkte anhand der konkreten Vertragsbedingungen im Einzelfall ist dagegen nicht sachgerecht. Gerade im Massengeschäft mit Versicherungen kann nicht davon ausgegangen werden, dass für einen Nachfrager zwei Versicherungsverträge, die sich etwa in der Deckungssumme oder in einzelnen Vertragsbedingungen unterscheiden, nicht grundsätzlich austauschbar sind.[838] Dem steht es nicht entgegen, dass ein Nachfrager eine deutliche Präferenz für die eine oder andere Vertragsgestaltung hat. Denn durch eine solche Präferenz wird nicht die grundsätzliche Austauschbarkeit der verschiedenen Gestaltungen in Frage gestellt.

---

834 *Europäische Kommission,* Horizontalleitlinien, ABl. Nr. C 11 v. 14.01.2011, S. 1, Rn. 301. Auch spricht nach Ansicht der Europäischen Kommission eine Verbindlichkeit von Standardbedingungen in aller Regel gegen eine Unerlässlichkeit der Wettbewerbsbeschränkung im Rahmen einer Beurteilung nach Art. 101 Abs. 3 AEUV (*Europäische Kommission,* Horizontalleitlinien, ABl. Nr. C 11 v. 14.01.2011, S. 1, Rn. 320).

835 Aus *Europäische Kommission,* Mitteilung Versicherungssektor, ABl. Nr. C 82 v. 30.03.2010, S. 20, Rn. 23 Fn. 4 ergibt sich, dass die schwarzen Klauseln der GVO Versicherungswirtschaft (2003) insofern inhaltlich fortgelten. Vgl. dazu auch *Pohlmann,* WuW 2010, 1106, 1110.

836 Vgl. Langen/Bunte/*Röhrig,* Syst. VIII Versicherungswirtschaft, Rn. 123.

837 Siehe oben in und bei Fn. 828.

838 *Brinker/Schädle,* VersR 2004, 673, 676.

Dagegen lässt sich die oben behandelte aufsichtsrechtliche Einteilung der Risiken in Anhang I zur Solvency II-Richtlinie nicht anhand des Kriteriums der Nachfragesubstituierbarkeit verifizieren.[839] So fallen beispielsweise unter Nr. 13 „Allgemeine Haftpflicht" des Anhangs I zur Solvency II-Richtlinie die Privathaftpflicht-, die Tierhalterhaftpflicht-, die Gebäudehaftpflicht-, die Produkthaftpflicht- und die Betriebshaftpflichtversicherung. Zwischen ihnen besteht jedoch aus Sicht der Nachfrager keine Substituierbarkeit, weil es etwa für einen Tierhalter keine Alternative wäre, statt einer Tierhalterhaftpflicht- eine Gebäudehaftpflichtversicherung abzuschließen. Diese Allgemeinen Haftpflichtversicherungen bilden daher keinen einheitlichen sachlichen Markt.[840]

(b) Angebotsumstellungsflexibilität

Die Angebotsumstellungsflexibilität stellt nach der Praxis der Europäischen Kommission das zweite für die Marktabgrenzung wesentliche Kriterium dar.[841] Sie betrifft die Substituierbarkeit aus Sicht der Anbieter. Im Rahmen der Angebotsumstellungsflexibilität sollen dem relevanten Markt auch die Kapazitäten solcher Anbieter zugerechnet werden, die kurzfristig und ohne spürbare Kostenverluste in der Lage sind, ein dem in Frage stehenden vergleichbares Produkt herzustellen und auf dem Markt anzubieten, und so einen Teil der Nachfrage nach dem ursprünglichen Produkt auf sich zu ziehen.[842] Im Rahmen des SSNIP-Tests ist die Angebotssubstituierbarkeit als zweite mögliche Ursache dafür zu berücksichtigen, dass ein hypothetischer Monopolist den Preis für sein Produkt nicht gewinnmaximierend erhöhen kann.[843]

Der potentielle Wettbewerb soll zwar nach Ansicht der Kommission im Rahmen der Marktabgrenzung grundsätzlich keine Berücksichtigung finden, weil seine Wirkungen weniger unmittelbar seien, als die der Nachfragesubstituierbarkeit,

---

839 Vgl. *Dreher/Hoffmann/Kling,* Kartell- und Wettbewerbsrecht der Versicherungsunternehmen (2015), § 5, Rn. 16 zur inhaltsgleichen Einteilung der Vorgängerrichtlinie. Siehe auch oben S. 169 ff.

840 *Dreher/Hoffmann/Kling,* Kartell- und Wettbewerbsrecht der Versicherungsunternehmen (2015), § 5, Rn. 16.

841 *Europäische Kommission,* Bekanntmachung relevanter Markt, ABl. Nr. C 372 v. 09.12.1997, S. 5, Rn. 13, 20. Siehe zur Angebotssubstituierbarkeit auch *Dreher/Thomas,* ZWeR 2014, 366.

842 *EuGH,* Urt. v. 09.11.1983, Rs. C-322/81 (*Michelin*), Slg. 1983, 3461, Rn. 41; *EuG,* Urt. v. 30.03.2000, Rs. T-65/96 (*Kish Glass*), Slg. 2000, II-1885, Rn. 68; *EuGH,* Urt. v. 21.02.1973, Rs. C-6/72 (*Europempallage & Continental Can*), Slg. 1973, 215, Rn. 33.

843 Siehe dazu oben S. 178 f.

und von weiteren Faktoren abhingen.[844] Seine Auswirkungen seien vielmehr erst im Rahmen der wettbewerblichen Prüfung zu berücksichtigen.[845]

Davon macht die Kommission aber im Rahmen der Angebotssubstituierbarkeit eine Ausnahme, „wenn sie sich genauso wirksam und unmittelbar auswirkt wie die Nachfragesubstituierbarkeit".[846] Dies erfordert, dass „die Anbieter in Reaktion auf kleine, dauerhafte Änderungen bei den relativen Preisen in der Lage sind, ihre Produkte auf die relevanten Erzeugnisse umzustellen und sie kurzfristig (...) auf den Markt zu bringen, ohne spürbare Zusatzkosten oder Risiken zu gewärtigen".[847] Dagegen soll „[e]ine Angebotssubstituierbarkeit (...) bei der Marktdefinition nicht berücksichtigt werden, wenn sie erhebliche Anpassungen bei den vorhandenen Sachanlagen und immateriellen Aktiva, zusätzliche Investitionen, strategische Entscheidungen oder zeitliche Verzögerungen mit sich brächte."[848] Der Unterschied zwischen Angebotssubstituierbarkeit und potentiellem Wettbewerb liegt damit einzig darin, wie schnell die Angebotssubstituierung durchgeführt werden kann.[849] Anbieter, die ihr Angebot hinreichend schnell umstellen können, sind demnach als aktuelle Wettbewerber anzusehen

844 *Europäische Kommission,* Bekanntmachung relevanter Markt, ABl. Nr. C 372 v. 09.12.1997, S. 5, Rn. 14, 24.

845 *Europäische Kommission,* Bekanntmachung relevanter Markt, ABl. Nr. C 372 v. 09.12.1997, S. 5, Rn. 14.

846 *Europäische Kommission,* Bekanntmachung relevanter Markt, ABl. Nr. C 372 v. 09.12.1997, S. 5, Rn. 20. Vgl. auch *Komm.E.,* 12.04.1999, 1999/329/EG (*P&I-Clubs II),* ABl. L 125 v. 19.05.1999, S. 12, Rn. 56; *Komm.E.,* 26.04.1988, 88/501/EWG (*Tetra Pak I),* ABl. Nr. L 272 v. 04.10.1988, S. 27, Rn. 36 ff.

847 *Europäische Kommission,* Bekanntmachung relevanter Markt, ABl. Nr. C 372 v. 09.12.1997, S. 5, Rn. 20. Als Beispiel hierfür führt die Kommission den Fall an, dass Hersteller verschiedenste Sorten oder Qualitäten eines Produkts absetzen: „[S]elbst wenn für einen bestimmten Endverbraucher oder bestimmte Verbrauchergruppen Produkte unterschiedlicher Güte nicht substituierbar sind, werden sie einem einzigen Produktmarkt zugeordnet, sofern die meisten Anbieter in der Lage sind, die verschiedenen Produkte unverzüglich und ohne die erwähnten erheblichen Zusatzkosten zu verkaufen. In diesen Fällen umfaßt der sachlich relevante Markt sämtliche Produkte, die sowohl von der Nachfrage als auch vom Angebot her substituierbar sind, und es wird der derzeitige Gesamtabsatz dieser Produkte ermittelt, um den Gesamtwert oder den Gesamtumfang des Marktes zu bestimmen" (*Europäische Kommission,* Bekanntmachung relevanter Markt, ABl. Nr. C 372 v. 09.12.1997, S. 5, Rn. 21).

848 *Europäische Kommission,* Bekanntmachung relevanter Markt, ABl. Nr. C 372 v. 09.12.1997, S. 5, Rn. 23.

849 *Dreher/Thomas,* ZWeR 2014, 366, 374 f.: Die Angebotssubstituierbarkeit soll demnach in der Regel betroffen sein, wenn die Umstellung weniger als ein Jahr dauert. Nimmt

und ihre gesamte aktuelle Produktion ist zu einem einheitlichen Markt zusammenzufassen.[850]

Auch die europäischen Gerichte greifen in einigen Fällen für die Marktabgrenzung auf die Angebotsumstellungsflexibilität zurück.[851] Die Zurückhaltung der Gemeinschaftsorgane bei der Heranziehung der Angebotssubstituierbarkeit kommt jedoch in der Bekanntmachung der Europäischen Kommission über die Definition des relevanten Marktes zum Ausdruck, wonach sie bei der Marktabgrenzung nur ergänzend zu berücksichtigen ist.[852] In der Literatur stößt insbesondere die Zurückhaltung der Kommission bei der Heranziehung der Angebotsumstellungsflexibilität zu Recht auf Kritik.[853] Auf diese Weise wird der von potentiellen Wettbewerbern ausgehende Druck auf die bereits im Markt befindlichen Unternehmen zu häufig unterschätzt.[854] Vielmehr ist die Angebotsumstellungsflexibilität in jedem Fall in Betracht zu ziehen und ihre oben genannten Voraussetzungen sind zu prüfen. Denn wenn diese Voraussetzungen erfüllt sind, die Angebotsumstellung also zeitnah und kosteneffizient möglich ist, übt sie einen ebenso effektiven Wettbewerbsdruck aus wie die aktuellen Wettbewerber.[855] Welche Gewichtung Angebots- und Nachfragesubstituierung dann jeweils im konkreten Einzelfall zukommt, ist eine Frage der speziellen Gegebenheiten des betroffenen Marktes, die einer pauschalen Beurteilung nicht zugänglich ist.

---

sie dagegen mehr als ein oder zwei Jahre in Anspruch, soll es sich dagegen um potentiellen Wettbewerb handeln.

850 *Dreher/Thomas*, ZWeR 2014, 366, 368, 372 ff. Siehe auch oben in Fn. 847.

851 *EuGH*, Urt. v. 21.02.1973, Rs. C-6/72 (*Europempallage & Continental Can)*, Slg. 1973, 215, Rn. 33 ff.; *EuG*, Urt. v. 30.03.2000, Rs. T-65/96 (*Kish Glass)*, Slg. 2000, II-1885, Rn. 54–69.

852 *Europäische Kommission*, Bekanntmachung relevanter Markt, ABl. Nr. C 372 v. 09.12.1997, S. 5, Rn. 13, 20 ff. Vgl. auch *Kauper*, Fordham Int'l L.J. (1996), 1682, 1713 f.

853 *Roth/Ackermann*, in: FK, Grundfragen Art. 81 Abs. 1 EG, Rn. 376; *Dreher/Thomas*, ZWeR 2014, 366, 380 f.

854 Vgl. insoweit in Bezug auf die Marktabgrenzung durch das Bundeskartellamt *Säcker*, ZWeR 2004, 1, 9 ff., der jedoch daraus den Schluss zieht, dass nicht nur die Angebotssubstitution zu berücksichtigen sei, sondern in erster Linie eine Marktabgrenzung anhand der Wirtschaftspläne des betroffenen Unternehmens zu erfolgen habe. Siehe auch *Dreher/Thomas*, ZWeR 2014, 366, 366 ff.

855 *Roth/Ackermann*, in: FK, Grundfragen Art. 81 Abs. 1 EG, Rn. 376; *Dreher/Thomas*, ZWeR 2014, 366, 383.

(aa) Quantitative Umsetzung

Was die quantitative Umsetzung betrifft, stellen sich in Bezug auf die Angebotssubstituierung ähnliche Probleme wie bei der Nachfragesubstituierung.[856] Die im Zusammenhang mit der Angebotsumstellungsflexibilität verwendeten Beschreibungen „kurzfristig", „ohne spürbare Kostenverluste" und „erhebliche Anpassungen" sind bloße Leerformeln ohne quantitativen Gehalt. Aus der Bekanntmachung der Kommission ergibt sich insofern lediglich, dass die Unternehmen mit ihren aktuellen Umsatzzahlen in Bezug auf solche Produkte, an deren Stelle sie das fragliche Substitut produzieren könnten, in die Beschreibung des relevanten Marktes eingehen sollen.[857] Kernfrage ist in diesem Zusammenhang jedoch, welche Unternehmen als potentielle Wettbewerber überhaupt zu berücksichtigen sind[858] und wie der einzubeziehende Marktanteil zu bestimmen ist. Anders ausgedrückt ist eine Grenze festzulegen, bis zu der Unternehmen als potentielle Wettbewerber im Rahmen der Angebotsumstellungsflexibilität berücksichtigt werden sollen.[859] Dafür liefert auch der SSNIP-Test keine Antwort. Insofern ist vielmehr eine „qualitativ-wertende Beurteilung"[860] erforderlich.

(bb) Besonderheiten der Versicherungsmärkte

Auch im Rahmen der Angebotsumstellungsflexibilität ergeben sich Besonderheiten daraus, dass es sich bei Versicherungen, wie bereits dargestellt, nicht um körperliche, sondern um Rechtsprodukte handelt.[861] Die Eigenschaften des Produkts Versicherung werden ausschließlich durch den Inhalt des Versicherungsvertrags bestimmt, sodass jeder Versicherungsvertrag im Grunde genommen einzigartig ist.[862] Die Europäische Kommission misst daher der

---

856 Siehe dazu oben S. 185. Kritisch in Bezug auf die Praktikabilität der Ermittlung der Angebotsumstellungsflexibilität auch *Mestmäcker/Schweitzer,* Europäisches Wettbewerbsrecht (2014), § 26, Rn. 47.

857 *Europäische Kommission,* Bekanntmachung relevanter Markt, ABl. Nr. C 372 v. 09.12.1997, S. 5, Rn. 22; siehe dazu auch *Traugott,* WuW 1998, 929, 931.

858 *Ewald,* ZWeR 2004, 512, 536 f.

859 *Ewald,* ZWeR 2004, 512, 538. Siehe zu diesem allgemeinen Problem quantitativer Analysen bereits oben S. 185.

860 *Ewald,* ZWeR 2004, 512, 538. Zu den Anhaltspunkten für die Ausgestaltung einer solchen Bewertung siehe ebd., S. 538 f. in Anlehnung an *Padilla,* The role of supply-side substitution in the definition of the relevant market in merger control, S. 22 f.

861 Siehe dazu oben im Rahmen der Nachfragesubstituierbarkeit S. 187.

862 *Europäische Kommission,* Bericht an das Europäische Parlament und den Rat über die Anwendung der Verordnung Nr. 3932/92, 12.05.1999, Rn. 26. Dazu und zu den

Angebotssubstitution bei der Bestimmung des sachlich relevanten Marktes für Versicherungsprodukte eine gesteigerte Bedeutung zu.[863] Insbesondere im Bereich der Schadensversicherung seien die Bedingungen für die Versicherung unterschiedlicher Risiken aus Sicht der Versicherer ähnlich und die meisten großen Versicherungsunternehmen versicherten auch verschiedene Risiken, sodass verschiedene Schadensversicherungen einem einzigen Produktmarkt angehören können.[864] Ebenso nahm die Kommission in den Entscheidungen *Allianz/Hermes* und *Schweizer Rück/NCM* einen einheitlichen Markt für Kreditversicherungen an und begründete das damit, dass die Anbieter von Kreditversicherungen, auch wenn sie aktuell nur in bestimmten Sektoren des Kreditversicherungswesens tätig seien, grundsätzlich in der Lage wären, sämtliche Arten von Kreditversicherungen anzubieten.[865]

Ob diese Annahme verallgemeinerungsfähig ist, erscheint jedoch zweifelhaft. Die sich aus der Eigenschaft von Versicherungen als Rechtsprodukte ergebende Nähe der verschiedenen Versicherungsprodukte zueinander darf nicht zu einer wirklichkeitsfremd weiten Marktabgrenzung auf den Versicherungsmärkten führen. Überspitzt ausgedrückt könnte man jedes beliebige Versicherungsprodukt durch Änderung einiger Merkmale des zugrundeliegenden Vertrags wie des versicherten Risikos, der Deckungssumme, der Voraussetzungen des Eintritts des Versicherungsfalls und der Prämienhöhe in jedes beliebige andere Versicherungsprodukt umwandeln. Eine solche Sichtweise beschreibt aber nicht die Austauschbarkeit *aus Sicht der Anbieter*, sondern ist allein darin begründet, dass die Eigenschaften eines Versicherungsprodukts ausschließlich durch den zugrundeliegenden Vertrag definiert werden und daher ohne großen (technischen) Aufwand verändert werden können.

Abweichungen hiervon im Rahmen des Massengeschäfts mit Versicherungen siehe oben S. 188 f.

863 *Europäische Kommission*, Bericht an das Europäische Parlament und den Rat über die Anwendung der Verordnung Nr. 3932/92, 12.05.1999, Rn. 26. Ebenso *Kirscht*, Versicherungskartellrecht (2003), S. 65. Vgl. dazu auch *Dreher/Hoffmann/Kling*, Kartell- und Wettbewerbsrecht der Versicherungsunternehmen (2015), § 5, Rn. 18 ff.; *Görner*, ZVersWiss 2005, 739, 748.

864 *Komm.E.*, 28.06.2004, COMP/M.3446 (*UNIQA/Mannheimer)*, Rn. 10; *Komm.E.*, 18.12.2001, COMP/M.2676 (*Sampo/Varma Sampo/IF Holding/JV)*, Rn. 12; *Komm.E.*, 28.02.2003, COMP/M.3035 (*Berkshire/Hathaway/Converium/Gaum/JV)*, Rn. 25.

865 *Komm.E.*, 27.09.1996, IV/M.813 (*Allianz/Hermes)*, Rn. 12; *Komm.E.*, 26.06.1998, IV/M.1150 (*Schweizer Rück/NCM)*, Rn. 9. Siehe dazu auch *Friese/Grobenski/Schulenburg*, VersR 2005, 1493, 1498, sowie *Brinker/Schädle*, VersR 2004, 673, 674.

Vielmehr ist der tatsächlich mit einer solchen Angebotsumstellung verbundene Aufwand zu untersuchen. Zum einen muss unterschieden werden, ob die neu anzubietende Versicherungsart einer Versicherungssparte angehört, innerhalb derer der Versicherer bereits tätig ist, oder nicht.[866] Im letzteren Fall entsteht einiger Aufwand bei der Angebotsumstellung schon dadurch, dass es sich bei der Ausweitung der Tätigkeit des Versicherers auf weitere, bisher nicht von der versicherungsaufsichtsrechtlichen Genehmigung erfasste Versicherungssparten um eine nach § 12 Abs. 1 und 2 VAG genehmigungsbedürftige Geschäftsplanänderung handelt.[867] Das ist darin begründet, dass die Erlaubnis zum Geschäftsbetrieb gemäß § 10 Abs. 2 S. 1 VAG für jede Versicherungssparte im Sinne der Anlage A zum VAG gesondert erteilt wird.[868] Selbst im ersten Fall, also wenn die neu anzubietende Versicherung einer Sparte angehört, innerhalb derer das Versicherungsunternehmen bereits tätig ist, kann eine Erlaubnis durch die BaFin dann erforderlich werden, wenn die vorherige Erlaubnis sich gemäß § 10 Abs. 2 S. 2 VAG nur auf die Versicherung eines Teils der Risiken einer Sparte bezieht.[869]

In den von der Kommission entschiedenen Fällen *Allianz/Hermes* und *Schweizer Rück/NCM* ging es um die Zusammenfassung verschiedener Arten von Kautionsversicherungen zu einem gemeinsamen Markt. Es handelte sich somit um Versicherungsarten, die alle derselben Sparte zuzuordnen sind. Den Entscheidungen lässt sich somit nichts über die Zusammenfassung von Versicherungsarten aus unterschiedlichen Versicherungssparten zu einem gemeinsamen Markt entnehmen.

---

866 Zu den Begriffen „Versicherungsart“ und „Versicherungssparte“ siehe oben S. 166 f.

867 Prölss/Dreher/*Präve*, § 12 VAG, Rn. 8.

868 Eine Ausnahme ergibt sich insoweit aus § 10 Abs. 4 VAG: „Eine für eine oder mehrere Sparten erteilte Erlaubnis umfasst auch die Deckung zusätzlicher Risiken aus anderen Versicherungssparten, wenn diese Risiken im Zusammenhang mit einem Risiko einer betriebenen Versicherungssparte stehen, denselben Gegenstand betreffen und durch denselben Vertrag gedeckt werden. Risiken, die unter die in der Anlage 1 Nummer 14, 15 und 17 genannten Versicherungssparten fallen, werden nicht als zusätzliche Risiken von der Erlaubnis zum Betrieb anderer Sparten umfasst. Risiken, die unter die in der Anlage 1 Nummer 17 genannte Versicherungssparte fallen, werden jedoch unter den Voraussetzungen des Satzes 1 von der Erlaubnis für andere Sparten umfasst, wenn sie sich auf Streitigkeiten oder Ansprüche beziehen, die aus dem Einsatz von Schiffen auf See entstehen oder mit deren Einsatz verbunden sind, oder wenn die Erlaubnis zum Betrieb der in der Anlage 1 Nummer 18 Buchstabe a genannten Sparte erteilt wird.“ Siehe dazu Prölss/Dreher/*Präve*, § 10 VAG, Rn. 8 ff.

869 Prölss/Dreher/*Präve*, § 12 VAG, Rn. 8.

Im Übrigen scheint die Produktumstellung in der Versicherungsbranche auf den ersten Blick mit weniger Schwierigkeiten behaftet als in anderen Produktmärkten, weil sie nicht mit einer Erhöhung von „Produktionskosten“ verbunden ist. Ein neues Versicherungsprodukt auf den Markt zu bringen erfordert nicht das Vorhandensein von Produktionsstätten oder -mitteln, denn es wird im herkömmlichen Sinne nichts „hergestellt“. Ein nicht zu vernachlässigender Aufwand ergibt sich bei der Umstellung des Angebots eines Versicherungsunternehmens auf andere Produkte aber daraus, dass für das neue Versicherungsprodukt eine neue Tarifstruktur entwickelt werden muss. Dem liegen umfangreiche Berechnungen bzw. Modellierungen der zu erwartenden Schäden und des sich daraus ergebenden Prämienbedarfs sowie der erforderlichen Deckungsrückstellung von Seiten des Versicherers zugrunde. Je nach Aufwand dieser Berechnungen verursacht der Eintritt in eine neue Versicherungsart bzw. -branche auch entsprechende Kosten, die an der Möglichkeit einer „kurzfristigen“ Angebotsumstellung „ohne spürbare Kosten“[870] zweifeln lassen.

Ebenso müssen für ein neues Versicherungsprodukt im Rahmen des Massengeschäfts mit Versicherungen Allgemeine Versicherungsbedingungen entwickelt werden, die den einzelnen Verträgen mit den Versicherungsnehmern zugrunde gelegt werden können. Selbst wenn hierfür die Musterversicherungsbedingungen des GDV verwandt werden, müssen diese an die Bedürfnisse und die Tarife des jeweiligen Versicherers angepasst werden.[871]

Für den Fall, dass die Angebotsumstellung nicht den Bereich von Massenversicherungen, sondern die Versicherung speziellerer Einzelrisiken betrifft, ist auch die Kommission in der Entscheidung *P&I-Clubs II* zu dem Ergebnis gekommen, dass eine solche nicht kurzfristig möglich ist. Die Versicherung von Spezialrisiken – in diesem Fall Protection- & Indemnity-Versicherungen (P&I-Versicherungen) – erfordert „technische Kenntnis der P&I-Risiken, umfassende Netzwerke von Beauftragten in den wichtigsten Welthäfen, die P&I-Ansprüche effizient bearbeiten können, und eine moderne Schadenbearbeitungsstelle“[872]. Die oben angesprochene Berechnung der Schadenwahrscheinlichkeit, Schadenhäufigkeit, des Prämienbedarfs, sowie der erforderlichen Rückstellungssummen ist in diesen Fällen häufig mangels Erfahrungen mit ähnlichen Risiken noch

870 Siehe dazu oben S. 193 ff.

871 Zu den Allgemeinen Musterversicherungsbedingungen siehe bereits oben S. 190 ff.

872 *Komm.E.*, 12.04.1999, 1999/329/EG (*P&I-Clubs II)*, ABl. L 125 v. 19.05.1999, S. 12, Rn. 57.

schwieriger und damit auch kostenintensiver als im Bereich der Massenversicherungen.

Bei der Zusammenfassung verschiedener Versicherungsarten zu einem gemeinsamen sachlich relevanten Markt dürfen die Besonderheiten des Rechtsprodukts Versicherung nicht zu einer Bildung unverhältnismäßig großer sachlich relevanter Märkte führen, die den tatsächlichen Aufwand einer Angebotsumstellung vernachlässigen. Zwar soll das Kriterium der Angebotsumstellungsflexibilität eine Zersplitterung in eine Unzahl kleinster sachlich relevanter Märkte verhindern.[873] Auf den Bereich der Versicherungen angewandt darf es jedoch umgekehrt nicht zum Gegenteil, also zu einer unangemessen weiten Ausdehnung des sachlich relevanten Marktes führen.

Die Europäische Kommission hält es für die Zusammenfassung verschiedener Risiken zu einem einzigen sachlichen Markt für erforderlich, dass sich die Voraussetzungen für die Versicherung der betreffenden Risiken, wie beispielsweise die anwendbaren Gesetze und Regularien, die Vertriebskanäle, das notwendige Expertenwissen und die Risikoeigenschaften (Schadenshäufigkeit und -höhe) ähneln.[874]

Auch das OLG Düsseldorf hat in der Entscheidung *Wirtschaftsprüferhaftpflicht* ähnliche Kriterien angelegt und die Angebotsumstellungsflexibilität insbesondere von der Ähnlichkeit der Haftungsrisiken in Bezug auf Schadenshäufigkeit und -höhe abhängig gemacht, weil dann bereits eine entsprechende Kalkulationsgrundlage bestehe oder relativ leicht hergestellt werden könne.[875] Darüber hinaus hat das Gericht auf die inhaltliche Ausgestaltung der Versicherungsbedingungen, Parallelen in Vertrieb, Abschluss und der Schadensabwicklung sowie auf das hierfür erforderliche Know-how der Mitarbeiter abgestellt.[876]

---

873 Von der Groeben/Schwarze/Hatje/*Schröter/Bartl*, Art. 102 AEUV, Rn. 146; MüKoEuWettbR/*Füller*, Einleitung, Rn. 1066. Vgl. auch Immenga/Mestmäcker/*Fuchs/Möschel*, Art. 102 AEUV, Rn. 64.

874 Commission staff working document (VO 358/2003) SEC (2009) 364, Rn. 141.

875 *OLG Düsseldorf*, Beschluss v. 17.09.2008, VI-Kart 11/07 (V) (*Wirtschaftsprüferhaftpflicht)*, WuW/E DE-R 2540, 2546. Zustimmend *Bartmann*, 10. Kapitel, in: Mäger (Hrsg.), Europäisches Kartellrecht (2011), Rn. 20.

876 *OLG Düsseldorf*, Beschluss v. 17.09.2008, VI-Kart 11/07 (V) (*Wirtschaftsprüferhaftpflicht)*, WuW/E DE-R 2540, 2546. Siehe dazu *Thomas*, Aktuelle Entwicklungen des Versicherungskartellrechts: Relevanter Markt und hypothetische Marktverhältnisse im Rahmen der neuen Versicherungs-GVO und in § 33 GWB, in: Körber/Rauh (Hrsg.), Aktuelle Entwicklungen im Versicherungskartellrecht (2011), S. 57, 66 f.; *Meyer-Lindemann*, ZWeR 2009, 522, 530 ff.

Zusammenfassend stellt das OLG insoweit fest: „Die Anforderungen an die Betriebsabteilungen der Versicherer beim Angebot dieser Versicherung müssen die gleichen oder hinreichend ähnlich sein wie bei den anderen bereits von ihm angebotenen".[877]

Eine Zusammenfassung von Risikoarten zu einem einzigen sachlich relevanten Markt, ist nach sämtlichen genannten Kriterien allenfalls innerhalb einer Versicherungssparte zweckmäßig. Dementsprechend hat die Europäische Kommission in mehreren Entscheidungen im Bereich der Nichtlebensversicherung eine Unterscheidung in sieben Teilbereiche vorgenommen, wobei sie eine exakte Definition der Produktmärkte ausdrücklich offen gelassen hat: (1) Unfall- und Krankenversicherung, (2) Kfz-Versicherung, (3) Sachversicherung, (4) See-, Luft- und Transportversicherung, (5) Haftpflichtversicherung, (6) Kredit- und Kautionsversicherung sowie (7) Reiseversicherung.[878] In der Entscheidung *Winterthur/Schweizer Rück* hat sie einzelne Versicherungsmärkte für Assistance-, Feuer-, Haftplicht-, Kraftfahrzeug-, Kredit-/Kautions-, Lebens-, Rechtsschutz-, Sach- und Vermögens-, Transport-, Unfall- und Rückversicherungen angenommen.[879]

Für die von der Vorversichereranfrage betroffenen Bereiche liegt sowohl aufgrund der dargelegten Kriterien als auch unter Berücksichtigung der bisherigen

---

877 *OLG Düsseldorf,* Beschluss v. 17.09.2008, VI-Kart 11/07 (V) (*Wirtschaftsprüferhaftpflicht),* WuW/E DE-R 2540, 2545 f.

878 *Komm.E.,* 29/04/2013, COMP/M.6848 (*Aegon/Santander/Santander Vida/Santander Generales),* Rn. 24; *Komm.E.,* 19.11.2012, COMP/M.6743 (*Talanx International/Meiji Yasuda Life Insurance Company/HDI Poland),* Rn. 21; *Komm.E.,* 07.03.2013, COMP/M.6739 (*Allianz/VW Financial Services/JV),* Rn. 17; *Komm.E.,* 04.04.2012, COMP/M.6521 (*Talanx International/Meiji Yasuda Life Insurance/Warta),* Rn. 19.

879 *Komm.E.,* 14.03.1995, IV/M.518 (*Winterthur/Schweizer Rück),* ABl. Nr. C 73 v. 25.03.1995, S. 18, Rn. 7. Vgl. *Brinker/Schädle,* VersR 2004, 673, 674 f.; *Friese/Grobenski/Schulenburg,* VersR 2005, 1493, 1498; *Dreher/Hoffmann/Kling,* Kartell- und Wettbewerbsrecht der Versicherungsunternehmen (2015), § 5, Rn. 17, § 18, Rn. 10. Darüber hinaus hat die Europäische Kommission in einigen Fällen noch engere Produktmärkte gebildet, wie etwa einen eigenen Markt für Delkredere-Versicherungen, den sie nicht weiter als einheitlichen Markt mit dem Kreditversicherungsmarkt ansieht (*Komm.E.,* 20.09.2012, COMP/M.6485 (*Euler Hermes/Mapfre/Mapfre CC),* Rn. 14). Siehe dazu und zu weiteren Beispielen MüKoEuWettbR/*Esser/Stappert,* SB Versicherungswirtschaft, Rn. 206, 204 ff.).

Kommissionspraxis eine Einteilung der sachlich relevanten Märkte anhand der Sach-, Kraftfahrt-, Haftpflicht-, Unfall- und Rechtsschutzversicherungen nahe.[880]

b. Räumlich relevanter Markt

Im Anschluss an die sachliche Marktabgrenzung ist der relevante Produktmarkt auch in räumlicher Hinsicht zu bestimmen. Nach der Definition der Europäischen Kommission umfasst der räumlich relevante Markt „das Gebiet, in dem die beteiligten Unternehmen die relevanten Produkte oder Dienstleistungen anbieten, in dem die Wettbewerbsbedingungen hinreichend homogen sind und das sich von benachbarten Gebieten durch spürbar unterschiedliche Wettbewerbsbedingungen unterscheidet."[881] Die Homogenität der Wettbewerbsbedingungen als „zentrales Element"[882] bestimmt sich dabei nach den räumlichen Substitutionsbeziehungen, also nach Nachfragesubstitution und Angebotsumstellungsflexibilität.[883] Demnach gehören einem räumlich relevanten Markt all jene Absatzgebiete an, auf die die Verbraucher bei einer Erhöhung des Preises ausweichen würden, und zusätzlich diejenigen Gebiete, auf denen die Anbieter ihre Produkte kurzfristig und ohne erhebliche zusätzliche Kosten anbieten können.[884] Die Kommission misst auch bei der räumlichen Marktabgrenzung der Substituierbarkeit aus Sicht der Nachfrager die größte Bedeutung zu und greift nur subsidiär auf die Angebotsumstellungsflexibilität zurück.[885]

Ob eine Substituierbarkeit vorliegt, ist anhand von Kriterien zu bestimmen, die an die Beschreibung des räumlichen Referenzmarktes im Rahmen von Art. 9 Abs. 7 S. 2 FKVO angelehnt sind. Maßgebliche Merkmale der Homogenität sind demnach Art und Eigenschaften der betreffenden Produkte oder

---

880 Ähnlich auch *Meyer-Lindemann,* in: FK, Sonderbereich Versicherungswirtschaft, Rn. 99, der jedoch zum Beispiel einen gesonderten Markt für Kfz-Rechtsschutzversicherungen annimmt.

881 *Europäische Kommission,* Bekanntmachung relevanter Markt, ABl. Nr. C 372 v. 09.12.1997, S. 5, Rn. 8. Vgl. auch die Definition des EuGH in *EuGH,* Urt. v. 14.02.1978, Rs. C-27/76 (*United Brands),* Slg. 1978, 207, Rn. 10/11.

882 *Jung,* in: Grabitz/Hilf/Nettesheim, Art. 102 AEUV, Rn. 49; vgl. auch Schröter/Jakob/Klotz/Mederer/*Schröter/Bartl,* Artikel 102 AEUV, Rn. 150.

883 *Europäische Kommission,* Bekanntmachung relevanter Markt, ABl. Nr. C 372 v. 09.12.1997, S. 5, Rn. 28 ff.

884 *Europäische Kommission,* Bekanntmachung relevanter Markt, ABl. Nr. C 372 v. 09.12.1997, S. 5, Rn. 29 f.

885 *Europäische Kommission,* Bekanntmachung relevanter Markt, ABl. Nr. C 372 v. 09.12.1997, S. 5, Rn. 29 f.

Dienstleistungen, das Bestehen von Marktzutrittsschranken, Verbrauchergewohnheiten sowie das Bestehen erheblicher Unterschiede bei den Marktanteilen der Unternehmen oder nennenswerte Preisunterschiede.[886]

Die Aussagekraft der beiden letzten Kriterien muss jedoch bezweifelt werden. So können unterschiedliche Marktanteile schon deshalb nicht für die Abgrenzung des räumlich relevanten Marktes herangezogen werden, weil eine Bestimmung der Marktanteile die Kenntnis des relevanten Marktes voraussetzt, der ja gerade erst bestimmt werden soll.[887] Gegen eine Heranziehung von Preisunterschieden als Marktabgrenzungskriterium spricht, dass die Preisunterschiede etwa durch das Gefälle der Wirtschaftskraft innerhalb der Gemeinschaft bedingt sein können und Preisunterschiede innerhalb eines Mitgliedsstaates auch nicht zur Annahme unterschiedlicher Märkte führen.[888]

Demgegenüber können insbesondere Sprachunterschiede oder die Art der Nachfrager Bedeutung für die Homogenität eines Produktmarktes haben.[889] Erforderlich ist jedoch insgesamt keine vollständige, sondern nur eine „hinreichende" Homogenität der Wettbewerbsbedingungen, um einen einheitlichen räumlichen Markt annehmen zu können.[890]

Um die Substituierbarkeit in räumlicher Hinsicht zu ermitteln, ist zu fragen, in welchem Ausmaß einerseits Versicherungsnehmer bereit sind, Verträge mit Anbietern aus anderen (Mitglieds-)Staaten abzuschließen (Nachfragesubstitution), und inwieweit andererseits ausländische Versicherer bereit und in der Lage sind, Versicherungsprodukte auch in Deutschland anzubieten (Angebotssubstitution).[891] Dabei können sich die einzelnen Faktoren wie etwa die rechtlichen

---

886 *Roth/Ackermann,* in: FK, Grundfragen Art. 81 Abs. 1 EG, Rn. 392; MüKoEuWettbR/*Füller,* Einleitung, Rn. 1068 ff.; Schröter/Jakob/Klotz/Mederer/*Schröter/Bartl,* Artikel 102 AEUV, Rn. 150. Siehe auch *Europäische Kommission,* Bekanntmachung relevanter Markt, ABl. Nr. C 372 v. 09.12.1997, S. 5, Rn. 29 f.

887 *Canenbley,* in: FS Deringer (1993), S. 226, 242.

888 *Canenbley,* in: FS Deringer (1993), S. 226, 243.

889 MüKoEuWettbR/*Füller,* Einleitung, Rn. 1073 f.

890 *Europäische Kommission,* Bekanntmachung relevanter Markt, ABl. Nr. C 372 v. 09.12.1997, S. 5, Rn. 8; *EuGH,* Urt. v. 14.02.1978, Rs. C-27/76 (*United Brands*), Slg. 1978, 207, Rn. 45/56; *EuG,* Urt. v. 06.10.1994, Rs. T-83/91 (*Tetra Pak*), Slg. 1994, II-755, Rn. 91. Vgl. auch MüKoEuWettbR/*Füller,* Einleitung, Rn. 1067; Schröter/Jakob/Klotz/Mederer/*Schröter/Bartl,* Artikel 102 AEUV, Rn. 150.

891 Commission staff working document (VO 358/2003) SEC (2009) 364, Rn. 142: "In the insurance sector, the geographic market must be defined essentially by the actual cross-frontier provision of services: if customers unable to find appropriate insurance in their own countries obtain cover in another country, the market is international; if

Rahmenbedingungen oder Sprachunterschiede sowohl auf die Nachfrage- als auch auf die Angebotssubstitution auswirken. Beide Aspekte werden daher im Folgenden gemeinsam behandelt.

Für das hier relevante Privatkundengeschäft mit Versicherungen nimmt die Europäische Kommission nach wie vor rein nationale Märkte an.[892] Dagegen soll der räumlich relevante Markt im Bereich des Industrieversicherungsgeschäfts weiter sein.[893] Bei Nichtlebensversicherungen geht die Kommission abweichend von den sonst angenommenen nationalen Märkten insbesondere bei der Versicherung von Großrisiken sowie im Bereich der See-, Luftfahrt- und Transportversicherung (MAT, Marine Aviation Transport) von größeren, EU-weiten oder sogar internationalen Märkten aus.[894] Für Rückversicherungen nimmt die Kommission sogar generell einen globalen Markt an.[895]

---

not, the market is national. It is also possible that an undertaking operates on a market larger than its domestic market but smaller than the world market (e.g. the European Union) or operates simultaneously on several geographic markets having different competitive conditions." Siehe dazu auch *Dreher/Hoffmann/Kling,* Kartell- und Wettbewerbsrecht der Versicherungsunternehmen (2015), § 5, Rn. 23 ff.

892 *Komm.E.,* 28.06.2004, COMP/M.3446 (*UNIQA/Mannheimer),* Rn. 13; *Komm.E.,* 28.04.2004, COMP/M.3395 (*Sampo/If Skadeörsäkring),* Rn. 14; *Komm.E.,* 18.12.2001, COMP/M.2676 (*Sampo/Varma Sampo/IF Holding/JV),* Rn. 17 f.; *Komm.E.,* 13.12.2000, COMP/M.2225 (*FORTIS/ASR),* Rn. 14; *Komm.E.,* 18.06.1996, IV/M.759 (*Sun Alliance/Royal Insurance),* Rn. 8; *Komm.E.,* 11.11.1996, IV/M.812 (*Allianz/Vereinte),* Rn. 11; *Komm.E.,* 27.09.1996, IV/M.813 (*Allianz/Hermes),* Rn. 13; *Komm.E.,* 03.04.1995, IV/M.539 (*Allianz/Elvia/Lloyd Adriatico),* ABl. Nr. C 180 v. 14.07.1995, S. 4, unter V. B.

893 *Komm.E.,* 11.11.1996, IV/M.812 (*Allianz/Vereinte),* Rn. 11; *Komm.E.,* 27.09.1996, IV/M.813 (*Allianz/Hermes),* Rn. 13.

894 *Komm.E.,* 04.04.2012, COMP/M.6521 (*Talanx International/Meiji Yasuda Life Insurance/Warta),* Rn. 54 f.; *Komm.E.,* 03.08.2011, COMP/M.6217 (*Baloise Holding/Nateus/Nateus Life),* Rn. 31; *Komm.E.,* 28.02.2003, COMP/M.3035 (*Berkshire/Hathaway/Converium/Gaum/JV),* Rn. 29 ff.; *Komm.E.,* 18.12.2001, COMP/M.2676 (*Sampo/Varma Sampo/IF Holding/JV),* Rn. 18.

895 *Komm.E.,* 19.11.2012, COMP/M.6743 (*Talanx International/Meiji Yasuda Life Insurance Company/HDI Poland),* Rn. 50; *Komm.E.,* 28.04.2004, COMP/M.3395 (*Sampo/If Skadeörsäkring),* Rn. 14; *Komm.E.,* 28.02.2003, COMP/M.3035 (*Berkshire/Hathaway/Converium/Gaum/JV),* Rn. 36; *Komm.E.,* 18.12.2001, COMP/M.2676 (*Sampo/Varma Sampo/IF Holding/JV),* Rn. 18; *Komm.E.,* 27.09.1996, IV/M.813 (*Allianz/Hermes),* Rn. 13; *Komm.E.,* 03.04.1995, IV/M.539 (*Allianz/Elvia/Lloyd Adriatico),* ABl. Nr. C 180 v. 14.07.1995, S. 4, Rn. 9; *Komm.E.,* 11.11.1991, IV/M.141 (*UAP/Transatlantic/Sun Life),* Rn. 21.

aa. Die rechtlichen Rahmenbedingungen

Einen wesentlichen Faktor für die räumliche Marktabgrenzung von Versicherungsmärkten bilden die rechtlichen Rahmenbedingungen der Versicherungstätigkeit.[896] Dies gilt trotz zunehmender Internationalisierung der Gesetzgebung im EU-Raum fort.[897]

(1) *Die Auswirkungen von Liberalisierung und Deregulierung der Versicherungsmärkte auf die räumliche Marktabgrenzung*

Die Europäische Union hat durch den Erlass der Versicherungsrichtlinien die Liberalisierung und Deregulierung auf den Versicherungsmärkten in den vergangenen Jahren deutlich vorangetrieben und so das Ziel eines einheitlichen Versicherungsbinnenmarktes weitestgehend verwirklicht. Dennoch führen etablierte Marktstrukturen, Vertriebskanäle, sowie Verbraucherpräferenzen und unterschiedliche nationale Gesetzeslagen zu uneinheitlichen Wettbewerbsbedingungen auf den nationalen Märkten.[898] Der Versicherungsbinnenmarkt auf europäischer Ebene ist zwar Voraussetzung für die Entwicklung eines grenzüberschreitenden relevanten Marktes im Sinne des Kartellrechts, führt jedoch nicht automatisch zu dessen Umsetzung.[899] Tatsächlich bleibt die Aktivität von

---

896 *Komm.E.*, 28.04.2004, COMP/M.3395 (*Sampo/If Skadeörsäkring)*, Rn. 14; *Komm.E.*, 18.12.2001, COMP/M.2676 (*Sampo/Varma Sampo/IF Holding/JV)*, Rn. 17 f.; *Komm.E.*, 13.12.2000, COMP/M.2225 (*FORTIS/ASR)*, Rn. 14; *Komm.E.*, 11.11.1996, IV/M.812 (*Allianz/Vereinte)*, Rn. 11; *Komm.E.*, 27.09.1996, IV/M.813 (*Allianz/Hermes)*, Rn. 13; *Komm.E.*, 18.06.1996, IV/M.759 (*Sun Alliance/Royal Insurance)*, Rn. 8.

897 Vgl. *Dreher/Hoffmann/Kling*, Kartell- und Wettbewerbsrecht der Versicherungsunternehmen (2015), § 5, Rn. 32. Vgl. auch *Thomas*, Aktuelle Entwicklungen des Versicherungskartellrechts: Relevanter Markt und hypothetische Marktverhältnisse im Rahmen der neuen Versicherungs-GVO und in § 33 GWB, in: Körber/Rauh (Hrsg.), Aktuelle Entwicklungen im Versicherungskartellrecht (2011), S. 57, 68 f.

898 Siehe die Nachweise in Fn. 896. Vgl. auch *Brinker/Schädle*, VersR 2004, 673, 679. Insbesondere zum Verhältnis zwischen räumlich relevantem Markt und Deregulierung der Versicherungsmärkte auf europäischer Ebene siehe auch *Dreher/Hoffmann/Kling*, Kartell- und Wettbewerbsrecht der Versicherungsunternehmen (2015), § 5, Rn. 26. Eine Ausnahme hiervon kann aber für solche Wirtschaftsbereiche gelten, in denen die europäische Gesetzgebung so weitreichende Auswirkungen auf die Marktbedingungen hat, dass diese europaweit als einheitlich zu beurteilen sind. Als solcher Bereich wird etwa die Luftfahrtversicherung angesehen (ebd., § 5, Rn. 34).

899 *Dreher*, Stand und Perspektiven des europäischen Kartellrechts für Versicherungsunternehmen, in: DVS Deutscher Versicherungsschutzverband e.V. (Hrsg.), Zukunft der Wirtschaft – Versicherung der Zukunft (2001), S. 83, 88; *Görner*, ZVersWiss 2005, 739, 754; *Dreher/Hoffmann/Kling*, Kartell- und Wettbewerbsrecht

Versicherungsunternehmen im europäischen Ausland weit hinter den rechtlichen Möglichkeiten zurück.[900] Die Tätigkeit ausländischer Unternehmen auf dem deutschen Markt für Versicherungsprodukte ist weiterhin dadurch geprägt, dass die Unternehmen hier vielfach nicht unmittelbar selbst Versicherungsprodukte anbieten, sondern Tochterunternehmen in Deutschland gründen oder Beteiligungen an in Deutschland etablierten Versicherern erwerben.[901]

Auch bleiben trotz der Bemühungen zur Vereinheitlichung der rechtlichen Rahmenbedingungen auf europäischer Ebene zumindest im Privatkundensektor noch so weitreichende rechtliche Unterschiede zwischen den Mitgliedstaaten, dass die inländischen Produkte für die Nachfrager nicht durch Versicherungen aus anderen Mitgliedstaaten substituierbar sind. Solche Unterschiede finden sich etwa im Bereich der Berufshaftpflichtversicherungen, deren Inhalt maßgeblich durch das nationale Haftpflichtrecht und durch die nationalen Regelungen für Pflichtversicherungen beeinflusst wird.[902] Gleichzeitig stellen die Unterschiede in den rechtlichen Anforderungen an das „gleiche" Versicherungsprodukt für ausländische Unternehmen eine Marktzutrittsschranke dar, denn sie müssen ein Produkt, um es in einem anderen Mitgliedsstaat anbieten zu können, an die dortige Gesetzeslage anpassen.[903]

---

der Versicherungsunternehmen (2015), § 5, Rn. 26. Vgl. zum gleichen Problem bei der Marktabgrenzung für das Privatkundengeschäft der Banken MüKoEuWettbR/*Füller*, Einleitung, Rn. 1113, sowie Rn. 1118 zu den Versicherungen. Zum Verhältnis zwischen Binnenmarktkonzept und geografisch relevantem Markt siehe *Canenbley*, in: FS Deringer (1993), S. 226, 233 ff.

900 *Altemöller*, ZVersWiss 1999, 335, 351.

901 Siehe dazu oben S. 158 sowie die Nachweise in Fn. 676. Vgl. auch *Dreher*, Stand und Perspektiven des europäischen Kartellrechts für Versicherungsunternehmen, in: DVS Deutscher Versicherungsschutzverband e.V. (Hrsg.), Zukunft der Wirtschaft – Versicherung der Zukunft (2001), S. 83, 88 f. Die Anzahl der Versicherungsunternehmen aus der EU, die in Deutschland Niederlassungen gründeten, und der durch die BaFin neu in Deutschland zugelassenen Versicherungsunternehmen aus dem Europäischen Wirtschaftsraum, kann dem jeweiligen Jahresbericht der BaFin entnommen werden (abrufbar unter: http://www.bafin.de/DE/DatenDokumente/Dokumentlisten/ListeJahresberichte/liste_jahresberichte_node.html; Stand 19.09.2015).

902 Dazu eingehend *Görner*, ZVersWiss 2005, 739, 756 ff.

903 Vgl. *Thomas*, Aktuelle Entwicklungen des Versicherungskartellrechts: Relevanter Markt und hypothetische Marktverhältnisse im Rahmen der neuen Versicherungs-GVO und in § 33 GWB, in: Körber/Rauh (Hrsg.), Aktuelle Entwicklungen im Versicherungskartellrecht (2011), S. 57, 68: „Mit anderen Worten wird zwangsläufig ein deutscher Rechtsanwalt nur eine Anwalts-Haftpflichtdeckung akzeptieren, die den Spezifikationen des deutschen Anwaltsrechts und des deutschen Haftungsrechts

(2) Internationales Privatrecht

Die Unterschiede in den Rechtsordnungen können auch durch das internationale Privatrecht nicht vollständig überwunden werden. Nach Art. 8 EGVVG a.F. musste einem Versicherungsvertrag zwingend das Recht des Staates zugrunde liegen, in dem der Versicherungsnehmer seinen gewöhnlichen Aufenthalt hatte und in dem die zu versichernde Sache belegen war. Im Fall einer Divergenz zwischen dem gewöhnlichen Aufenthalt des Versicherungsnehmers und dem Belegenheitsort des Risikos sah Art. 9 EGVVG a.F. ein Wahlrecht zwischen den beiden betroffenen mitgliedsstaatlichen Rechtsordnungen vor. Ein einheitlicher Markt für Versicherungsprodukte wurde daher mit dem Argument abgelehnt, dass Versicherungsunternehmen schon deshalb nicht in der Lage waren, grenzüberschreitend einheitliche Produkte anzubieten, weil sie ihnen nicht dieselbe Rechtsordnung zugrunde legen konnten.[904]

Art. 7–15 EGVVG a.F. wurden jedoch zum 17.12.2009 aufgehoben.[905] Nach Inkrafttreten der im Rahmen der Bemühungen zur Förderung des Entscheidungseinklangs innerhalb Europas erlassenen Rom-I-Verordnung (Rom-I-VO)[906] gilt für alle ab dem 17.12.2009 geschlossenen Verträge zunächst gemäß Art. 3 Rom-I-VO der Grundsatz der Rechtswahlfreiheit. Die Parteien eines beliebigen Vertrags können also die dem Vertrag zugrunde liegende Rechtsordnung bestimmen. Gälte dies auch für den Bereich der Versicherungen, so wäre der Versicherer nicht mehr an die zwingenden versicherungsrechtlichen Vorschriften desjenigen Landes gebunden, in dem er den Versicherungsvertrag anbietet. Das Angebot eines einheitlichen Versicherungsprodukts innerhalb des Geltungsbereichs der Rom-I-VO wäre demnach möglich, was für einen einheitlichen räumlichen Markt spräche.

---

entspricht und also kein französisches oder spanisches Bedingungswerk wollen." Die Europäische Kommission ist auch in jüngeren Entscheidungen unter Verweis auf die unterschiedlichen Gesetzeslagen in den Mitgliedstaaten von nationalen Märkten im Bereich der Versicherungen für Privatkunden ausgegangen. Vgl. etwa *Beenken*, Der Versicherungsvertreter als Unternehmer (2002), Rn. 30; *Komm.E.*, 11.11.1996, IV/M.812 *(Allianz/Vereinte)*, Rn. 15.

904 Vgl. dazu *Heiss*, VersR 2005, 1, 2.

905 Die Aufhebung erfolgte durch Art. 2 Abs. 4 Nr. 2 des Gesetzes zur Anpassung der Vorschriften des Internationalen Privatrechts an die Verordnung (EG) Nr. 593/2008 (AnpGEG593/2008).

906 Verordnung (EG) Nr. 593/2008 des Europäischen Parlaments und des Rates vom 17. Juni 2008 über das auf vertragliche Schuldverhältnisse anzuwendende Recht (Rom I).

Der freien Rechtswahl sind aber gerade für den Bereich der Versicherungsverträge durch die Sonderregel des Art. 7 Rom-I-VO Grenzen gesetzt. Nach Art. 7 Abs. 3 UAbs. 1 lit. a und b Rom-I-VO kann im Fall der Massenversicherung von Risiken, die in einem EU-Mitgliedsstaat belegen sind[907], lediglich die Rechtsordnung desjenigen Staates gewählt werden, in dem entweder das Risiko belegen ist oder in dem der Versicherungsnehmer seinen gewöhnlichen Aufenthalt hat.[908] Darüber hinaus schreibt Art. 3 Abs. 3 Rom-I-VO vor, dass, wenn das Recht eines Staates gewählt wird, aber alle Elemente des Sachverhalts in einem anderen Staat belegen sind, von dessen zwingenden Rechtsvorschriften nicht abgewichen werden kann.[909] Diese Einschränkungen führen wiederum dazu, dass die Versicherer ihre Vertragsbedingungen an die Rechtsordnungen verschiedener Staaten anpassen müssen und es sich somit nach wie vor um „nationalisierte“[910] Versicherungsprodukte handelt. Folglich herrscht zumindest im hier relevanten Bereich der Massenversicherung keine grenzüberschreitende Homogenität auf den Versicherungsmärkten. Die Märkte sind noch immer national.

(3) Die Anpassung von Versicherungsprodukten an die mitgliedsstaatlichen Rechtsordnungen

Auch die Tatsache, dass ausländische Versicherer – in der Regel über inländische Tochterunternehmen – an das jeweilige mitgliedsstaatliche Recht angepasste Versicherungsprodukte anbieten[911], kann hieran nur wenig ändern. Sie führt zwar nicht nur zur Betroffenheit des zwischenstaatlichen Handels im Sinne von Art. 101 Abs. 1 AEUV[912], sondern betrifft darüber hinaus als Ausdruck der

907 Vgl. zu dieser Einschränkung *Katschthaler/Leichsenring*, Recht und Schaden 2010, 45, 48 m.w.Nw.; *Looschelders/Smarowos*, VersR 2010, 1, 4 f.; *Leible/Lehmann*, RIW 2008, 528, 539.

908 *Katschthaler/Leichsenring*, Recht und Schaden 2010, 45, 49; *Looschelders/Smarowos*, VersR 2010, 1, 4 ff. Ausweislich des Erwägungsgrundes 32 der Rom-I-Verordnung verdrängt die spezielle Regel des Art. 7 Abs. 3 Rom-I-VO innerhalb ihres Anwendungsbereichs die allgemein für Verbraucherverträge geltende Regelung des Art. 6 Rom-I-VO. Art. 6 Rom-I-VO kommt aber im Rahmen von Massenversicherungen insbesondere dann zur Anwendung, wenn das Risiko außerhalb der EU belegen ist (vgl. dazu ebd., S. 8 f.; *Katschthaler/Leichsenring*, Recht und Schaden 2010, 45, 49 f.).

909 *Katschthaler/Leichsenring*, Recht und Schaden 2010, 45, 49.

910 *Heiss*, VersR 2005, 1, 2.

911 Siehe dazu oben S. 206 sowie den Nachweis in Fn. 902.

912 *Görner*, ZVersWiss 2005, 739, 758; *Dreher/Hoffmann/Kling*, Kartell- und Wettbewerbsrecht der Versicherungsunternehmen (2015), § 5, Rn. 32. Siehe zur Zwischenstaatlichkeit oben S. 156 ff.

Angebotssubstitution auch die Abgrenzung des relevanten Marktes. Die Möglichkeit der Versicherer, solche „nationalisierten" Produkte in anderen Mitgliedstaaten anzubieten, ist jedoch mit einigem Aufwand und dementsprechend auch mit Kosten verbunden.[913]

Für die von der Kommission als vorrangiges Kriterium für die Marktabgrenzung angesehene Nachfragesubstituierbarkeit kommt es dagegen darauf an, ob es Versicherungsnehmern möglich ist, ihren Bedarf mit Versicherungsprodukten zu decken, die nicht speziell auf den inländischen Markt zugeschnitten sind.[914] Es bestehen damit noch immer rechtliche Marktzutrittsschranken, die dafür sprechen, dass die Wettbewerbsbedingungen innerhalb der Europäischen Union nicht homogen sind und damit auch kein grenzüberschreitender räumlich relevanter Markt für Massenversicherungsprodukte im Privatkundensektor existiert.

bb. Vertriebsstrukturen

Auch die etablierten Vertriebsstrukturen auf den Versicherungsmärkten spielen bei der räumlichen Marktabgrenzung eine entscheidende Rolle.[915] Insbesondere im Privatkundensektor des Versicherungsmarktes ist die Kundennähe der Versicherer ein wichtiger Wettbewerbsfaktor. Die Entscheidung für einen bestimmten Versicherer ist wesentlich vom Vertrauen des Kunden in die Bonität des Unternehmens und von der Erwartung einer zügigen und reibungslosen Schadensabwicklung geprägt. Dieses Vertrauen ist aber eng an die räumliche Nähe des Versicherungsunternehmens zum Kunden gebunden. Das zeigt sich insbesondere darin, dass nur ein geringer Anteil des Prämienaufkommens im Privatkundensektor auf dem Weg des Direktvertriebs erzielt wird.[916]

Die Bedeutung der Kundennähe für die Marktstellung eines Versicherers begünstigt diejenigen Unternehmen, die ein enges Netz an Vertriebsstellen

---

913 Vgl. zu den Kosten bei der Umstellung des Angebots auf ein anderes Versicherungsprodukt oben S. 199 f.

914 *Görner,* ZVersWiss 2005, 739, 758. Vgl. auch *Altemöller,* ZVersWiss 1999, 335, 358.

915 Siehe hierzu und zu den folgenden Ausführungen *Altemöller,* ZVersWiss 1999, 335, 353 ff.

916 Vgl. *Beenken,* Der Versicherungsvertreter als Unternehmer (2002), S. 2. Zu den Auswirkungen des zunehmenden Vertriebs von Versicherungen über das Internet siehe *Schneider,* Der Vertrieb von Versicherungen über das Internet (2004), S. 20 ff. m.w.Nw. Zum Anteil der im Wege des Internet-Direktvertriebs abgeschlossenen Versicherungsverträge vgl. auch *Früchtl/Peters/Seitz,* Vergleichsportale für Versicherungen (2011), S. 34 ff.; *o.V.,* VW 2008, 1704; *o.V.,* VW 2008, 626.

unterhalten. Ein solches ist insbesondere bei den inländischen Versicherern zu finden. Der Aufbau eines entsprechenden Vertriebsnetzes ist für einen neuen Marktteilnehmer mit erheblichen Kosten verbunden. Diese versunkenen Kosten stellen eine Marktzutrittsschranke dar[917] und sprechen somit ebenfalls für die Annahme nationaler Versicherungsmärkte.

cc. Sprachunterschiede

Ein weiteres Argument für das Bestehen rein nationaler Märkte für Versicherungsprodukte sind Sprachunterschiede. Um verschiedene Produkte miteinander vergleichen zu können, muss der Nachfrager in der Lage sein, die Versicherungsbedingungen, die den Inhalt des Produkts definieren, zu verstehen. Ein Versicherer, der Produkte über die Landesgrenzen hinweg anbieten möchte, muss die Versicherungsbedingungen zu diesem Zweck in die jeweilige Landessprache übersetzen. Darüber hinaus ist gerade im Privatkundensektor ein Beratungsangebot in der entsprechenden Landessprache notwendig. Auch insoweit fehlt es folglich an der erforderlichen Homogenität der Produktmärkte.

Für den Bereich des Privatkundengeschäfts der Banken ist die Sprachbarriere als Heterogenitätsmerkmal und damit als wichtiger Anhaltspunkt für das Bestehen nationaler Märkte anerkannt.[918] Da Versicherungsprodukte ebenso wie Finanzprodukte durch die ihnen zugrunde liegenden Vertragsbedingungen definiert werden, kann hier nichts anderes gelten.

Die Sprachbarriere bildet einerseits für die Unternehmen eine Marktzutrittsschranke, weil sie ihre Produkte in einem anderen Mitgliedsstaat nur unter Anpassung an die jeweilige Sprache anbieten können. Andererseits hat sie auch zur Folge, dass Privatkunden ihren Bedarf nicht bei Versicherern decken, die nicht gezielt Produkte in ihrer jeweiligen Landessprache anbieten. Sie hindert die Kunden an einem direkten Vergleich der in den unterschiedlichen Mitgliedstaaten angebotenen Produkte und führt so zu deutlich höheren Informations- und Transaktionskosten.[919] Eine vermehrte Substitution inländischer durch ausländische Versicherungsprodukte auf Nachfragerseite ist daher im Privatkundensektor auch in Zukunft nicht zu erwarten.

---

917 Vgl. *Altemöller*, ZVersWiss 1999, 335, 361.

918 *Komm.E.*, 27.07.2001, COMP/M.2491 (*Sampo/Storebrand)*, Rn. 13. Vgl. auch MüKoEuWettbR/*Füller*, Einleitung, Rn. 1073, 1113.

919 *Altemöller*, ZVersWiss 1999, 335, 359.

dd. Die Art der Nachfrager

Hinzu kommt, dass gerade im Bereich der Versicherungen für Privatkunden Hindernisse wie die Sprachbarriere und das Vertriebsnetz besondere Bedeutung erlangen. Bei den Industrie- und Großversicherungen haben diese Faktoren eine geringere Bedeutung, weil hier den Versicherungsunternehmen Fachleute gegenüberstehen, die die unterschiedlichen Angebote besser einschätzen und vergleichen können. Zwar sind auch im Bereich der Privatkundenversicherung auf Seiten der Versicherungsnehmer häufig Makler tätig, was zu einer gewissen Professionalisierung der Versicherungsnehmer führt.[920] Doch gerade mit Bezug auf die räumliche Marktabgrenzung erscheint fraglich, ob ein Versicherungsmakler tatsächlich bereit und in der Lage ist, einen Versicherungsnehmer umfassend zu ausländischen Versicherungsprodukten zu beraten.[921]

ee. Das Übereinkommen der Parteien

Im Anwendungsbereich des Art. 101 Abs. 1 AEUV kann auch das Übereinkommen der Parteien, das in der Regel auch seinen eigenen räumlichen Wirkungsbereich vorgibt, Anhaltspunkte für die räumliche Marktabgrenzung liefern.[922] Die einzelfallbezogene Informationsweitergabe zwischen den Versicherungsunternehmen findet ausschließlich in Bezug auf in Deutschland vertriebene Versicherungsprodukte statt.[923]

ff. Ergebnis der räumlichen Marktabgrenzung

Es ist somit vorliegend von nationalen Versicherungsmärkten auszugehen. Eine engere Abgrenzung, etwa in den Bundesländern entsprechende Märkte, ist dagegen aufgrund deutschlandweit homogener Marktbedingungen nicht angezeigt. Daran ändert auch die nur regionale Tätigkeit einzelner Versicherer nichts,

---

920 *Brinker/Schädle,* VersR 2004, 673, 676.

921 *Heiss,* VersR 2005, 1, 2. Vgl. zu den Grenzen dessen, was von einem Makler bei der Beratung eines Kunden unter Berücksichtigung der Vielzahl unterschiedlicher Tarife verlangt werden kann, auch *Rehberg,* Der Versicherungsabschluss als Informationsproblem (2003), S. 337 f.

922 *EuG,* Urt. v. 08.07.2004, Rs. T-44/00 (*Mannesmannröhren-Werke),* Slg. 2004, II-2233, Rn. 132; *EuGH,* Urt. v. 27.10.1994, Rs. T-34/92 (*Fiatagri),* Slg. 1994, II-909, Rn. 56. Siehe dazu auch Immenga/Mestmäcker/*Emmerich,* Art. 101 Abs. 1 AEUV, Rn. 169; Dauses/Ludwigs/*Emmerich/Hoffmann,* H. I § 2, Rn. 92.

923 Siehe dazu oben S. 161.

weil sich diese in der Regel nicht an den Bundesländergrenzen orientiert.[924] Der räumlich relevante Markt für die hier in Frage stehenden Versicherungsprodukte ist folglich das Gebiet der Bundesrepublik Deutschland.

2. *Bezwecken oder Bewirken einer Wettbewerbsbeschränkung*

Nach Art. 101 Abs. 1 AEUV sind nur solche Vereinbarungen, Beschlüsse und abgestimmten Verhaltensweisen verboten, die eine „Verhinderung, Einschränkung oder Verfälschung des Wettbewerbs innerhalb des Binnenmarktes bezwecken oder bewirken". In der Literatur werden die Begriffe in der Regel dahingehend ausgelegt, dass es sich bei einer Verhinderung um eine vollständige Ausschaltung des Wettbewerbs handelt, wohingegen bei einer Einschränkung der Wettbewerb nur in seiner Intensität geschwächt wird; die Verfälschung wird meist in Anlehnung an die ehemals in Art. 3 Abs. 1 lit. g EGV und nun im 27. Zusatzprotokoll enthaltene Binnenmarktdefinition, die ebenfalls von einer Verfälschung des Wettbewerbs spricht, als Oberbegriff der beiden Varianten verstanden.[925] Alle drei Tatbestandsalternativen sind in Art. 101 Abs. 1 AEUV gleichgestellt, sodass eine Abgrenzung zwischen ihnen nicht notwendig ist.[926] Im Folgenden werden sie daher unter dem Oberbegriff der Wettbewerbsbeschränkung zusammengefasst.[927]

---

924 *Brinker/Schädle,* VersR 2004, 673, 679. Dem zustimmend *Görner,* ZVersWiss 2005, 739, 754.

925 *Mestmäcker/Schweitzer,* Europäisches Wettbewerbsrecht (2014), § 11, Rn. 1 f.; von der Groeben/Schwarze/Hatje/*Schröter/Voet van Vormizeele,* Art. 101 AEUV, Rn. 84. Teilweise wird dem Oberbegriff der Verfälschung in Anlehnung an frühere Entscheidungen der Gemeinschaftsorgane auch eine eigene Bedeutung dahingehend zugewiesen, dass er solche Verhaltensweisen erfasse, die zwar keine Handlungsbeschränkung der Beteiligten, wohl aber eine Veränderung der Wettbewerbsbedingungen zur Folge haben (Immenga/Mestmäcker/*Emmerich,* Art. 101 Abs. 1 AEUV, Rn. 118). Siehe dazu auch *Stockenhuber,* in: Grabitz/Hilf/Nettesheim, Art. 101 AEUV, Rn. 123.

926 *Stockenhuber,* in: Grabitz/Hilf/Nettesheim, Art. 101 AEUV, Rn. 120; *Faull/Kjølbye/Leupold/Nikpay,* in: Faull/Nikpay, Article 101 (1), Rn. 3.183; von der Groeben/Schwarze/Hatje/*Schröter/Voet van Vormizeele,* Art. 101 AEUV, Rn. 84. Dafür, dass eine Unterscheidung zwischen den verschiedenen Varianten keine inhaltliche Bedeutung haben kann, spricht auch die Uneinheitlichkeit des Vertragstextes bei der Formulierung des 27. Zusatzprotokolls (ehemals Art. 3 Abs. 1 lit. g EUV) und des Art. 101 Abs. 1 AEUV in den unterschiedlichen Vertragssprachen (siehe dazu *Roth/Ackermann,* in: FK, Grundfragen Art. 81 Abs. 1 EG, Rn. 235).

927 So auch *Roth/Ackermann,* in: FK, Grundfragen Art. 81 Abs. 1 EG, Rn. 235.

a. *Geschützter Wettbewerb*

Von Art. 101 Abs. 1 AEUV wird der Wettbewerb umfassend und in allen seinen Erscheinungsformen geschützt. Erfasst werden sowohl Angebots- als auch Nachfragewettbewerb[928], Interbrand- und Intrabrandwettbewerb[929], der Preiswettbewerb ebenso wie andere Wettbewerbsformen[930] und aktueller sowie potentieller Wettbewerb[931]. Der Wettbewerbsschutz richtet sich dabei gleichermaßen gegen horizontale wie vertikale Beschränkungen.[932] Zur Bedeutung der Zielvorstellungen des Wettbewerbsrechts für das Verständnis des Begriffs der Wettbewerbsbeschränkung wird zur Vermeidung von Wiederholungen nach oben verwiesen.[933]

b. *Bezwecken einer Wettbewerbsbeschränkung*

Eine Verhaltensweise, die eine Wettbewerbsbeschränkung bezweckt oder ihrer Natur nach eine Wettbewerbsbeschränkung zu Folge hat, stellt ohne weiteres eine Wettbewerbsbeschränkung im Sinne von Art. 101 Abs. 1 AEUV dar. Eine Prüfung der konkreten Folgen einer derartigen Verhaltensweise auf den Wettbewerb ist in diesem Fall nicht erforderlich.[934]

aa. Allgemeine Bewertungskriterien

Eine bezweckte Wettbewerbsbeschränkung soll nach den Leitlinien der Kommission zur Anwendung von Art. 81 Abs. 3 EGV dann vorliegen, „wenn die Beschränkung ihrem Wesen nach geeignet ist, den Wettbewerb zu

---

928 Vgl. *EuGH,* Urt. v. 25.03.1981, Rs. C-61/80 (*Coöperatieve Stremsel- en Kleurselfabriek),* Slg. 1981, 851, 12 f.; *EuGH,* Urt. v. 15.12.1994, Rs. C-250/92 (*DLG),* Slg. 1994, I-5641.

929 *EuGH,* Urt. v. 13.07.1966, verb. Rs. C-56/64 und 58/64 (*Consten und Grundig),* Slg. 1966, 322, 390.

930 *EuGH,* Urt. v. 25.10.1977, Rs. C-26/76 (*Metro),* Slg. 1977, 1875, Rn. 21.

931 *Europäische Kommission,* Leitlinien zur Anwendung von Artikel 81 Absatz 3 EG-Vertrag, ABl. Nr. C 101 v. 27.04.2004, S. 97, Rn. 18. Vgl. dazu *Roth/Ackermann,* in: FK, Grundfragen Art. 81 Abs. 1 EG; Loewenheim/Meessen/Riesenkampff/Kersting/Meyer-Lindemann/*Grave/Nyberg,* Art. 101 Abs. 1 AEUV, Rn. 261.

932 Vgl. nur *Europäische Kommission,* Horizontalleitlinien, ABl. Nr. C 11 v. 14.01.2011, S. 1, Rn. 12.

933 Siehe oben S. 20.

934 *EuGH,* Urt. v. 30.06.1966, Rs. C-56/65 (*Maschinenbau Ulm),* Slg. 1966, 282, 303; *Europäische Kommission,* Leitlinien zur Anwendung von Artikel 81 Absatz 3 EG-Vertrag, ABl. Nr. C 101 v. 27.04.2004, S. 97, Rn. 20 ff.; *EuGH,* Urt. v. 04.06.2009, Rs. C-8/08 (*T-Mobile Netherlands),* Slg. 2009, I-4529, Rn. 39, 43.

beschränken".[935] „Hierbei handelt sich um Beschränkungen, die im Hinblick auf die mit den Wettbewerbsvorschriften der Gemeinschaft verfolgten Zielen ein derart großes Potential für negative Auswirkungen auf den Wettbewerb haben, dass es für die Anwendung von Art. 81 Abs. 1 nicht notwendig ist, deren tatsächliche Auswirkungen im Markt nachzuweisen."[936]

Die Europäische Kommission setzt damit unmittelbar die Rechtsprechung des Europäischen Gerichtshofs zur bezweckten Wettbewerbsbeschränkung um.[937] Auch in jüngeren Entscheidungen, wie etwa *T-Mobile Netherlands* betont der Gerichtshof, dass „eine abgestimmte Verhaltensweise einen wettbewerbswidrigen Zweck im Sinne des Art. 81 Abs. 1 EG verfolgt, wenn sie aufgrund ihres Inhalts und Zwecks und unter Berücksichtigung ihres rechtlichen und wirtschaftlichen Zusammenhangs konkret geeignet ist, zu einer Verhinderung, Einschränkung oder Verfälschung des Wettbewerbs innerhalb des Gemeinsamen Marktes zu führen. Es ist weder erforderlich, dass der Wettbewerb tatsächlich verhindert, eingeschränkt oder verfälscht wurde, noch, dass ein unmittelbarer Zusammenhang zwischen diesem abgestimmten Verhalten und den Verbraucherpreisen besteht."[938]

Die Feststellung einer bezweckten Wettbewerbsbeschränkung richtet sich dabei in erster Linie nach dem objektiv erkennbaren Zweck einer Maßnahme.[939] Damit ist ein Nachweis der kaum feststellbaren subjektiven Absichten der beteiligten Unternehmen für die Annahme einer bezweckten Wettbewerbsbeschränkung nicht erforderlich.[940] Diese subjektiven Zwecke können aber, wenn

---

935 *Europäische Kommission,* Leitlinien zur Anwendung von Artikel 81 Absatz 3 EG-Vertrag, ABl. Nr. C 101 v. 27.04.2004, S. 97, Rn. 21.

936 *Europäische Kommission,* Leitlinien zur Anwendung von Artikel 81 Absatz 3 EG-Vertrag, ABl. Nr. C 101 v. 27.04.2004, S. 97, Rn. 21.

937 Vgl. *EuGH,* Urt. v. 13.07.1966, verb. Rs. C-56/64 und 58/64 (*Consten und Grundig),* Slg. 1966, 322, 390; *EuGH,* Urt. v. 20.11.2008, C-209/07 (*Beef Industry Development Society),* Slg. 2008, I-8637, Rn. 17; *EuGH,* Urt. v. 04.06.2009, Rs. C-8/08 (*T-Mobile Netherlands),* Slg. 2009, I-4529, Rn. 29.

938 *EuGH,* Urt. v. 04.06.2009, Rs. C-8/08 (*T-Mobile Netherlands),* Slg. 2009, I-4529, Rn. 43, 51. Siehe dazu bereits oben S. 62 ff.

939 *EuGH,* Urt. v. 20.11.2008, C-209/07 (*Beef Industry Development Society),* Slg. 2008, I-8637, Rn. 21; Dauses/Ludwigs/*Emmerich,* H. I. § 2, Rn. 96; von der Groeben/Schwarze/Hatje/*Schröter/Voet van Vormizeele,* Art. 101 AEUV, Rn. 120.

940 *EuGH,* Urt. v. 06.10.2009, verb. Rs. C-501/06 P, 513/06 P, 515/06 P und 519/06 P (*GlaxoSmithKline),* Slg. 2009, I-9291, Rn. 58; *EuGH,* Urt. v. 14.03.2013, Rs. C-32/11 (*Allianz Hungária),* (noch nicht in amtl. Slg.), Rn. 37; *EuGH,* Urt. v. 11.09.2014, Rs. C-67/13 P (*Groupement des cartes bancaires),* (noch nicht in amtl. Slg.), Rn. 54; *Europäische Kommission,* Leitlinien zur Anwendung von Artikel 81 Absatz 3 EG-Vertrag,

sie bekannt sind, ein Indiz für das Vorliegen einer Wettbewerbsbeschränkung sein.[941] Eine bezweckte Wettbewerbsbeschränkung kann aber auch dann vorliegen, wenn mit der Vereinbarung (auch) andere, zulässige Zwecke verfolgt werden.[942]

In der Entscheidung *Groupement des cartes bancaires* betont der Europäische Gerichtshof, dass „bestimmte Arten der Koordination zwischen Unternehmen den Wettbewerb hinreichend beeinträchtigen, um davon ausgehen zu können, dass die Prüfung ihrer Wirkungen nicht notwendig ist."[943] Das liege darin begründet, dass bestimmte Arten der Kollusion schon ihrer Natur nach als schädlich für das gute Funktionieren des normalen Wettbewerbs angesehen werden könnten.[944] Das wesentliche Kriterium für die Beurteilung, ob eine Koordinierung zwischen Unternehmen eine bezweckte Wettbewerbsbeschränkung enthalte, liege daher in der Feststellung, dass eine solche Koordinierung „in sich selbst" eine hinreichende Beeinträchtigung des Wettbewerbs erkennen lasse.[945]

Die Kommission stützt sich bei der Beurteilung einer Verhaltensweise einerseits auf die „Schwere der Beschränkung" und andererseits auf die „bestehenden Erfahrungen, die gezeigt haben, dass diese gezielten Beschränkungen aller Wahrscheinlichkeit nach negative Auswirkungen im Markt haben und die mit

---

ABl. Nr. C 101 v. 27.04.2004, S. 97, Rn. 22. Vgl. dazu auch Langen/Bunte/*Hengst*, Artikel 101 AEUV, Rn. 227; *Roth/Ackermann*, in: FK, Grundfragen Art. 81 Abs. 1 EG, Rn. 317.

941 *EuGH*, Urt. v. 06.10.2009, verb. Rs. C-501/06 P, 513/06 P, 515/06 P und 519/06 P (*GlaxoSmithKline*), Slg. 2009, I-9291, Rn. 58; *EuGH*, Urt. v. 14.03.2013, Rs. C-32/11 (*Allianz Hungária*), (noch nicht in amtl. Slg.), Rn. 37; *EuGH*, Urt. v. 11.09.2014, Rs. C-67/13 P (*Groupement des cartes bancaires*), (noch nicht in amtl. Slg.), Rn. 54. Siehe dazu auch Dauses/Ludwigs/*Emmerich*, H. I. § 2, Rn. 96.

942 *EuGH*, Urt. v. 20.11.2008, C-209/07 (*Beef Industry Development Society*), Slg. 2008, I-8637, Rn. 21.

943 *EuGH*, Urt. v. 11.09.2014, Rs. C-67/13 P (*Groupement des cartes bancaires*), (noch nicht in amtl. Slg.), Rn. 49 unter Verweis auf *EuGH*, Urt. v. 14.03.2013, Rs. C-32/11 (*Allianz Hungária*), (noch nicht in amtl. Slg.), Rn. 34.

944 *EuGH*, Urt. v. 11.09.2014, Rs. C-67/13 P (*Groupement des cartes bancaires*), (noch nicht in amtl. Slg.), Rn. 50 unter Verweis auf *EuGH*, Urt. v. 14.03.2013, Rs. C-32/11 (*Allianz Hungária*), (noch nicht in amtl. Slg.), Rn. 35.

945 *EuGH*, Urt. v. 11.09.2014, Rs. C-67/13 P (*Groupement des cartes bancaires*), (noch nicht in amtl. Slg.), Rn. 57. Vgl. zur jüngeren Rechtsprechung des Europäischen Gerichtshofs zum Tatbestandsmerkmal der bezweckten Wettbewerbsbeschränkung auch *Fiebig*, WuW 2015, 462, 467 ff.

den Wettbewerbsvorschriften der Gemeinschaft verfolgten Ziele gefährden“[946]. Einen typischen Fall bezweckter Wettbewerbsbeschränkungen bilden somit sog. nackte Beschränkungen (*naked restraints*) bzw. Kernbeschränkungen.[947] Sie zielen ihrem objektiven Inhalt nach auf die Beeinflussung des Marktverhaltens der an ihnen Beteiligten, indem sie etwa Absprachen über Preise, Begrenzungen der Produktionsmengen, die Aufteilung von Märkten oder Kunden oder auf vertikaler Ebene eine Preisbindung, die Festsetzung von Mindestpreisen oder Beschränkungen enthalten, die einen absoluten Gebietsschutz gewähren.[948]

Auch eine Maßnahme, durch die eine Abschottung von Märkten anhand der nationalen Grenzen erreicht oder die Durchdringung der nationalen Märkte erschwert werden soll, bezweckt nach Ansicht des Europäischen Gerichtshofs grundsätzlich eine Wettbewerbsbeschränkung.[949]

Derartige Beschränkungen werden als „ihrem Wesen nach“[950], „ihrer Natur nach“[951] oder „naturbedingt“[952] wettbewerbsbeschränkend und daher grundsätzlich als von Art. 101 Abs. 1 AEUV erfasst angesehen. Dabei muss die Wettbewerbsbeschränkung nicht der Hauptzweck der Vereinbarung sein, sondern es reicht aus, wenn mit der Absprache neben anderen, wettbewerbsrechtskonformen Zielen auch eine Wettbewerbsbeschränkung bezweckt wird.[953]

---

946 *Europäische Kommission,* Leitlinien zur Anwendung von Artikel 81 Absatz 3 EG-Vertrag, ABl. Nr. C 101 v. 27.04.2004, S. 97, Rn. 21.

947 *Europäische Kommission,* Leitlinien zur Anwendung von Artikel 81 Absatz 3 EG-Vertrag, ABl. Nr. C 101 v. 27.04.2004, S. 97, S. 23; Dauses/Ludwigs/*Emmerich,* H. I. § 2, Rn. 96b; *Roth/Ackermann,* in: FK, Grundfragen Art. 81 Abs. 1 EG, Rn. 312; Langen/Bunte/*Hengst,* Artikel 101 AEUV, Rn. 229. Kritisch gegenüber der Verknüpfung der Begriffe „Kernbeschränkung“ und „bezweckte Wettbewerbsbeschränkung“ dagegen *Fiebig,* WuW 2015, 462, 478.

948 Vgl. *Europäische Kommission,* Leitlinien zur Anwendung von Artikel 81 Absatz 3 EG-Vertrag, ABl. Nr. C 101 v. 27.04.2004, S. 97, Rn. 23.

949 *EuGH,* Urt. v. 04.10.2011, Rs. C-403/08 (*Football Association Premier League),* Slg. 2011, I-9083, Rn. 139.

950 Siehe oben in und bei Fn. 935.

951 *EuGH,* Urt. v. 04.06.2009, Rs. C-8/08 (*T-Mobile Netherlands),* Slg. 2009, I-4529, Rn. 29; *EuGH,* Urt. v. 11.09.2014, Rs. C-67/13 P (*Groupement des cartes bancaires),* (noch nicht in amtl. Slg.), Rn. 49.

952 *Komm.E.,* 04.12.1986, 87/3/EWG (*ENI/Montedison),* ABl. Nr. L 5 v. 07.01.1987, S. 13, Rn. 22 (unter ii.).

953 *EuGH,* Urt. v. 20.11.2008, C-209/07 (*Beef Industry Development Society),* Slg. 2008, I-8637, Rn. 21; *EuGH,* Urt. v. 06.04.2006, Rs. C-551/03 P (*General Motors),* Slg. 2006, I-3173, Rn. 64; *EuGH,* Urt. v. 08.11.1983, verb. Rs. C-96–102, 104, 105, 108 und 110/82 (*IAZ),* Slg. 1983, 3369, Rn. 25. Siehe zu den Entwicklungen der Praxis der

Ferner ist nicht erforderlich, dass die Vereinbarung von den beteiligten Unternehmen überhaupt umgesetzt wurde.[954] Darin zeigt sich, dass es sich bei der Tatbestandsalternative der bezweckten Wettbewerbsbeschränkung um einen Gefährdungstatbestand handelt.[955]

bb. Bezweckte Wettbewerbsbeschränkung durch einen Informationsaustausch

Für einen Informationsaustausch zwischen Wettbewerbern gelten im Wesentlichen die gleichen Grundsätze.[956] Auch hier soll eine Wettbewerbsbeschränkung nach den Horizontalleitlinien der Europäischen Kommission dann bezweckt sein, wenn der Informationsaustausch eine Wettbewerbsbeschränkung auf dem Markt zum Ziel hat, was wiederum dann der Fall sein soll, wenn „der Informationsaustausch seinem Wesen nach geeignet ist, den Wettbewerb zu beschränken".[957] Bejaht wird dies insbesondere, wenn Unternehmen individualisierende Informationen über ihre individuellen Absichten in Bezug auf künftige Preise oder Produktionsmengen austauschen, weil dann die Wahrscheinlichkeit, dass es zu einem Kollusionsergebnis komme, besonders groß sei.[958]

Damit setzte die Europäische Kommission die Rechtsprechung des Europäischen Gerichtshofs in der Entscheidung *T-Mobile Netherlands* um, wonach

---

Gemeinschaftsorgane bei der Auslegung des Begriffs der bezweckten Wettbewerbsbeschränkung und der kartellrechtlichen Bewertung des Informationsaustauschs zwischen Unternehmen *Fiebig,* WuW 2015, 462.

954 *EuGH,* Urt. v. 12.07.1979, verb. Rs. C 32/78 u. 36–82/78 (*BMW Belgium*), Slg. 1979, 2436, Rn. 27; *EuGH,* Urt. v. 11.07.1989, Rs. C-246/86 (*Belasco*), Slg. 1989, 2117, Rn. 15; *EuGH,* Urt. v. 31.03.1993, Rs. C-89/85 (*Ahlström Osakeyhtiö*), Slg. 1993, I-1307, Rn. 175; *EuGH,* Urt. v. 21.02.1984, Rs. C-86/82 (*Hasselblad*), Slg. 1984, 883, Rn. 46; *Komm.E.,* 23.07.1984, 84/388/EWG (*Flachglas Benelux*), ABl. Nr. L 212 v. 08.08.1984, S. 13, Rn. 42.

955 Von der Groeben/Schwarze/Hatje/*Schröter/Voet van Vormizeele,* Art. 101 AEUV, Rn. 120; Langen/Bunte/*Hengst,* Artikel 101 AEUV, Rn. 229; *GA Vesterdorf,* Schlussanträge zu EuG verb. Rs. T-1/89 bis T-4/89, T-6/89 bis T-15/89 (*Rhône-Poulenc*), Slg. 1991, II-867, II-922 f.; *GA Kokott,* Schlussanträge zu EuGH Rs. C-8/08 (*T-Mobile Netherlands*), Slg. 2009, I-4529, Rn. 47; *Fiebig,* WuW 2015, 462, 477; *Mohr,* ZWeR 2015, 1, 17.

956 Vgl. *EuGH,* Urt. v. 04.06.2009, Rs. C-8/08 (*T-Mobile Netherlands*), Slg. 2009, I-4529, Rn. 34 ff., 43.

957 *Europäische Kommission,* Horizontalleitlinien, ABl. Nr. C 11 v. 14.01.2011, S. 1, Rn. 72.

958 *Europäische Kommission,* Horizontalleitlinien, ABl. Nr. C 11 v. 14.01.2011, S. 1, Rn. 73 f.

ein Informationsaustausch eine Wettbewerbsbeschränkung bezweckt, wenn „er geeignet ist, Unsicherheiten hinsichtlich des von den betreffenden Unternehmen ins Auge gefassten Verhaltens auszuräumen."[959] Unter Bezugnahme auf die Schlussanträge der *Generalanwältin Kokott*[960] führte der Europäische Gerichtshof aus, dass zwar nicht jedes Parallelverhalten von Wettbewerbern auf dem Markt zwangsläufig darauf zurückzuführen sei, dass die Wettbewerber ihr Verhalten mit wettbewerbswidrigem Zweck aufeinander abgestimmt hätten; es sei jedoch davon auszugehen, dass ein Informationsaustausch dann einen wettbewerbswidrigen Zweck verfolge, wenn er geeignet sei, die Unsicherheit der Beteiligten hinsichtlich des Zeitpunkts, des Ausmaßes und der Modalitäten der von dem betreffenden Unternehmen vorzunehmenden Anpassungen ihres Marktverhaltens auszuräumen.[961] Mit diesem Urteil hatte der Europäische Gerichtshof erstmals bestätigt, dass auch ein selbständiger Informationsaustausch eine bezweckte Wettbewerbsbeschränkung darstellen kann.[962]

Das hier in Frage stehende Verhalten der Versicherungsunternehmen im Rahmen der Vorversichereranfrage hat keine Preis- oder Gebietsabsprache oder eine sonstige Kernbeschränkung zum Inhalt. Die Unternehmen tauschen im Rahmen der Vorversichereranfrage in erster Linie Daten über vergangene Schadensfälle einzelner Versicherungsnehmer sowie über die Einstufung des individuellen Risikos der Versicherungsnehmer aus. Der objektive Zweck der Verhaltensweise liegt nicht darin, das zukünftige Marktverhalten der Teilnehmer zu beeinflussen.[963] Vielmehr dient der Austausch von Informationen über einzelne Risiken der Überprüfung der durch die Versicherungsnehmer im Rahmen ihrer Auskunftspflicht nach §§ 19 ff. VVG gemachten Angaben und der Bestimmung ihres individuellen Risikos, indem aussagekräftige Daten über

---

959 *EuGH,* Urt. v. 04.06.2009, Rs. C-8/08 (*T-Mobile Netherlands),* Slg. 2009, I-4529, Rn. 43; *EuGH,* Urt. v. 19.03.2015, Rs. C-286/13 P (*Dole),* (noch nicht in amtl. Slg.), Rn. 122.

960 *GA Kokott,* Schlussanträge zu EuGH Rs. C-8/08 (*T-Mobile Netherlands*), Slg. 2009, I-4529, 66 ff.

961 *EuGH,* Urt. v. 04.06.2009, Rs. C-8/08 (*T-Mobile Netherlands),* Slg. 2009, I-4529, Rn. 41; *EuGH,* Urt. v. 19.03.2015, Rs. C-286/13 P (*Dole),* (noch nicht in amtl. Slg.), Rn. 122.

962 Zur Entwicklung der Abgrenzung zwischen bezweckten und bewirkten Wettbewerbsbeschränkungen und der Besonderheiten bei der Beurteilung eines Informationsaustauschs zwischen Wettbewerbern siehe *Fiebig,* WuW 2015, 462.

963 Nach Ansicht von *Mestmäcker* und *Schweitzer* bezweckt ein selbständiges Marktinformationsverfahren an sich nie eine Wettbewerbsbeschränkung (*Mestmäcker/ Schweitzer,* Europäisches Wettbewerbsrecht (2014), § 10, Rn. 64).

dieses Risiko zur Verfügung gestellt werden.[964] Den Versicherern soll so eine möglichst präzise an das konkrete Risiko angepasste Vertragsgestaltung und insbesondere eine Anpassung der Prämienhöhe durch einen eventuellen Risikozuschlag ermöglicht werden, um den durch die asymmetrische Information auf den Versicherungsmärkten bedingten Gefahren der adversen Selektion und des moralischen Risikos entgegenzuwirken und die Funktionsfähigkeit der Versicherungsmärkte sicherzustellen.[965]

Der Informationsaustausch im Rahmen der Vorversichereranfrage stellt daher keine „ihrer Natur nach" wettbewerbsbeschränkende Verhaltensweise dar. Durch die Vorversichereranfrage wird nicht die Unsicherheit der an ihr teilnehmenden Unternehmen hinsichtlich des konkreten Zeitpunktes, des Ausmaßes und der Modalität der Anpassung des Wettbewerbsverhaltens an die Marktgegebenheiten beseitigt. Insbesondere tauschen sich die Unternehmen im Rahmen der Vorversichereranfrage nicht darüber aus, welche Prämienhöhe ihrer Ansicht nach für einen konkreten Versicherungsnehmer mit einem bestimmten Risikoprofil angemessen ist. In einem solchen Verhalten wäre nach den dargestellten Maßstäben des Europäischen Gerichtshofs und der Europäischen Kommission eine bezweckte Wettbewerbsbeschränkung zu sehen. Die wettbewerbsbeschränkenden Folgen der Vorversichereranfrage in ihrer oben beschriebenen Ausgestaltung sind dagegen nicht derart offensichtlich, dass eine Prüfung ihrer Auswirkungen von Vornherein entbehrlich wäre.

In der Entscheidung *Asnef-Equifax* vertrat der Europäische Gerichtshof die Ansicht, ein von den spanischen Banken geführtes Register mit Risikoinformationen über die Kreditnehmer bezwecke keine Wettbewerbsbeschränkung.[966] Das Gericht führte zum Zweck dieses Registers aus:

> „Wesentlicher Zweck von Systemen zum Austausch von Kreditinformationen, wie des Registers, ist es unstreitig, Kreditgebern aussagefähige Informationen über vorhandene oder potenzielle Kreditnehmer, und zwar insbesondere über die Art und Weise ihrer bisherigen Schuldenbegleichung, zur Verfügung zu stellen. (…) Solche Register (…) verbessern die Kenntnisse der Kreditinstitute über potenzielle Kreditnehmer, indem sie die Ungleichheit des Informationsstands von Gläubiger und Schuldner verringern, was die Vorhersehbarkeit der Rückzahlungswahrscheinlichkeit verbessert. Damit sind diese

964 *Schwintowski*, VuR 2004, 242, 243; *Heyers*, WuW 2012, 557, 559. In Bezug auf das HIS auch *Riemer*, ZRP 2009, 111, 112. Zu den Folgen einer Verletzung der Auskunftspflicht siehe oben S. 128 f.

965 *Heyers*, WuW 2012, 557, 559. Siehe dazu bereits oben S. 101 ff.

966 *EuGH*, Urt. v. 23.11.2006, Rs. C-238/05 (*Asnef-Equifax*), Slg. 2006, I-11125, Rn. 48. Siehe zu der Entscheidung auch unten S. 228 ff.

Register grundsätzlich geeignet, die Ausfallquote von Kreditnehmern zu verringern und dadurch den Wirkungsgrad des Kreditangebots zu erhöhen."[967]

Diese Wertung lässt sich auf das Informationssystem der Vorversichereranfrage übertragen, weil in beiden Branchen eine ähnliche Ausgangssituation herrscht. Auch auf dem Kreditmarkt besteht eine Informationsasymmetrie zulasten der Kreditanbieter. Die Nachfrager kennen ihre finanzielle Situation, die Ausfallwahrscheinlichkeit und auch ihre persönlichen Eigenschaften besser als die Kreditgeber. Die Unfähigkeit, zwischen guten und schlechten Risiken zu unterscheiden, zwingt die Kreditgeber zur Festsetzung weitgehend einheitlicher Zinssätze für alle Kreditnehmer, was in gleicher Weise wie die Festsetzung einheitlicher Versicherungsprämien dazu führt, dass die guten Risiken aufgrund überhöhter Preise aus dem Markt gedrängt werden.[968] Darüber hinaus birgt die Informationsasymmetrie die Gefahr der Verwirklichung des moralischen Risikos. Verhaltensänderungen des Kreditnehmers nach Vertragsabschluss können durch die Kreditgeber nicht beobachtet werden, was dazu führen kann, dass Kreditnehmer nach Auszahlung der Kreditsumme nicht mehr im Interesse ihrer Gläubiger handeln, indem sie ihre wirtschaftlichen Bemühungen mindern oder eine riskantere Geschäftspolitik einschlagen und so die Rückzahlung des Kredits gefährden.[969] Das vom Europäischen Gerichtshof in der Entscheidung *Asnef-Equifax* zu beurteilende Register der Banken diente somit ähnlichen wirtschaftlichen Zwecken wie die Vorversichereranfrage. Eine Wettbewerbsbeschränkung wird durch den Informationsaustausch in beiden Fällen nicht bezweckt.

c. *Bewirken einer Wettbewerbsbeschränkung*

Es bleibt zu fragen, ob durch den Informationsaustausch in Form der Vorversichereranfrage eine Wettbewerbsbeschränkung bewirkt wird. Im Rahmen des Bewirkens sind die konkreten Auswirkungen einer Verhaltensweise auf den Wettbewerb auf dem betroffenen Markt zu untersuchen.[970] Dabei ist ein Vergleich des tatsächlichen Wettbewerbs mit demjenigen, wie er ohne die in Frage

---

967 *EuGH,* Urt. v. 23.11.2006, Rs. C-238/05 (*Asnef-Equifax),* Slg. 2006, I-11125, Rn. 46 f.

968 *Pindyck/Rubinfeld,* Mikroökonomie (2013), S. 849. Siehe zur adversen Selektion oben S. 99 ff.

969 *Grüner,* Wirtschaftspolitik (2018), S. 41. Siehe zum moralischen Risiko auf Versicherungsmärkten oben S. 104 ff.

970 *Europäische Kommission,* Horizontalleitlinien, ABl. Nr. C 11 v. 14.01.2011, S. 1, Rn. 26 ff.; *EuGH,* Urt. v. 28.05.1998, Rs. C-7/95 P (*Deere),* Slg. 1998, I-3111, Rn. 77; *EuGH,* Urt. v. 23.11.2006, Rs. C-238/05 (*Asnef-Equifax),* Slg. 2006, I-11125.

stehende Verhaltensweise bestünde, vorzunehmen.[971] Maßgeblich für das Vorliegen einer Wettbewerbsbeschränkung sind jedoch nicht nur die tatsächlichen, sondern auch die potentiellen Auswirkungen auf den Wettbewerb.[972] Zum Nachweis des Bewirkens einer Wettbewerbsbeschränkung durch einen Informationsaustausch sind daher im Einzelfall seine Auswirkungen auf den Wettbewerb zu untersuchen.[973] Die Beurteilung beschränkt sich dabei nicht auf die tatsächlichen Auswirkungen, sondern muss explizit auch potentielle Auswirkungen der fraglichen Verhaltensweise berücksichtigen.[974] Eine Einschränkung des Tatbestandes nimmt der Europäische Gerichtshof jedoch dahingehend vor, dass Art. 101 Abs. 1 AEUV solche Vereinbarungen nicht verbietet, die den Markt nur geringfügig beeinträchtigen.[975]

aa. Allgemeine Bewertungskriterien

Wettbewerbsbeschränkende Auswirkungen sind nach Ansicht der Kommission zu bejahen bei Verhaltensweisen, die „den gegenwärtigen oder potentiellen Wettbewerb in einem solchen Ausmaß beeinträchtigen können, dass negative Auswirkungen auf Preis, Produktionsmengen, Innovationen oder Vielfalt bzw. Qualität von Waren und Dienstleistungen erwartet werden können".[976] Sie weist in diesem Zusammenhang ausdrücklich darauf hin, dass eine bloße Beeinträchtigung der Handlungsfreiheit der Parteien kein hinreichendes Kriterium für das

---

971 *EuGH,* Urt. v. 28.05.1998, Rs. C-7/95 P *(Deere),* Slg. 1998, I-3111, Rn. 76; *EuGH,* Urt. v. 21.01.1999, verb. Rs. C-215/96 und C-216/96 *(Begnasco),* Slg. 1999, I-135, Rn. 33; *Europäische Kommission,* Leitlinien zur Anwendung von Artikel 81 Absatz 3 EG-Vertrag, ABl. Nr. C 101 v. 27.04.2004, S. 97, Rn. 17.

972 *Europäische Kommission,* Leitlinien zur Anwendung von Artikel 81 Absatz 3 EG-Vertrag, ABl. Nr. C 101 v. 27.04.2004, S. 97, Rn. 18, 24; *Europäische Kommission,* Seeverkehrsleitlinien, ABl. Nr. C 245 v. 26.09.2008, S. 2, Rn. 45; *EuGH,* Urt. v. 28.05.1998, Rs. C-7/95 P *(Deere),* Slg. 1998, I-3111, Rn. 77.Vgl. auch *Italianer,* The Objects of Effects (10.12.2014), S. 14 f.

973 *EuGH,* Urt. v. 23.11.2006, Rs. C-238/05 *(Asnef-Equifax),* Slg. 2006, I-11125, Rn. 49 ff.

974 *EuGH,* Urt. v. 10.12.1985, Rs. C-31/85 *(ETA),* Slg. 1985, 3933, Rn. 12; *EuG,* Urt. v. 27.10.1994, Rs. T-35/92 *(Deere),* Slg. 1994, II-957, Rn. 77; *EuGH,* Urt. v. 23.11.2006, Rs. C-238/05 *(Asnef-Equifax),* Slg. 2006, I-11125, Rn. 50.

975 *EuGH,* Urt. v. 09.07.1969, Rs. C-5/69 *(Völk/Vervaecke),* Slg. 1969, 295, Rn. 7; *EuGH,* Urt. v. 28.05.1998, Rs. C-7/95 P *(Deere),* Slg. 1998, I-3111, Rn. 77; *EuGH,* Urt. v. 23.11.2006, Rs. C-238/05 *(Asnef-Equifax),* Slg. 2006, I-11125, Rn. 50. Siehe dazu unten S. 293 f.

976 *Europäische Kommission,* Leitlinien zur Anwendung von Artikel 81 Absatz 3 EG-Vertrag, ABl. Nr. C 101 v. 27.04.2004, S. 97, Rn. 24.

Bestehen einer Wettbewerbsbeschränkung sei, weil Art. 101 AEUV den Wettbewerb zum Vorteil der Verbraucher schützen soll.[977] Zuvor hat sich bereits der Europäische Gerichtshof in der Entscheidung *Métropole Télévision (M6)* der Ansicht angeschlossen, dass das Verbot des Art. 101 Abs. 1 AEUV nicht „völlig abstrakt und unterschiedslos“ auf jede die Handlungsfreiheit der Beteiligten einschränkende Vereinbarung angewandt werden dürfe.[978] In die Prüfung seien vielmehr auch über die konkrete Verhaltensweise selbst hinausgehende Umstände wie insbesondere „der konkrete Rahmen, in dem sie [gemeint ist die in Frage stehende Verhaltensweise, Anm. d. Verf.] ihre Wirkung entfaltet, insbesondere der wirtschaftliche und rechtliche Kontext, in dem die betroffenen Unternehmen tätig sind, die Art der Waren und/oder Dienstleistungen, auf die sich die Vereinbarung bezieht, sowie die tatsächlichen Bedingungen der Funktion und der Struktur des relevanten Marktes“[979]. Für eine ausführliche Darstellung der entsprechenden Rechtsprechung der europäischen Gerichte wird zur Vermeidung von Wiederholungen nach oben verwiesen.[980]

Neben den allgemeinen Kriterien für die kartellrechtliche Bewertung eines Informationsaustauschs müssen folglich auch die Besonderheiten des betroffenen Marktes und der betroffenen Waren oder Dienstleistungen Berücksichtigung finden. Zu diesen Besonderheiten zählen im Fall der Vorversichereranfrage insbesondere die Informationsasymmetrie auf den Versicherungsmärkten und die dadurch hervorgerufenen Effekte der adversen Selektion und des moralischen Risikos.

---

977 *Europäische Kommission,* Leitlinien zur Anwendung von Artikel 81 Absatz 3 EG-Vertrag, ABl. Nr. C 101 v. 27.04.2004, S. 97, Rn. 24, Fn. 31.

978 *EuG,* Urt. v. 18.09.2001, Rs. T-112/99 (*Métropole télévision (M6)),* Slg. 2001, II-2459, Rn. 76 f.

979 *EuG,* Urt. v. 18.09.2001, Rs. T-112/99 (*Métropole télévision (M6)),* Slg. 2001, II-2459, Rn. 76. Siehe auch *EuGH,* Urt. v. 30.06.1966, Rs. C-56/65 (*Maschinenbau Ulm),* Slg. 1966, 282, 304; *EuGH,* Urt. v. 15.09.1998, verb. Rs. T-374/94, T-375/94, T-384/94 & T-388/94. (*European Night Services),* Slg. 1998, II-3141, Rn. 136; *EuGH,* Urt. v. 23.11.2006, Rs. C-238/05 (*Asnef-Equifax),* Slg. 2006, I-11125, Rn. 49; *EuG,* Urt. v. 08.07.2008, Rs. T-99/04 (*AC-Treuhand),* Slg. 2008, II-1501, Rn. 126. Vgl. auch *EuGH,* Urt. v. 23.11.2006, Rs. C-238/05 (*Asnef-Equifax),* Slg. 2006, I-11125, Rn. 49.

980 Siehe oben S. 56 ff.

bb. Bewirkte Wettbewerbsbeschränkung durch einen Informationsaustausch

Für die Beurteilung wettbewerbsbeschränkender Auswirkungen eines Informationsaustauschs zwischen Wettbewerbern ziehen die europäischen Gerichte das ursprünglich zur abgestimmten Verhaltensweise entwickelte Selbständigkeitspostulat heran.[981] Danach soll ein Informationsaustausch den Wettbewerb beschränken, wenn er die Bedingungen auf dem betroffenen Markt dahingehend verändert, dass der Grad der Ungewissheit über das fragliche Marktgeschehen verringert oder beseitigt wird.[982]

> „Den Wettbewerbsvorschriften des Vertrages liegt nämlich der Gedanke zugrunde, dass jeder Wirtschaftsteilnehmer selbständig zu bestimmen hat, welche Politik er auf dem Gemeinsamen Markt zu betreiben gedenkt. Ein solches Selbständigkeitspostulat steht (...) jeder unmittelbaren oder mittelbaren Fühlungnahme zwischen Wirtschaftsteilnehmern entgegen, durch die entweder das Marktverhalten eines tatsächlichen oder potenziellen Wettbewerbers beeinflusst oder ein solcher Wettbewerber über das Marktverhalten, zu dem man selbst entschlossen ist oder das man in Erwägung zieht, ins Bild gesetzt wird, wenn die Fühlungnahme bezweckt oder bewirkt, dass Wettbewerbsbedingungen entstehen, die im Hinblick auf die Art der Waren oder erbrachten Dienstleistungen, die Bedeutung und Zahl der beteiligten Unternehmen sowie den Umfang des in Betracht kommenden Marktes nicht dessen normalen Bedingungen entsprechen (...).“[983]

Dabei sind immer die voraussichtlichen Auswirkungen des Informationsaustauschs auf den Wettbewerb auf dem betroffenen Markt im Einzelfall zu untersuchen.[984] Ein Informationsaustausch hat nach Ansicht der Kommission dann wettbewerbsbeschränkende Auswirkungen, „wenn es wahrscheinlich ist, dass er spürbare negative Auswirkungen auf mindestens einen Wettbewerbsparameter wie Preis, Produktionsmenge, Produktqualität, Produktvielfalt oder Innovation haben wird.“[985] Insoweit findet eine an den Effizienzauswirkungen des Informationsaustauschs orientierte Beurteilung statt, die zwar in der Literatur kritisiert

---

981 Siehe dazu oben S. 86 ff.

982 *EuGH*, Urt. v. 28.05.1998, Rs. C-7/95 P *(Deere)*, Slg. 1998, I-3111, Rn. 90; *EuGH*, Urt. v. 02.10.2003, Rs. C-194/99 P *(Thyssen Stahl AG)*, Slg. 2003, I-10821, Rn. 81; *EuGH*, Urt. v. 23.11.2006, Rs. C-238/05 *(Asnef-Equifax)*, Slg. 2006, I-11125, Rn. 51; *EuG*, Urt. v. 16.09.2013, verb. Rs. T-379/10 und 381/10 *(Keramag)*, (noch nicht in amtl. Slg.), Rn. 55.

983 *EuGH*, Urt. v. 23.11.2006, Rs. C-238/05 *(Asnef-Equifax)*, Slg. 2006, I-11125, Rn. 52.

984 *Europäische Kommission*, Horizontalleitlinien, ABl. Nr. C 11 v. 14.01.2011, S. 1, Rn. 75.

985 *Europäische Kommission*, Horizontalleitlinien, ABl. Nr. C 11 v. 14.01.2011, S. 1, Rn. 75.

wird[986], im Ergebnis aber auf der oben dargestellten Linie der Rechtsprechung der europäischen Gerichte zur Berücksichtigung des wirtschaftlichen Rahmens bei der Feststellung einer Wettbewerbsbeschränkung liegt[987]. Insgesamt lässt sich feststellen, dass sich die Praxis der Gemeinschaftsorgane im Bereich der Beurteilung des Informationsaustauschs zwischen Wettbewerbern am weitesten von dem Konzept der reinen Handlungsbeschränkung weg und hin zu einer Beurteilung anhand der wettbewerblichen Auswirkungen einer Verhaltensweise orientiert hat.[988] Dem entspricht es auch, dass der Europäische Gerichtshof die schlichte Gleichsetzung einer Wettbewerbsbeschränkung mit jeder Verletzung des Selbständigkeitspostulats, wie bereits oben dargestellt, abgelehnt hat.[989]

Unter dem geltenden System der Legalausnahme gemäß Art. 101 Abs. 3 AEUV i.V.m. Art. 1 Abs. 2 VO 1/2003[990] müssen die Unternehmen selbst einschätzen, inwieweit ein Informationsaustausch einen Verstoß gegen das Kartellrecht darstellt. Neben den eindeutigen Fällen, wie insbesondere dem Austausch von Informationen über Preise[991], gibt es eine Reihe anderer Formen des Informationsaustauschs, die in einem Graubereich liegen.[992] Die Europäische

---

986 Vgl. *Hertfelder*, in: FS Möschel (2011), S. 281, 288 f.; *Rittner/Dreher*, Europäisches und deutsches Wirtschaftsrecht (2008), § 16, Rn. 42 ff.; *Mestmäcker/Schweitzer*, Europäisches Wettbewerbsrecht (2014), § 11, Rn. 31 f. Siehe zum grundlegenden Konflikt zwischen ergebnisoffenen und ergebnisorientierten Wettbewerbskonzepten ausführlich oben S. 19 ff.

987 Siehe dazu oben S. 56 ff. Siehe insbesondere auch in und bei Fn. 255.

988 *Bechtold*, GRUR 2012, 107, 108 f. Vgl. dazu auch *Mestmäcker/Schweitzer*, Europäisches Wettbewerbsrecht (2014), § 10, Rn. 64 unter Verweis auf *GA Ruiz-Jarabo Colomer*, Schlussanträge zu EuGH Rs. C-7/95 P (*Deere*), Slg. 1998, I-3111, Rn. 47: „Eine Selbständigkeit der Wirtschaftsteilnehmer bei der Festlegung ihres Marktverhaltens besteht eindeutig nicht mehr, wenn sie eine Vereinbarung treffen, die ihre künftige Handlungsfreiheit auf dem Markt beschränkt. Diese Selbständigkeit kann aber auch beeinträchtigt werden, wenn die Wirtschaftsteilnehmer in Verfolgung eines gemeinsamen wirtschaftlichen Interesses Strukturen der Zusammenarbeit schaffen, die zwar nicht unmittelbar ein wettbewerbswidriges Verhalten fördern, wohl aber den Wettbewerb zwischen den Herstellern verringern."

989 Siehe in und bei Fn. 979. Siehe auch *EuGH*, Urt. v. 19.02.2002, Rs. C-309/99 (*Wouters*), Slg. 2002, I-1577, Rn. 97.

990 Siehe dazu im Einzelnen unten S. 295 ff.

991 Siehe dazu oben S. 223.

992 *Caballero Sanz*, Information Exchange Mechanisms and EC Antitrust Policy, in: Albach/Jin/Schenk (Hrsg.), Collusion through information sharing? (1996), S. 27, 35; *Seitz*, Journal of European Competition Law & Practice 2 (2011), 452, 459; *Camesasca/Schmidt*, Journal of Economic Literature 2 (2011), 227, 227.

Kommission hat erstmals in den Horizontalleitlinien aus dem Jahr 2011 allgemeine Kriterien zur kartellrechtlichen Bewertung eines Informationsaustauschs zwischen Wettbewerbern aufgestellt.[993] Naturgemäß können die Leitlinien nicht zu allen praktizierten oder gar denkbaren Formen des Informationsaustauschs Stellung nehmen. Sie geben jedoch allgemeine Hinweise und nennen wesentliche Kriterien, die die Kommission für die Bewertung als maßgeblich ansieht, um den betroffenen Unternehmen eine Richtschnur für die erforderliche Selbsteinschätzung zu geben.[994] In jedem Fall erfordert die Feststellung einer bewirkten Wettbewerbsbeschränkung durch einen Informationsaustausch immer eine Untersuchung des Einzelfalls, denn die Horizontalleitlinien enthalten keine Safe-Harbour-Regelung für bestimmte Arten des Informationsaustauschs.[995]

Zu den Kriterien, die nach Ansicht der Kommission bei einer Untersuchung der tatsächlichen und potentiellen Auswirkungen eines Informationsaustauschs regelmäßig Bedeutung erlangen, zählen insbesondere die Marktstruktur, der Zweck eines solchen Systems, die Zugangsvoraussetzungen und die Bedingungen der Teilnahme am Informationsaustausch, die Art und Aktualität der ausgetauschten Daten, die Identifizierbarkeit der Unternehmen, die Häufigkeit und Regelmäßigkeit des Austauschs sowie der Zugang der Marktgegenseite zu den Informationen.[996] Daneben kann sich auch die Bedeutung der Informationen für die Preisfestsetzung sowie für den Umfang oder die Bedingungen der Leistung auf die kartellrechtliche Beurteilung eines Informationsaustauschs auswirken.[997] Damit entsprechen die Beurteilungskriterien im Wesentlichen denjenigen

---

993 *Europäische Kommission,* Horizontalleitlinien, ABl. Nr. C 11 v. 14.01.2011, S. 1, Rn. 55 ff. Zuvor hat die Europäische Kommission in den Leitlinien für die Anwendung von Artikel 81 des EG-Vertrags auf Seeverkehrsdienstleistungen bereits Regeln für die Bewertung des Informationsaustauschs aufgestellt. Es bestand weitgehend Einigkeit darüber, dass diese Regeln ihrem Grundsatz nach auch auf andere Wirtschaftszweige Anwendung finden (*Wagner-von Papp,* KSzW 2011, 87, 88; *Dreher/Hoffmann,* WuW 2011, 1181, 1182; *Dreher/Hoffmann/Kling,* Kartell- und Wettbewerbsrecht der Versicherungsunternehmen (2015), § 7, Rn. 10, Fn. 21).

994 *Camesasca/Schmidt,* Journal of Economic Literature 2 (2011), 227, 227 ff.

995 Bellamy/Child/*Aitken/Chapman/Woolfe,* Chapter 6: Other Horizontal Agreements, Rn. 6.031.

996 *Europäische Kommission,* Horizontalleitlinien, ABl. Nr. C 11 v. 14.01.2011, S. 1, Rn. 76. Siehe bereits oben S. 65 f. Siehe auch *EuG,* Urt. v. 27.10.1994, Rs. T-35/92 (*Deere),* Slg. 1994, II-957, Rn. 51; *EuGH,* Urt. v. 28.05.1998, Rs. C-7/95 P (*Deere),* Slg. 1998, I-3111, Rn. 58 ff.

997 *EuGH,* Urt. v. 23.11.2006, Rs. C-238/05 (*Asnef-Equifax),* Slg. 2006, I-11125, Rn. 54; *Europäische Kommission,* Horizontalleitlinien, ABl. Nr. C 11 v. 14.01.2011, S. 1, Rn. 76.

Voraussetzungen, unter denen man bei industrieökonomischer Betrachtung koordinierte Effekte erwartet, also eine gemeinsame Auffassung der Marktteilnehmer über das Marktverhalten, das demjenigen eines Monopolisten entspricht, ohne dass es dafür einer ausdrücklichen Absprache der Wettbewerber bedarf.[998] Bei den von der Kommission aufgestellten Kriterien handelt es sich insoweit um ein „bewegliches System"[999], innerhalb dessen die Besonderheiten des einzelnen Informationsaustauschs und des betroffenen Marktes zu berücksichtigen sind.[1000]

Die Europäische Kommission zieht bei ihrer Beurteilung des Informationsaustauschs zwei mögliche wettbewerbsbeschränkende Folgen in Betracht: Zum einen könne der Austausch bestimmter strategischer Informationen ein koordiniertes Verhalten der Wettbewerber auf dem Markt ermöglichen.[1001] Zum anderen könne der Informationsaustausch zu einer wettbewerbswidrigen Marktverschließung führen, insbesondere wenn er exklusiv erfolge und wichtige strategische Informationen betreffe, sodass die nicht beteiligten Unternehmen wettbewerblich deutlich schlechter gestellt würden.[1002]

Für ein mögliches koordiniertes Verhalten der Wettbewerber führt die Europäische Kommission drei Beispiele an:

Erstens sei es möglich, dass sich die Unternehmen durch den Austausch bestimmter Informationen auf Koordinierungsmodalitäten verständigen, ohne die Koordinierung entsprechend vereinbaren zu müssen, was auf dem Markt zu

998 MüKoEuWettbR/*Wollmann/Herzog,* Art. 101 AEUV, Rn. 197.

999 *Eilmansberger/Kruis,* in: Streinz (Hrsg.), EUV/AEUV, Art. 101 AEUV, Rn. 15; MüKoEuWettbR/*Wollmann/Herzog,* Art. 101 AEUV, Rn. 197.

1000 Vgl. *Europäische Kommission,* Horizontalleitlinien, ABl. Nr. C 11 v. 14.01.2011, S. 1, Rn. 75 f.

1001 *Europäische Kommission,* Horizontalleitlinien, ABl. Nr. C 11 v. 14.01.2011, S. 1, Rn. 65 ff.

1002 *Europäische Kommission,* Horizontalleitlinien, ABl. Nr. C 11 v. 14.01.2011, S. 1, Rn. 69 ff. Darin liegt im Wesentlichen eine Fortentwicklung der von der Europäischen Kommission bereits in der Entscheidung *UK Agricultural Tractor Registration Exchange* aufgestellten Maßstäbe, wonach sich die wettbewerbsbeschränkende Wirkung des gegenständlichen Informationsaustauschs aus der „Nichtentfaltung der Wettbewerbsreserven auf einem hochgradig konzentrierten Markt" sowie aus der „Erhöhung der Zutrittsschranken für Nichtteilnehmer" ergab (*Komm.E.,* 17.02.1992, 92/157/EWG (*UK Agricultural Tractor Registration Exchange),* ABl. Nr. L 68 v. 13.03.1992, S. 19, Rn. 37 ff., 44 ff.).

einem Kollusionsergebnis führen könne.[1003] Auf dem Markt für Versicherungsleistungen ist eine derartige Koordinierung in Bezug auf Prämien, aber auch auf andere Wettbewerbsparameter wie insbesondere die Produktgestaltung möglich. Darüber hinaus ist eine Verhaltensanpassung auch mit Blick auf andere „weiche" Faktoren, wie etwa die Regulierungspraxis eines Versicherers oder seine Kündigungspolitik im Schadensfall[1004] möglich.

Zweitens können sich wettbewerbsbeschränkende Auswirkungen eines Informationsaustauschs nach Ansicht der Kommission daraus ergeben, dass er die innere Stabilität eines Kollusionsergebnisses auf dem Markt erhöht.[1005] Dies kann insbesondere dergestalt geschehen, dass die teilnehmenden Wettbewerber anhand des Informationsaustauschs überwachen können, ob sich die Wettbewerber an eine gemeinsame Strategie halten, oder ob einzelne hiergegen verstoßen. Für eine solche kollusive Strategie der Versicherungsnehmer bedarf es keiner kooperativen Absprache zwischen ihnen, die für sich genommen bereits gegen Art. 101 Abs. 1 AEUV verstoßen würde. Das kollusive Verhalten kann sich aus einem zwar autonomen und rationalen Handeln ergeben, das sich jedoch am Verhalten der anderen Versicherer orientiert.

Drittens kann ein Informationsaustausch auch die äußere Stabilität erhöhen und dadurch zu einem Kollusionsergebnis führen.[1006] Dies sei dann der Fall, wenn die durch den Informationsaustausch bedingte Transparenz es den Wettbewerbern ermöglicht, zu erkennen, wenn neue Unternehmen in den Markt

---

1003 *Europäische Kommission,* Horizontalleitlinien, ABl. Nr. C 11 v. 14.01.2011, S. 1, Rn. 66.

1004 Gem. § 92 Abs. 1 VVG können beide Parteien den Vertrag nach Eintritt eines Versicherungsfalls kündigen. Nicht einheitlich für alle Versicherer geregelt ist jedoch die Höhe der Schäden, bzw. die Schadensquote, die bei den Versicherern zu einer Kündigung des Vertrags führt. Während ein Schadensfall also bei einem Versicherer zur Kündigung des Vertrags nach § 92 Abs. 1 VVG führt, würde ein anderer Versicherer im gleichen Schadensfall unter denselben Bedingungen noch keine Kündigung aussprechen. Für den Versicherungsnehmer hat eine solche Kündigung im Schadensfall mitunter gravierende Auswirkungen. Da sich die Versicherer über den eingetretenen Schadensfall und die daraus folgende Kündigung des Versicherungsvertrags austauschen, erhält der gekündigte Versicherungsnehmer auch von anderen Versicherungsunternehmen nur Angebote mit deutlichen Risikozuschlägen oder unter Umständen wird der Vertragsschluss mit ihm sogar gänzlich abgelehnt.

1005 *Europäische Kommission,* Horizontalleitlinien, ABl. Nr. C 11 v. 14.01.2011, S. 1, Rn. 67.

1006 *Europäische Kommission,* Horizontalleitlinien, ABl. Nr. C 11 v. 14.01.2011, S. 1, Rn. 68.

eintreten wollen, und hierauf entsprechend zu reagieren indem sie gezielt gegen die neuen Marktteilnehmer vorgehen.[1007] Dieser Aspekt steht in engem Zusammenhang mit einer möglichen wettbewerbswidrigen Marktverschließung.

cc. Die Rechtsprechung des Europäischen Gerichtshofs zum Informationsaustausch zwischen Finanzinstituten bezüglich der Zahlungsfähigkeit von Kreditnehmern

In der Entscheidung *Asnef-Equifax* aus dem Jahr 2006 hatte der Europäische Gerichtshof die kartellrechtliche Zulässigkeit eines Registers zum Informationsaustausch zwischen Finanzinstituten bezüglich der Zahlungsfähigkeit von Kunden zu beurteilen. Dieses Register sollte den Kreditinstituten auf elektronischem Wege Auskunft über die Zahlungsfähigkeit der Kunden geben und die Informationsasymmetrie zwischen den Parteien verringern, indem den Kreditgebern die Einschätzung des Ausfallrisikos erleichtert wird.[1008] Das betreffende Register enthielt – neben der Identität und der wirtschaftlichen Tätigkeit des Schuldners – negative Angaben etwa über Zahlungsausfälle sowie positive Angaben zum Beispiel über Gläubigerguthaben, Bürgschaften, Sicherheiten und Garantien, Leasinggeschäfte oder die zeitlich begrenzte Bereitstellung von Kapital und Angaben über besondere Situationen wie Konkurs oder Zahlungsunfähigkeit.[1009]

Dem Europäischen Gerichtshof wurde die Frage zur Entscheidung vorgelegt, ob Art. 81 Abs. 1 EGV (jetzt Art. 101 Abs. 1 AEUV) dahingehend auszulegen sei, dass Vereinbarungen über den Informationsaustausch zwischen Finanzinstituten bezüglich Zahlungsfähigkeit und Säumigkeit ihrer Kunden mit dem Gemeinsamen Markt vereinbar seien, wenn diese Vereinbarungen ungünstige Auswirkungen auf die Wirtschaftspolitiken der Union und auf den Kreditmarkt der Gemeinschaft haben und eine Beschränkung des Wettbewerbs im Bereich der Finanz- und Kreditinstitute bewirken.[1010] Die zweite Vorlagefrage betraf die Möglichkeit der Freistellung eines entsprechenden Registers gemäß Art. 101 Abs. 3 AEUV mit der Begründung, dass die Verbraucher und Nutzer der Finanzdienstleistungen von der Einrichtung eines derartigen Register profitieren.[1011]

1007 *Europäische Kommission,* Horizontalleitlinien, ABl. Nr. C 11 v. 14.01.2011, S. 1, Rn. 68.

1008 *EuGH,* Urt. v. 23.11.2006, Rs. C-238/05 (*Asnef-Equifax*), Slg. 2006, I-11125, Rn. 7, 47.

1009 *EuGH,* Urt. v. 23.11.2006, Rs. C-238/05 (*Asnef-Equifax*), Slg. 2006, I-11125, Rn. 7, 46.

1010 *EuGH,* Urt. v. 23.11.2006, Rs. C-238/05 (*Asnef-Equifax*), Slg. 2006, I-11125, Rn. 11.

1011 *EuGH,* Urt. v. 23.11.2006, Rs. C-238/05 (*Asnef-Equifax*), Slg. 2006, I-11125, Rn. 11.

Ausbanc hatte in dem Verfahren die Ansicht vertreten, das Register beschränke den Wettbewerb, „da es einen Austausch von Auskünften voraussetzte, die unter Wettbewerbern generell als Geschäftsgeheimnis gälten, wodurch Risikofaktoren, die mit jeder Unternehmensentscheidung verbunden seien, ausgeschlossen würden und gleichförmige Reaktionen der Finanzinstitute gegenüber Kreditantragstellern gefördert würden."[1012]

Der Europäische Gerichtshof stellte in seiner Entscheidung zunächst fest, der wesentliche Zweck des Registers sei unstreitig, „Kreditgebern aussagefähige Informationen über vorhandene oder potenzielle Kreditnehmer, und zwar insbesondere über die Art und Weise ihrer bisherigen Schuldenbegleichung, zur Verfügung zu stellen."[1013] Da das Register damit die Ungleichheit des Informationsstands zwischen Gläubiger und Schuldner verringere und auf diese Weise die Ausfallquote reduziere und den Wirkungsgrad des Kreditangebots erhöhe, bezwecke die ihnen zugrunde liegende Abrede nicht eine Wettbewerbsbeschränkung.[1014]

Sodann prüfte der Europäische Gerichtshof unter Berufung auf das Selbständigkeitspostulat[1015], ob das Kreditauskunftssystem der spanischen Banken eine Wettbewerbsbeschränkung bewirkt. In diesem Zusammenhang wiederholte der Europäische Gerichtshof auch die bereits oben erörterte Formel von der Berücksichtigung der wirtschaftlichen Bedingungen einer Verhaltensweise:

> „Dabei ist zu beachten, dass die Beurteilung der Wirkungen von Vereinbarungen oder Verhaltensweisen im Hinblick auf Artikel 81 EG eine Berücksichtigung des jeweiligen konkreten Rahmens erfordert, nämlich des wirtschaftlichen und rechtlichen Zusammenhangs, in dem die betreffenden Unternehmen tätig sind, die Natur der betroffenen Waren und Dienstleistungen, der auf dem betreffenden Markt oder den betreffenden Märkten bestehenden tatsächlichen Bedingungen und der Struktur dieses Marktes oder dieser Märkte."[1016]

Darüber hinaus nennt er konkrete Kriterien für die kartellrechtliche Bewertung eines Informationsaustauschs:

1012 *EuGH*, Urt. v. 23.11.2006, Rs. C-238/05 (*Asnef-Equifax*), Slg. 2006, I-11125, Rn. 27.

1013 *EuGH*, Urt. v. 23.11.2006, Rs. C-238/05 (*Asnef-Equifax*), Slg. 2006, I-11125, Rn. 46.

1014 *EuGH*, Urt. v. 23.11.2006, Rs. C-238/05 (*Asnef-Equifax*), Slg. 2006, I-11125, Rn. 47 f. Siehe dazu bereits oben S. 219 f.

1015 Siehe oben S. 223 f.

1016 *EuGH*, Urt. v. 23.11.2006, Rs. C-238/05 (*Asnef-Equifax*), Slg. 2006, I-11125, Rn. 49.

> „Die Vereinbarkeit eines Systems des Informationsaustauschs, wie des Registers, mit den Wettbewerbsregeln der Gemeinschaft lässt sich daher (...) nicht abstrakt beurteilen. Sie richtet sich vielmehr nach den auf den betreffenden Märkten herrschenden wirtschaftlichen Bedingungen und den für das betreffende System charakteristischen Eigenschaften, namentlichen seinem Zweck, den Zugangsvoraussetzungen und den Bedingungen der Teilnahme am Austausch, der Natur der ausgetauschten Informationen – bei denen es sich z. B. um veröffentlichte oder vertrauliche, zusammengefasste oder detaillierte, historische oder gegenwärtige Angaben handeln kann –, deren Periodizität und ihrer Bedeutung für die Preisbildung sowie dem Umfang oder den Bedingungen der Leistung."[1017]

Der Gerichtshof hebt bei seiner anschließenden Beurteilung zunächst den Zweck und die positiven Folgen des Informationsaustauschs hervor, denn ein derartiges Register schwäche eine Verteuerung von Krediten für alle Kreditnehmer aufgrund der mangelnden Identifizierbarkeit von Kreditnehmern mit einem hohen Ausfallrisiko und der dadurch erforderlichen Umlage des Risikos auf alle Kreditnehmer ab; zudem erhöhe es die Mobilität der Kreditnehmer und begünstige den Markteintritt neuer Wettbewerber.[1018] Der Gerichtshof berücksichtigte damit bereits im Rahmen von Art. 101 Abs. 1 AEUV explizit auch die positiven Folgen des Informationsaustauschs für die Verbraucher.[1019]

Trotz dieser positiven Effekte seien jedoch für die Frage, ob im konkreten Fall eine Wettbewerbsbeschränkung vorliege, der wirtschaftliche Zusammenhang, in den sich das Register einfüge, und insbesondere die wirtschaftlichen Bedingungen des Marktes sowie die charakteristischen Eigenschaften des Registers maßgeblich.[1020]

In Bezug auf die Marktstruktur führte der Europäische Gerichtshof zunächst unter Verweis auf seine Rechtsprechung in der Sache *Thyssen Stahl*[1021] aus, dass ein Austausch bestimmter Informationen auf einem hochgradig konzentrierten Markt geeignet sein könne, den Wettbewerb zu beschränken, wohingegen er auf einem zersplitterten Markt neutrale oder positive Auswirkungen auf die Wettbewerbssituation haben könne.[1022] Nähere Aussagen zur Marktstruktur im konkreten Fall traf der Europäische Gerichtshof nicht, weil das vorlegende Gericht sein

---

1017 *EuGH,* Urt. v. 23.11.2006, Rs. C-238/05 (*Asnef-Equifax),* Slg. 2006, I-11125, Rn. 54.
1018 *EuGH,* Urt. v. 23.11.2006, Rs. C-238/05 (*Asnef-Equifax),* Slg. 2006, I-11125, Rn. 55 f.
1019 Siehe dazu auch *Karenfort,* WuW 2008, 1154, 1165 f.
1020 *EuGH,* Urt. v. 23.11.2006, Rs. C-238/05 (*Asnef-Equifax),* Slg. 2006, I-11125, Rn. 57.
1021 *EuGH,* Urt. v. 02.10.2003, Rs. C-194/99 P (*Thyssen Stahl AG),* Slg. 2003, I-10821.
1022 *EuGH,* Urt. v. 23.11.2006, Rs. C-238/05 (*Asnef-Equifax),* Slg. 2006, I-11125, Rn. 58.

Vorabentscheidungsersuchen unter der unstreitigen Annahme eines zersplitterten Marktes gestellt hat.[1023]

Darüber hinaus stellte der Europäische Gerichtshof zwei Bedingungen für die kartellrechtliche Zulässigkeit entsprechender Register auf: Zum einen dürfe die Identität der Gläubiger nicht unmittelbar oder mittelbar aufgedeckt werden.[1024] Zum anderen müsse allen im maßgeblichen Bereich tätigen Wirtschaftsteilnehmern rechtlich wie tatsächlich diskriminierungsfrei der Zugang zu dem Informationsaustausch eröffnet werden, weil ansonsten Wirtschaftsteilnehmer, die über nur wenige Informationen verfügen, benachteiligt würden und der Markteintritt neuer Wettbewerber erschwert werde.[1025]

Diese Kriterien sollen aufgrund der Vergleichbarkeit des Systems der Vorversichereranfrage mit dem urteilsgegenständlichen Register über Kreditrisiken[1026] zunächst auf die kartellrechtliche Beurteilung der Vorversichereranfrage übertragen werden. Darüber hinaus wird in Anlehnung an die von der Europäischen Kommission in den Horizontalleitlinien aufgestellten Kriterien untersucht, ob die im Rahmen der Vorversichereranfrage ausgetauschten Informationen ihrer Art nach, sowie aufgrund ihres Alters und Aggregationsgrades geeignet sind, eine Beschränkung des Wettbewerbs auf den relevanten Märkten zu bewirkten. Zuletzt sollen darüber hinaus mögliche wettbewerbsbeschränkende Effekte aufgezeigt werden, die sich aus den Besonderheiten der Vorversichereranfrage und der Versicherungsmärkte ergeben. Dabei soll insbesondere untersucht werden, inwieweit die ausgetauschten Informationen zu einem Verdrängungswettbewerb oder zu einer Marktabschottung führen können.

1023 *EuGH,* Urt. v. 23.11.2006, Rs. C-238/05 (*Asnef-Equifax),* Slg. 2006, I-11125, Rn. 58, 10.

1024 *EuGH,* Urt. v. 23.11.2006, Rs. C-238/05 (*Asnef-Equifax),* Slg. 2006, I-11125, Rn. 59.

1025 *EuGH,* Urt. v. 23.11.2006, Rs. C-238/05 (*Asnef-Equifax),* Slg. 2006, I-11125, Rn. 60.

1026 Siehe dazu oben S. 220. Für eine Parallele zwischen der kartellrechtlichen Bewertung der Vorversichereranfrage und der Rechtsprechung des Europäischen Gerichtshofs in der Entscheidung *Asnef-Equifax* auch *Dreher/Hoffmann/Kling,* Kartell- und Wettbewerbsrecht der Versicherungsunternehmen (2015), § 7, Rn. 5, 51 ff. Kritisch dagegen jedenfalls in Bezug auf das vom EuGH aufgestellte Kriterium der Nichtidentifizierbarkeit der Gläubiger *Stappert/Esser-Wellié,* EuZW 2006, 758, 759 f.; *Bartmann,* 10. Kapitel, in: Mäger (Hrsg.), Europäisches Kartellrecht (2011), Rn. 25; Langen/Bunte/*Röhrig,* Syst. VIII Versicherungswirtschaft, Rn. 88. Siehe zur Identifizierbarkeit sogleich S. 271 ff.

dd. Marktstruktur

Die Struktur des Marktes, auf dem ein Informationsaustausch stattfindet, ist sowohl nach Ansicht des Europäischen Gerichtshofs als auch der Europäischen Kommission bei dessen kartellrechtlicher Beurteilung zu berücksichtigen.[1027] So ist es nach den Horizontalleitlinien der Kommission „[a]uf hinreichend transparenten, konzentrierten, nicht-komplexen, stabilen und symmetrischen Märkten (…) eher wahrscheinlich, dass Unternehmen ein Kollusionsergebnis erzielen."[1028]

Wie sich auch an der Entscheidung *Asnef-Equifax* zeigt, wird insoweit auch dem Konzentrationsgrad eines Marktes bei der Bewertung eines Informationsaustauschs Bedeutung zugemessen. Marktinformationsverfahren seien demnach auf polypolistischen Märkten eher wettbewerbsfördernd und umso problematischer, je weniger Anbieter auf einem Markt tätig sind.[1029] Denn auf einem Markt

---

1027 *EuGH,* Urt. v. 23.11.2006, Rs. C-238/05 *(Asnef-Equifax),* Slg. 2006, I-11125, Rn. 58; *Europäische Kommission,* Horizontalleitlinien, ABl. Nr. C 11 v. 14.01.2011, S. 1, Rn. 76 ff.

1028 *Europäische Kommission,* Horizontalleitlinien, ABl. Nr. C 11 v. 14.01.2011, S. 1, Rn. 77.

1029 *EuGH,* Urt. v. 23.11.2006, Rs. C-238/05 *(Asnef-Equifax),* Slg. 2006, I-11125, Rn. 58; *Europäische Kommission,* Seeverkehrsleitlinien, ABl. Nr. C 245 v. 26.09.2008, S. 2, Rn. 48; *Europäische Kommission,* Leitlinien zur Anwendung von Artikel 81 Absatz 3 EG-Vertrag, ABl. Nr. C 101 v. 27.04.2004, S. 97, Rn. 25; *EuG,* Urt. v. 27.10.1994, Rs. T-34/92 *(Fiatagri und New Holland Ford),* Slg. 1994, II-905, Rn. 91: „Auf einem wirklich vom Wettbewerb geprägten Markt ist nach Auffassung des Gerichts die Transparenz unter den Wirtschaftsteilnehmern (…) grundsätzlich geeignet, den Wettbewerb unter den Anbietern zu verstärken, da bei einer solchen Fallgestaltung der Umstand, daß ein Wirtschaftsteilnehmer ihm zur Verfügung stehende Informationen über das Funktionieren des Marktes berücksichtigt, um sein Verhalten auf diesem Markt anzupassen, angesichts der Zersplitterung des Angebots nicht geeignet ist, bei den anderen Wirtschaftsteilnehmern die Unsicherheit über die Vorhersehbarkeit des Verhaltens der Wettbewerber zu verringern oder ganz zu beseitigen. Werden dagegen auf einem Markt, der wie der relevante Markt ein hochgradig konzentrierter oligopolistischer Markt ist (…) und auf dem infolgedessen der Wettbewerb bereits stark eingeschränkt und der Austausch von Informationen erleichtert ist, unter den wichtigsten Anbietern und (…) ausschließlich zu deren Nutzen und folglich unter Ausschluß der übrigen Anbieter und der Verbraucher allgemein in kurzen zeitlichen Abständen Informationen ausgetauscht, die die Ermittlung der zugelassenen Fahrzeuge und den Ort ihrer Zulassung betreffen, so ist dies nach Auffassung des Gerichts, wie die Kommission dargelegt hat, geeignet, den noch bestehenden Wettbewerb unter den Wirtschaftsteilnehmern spürbar zu beeinträchtigen." Fast wortgleich in *EuG,* Urt. v. 27.10.1994, Rs. T-35/92 *(Deere),* Slg. 1994, II-957, Rn. 51.

mit nur wenigen Anbietern besteht eine größere Reaktionsverbundenheit der Unternehmen untereinander. Die Unternehmen können das Marktverhalten ihrer wenigen Wettbewerber besser beobachten, als auf einem polypolistischen Markt und ihr Verhalten entsprechend anpassen. Gleichzeitig wissen die Unternehmen aber, dass umgekehrt auch ihr Verhalten von ihren Wettbewerbern beobachtet wird, und berücksichtigen diese Tatsache bei ihren strategischen Entscheidungen. Das führt dazu, dass auf oligopolistischen Märkten meist weniger intensiver Wettbewerb herrscht, als auf polypolistischen Märkten. Die Wettbewerber sind sich der Tatsache bewusst, dass ein Wettbewerbsvorstoß ihrerseits zeitnah von den anderen Unternehmen beobachtet würde und eine entsprechende Reaktion in Form eines „Nachziehens" oder sogar einer „Bestrafung" zu erwarten ist. Die zu erwartenden Gewinne aus einem solchen Vorstoß sind aufgrund der kurzen Amortisationsphase entsprechend gering und der Vorstoß ist somit weniger lukrativ.[1030] Die Reaktionsverbundenheit der Unternehmen wird durch einen Informationsaustausch auf einem oligopolistischen Markt noch verstärkt, die Transparenz auf dem Markt weiter erhöht und Reaktionszeit der Unternehmen verkürzt, sodass Wettbewerbsvorstöße noch unattraktiver werden.[1031]

Eine oligopolistische Marktstruktur ist jedoch nach Ansicht des Europäischen Gerichtshofs keineswegs Voraussetzung für das Vorliegen einer Wettbewerbsbeschränkung; als allgemeiner Grundsatz könne vielmehr nur gelten, dass das Angebot auf dem betreffenden Markt nicht „zersplittert" sein dürfe.[1032] Auch in der Literatur wird vielfach vertreten, durch einen Informationsaustausch könne selbst auf einem polypolistischen Markt eine Reaktionsverbundenheit der Unternehmen hergestellt und somit ein oligopolistisches Verhalten der Wettbewerber ermöglicht werden.[1033] Dem scheint sich auch die Europäische Kommission

---

1030 *Europäische Kommission,* Horizontalleitlinien, ABl. Nr. C 11 v. 14.01.2011, S. 1, Rn. 79; *Oberender/Väth,* Das Wirtschaftsstudium 1986, 191, 192; *Wagner-von Papp,* Marktinformationsverfahren (2004), S. 45 ff.

1031 *Komm.E.,* 17.02.1992, 92/157/EWG (*UK Agricultural Tractor Registration Exchange),* ABl. Nr. L 68 v. 13.03.1992, S. 19, Rn. 37; *Aberle,* Ökonomische Bewertung von Transparenz oder Geheimhaltung der Marktdaten als Wettbewerbsparameter, in: FIW (Hrsg.), Bewertung und Zulässigkeit von Marktinformationsverfahren (1993), S. 1, 8; *Wagner-von Papp,* Marktinformationsverfahren (2004), S. 190 f.; MüKoEuWettbR (2007)/*Wollmann/Schedl,* Art. 81 EG, Rn. 220.

1032 *EuGH,* Urt. v. 02.10.2003, Rs. C-194/99 P (*Thyssen Stahl AG),* Slg. 2003, I-10821, Rn. 86.

1033 *Hoppmann,* WuW 1966, 97, 118 f.; *Markert,* AWD 1969, 66, 67; *Säcker,* Zielkonflikte und Koordinationsprobleme im deutschen und europäischen Kartellrecht (1971),

anzunähern, indem sie feststellt, dass „[d]urch mehr Transparenz oder andere koordinationsbegünstigende Veränderungen des Marktumfelds (…) der Informationsaustausch (…) die Koordinierung und Überwachung von mehr Unternehmen untereinander erleichtern [kann], als dies ansonsten möglich wäre."[1034] Zusammengefasst stellt der Konzentrationsgrad eines Marktes daher allenfalls ein Indiz dar, das im Zusammenhang mit den übrigen Bewertungskriterien für oder gegen das Vorliegen einer Wettbewerbsbeschränkung durch einen Informationsaustausch sprechen kann.[1035] Auch kann nach der bisherigen Rechtsprechung des Europäischen Gerichtshofs nicht davon ausgegangen werden, dass ein Informationsaustausch auf einem Markt mit einem zersplitterten Angebot unter allen Umständen zulässig wäre.[1036] Denn in der Entscheidung *Asnef-Equifax* hat der Gerichtshof die Zulässigkeit des Informationsaustauschs von weiteren Voraussetzungen abhängig gemacht, obwohl das vorlegende Gericht von einem zersplitterten Markt ausging.[1037]

Sofern sich in der Literatur Aussagen über den Zusammenhang zwischen der Marktstruktur einerseits und den positiven oder negativen Effekten einer Steigerung der Markttransparenz andererseits finden, beziehen sich diese meist auf den Informationsaustausch über Preise.[1038] Daraus kann jedoch nicht geschlossen

---

S. 62 f.; *Oberender/Väth,* Das Wirtschaftsstudium 1986, 191, 194; *Bohnemann,* Schmollers Jahrbuch für Wirtschafts- und Sozialwissenschaften 1969, 641, 667, 674; *Wagner-von Papp,* Marktinformationsverfahren (2004), S. 188, 195; *Heyers,* NZKart, 2013, 99, 102.

1034 *Europäische Kommission,* Horizontalleitlinien, ABl. Nr. C 11 v. 14.01.2011, S. 1, Rn. 79.

1035 Ähnlich *Dreher/Hoffmann,* WuW 2011, 1181, 1191: „Es kann jedoch nicht davon ausgegangen werden, dass auf einem zersplitterten Markt ein Informationsaustausch in jedem Fall kartellrechtlich zulässig ist. Denn die Eignung des Informationsaustauschs, Wirtschaftsteilnehmern die Ungewissheit über künftiges Marktverhalten zu nehmen, kann nur im Einzelfall anhand weiterer Kriterien beurteilt werden." Siehe auch *Blattmann,* Der Informationsaustausch zwischen Wettbewerbern (2012), S. 302 f., der dem Kriterium der Marktstruktur bei der rechtlichen Bewertung kein besonderes Gewicht geben will.

1036 *Dreher/Hoffmann,* WuW 2011, 1181, 1191, in und bei Fn. 86.

1037 Vgl. *Dreher/Hoffmann,* WuW 2011, 1181, 1191 in und bei Fn. 86. Siehe auch *Dreher/Hoffmann/Kling,* Kartell- und Wettbewerbsrecht der Versicherungsunternehmen (2015), § 7, Rn. 17, in Fn. 47.

1038 Vgl. etwa *Hoppmann,* WuW 1966, 97, 118 f.; *Markert,* AWD 1969, 66, 67; *Säcker,* Zielkonflikte und Koordinationsprobleme im deutschen und europäischen Kartellrecht (1971), S. 62 f.; *Bohnemann,* Schmollers Jahrbuch für Wirtschafts- und Sozialwissenschaften 1969, 641, 667, 674.

werden, dass die Marktstruktur bei einem Austausch über andere Parameter unerheblich sei. Soweit die ausgetauschte Information Einfluss auf das Marktverhalten der Wettbewerber haben kann, ist eine derartige Beeinflussung umso wahrscheinlicher, je größer die Reaktionsverbundenheit der Unternehmen auf dem betroffenen Markt bereits ist. Entsprechend hat der Europäische Gerichtshof auch in der Entscheidung *Asnef-Equifax* die Marktstruktur als Kriterium für die kartellrechtliche Bewertung des Informationsaustauschs über Risikodaten herangezogen.[1039] Und auch die Horizontalleitlinien der Europäischen Kommission beschränken ihre Ausführungen zur Relevanz von Marktmerkmalen bei der kartellrechtlichen Beurteilung eines Informationsaustauschs nicht auf den Austausch von Preisinformationen.[1040]

Die Vorversichereranfrage findet auf den Märkten für Sach-, Kraftfahrt-, Haftpflicht-, Unfall- und Rechtsschutzversicherungen statt. Insgesamt sind in Deutschland in dem insoweit übergeordneten Bereich der Schaden- und Unfallversicherung derzeit 208 Versicherer zugelassen.[1041] Damit handelt es sich jedenfalls nicht um hochgradig konzentrierte Märkte. Es kann jedoch auch nicht von einem zersplitterten Angebot gesprochen werden. Ein solches nahm die Europäische Kommission etwa für einen Mark an, auf dem über 3.000 Anbieter tätig waren und der mehr als eine Million Produkte umfasste.[1042]

Wenn man die Entwicklung in den vergangenen Jahren berücksichtigt, lässt sich feststellen, dass die Konzentration auf den Versicherungsmärkten seit der Deregulierung der Märkte zu Beginn der 1990er Jahre deutlich zugenommen hat.[1043] Nach den Ausführungen der Monopolkommission in ihrem

---

1039 *EuGH,* Urt. v. 23.11.2006, Rs. C-238/05 (*Asnef-Equifax),* Slg. 2006, I-11125, Rn. 58.

1040 *Europäische Kommission,* Horizontalleitlinien, ABl. Nr. C 11 v. 14.01.2011, S. 1, Rn. 77 ff.

1041 Die Zahl stammt aus den Angaben der BaFin zu den beaufsichtigten Versicherungsunternehmen und Pensionsfonds mit Geschäftstätigkeit (Stand 31.12.2016), abrufbar unter https://www.bafin.de/DE/PublikationenDaten/Jahresbericht/Jahresbericht2016/Kapitel7/Kapitel7_1/Kapitel7_1_2/kapitel7_1_2_node.html (Stand 29.09.2018).

1042 *Europäische Kommission,* Mitteilung nach Artikel 19 Absatz 3 der Verordnung Nr. 17 des Rates (Sache Nr. IV/33.815, 35.842 – EUDIM) (96/C 111/06), ABl. Nr. C 111 v. 17.04.1996, 8, Rn. 13.

1043 *Dreher/Hoffmann/Kling,* Kartell- und Wettbewerbsrecht der Versicherungsunternehmen (2015), § 1, Rn. 16 f.; *Rauh,* Versicherungsverbände und Kartellrecht (2013), S. 252. Umfassend dazu *Samberger,* Die Konzentrationsentwicklung auf dem deutschen Versicherungsmarkt seit 1960 unter den Gesichtspunkten des Aufsichtsrechts und des Verbraucherschutzes (2005).

XVIII. Hauptgutachten 2008/2009 stellt die Versicherungsbranche unverändert „von den hier untersuchten Wirtschaftszweigen neben dem Kreditgewerbe denjenigen dar, dessen Geschäftsvolumen in höchstem Umfang auf Großunternehmen entfällt."[1044] Auch im Jahr 2012 entfielen trotz leichten Rückgangs noch 59,1 % des Geschäftsvolumens der Versicherungsbranche in Deutschland auf die zehn größten Versicherungskonzerne.[1045] Die Zusammensetzung dieser zehn größten Versicherungsunternehmen in Deutschland ist seit Jahren so gut wie unverändert. Die Versicherungsmärkte sind demnach als sehr stabil einzustufen, was nach Ansicht der Europäischen Kommission Kollusionsergebnisse grundsätzlich begünstigen soll.[1046]

Mit Blick auf die Verschärfung der aufsichtsrechtlichen Anforderungen unter Solvency-II wird aus der Versicherungswirtschaft selbst sogar auf eine angebliche Gefahr der Bildung eines „mehr oder minder stark ausgeprägten Oligopols" und einer damit einhergehenden Schwächung des Wettbewerbs auf den Versicherungsmärkten hingewiesen.[1047]

Neben der Anzahl der auf einem Markt tätigen Unternehmen und der Stabilität des betroffenen Marktes hält die Kommission nach den Horizontalleitlinien auch die Homogenität der angebotenen Produkte sowie die Transparenz des Marktes für maßgeblich.[1048]

Beide Faktoren, also die Homogenität der Produkte und die Markttransparenz, begünstigen Kollusionsergebnisse.[1049] Je homogener ein Markt ist, desto höher ist die Interdependenz zwischen den Wettbewerbern.[1050] Denn die Nachfrager reagieren bei homogenen Produkten stärker auf Preisänderungen als bei differenzierten Produkten.[1051] Gleiches gilt grundsätzlich auch für die Markttransparenz, denn eine Reaktion der Kunden ist umso wahrscheinlicher, je eher

---

1044 *Monopolkommission,* XVIII. Hauptgutachten 2008/2009, Rn. 227.

1045 *Monopolkommission,* XX. Hauptgutachten 2012/2013, Rn. 450.

1046 *Europäische Kommission,* Horizontalleitlinien, ABl. Nr. C 11 v. 14.01.2011, S. 1, Rn. 81.

1047 *Wrabetz,* FTD, 15.06.2011, S. 24.

1048 *Europäische Kommission,* Horizontalleitlinien, ABl. Nr. C 11 v. 14.01.2011, S. 1, Rn. 78, 80, 81.

1049 *Europäische Kommission,* Horizontalleitlinien, ABl. Nr. C 11 v. 14.01.2011, S. 1, Rn. 78, 82.

1050 *Bohnemann,* Schmollers Jahrbuch für Wirtschafts- und Sozialwissenschaften 1969, 641, 666 f.; *Tugendreich,* Die kartellrechtliche Zulässigkeit von Marktinformationsverfahren (2004), S. 165.

1051 *Markert,* BB 1964, 62, 62; MüKoEuWettbR/*Kerber/Schwalbe,* Einleitung, Rn. 194.

sie von einem Wettbewerbsvorstoß eines Anbieters Kenntnis erlangen. Horizontale Transparenz erhöht ohne weiteres die Interdependenz der Wettbewerber und ermöglicht auf diese Weise kollusives Verhalten.[1052] Auch lässt sich bei homogenen Produkten grundsätzlich leichter ein Kollusionsergebnis erzielen, weil etwa für *ein* Produkt auch nur eine Einigung in Bezug auf *einen* Preis erzielt werden muss.[1053]

Das Bestehen von Musterversicherungsbedingungen führt zu einer gewissen Homogenisierung der Versicherungsbedingungen.[1054] Zwar ist seit der Deregulierung der Versicherungsmärkte im Jahre 1994 eine weitgehende Produktdifferenzierung möglich.[1055] De facto beschränkt sich die Differenzierung jedoch im Wesentlichen auf Detailfragen, wie beispielsweise neuere und feinere Tarifmerkmale im Bereich der Kfz-Versicherung und Einschränkungen von Tarifmerkmalen.[1056] Insoweit muss bezweifelt werden, ob diese Detailunterschiede in den einzelnen Tarifen von einem potentiellen Versicherungsnehmer auf der Suche nach dem passenden bzw. dem günstigsten Tarif überhaupt erkannt und als Unterscheidungsmerkmale wahrgenommen werden.[1057] Vielmehr ist anzunehmen, dass Versicherungsnehmer sich bei dem Vergleich der Produkte auf deren wesentliche Merkmale beschränken. Befragungen haben mitunter sogar ergeben, dass ein Produktvergleich im Massengeschäft mit Versicherungen kaum vorgenommen wird.[1058]

Eine gewisse Entwicklung hat sich in Bezug auf die Transparenz durch die mittlerweile zahlreichen Vergleichsportale für Versicherungen im Internet ergeben, die den Versicherungsnehmern einen besseren Überblick über das Angebot verschaffen, indem sie die Daten zu den Angeboten verschiedener Versicherer

---

1052 Siehe dazu oben S. 80 ff.

1053 *Wagner-von Papp*, Marktinformationsverfahren (2004), S. 213 f.

1054 Siehe zu den Musterversicherungsbedingungen oben S. 190 ff.

1055 Siehe zu dieser Entwicklung eingehend *Rehberg*, Der Versicherungsabschluss als Informationsproblem (2003), S. 36 ff.

1056 *Wein*, Wirkungen der Deregulierung im deutschen Versicherungsmarkt (2001), S. 249 f.; *Rehberg*, Der Versicherungsabschluss als Informationsproblem (2003), S. 44 f.

1057 Vgl. zum Problem der Vergleichbarkeit derartiger Ausgestaltungen *Rehberg*, Der Versicherungsabschluss als Informationsproblem (2003), S. 48 f. Vgl. auch *Schwintowski*, VuR 2014, 370, 374 f.; *Ders.*, VuR 2014, 251, 251 f. Siehe zu den begrenzten menschlichen Möglichkeiten der Informationsverarbeitung auch oben S. 42 f.

1058 *Zweifel/Eisen*, Versicherungsökonomie (2003), S. 249.

bündeln.[1059] Auch die Tätigkeit von Versicherungsmaklern erhöht die Transparenz auf den Versicherungsmärkten.

Ein besonders hohes Maß an Transparenz besteht auf dem Markt für Kfz-Versicherungen. Denn hier ermöglicht das sogenannte NAFI-Tarifvergleichssystem einen umfassenden Vergleich der aktuellen Versicherungsprodukte verschiedener Versicherer.[1060] Es enthält Daten zu über 450 Tarifen.[1061] NAFI bietet Versicherern die Möglichkeit, die Produkte der Wettbewerber sowohl in Bezug auf die Prämie als auch auf den Leistungsumfang zu vergleichen.[1062] Da die Versicherer ihre Tarifinformationen schon vor der Tarifeinführung an NAFI melden und die Daten somit unmittelbar nach Einführung zur Verfügung gestellt werden können, wird direkt nach der Tarifeinführung eine sehr weitgehende Markttransparenz hergestellt.[1063] Mittlerweile stellt NAFI seine Daten aus kartellrechtlichen Erwägungen nicht mehr nur Versicherern und Maklern sondern auch Endverbrauchern zur Verfügung.[1064] Sofern der Tarifvergleich lediglich öffentlich für Endverbraucher, Makler und Versicherer frei zugängliche und nicht in die Zukunft gerichtete Tarifinformationen enthält, verstößt er nach Ansicht des Bundeskartellamts nicht gegen § 1 GWB.[1065]

Kartellrechtliche Bedenken ergeben sich in Bezug auf Markttransparenz und Produkthomogenität auch daraus, dass sich die Einhaltung einer Absprache oder abgestimmten Verhaltensweise durch die Teilnehmer besser überwachen lässt, wenn der Markt transparent ist und die Produkte homogen sind.[1066] Für die Markttransparenz ist dies ohne weiteres ersichtlich. In Bezug auf die Produkthomogenität erklärt sich dieser Zusammenhang dadurch, dass, je weniger

---

1059 Vgl. dazu *Früchtl/Peters/Seitz*, Vergleichsportale für Versicherungen (2011), S. 21, 43 ff.; *Schwintowski*, VuR 2014, 370, 370 f.

1060 http://nafi.de/produkte/p/domino-v.asp (Stand 29.09.2018).

1061 Vgl. dazu http://nafi.de/produkte/uebersicht.asp (Stand 29.09.2018).

1062 http://nafi.de/produkte/p/domino-v.asp (Stand 29.09.2018).

1063 *Honsel*, Kartellrechtliche Probleme bei Finanzdienstleistungen, in: Baudenbacher (Hrsg.), Neueste Entwicklungen im europäischen und internationalen Kartellrecht (2003), S. 215, 235; *Dreher/Hoffmann/Kling*, Kartell- und Wettbewerbsrecht der Versicherungsunternehmen (2015), § 7, Rn. 43.

1064 Siehe dazu *Dreher/Hoffmann/Kling*, Kartell- und Wettbewerbsrecht der Versicherungsunternehmen (2015), § 7, Rn. 47.

1065 *Honsel*, Kartellrechtliche Probleme bei Finanzdienstleistungen, in: Baudenbacher (Hrsg.), Neueste Entwicklungen im europäischen und internationalen Kartellrecht (2003), S. 215, 235

1066 *Wagner-von Papp*, Marktinformationsverfahren (2004), S. 215; *Karenfort*, WuW 2008, 1154, 1162.

homogen die Produkte sind, Änderungen in den Marktanteilen umso eher auch auf veränderten Konsumentenpräferenzen beruhen können. Eine Änderung der Nachfrage ist in diesem Fall nicht unbedingt auf einen *cheat* eines Kartellanten zurückzuführen.[1067]

Letzterem Aspekt kommt für den Fall der Vorversichereranfrage jedoch nur eingeschränkte Bedeutung zu. Denn die Aussage zum Zusammenhang zwischen Produkthomogenität und Überwachbarkeit einer Kartellabsprache bezieht sich in erster Linie auf den Fall, dass die Kartellanten eine Absprache über den Preis treffen und diese anhand eines Informationsaustauschs über Marktanteile überwachen wollen. Bei der Vorversichereranfrage findet dagegen ein Informationsaustausch statt, der – wie im Folgenden noch zu zeigen sein wird – direkt bestimmte Wettbewerbsparameter wie Versicherungssumme, Selbstbehalte und Kündigungspolitik betrifft.[1068] Die Verbraucherpräferenzen und damit die Produkthomogenität spielen jedoch für die Auswertung dieser Daten keine Rolle. Würden sich die Teilnehmer eines Preiskartells direkt über ihre Preise austauschen, wäre die Produkthomogenität insoweit auch nur von untergeordneter Bedeutung, denn sie beträfe lediglich die Vergleichbarkeit der Preise für die verschiedenen Produkte und damit die Koordinierungsmöglichkeiten der Kartellanten.[1069]

Darüber hinaus lassen sich die Probleme der schlechteren Koordinierbarkeit und der schlechteren Überwachbarkeit einer Absprache, die sich aus der Inhomogenität der Produkte ergeben, durch ein entsprechend ausgestaltetes Informationssystem zumindest abschwächen.[1070] So kann die Koordinierung dadurch erleichtert werden, dass Produkte mit ähnlichen Merkmalen zu Gruppen zusammengefasst werden.[1071] Vorliegend bietet sich insoweit erneut die Einteilung in Versicherungssparten an.[1072]

Die Struktur der Versicherungsmärkte spricht daher weder klar dafür noch dagegen, dass der Informationsaustausch im Rahmen der Vorversichereranfrage den Wettbewerb auf diesen Märkten beschränken kann. Den Horizontalleitlinien lassen sich keine Anhaltspunkte dafür entnehmen, inwieweit ein

1067 *Wagner-von Papp,* Marktinformationsverfahren (2004), S. 215.

1068 Siehe dazu sogleich S. 242 ff.

1069 Vgl. *Wagner-von Papp,* Marktinformationsverfahren (2004), S. 214 f.; *Capobianco,* CMLR 41 (2004), 1247, 1267 f.

1070 *Wagner-von Papp,* Marktinformationsverfahren (2004), S. 214 f.; *Europäische Kommission,* Horizontalleitlinien, ABl. Nr. C 11 v. 14.01.2011, S. 1, Rn. 80.

1071 *Wagner-von Papp,* Marktinformationsverfahren (2004), S. 214.

1072 Siehe zu den Versicherungssparten oben S. 166 f.

Informationsaustausch auf solchen Märkten eine Wettbewerbsbeschränkung darstellt. Sie enthalten vielmehr nur Aussagen für die Fälle, in denen das eine oder das andere Extrem vorliegt, sodass sich die Marktstrukturkriterien für die praktische Anwendung auf nicht den Extremen entsprechenden Märkten als ungeeignet erweisen.[1073]

ee. Marktabdeckung

Die Europäische Kommission führt in ihren Horizontalleitlinien als weiteres Kriterium für die Beurteilung eines Informationsaustauschs die Marktabdeckung an. Demnach seien wettbewerbsbeschränkende Auswirkungen wahrscheinlicher, „wenn die an dem Austausch beteiligten Unternehmen einen hinreichend großen Teil des relevanten Marktes abdecken“[1074]. In diesem Fall sei eine mögliche Kollusion stabiler, weil eine Unterwanderung durch nicht an der Kollusion beteiligte Unternehmen unwahrscheinlicher sei.[1075]

Eine abstrakte Definition eines hinreichend großen Teils des relevanten Marktes hält die Europäische Kommission für unmöglich. Vielmehr sei auch hier der Grenzwert abhängig von den Besonderheiten des Einzelfalls sowie insbesondere von der Art der ausgetauschten Informationen.[1076] Für einen Informationsaustausch im Rahmen einer anderen Art von horizontaler Vereinbarung, der nicht über das für die Umsetzung dieser Vereinbarung erforderliche Maß hinaus geht, verweist die Horizontalleitlinie jedoch auf die entsprechenden Schwellenwerte des einschlägigen Kapitels der Horizontalleitlinie, der einschlägigen Gruppenfreistellungsverordnung bzw. der De minimis-Bekanntmachung für die fragliche Art der Vereinbarung.[1077]

Vorliegend sind so gut wie alle auf dem deutschen Markt für die relevanten Versicherungssparten tätigen Unternehmen an dem Informationsaustausch im Rahmen der Vorversichereranfrage beteiligt. Der Grad der Marktabdeckung spricht daher eher für das wettbewerbliche Gefährdungspotential der Vorversichereranfrage.

1073 *Rahlmeyer,* in: FK, Art. 101 Abs. 1, 3, Fallgruppen II.6, Rn. 20.

1074 *Europäische Kommission,* Horizontalleitlinien, ABl. Nr. C 11 v. 14.01.2011, S. 1, Rn. 87.

1075 *Europäische Kommission,* Horizontalleitlinien, ABl. Nr. C 11 v. 14.01.2011, S. 1, Rn. 87.

1076 *Europäische Kommission,* Horizontalleitlinien, ABl. Nr. C 11 v. 14.01.2011, S. 1, Rn. 88.

1077 *Europäische Kommission,* Horizontalleitlinien, ABl. Nr. C 11 v. 14.01.2011, S. 1, Rn. 88.

ff. Zugang zum Informationsaustausch / Marktzutrittsschranke

Ein weiteres Kriterium für die Beurteilung eines Informationsaustauschs sind die Voraussetzungen für die Teilnahme daran. Haben nur einige der auf dem betroffenen Markt auf gleicher Marktstufe tätigen Unternehmen Zugang zum Informationssystem, so kann darin eine Benachteiligung der übrigen Marktteilnehmer und eine Marktzutrittsschranke für potentielle neue Wettbewerber liegen. Der Europäische Gerichtshof hat es in seiner Entscheidung *Asnef-Equifax* daher als zwingende Voraussetzung für die kartellrechtliche Zulässigkeit des dort in Frage stehenden Informationsaustauschs über erhöhte Risiken von Kreditnehmern angesehen, dass der Zugang zu diesem Informationssystem „allen im maßgeblichen Bereich tätigen Wirtschaftsteilnehmern rechtlich wie tatsächlich diskriminierungsfrei“[1078] möglich ist.

Gleiches muss auch für das System der Vorversichereranfrage gelten. Wäre es nur bestimmten Versicherern möglich, sich durch die Vorversichereranfrage über die konkreten Risiken auszutauschen, so könnten nur diese die damit bezweckte Anpassung des Versicherungsvertrags an das individuelle Risiko der Versicherungsnehmer gewährleisten. Dies würde im Ergebnis zu einer starken Benachteiligung der nicht teilnehmenden Versicherer führen. Denn die „guten“ Risiken würden sich bei den besser informierten Versicherern ansammeln, weil sie dort an ihr tatsächliches Risiko angepasste und daher günstigere Tarife bekämen. Die „schlechten“ Risiken würden dagegen die Unwissenheit der nicht am Informationsaustausch teilnehmenden Versicherer ausnutzen, weil sie dort günstigere (Durchschnitts-)Prämien angeboten bekämen. Bei den besser informierten Versicherern müssten sie dagegen ihrem individuellen Risiko angepasste höhere Prämien zahlen.

Die Folgen wären demnach für die nicht am Informationsaustausch teilnehmenden Unternehmen im Ergebnis die gleichen, wie die auf einem Markt ohne jegliche Information. Die Ansammlung schlechter Risiken hätte eine Preissteigerung zur Folge und würde das Geschäft für die schlechter informierten Versicherer unrentabel machen.[1079] Im Ergebnis würden die nicht am Informationsaustausch teilnehmenden Versicherer auf diese Weise aus dem Markt gedrängt.

Vorliegend ist jedoch soweit ersichtlich allen auf dem deutschen Markt tätigen Versicherern die Teilnahme am System der Vorversichereranfrage ohne weiteres möglich. Die Möglichkeit des diskriminierungsfreien Zugangs zum

---

1078 *EuGH*, Urt. v. 23.11.2006, Rs. C-238/05 (*Asnef-Equifax*), Slg. 2006, I-11125, Rn. 60.
1079 Zu den Folgen asymmetrischer Information siehe ausführlich oben S. 97 ff.

Informationsaustausch ist damit für alle auf dem betroffenen Markt aktuell und zukünftig tätigen Versicherer gewährleistet. Eine Wettbewerbsbeschränkung ergibt sich daher jedenfalls nicht schon aus einer Beschränkung des Zugangs zum Informationsaustausch.

gg. Art der ausgetauschten Informationen

Die im Rahmen des Systems der Vorversichereranfrage zwischen den Wettbewerbern ausgetauschten Informationen müssten ihrer Art nach geeignet sein, den Wettbewerb zwischen ihnen zu beschränken. Dazu sind vor allem solche Daten geeignet, die einerseits marktsensibel sind, die also von den Unternehmen regelmäßig als Geschäftsgeheimnis eingestuft würden, und die andererseits individualisierbar sind.[1080]

Die ausgetauschten Daten sind demnach zunächst daraufhin zu untersuchen, ob sie einen Rückschluss auf das Marktverhalten der Wettbewerber zulassen.[1081] Das ist insbesondere für solche Informationen zu bejahen, die den Preis oder preisbildende Parameter betreffen, weil diese Art der Information dem Wettbewerber einen Hinweis auf das Marktverhalten des betreffenden Unternehmens gibt und ihm eine Anpassung an dessen Strategie ermöglicht.[1082] Der Informationsaustausch hierüber führt somit zu einer möglichen Veränderung des Verhaltens der beteiligten Unternehmen im Vergleich zur Situation ohne den Austausch.

Bezüglich eines Informationsaustauschs über Versicherungsprämien gilt das Gleiche wie in den übrigen Fällen des Austauschs von Informationen über Preise. Die Kenntnis von den Preisen der Wettbewerber lässt den Zwang zur möglichst scharfen Kalkulation entfallen und kann so dazu führen, dass der Preiswettbewerb ausgeschaltet wird.[1083] Die Versicherer können sich, wenn sie Kenntnis von der Prämienhöhe ihrer Wettbewerber haben, darauf beschränken, die Angebote der Wettbewerber zu imitieren oder geringstmöglich zu unterbieten.

1080 MüKoEuWettbR (2007)/*Wollmann/Schedl*, Art. 81 EG, Rn. 215 f.; *Ziegenhain*, EWS 1993, 50, 51; *Karenfort*, WuW 2008, 1154, 1163 f. Zur Individualisierbarkeit siehe sogleich S. 271 ff.

1081 Vgl. *Dreher/Hoffmann/Kling*, Kartell- und Wettbewerbsrecht der Versicherungsunternehmen (2015), § 7, Rn. 60; *Dreher/Hoffmann*, WuW 2011, 1181, 1192 f.; *Pischel/Hausner*, EuZW 2013, 498, 500.

1082 *Europäische Kommission*, Horizontalleitlinien, ABl. Nr. C 11 v. 14.01.2011, S. 1, Rn. 86; *Rahlmeyer*, in: FK, Art. 101 Abs. 1, 3, Fallgruppen II.6, Rn. 27 ff.; *Dreher/Hoffmann*, WuW 2011, 1181, 1193.

1083 Siehe dazu oben. S. 82 f.

Gleichfalls kann durch einen Informationsaustausch auch der Produktwettbewerb eingeschränkt werden, indem die Versicherer in Kenntnis des Angebots ihrer Wettbewerber keinen Anlass haben, neue, besonders kundenattraktive Versicherungsprodukte anzubieten oder etwa den Umfang des Versicherungsschutzes bestehender Produkte auszuweiten. Insoweit kann es zu einer Angleichung bzw. zu einer Verhinderung der Differenzierung der Versicherungsbedingungen kommen. Es besteht auf den Versicherungsmärkten zwar die Besonderheit, dass aufgrund des Bestehens von Musterversicherungsbedingungen in vielen Bereichen eine weitgehende Vereinheitlichung der Versicherungsbedingungen besteht.[1084] Die Kommission hat aber im Rahmen des Erlasses der GVO Versicherungswirtschaft aus dem Jahr 2010 der Produktdifferenzierung auch im Bereich der Versicherungswirtschaft eine wettbewerbliche Bedeutung zugeschrieben, indem sie die erneute Freistellung von Musterversicherungsbedingungen unter anderem unter Hinweis auf die Gefahr der Vereinheitlichung der Versicherungsprodukte verneinte.[1085]

Aber auch ein Austausch von Informationen über das Zeichnungs- und Regulierungsverhalten der Versicherer ist wettbewerbsbeschränkend, weil es sich hierbei um Wettbewerbsparameter der Versicherungsmärkte handelt.[1086]

Sofern das System der Vorversichereranfrage in der Literatur bisher überhaupt Beachtung gefunden hat, haben sich die Autoren in der Regel darauf beschränkt festzustellen, dass die große Mehrheit der ausgetauschten Informationen schon ihrer Art nach nicht geeignet sei, Rückschlüsse auf das Verhalten der Wettbewerber zuzulassen.[1087] Zwar ist man sich einig, dass der Austausch sämtlicher die Prämie betreffenden Daten unzulässig ist.[1088] Die im Rahmen der Vorversichereranfrage ausgetauschten Informationen werden jedoch ganz überwiegend für kartellrechtlich unproblematisch gehalten, weil sie dem Informationsempfänger

1084 Siehe zu den Musterversicherungsbedingungen oben S. 190 ff.

1085 Siehe dazu oben in und bei Fn. 831.

1086 *Stancke*, VersR 2005, 1324, 1325. Siehe zur Regulierungspraxis als Wettbewerbsparameter oben in und bei Fn. 1004.

1087 *Bunte/Stancke*, Leitfaden Versicherungskartellrecht (2018), S. 30; MüKoEuWettbR/*Esser/Stappert*, SB Versicherungswirtschaft, Rn. 76; *Bartmann*, 10. Kapitel, in: Mäger (Hrsg.), Europäisches Kartellrecht (2011), Rn. 26 f.

1088 *Dreher/Hoffmann/Kling*, Kartell- und Wettbewerbsrecht der Versicherungsunternehmen (2015), § 7, Rn. 60; *Bunte/Stancke*, Leitfaden Versicherungskartellrecht (2018), S. 30 f.; MüKoEuWettbR/*Esser/Stappert*, SB Versicherungswirtschaft, Rn. 77; *Bartmann*, 10. Kapitel, in: Mäger (Hrsg.), Europäisches Kartellrecht (2011), Rn. 23.

nach Ansicht der Autoren keine Rückschlüsse auf das zukünftige Marktverhalten der Informationsgeber ermöglichen.[1089]

Im Folgenden soll der Informationsaustausch zunächst nach den üblichen Kriterien für die kartellrechtliche Bewertung eines Informationsaustauschs daraufhin untersucht werden, ob die einzelnen ausgetauschten Informationen dazu geeignet sind, den Wettbewerb zwischen den Versicherungsunternehmen zu beschränken. Dazu werden die ausgetauschten Informationen zunächst danach unterteilt, ob sie das versicherte Risiko beschreiben (Risikoinformationen, dazu sogleich unter (1)) oder den Inhalt des Versicherungsvertrags betreffen (Vertragsinformationen, dazu sogleich unter (2)).

(1) Risikoinformationen

Der Austausch von Risikoinformationen wie beispielsweise des Schadenverlaufs, des Schadenaufwands, der Versicherungszeitraum sowie risikoerhöhender oder -mindernder Faktoren wird in der Regel als kartellrechtlich unproblematisch angesehen.[1090] Diese Daten beschreiben das jeweilige Risiko des Versicherungsnehmers. Sie dienen der selbständigen Beurteilung des individuellen Risikos des Versicherungsnehmers durch den Nachversicherer und werden so zur Grundlage der Ermittlung der erforderlichen Prämienhöhe.[1091]

Demnach beschränken sich die Auswirkungen der Risikoeinschätzung auf das Vertragsangebot des Nachversicherers aber nicht auf unerhebliche Randbedingungen des Vertrags, sondern wirken sich in erster Linie auf die vom Versicherer veranschlagte Prämienhöhe sowie auf dessen Bereitschaft zum Abschluss bzw. zur Fortführung des betreffenden Vertrags aus.[1092] Den Versicherungsnehmern

---

1089 Langen/Bunte/*Röhrig*, Syst. VIII Versicherungswirtschaft, Rn. 84.

1090 *Europäische Kommission*, Bericht an das Europäische Parlament und den Rat über die Anwendung der Verordnung Nr. 3932/92, 12.05.1999, Rn. 47; *Komm.E.*, 04.12.1992, 93/3/EWG (*Lloyd's Underwriters)*, ABl. Nr. L 4 v. 08.01.1993, S. 26, Rn. 39; *Bartmann*, 10. Kapitel, in: Mäger (Hrsg.), Europäisches Kartellrecht (2011), Rn. 26 ff.; *Dreher/Hoffmann/Kling*, Kartell- und Wettbewerbsrecht der Versicherungsunternehmen (2015), § 7, Rn. 60; MüKoEuWettbR/*Esser/Stappert*, SB Versicherungswirtschaft, Rn. 76; Langen/Bunte/*Röhrig*, Syst. VIII Versicherungswirtschaft, Rn. 82.

1091 So insgesamt in Bezug auf das „Risiko" *Stancke*, VersR 2005, 1324, 1327. Zum Informationsbedürfnis der Versicherer vor Abschluss eines Vertrags siehe auch *BGH*, Urt. v. 09.12.1992, IV ZR 232/91, NJW 1993, 596, 596 f. = BGHZ 121, 6. Zur Risikobezogenheit der Prämie siehe auch *Müringer*, Die Tarifbestimmungen für die Kraftfahrtversicherung (TB) (2005), S. 36.

1092 Vgl. *Dreher/Hoffmann/Kling*, Kartell- und Wettbewerbsrecht der Versicherungsunternehmen (2015), § 7, Rn. 59: „Die Wettbewerbsrelevanz von Vorversicheranfragen zeigt sich schon daran, dass die gewünschten Informationen in die

wird folglich aufgrund der über sie ausgetauschten Erkenntnisse Versicherungsschutz zu anderen Prämien angeboten, als dies ohne den Informationsaustausch der Fall wäre. Damit sind auch solche Informationen, die ausschließlich aus der Sphäre des Versicherungsnehmers stammen und nur das zu versichernde Risiko betreffen, für die Prämienfestsetzung und damit für den wichtigsten Wettbewerbsparameter relevant. Sie können jedoch die „Ungewissheit über die einem Wettbewerb inhärenten Risiken nicht verringern."[1093] Sofern die Risikoinformationen allein das Risiko des Versicherungsnehmers betreffen und aus dessen Sphäre stammen, sind sie dem Einfluss von Vor- oder Nachversicherer entzogen und daher nicht geeignet, Aufschluss über deren wettbewerbsrelevantes Verhalten zu geben. Unproblematisch sind daher insbesondere Angaben über den Schadenverlauf wie beispielsweise die in der Versichererwechselbescheinigung gemäß § 5 Abs. 7 PflVG enthaltenen Angaben (Dauer des Versicherungsverhältnisses, Anzahl und Daten der während der Vertragslaufzeit gemeldeten Schäden, die zu einer Schadenzahlung oder noch wirksamen Schadenrückstellung geführt haben, sowie etwaige Rückstellungen, die innerhalb einer Frist von drei Jahren nach ihrer Bildung aufgelöst wurden, ohne dass daraus Leistungen erbracht wurden).

Eine Wettbewerbsbeschränkung läge aber jedenfalls dann vor, wenn diese Informationen nicht nur ausgetauscht würden, sondern wenn die Versicherer sich darüber hinaus darüber abstimmten, wie mit erhöhten Risiken verfahren werden soll, insbesondere ob und zu welcher Prämie bzw. zu welchen Aufschlägen erhöhte Risiken versichert werden.[1094] So hat die Europäische Kommission in einem Verfahren, das die Erstellung von Verzeichnissen über erhöhte Risiken betraf, die Streichung einer Klausel aus der entsprechenden Vereinbarung verlangt, die die Versicherer dazu zwang, Prämien für Personen mit Defiziten bei

---

Prämaienkalkulation und/oder Bedingungsgestaltung einfließen sollen, wenn sie nicht sogar die Abschlussbereitschaft oder die Bereitschaft zur Fortführung eines Versicherungsvertrags beeinflussen."

1093 *EuGH,* Urt. v. 23.11.2006, Rs. C-238/05 (*Asnef-Equifax),* Slg. 2006, I-11125, Rn. 62.

1094 *Europäische Kommission,* Bericht an das Europäische Parlament und den Rat über die Anwendung der Verordnung Nr. 3932/92, 12.05.1999, Rn. 47; *Stancke,* VersR 2005, 1324, 1328. Siehe dazu auch *GA Geelhoed,* Schlussanträge zu EuGH Rs. C-238/05 (*Asnef-Equifax*), Slg. 2006, I-11131, Rn. 55, der betont, dass eine Wettbewerbsbeschränkung durch ein Register über Kreditrisiken dann nicht gegeben sei, wenn jeder Wirtschaftsteilnehmer die Bedingungen, die er seinen Kunden vorzuschreiben gedenkt, selbständig festlegt.

der Fahrzeugführung um einen Mindestbetrag zu erhöhen.[1095] Begründet hat die Kommission diese Forderung damit, dass die Klausel über das legitime Ziel der Vereinbarung hinausging.[1096]

Bedenken hegt die Europäische Kommission auch für den Fall, dass ein derartiges Verzeichnis über erhöhte Risiken dazu führen würde, dass die Versicherer die Deckung der in ihm enthaltenen erhöhten Risiken systematisch ablehnen.[1097] Eine entsprechende Vereinbarung zwischen den Versicherern oder dahingehende Empfehlung eines Verbands wäre demnach als Verstoß gegen Art. 101 Abs. 1 AEUV zu werten.[1098]

Fehlt es dagegen an einer solchen Absprache und trifft der Nachversicherer seine Entscheidung darüber, ob und zu welchen Konditionen er das betreffende Risiko versichert, unabhängig und selbständig lediglich auf der Grundlage der ausgetauschten Informationen, lässt sich daraus nicht ohne weiteres darauf schließen, dass der Informationsaustausch zu einem „wettbewerbswidrigen Kollektivverhalten, wie einem Boykott bestimmter potentieller Kreditnehmer, führen wird."[1099]

Die Risikoinformationen dienen dann zunächst allein der Beurteilung des Risikos durch den Nachversicherer, indem sie die Informationsasymmetrie zwischen Versicherungsnehmer und Versicherer über die tatsächliche Höhe des zu übernehmenden Risikos abbauen. Ihr Austausch fördert somit den Wettbewerb, weil er den Nachversicherern eine risikogerechte Prämienfestsetzung ermöglicht und diese so insbesondere mit dem Vorversicherer, der aus der bisherigen Vertragsdauer über die Risikoinformationen verfügt, in Wettbewerb treten können.

Dementsprechend war die *Europäische Kommission* in dem Verfahren *Lloyd's Underwriters* der Auffassung, dass im Fall einer Vertragsverlängerung eine Mitteilung durch den Vorversicherer über solche Daten, die anderen Versicherern eine bessere Einschätzung des Risikos erlaubten, die Erstellung

---

1095 *Europäische Kommission,* Bericht an das Europäische Parlament und den Rat über die Anwendung der Verordnung Nr. 3932/92, 12.05.1999, Rn. 48.

1096 *Europäische Kommission,* Bericht an das Europäische Parlament und den Rat über die Anwendung der Verordnung Nr. 3932/92, 12.05.1999, Rn. 48.

1097 *Europäische Kommission,* Bericht an das Europäische Parlament und den Rat über die Anwendung der Verordnung Nr. 3932/92, 12.05.1999, Rn. 48.

1098 *Europäische Kommission,* Bericht an das Europäische Parlament und den Rat über die Anwendung der Verordnung Nr. 3932/92, 12.05.1999, Rn. 48. Siehe dazu auch *Dreher/Hoffmann/Kling,* Kartell- und Wettbewerbsrecht der Versicherungsunternehmen (2015), § 11, Rn. 34.

1099 *EuGH,* Urt. v. 23.11.2006, Rs. C-238/05 (*Asnef-Equifax*), Slg. 2006, I-11125, Rn. 62.

wettbewerbsfähiger Angebote und damit Wettbewerb um den betreffenden Versicherungsvertrag ermöglichte.[1100] Einem Versicherungsnehmer mit einem geringen Risiko wird so der Wechsel zu einem anderen Versicherer erleichtert. Denn nur aufgrund des Informationsaustauschs ist der Nachversicherer in der Lage, das geringe individuelle Risiko des Antragstellers zu erkennen, und ist daher auch bereit, ihm einen Vertrag mit einer günstigen, gegenüber dem Angebot des Vorversicherers wettbewerbsfähigen Prämie anzubieten. Wüssten die potentiellen Nachversicherer dagegen nicht um das relativ geringe Risiko des Antragstellers, würde sich ein Wechsel für diesen kaum je lohnen, weil nur sein Vorversicherer ihm aufgrund seines Wissensvorsprungs gegenüber den Wettbewerbern Versicherungsschutz zu einer angepassten, geringeren Prämie anbieten könnte. Der Wettbewerb zwischen den Versicherungsunternehmen wird demnach jedenfalls in Bezug auf die überdurchschnittlich guten Risiken deutlich verstärkt, wenn nicht sogar erst ermöglicht.[1101]

Aus dieser Argumentation ergibt sich gleichsam der wirtschaftliche Wert, der im Rahmen der Vorversichereranfrage ausgetauschten Risikodaten. Denn die während der Vertragslaufzeit über den Geschäftspartner gewonnenen Erkenntnisse dienen jedem Unternehmen dazu, sein Marktverhalten an die Wünsche und an das Nachfrageverhalten der Kunden anzupassen. Durch den Austausch der Daten zwischen den Wettbewerbern wird der wirtschaftliche Vorteil, den der Vorversicherer aus diesen Daten und damit aus der bestehenden Geschäftsbeziehung ziehen könnte, zunichte gemacht.

In dem Verfahren *Asnef-Equifax* argumentierte dementsprechend die Klägerin der ursprünglichen Nichtigkeitsklage gegen das Auskunftsregister, bei den Risikoinformationen handele es sich um Geschäftsgeheimnisse; ihr Austausch beseitige „Risikofaktoren, die mit jeder Unternehmensentscheidung verbunden seien" und fördere auf diese Weise gleichförmige Reaktionen der Kreditinstitute.[1102] Ähnlich wird auch in Bezug auf die Vorversichereranfrage in der Literatur zum Teil vertreten, sie führe zu einer Beschränkung des (Geheim-) Wettbewerbs um schlechte Risiken, weil risikobelastete Kunden aufgrund der

---

1100 *Komm.E.*, 04.12.1992, 93/3/EWG (*Lloyd's Underwriters*), ABl. Nr. L 4 v. 08.01.1993, S. 26, Rn. 39. Siehe dazu auch MüKoEuWettbR/*Esser/Stappert*, SB Versicherungswirtschaft, Rn. 75.

1101 *Europäische Kommission*, Horizontalleitlinien, ABl. Nr. C 11 v. 14.01.2011, S. 1, Rn. 97.

1102 *EuGH*, Urt. v. 23.11.2006, Rs. C-238/05 (*Asnef-Equifax*), Slg. 2006, I-11125, Rn. 27.

Datenweitergabe gar keinen Versicherungsschutz mehr fänden oder bei allen Versicherern erhebliche Risikozuschläge akzeptieren müssten.[1103]

Letzterem ist jedoch nicht zuzustimmen. In den höheren Prämien für höhere Risiken läge allenfalls dann eine Wettbewerbsbeschränkung, wenn man insoweit allein auf negative Auswirkungen der betreffenden Verhaltensweise auf die Preise abstellt. Eine solche Interpretation des Begriffs der Wettbewerbsbeschränkung hat der Europäische Gerichtshof jedoch – wie oben dargelegt – abgelehnt.[1104] Demgemäß hat er auch im Rahmen der Beurteilung des Auskunftsregisters für Banken eine Wettbewerbsbeschränkung nicht in der Gewährung von Darlehen zu höheren Zinssätzen an Kreditnehmer mit einem höheren Ausfallrisiko gesehen.[1105]

Versicherungsnehmer mit schlechten Risiken haben keinen Anspruch auf Versicherungsschutz zu einer ihrem Risiko nicht angepassten Prämie. Das Versicherungssystem bewirkt zwar einen gewissen kollektiven Ausgleich zwischen guten und schlechten Risiken. Damit soll aber lediglich der allgemeinen Wahrscheinlichkeitsverteilung eines Schadenseintritts Rechnung getragen werden. Der kollektive Ausgleich in der Privatversicherung bezweckt nicht, dass auch Versicherungsnehmer mit einem überdurchschnittlich hohen Risiko nur eine geringe Prämie zahlen. Ein solcher Zweck ist politischer, nicht wirtschaftlicher Natur und schlägt sich in der risikounabhängigen Tarifierung im Bereich der Sozialversicherung nieder.[1106]

Etwas anderes gälte allenfalls dann, wenn die Versicherer die Deckung erhöhter Risiken aufgrund einer entsprechenden Vereinbarung, Verbandsempfehlung oder abgestimmten Verhaltensweise systematisch ablehnten.[1107] Eine derartige Verhaltensweise verstieße ohne weiteres gegen Art. 101 Abs. 1 AEUV.[1108]

Auch ist vom Selbständigkeitspostulat, das die Gemeinschaftsorgane zur Begründung eines Wettbewerbsverstoßes durch einen Informationsaustausch heranziehen, „nicht die Ausschaltung jeder, sondern nur bestimmter

---

1103 *Schwintowski,* VuR 2004, 242, 249. Vgl. auch *Heyers,* WuW 2012, 557, 562.

1104 Siehe oben S. 62 ff.

1105 Vgl. *EuGH,* Urt. v. 23.11.2006, Rs. C-238/05 (*Asnef-Equifax),* Slg. 2006, I-11125, Rn. 54 ff., 62. Siehe auch *GA Geelhoed,* Schlussanträge zu EuGH Rs. C-238/05 (*Asnef-Equifax*), Slg. 2006, I-11131, Rn. 52 ff.

1106 *Braess,* VersWissArch 1958, 257, 266 f., 268. Zum individuellen Äquivalenzprinzip und der daraus resultierenden Erforderlichkeit der Prämiendifferenzierung im Bereich der Privatversicherung siehe oben S. 92 ff.

1107 Siehe dazu oben S. 246.

1108 Siehe die Nachweise in Fn. 1098.

Ungewissheiten und insbesondere derjenigen untersagt, die das Verhalten der Wettbewerber auf dem Markt betrifft."[1109] Dementsprechend hat es der Europäische Gerichtshof auch in der Entscheidung *Asnef-Equifax* als unproblematisch angesehen, dass das von den Banken geführte Register die Ungewissheit über das Risiko des Ausfalls von Kreditantragstellern verringert und damit das eben geschilderte Argument von *Ausbanc* zurückgewiesen.[1110]

Selbst wenn man insoweit jedoch eine Wettbewerbsbeschränkung annähme, wäre diese jedenfalls im Rahmen von Art. 101 Abs. 3 AEUV durch die Möglichkeit des Angebots risikoangepasster Prämien, durch die Sicherung der Funktionsfähigkeit der Versicherungsmärkte sowie durch die oben beschriebene Erleichterung des Wechsels zu einem anderen Versicherer zu rechtfertigen.[1111]

(a) Schadenverlauf, Schadenaufwand und Schadenquote

Keine Wettbewerbsbeschränkung stellt somit der Austausch von Informationen über den Schadenverlauf und über den Schadenaufwand dar.[1112] Der Schadenaufwand umfasst die Zahlungen und Rückstellungen eines Versicherers für die im Geschäftsjahr verursachten Schäden einschließlich der Aufwendungen für die Schadensregulierung.

Aus dem Schadenaufwand alleine lassen sich insbesondere keine Rückschlüsse auf die Schadenquote (auch *Combined Ratio* oder Schaden-Kosten-Quote) ziehen, denn dazu müsste der Schadenaufwand zu den eingenommen Prämien in Relation gesetzt werden. Die Schadenquote gibt die Schadenaufwendungen in Relation zu den verdienten Beiträgen an und stellt daher eine versicherungstechnische Rentabilitätskennzahl dar.[1113] Sie zeigt an, „welcher Teil der Beiträge unmittelbar in Versicherungsleistungen fließt"[1114], „gibt Aufschluss über die Schadenkostenintensität des betriebenen Versicherungsgeschäfts und ermöglicht somit auch Wettbewerbsvergleiche."[1115] Es handelt sich daher um

---

1109 *GA Geelhoed*, Schlussanträge zu EuGH Rs. C-238/05 (*Asnef-Equifax*), Slg. 2006, I-11131, Rn. 53.

1110 *EuGH*, Urt. v. 23.11.2006, Rs. C-238/05 (*Asnef-Equifax*), Slg. 2006, I-11125, Rn. 62.

1111 Der Europäische Gerichtshof hat insoweit eindeutig festgestellt, dass es einer angemessenen Beteiligung der Verbraucher im Sinne des Freistellungstatbestandes nicht entgegensteht, wenn einzelne Verbraucher nicht von der Verhaltensweise profitieren (*EuGH*, Urt. v. 23.11.2006, Rs. C-238/05 (*Asnef-Equifax*), Slg. 2006, I-11125, Rn. 68 ff.). Siehe dazu auch sogleich S. 298 f. Vgl. auch *Heyers*, WuW 2012, 557, 563.

1112 *Bunte/Stancke*, Leitfaden Versicherungskartellrecht (2018), S. 30 f.

1113 *Wagner* (Hrsg.), Gabler Versicherungslexikon (2017), S. 814.

1114 *Wagner* (Hrsg.), Gabler Versicherungslexikon (2017), S. 814.

1115 *Wagner* (Hrsg.), Gabler Versicherungslexikon (2017), S. 814.

eine wettbewerbsrechtlich sensible Information, die Rückschlüsse auf das aktuelle und künftige Wettbewerbsverhalten eines Versicherers zulässt, sodass ein Informationsaustausch hierüber zwischen Wettbewerbern unzulässig wäre.[1116]

(b) Versicherungszeitraum und Kündigungsgrund

Auch der Austausch von Angaben zu Vertragsbeginn und -ende bzw. Versicherungszeitraum und zum Kündigungsgrund wird in der Literatur überwiegend als unproblematisch angesehen.[1117] Die Information über den Versicherungszeitraum beschreibt in erster Linie das zu versichernde Risikos, weil sie dem Nachversicherer im Zusammenhang mit der Mitteilung des Schadenverlaufs Aufschluss über die Schadenshäufigkeit gibt. Sie dient damit der selbständigen Bewertung des zu versichernden Risikos durch den Nachversicherer.

Kartellrechtliche Bedenken ergeben sich jedoch jedenfalls in Bezug auf die Mitteilung des Kündigungsgrundes, wenn die Kündigung durch den Versicherer erfolgt ist. Insbesondere die Mitteilung, dass ein Vertrag durch den Versicherer gekündigt wurde, weil sich Schäden beim Versicherungsnehmer häuften, ist kartellrechtlich nicht unproblematisch. Gleiches gilt generell für die Kündigung des Versicherers im Schadensfall gemäß § 92 Abs. 1 VVG.[1118] Beendigungsgrund und -zeitpunkt können möglicherweise Hinweise auf die Geschäfts- und insbesondere auf die Kündigungspolitik des Versicherers geben.[1119] So könnte das anfragende Unternehmen aus der Information, dass ein Vertrag durch den Versicherer wegen einer Häufung von Schäden oder wegen eines einmaligen Schadens gekündigt wurde und aus der ebenfalls mitgeteilten Schadenhöhe sowie der Versicherungssumme bei summenmäßig begrenzten Versicherungen Rückschlüsse auf das Kündigungsverhalten des Vorversicherers ziehen.

Dem steht auch nicht entgegen, dass der Vorversicherer möglicherweise an dem Wettbewerb um das konkrete Risiko aufgrund seiner eigenen Kündigung

---

1116 Langheid/Wandt/*Dreher/Hoffmann,* Nr. 160 Versicherungskartellrecht, Rn. 60.

1117 *Bunte/Stancke,* Leitfaden Versicherungskartellrecht (2018), S. 31; MüKoEuWettbR/*Esser/Stappert,* SB Versicherungswirtschaft, Rn. 76; *Bartmann,* 10. Kapitel, in: Mäger (Hrsg.), Europäisches Kartellrecht (2011), Rn. 35. Einschränkend *Dreher/Hoffmann/Kling,* Kartell- und Wettbewerbsrecht der Versicherungsunternehmen (2015), § 7, Rn. 60.

1118 Siehe zur Kündigung im Schadenfall bereits oben in Fn. 1004.

1119 So wohl auch *Dreher/Hoffmann/Kling,* Kartell- und Wettbewerbsrecht der Versicherungsunternehmen (2015), § 7, Rn. 60, die verlangen, dass aus der Mitteilung über eine Vertragskündigung nicht abzuleiten sein darf, welche Umstände einen Versicherer konkret dazu veranlassen, Verträge zu kündigen.

des Versicherungsvertrags nicht mehr beteiligt ist.[1120] Denn es darf davon ausgegangen werden, dass die Kündigungspolitik eines Versicherers im Massengeschäft gewissen internen Richtlinien folgt, sodass sich die gewonnene Informationen nicht nur auf den konkreten Einzelfall bezieht, sondern Rückschlüsse auf die allgemeine Kündigungspolitik ermöglicht.[1121] Eine Aussagekraft dieser Daten ergibt sich darüber hinaus insbesondere dann, wenn einem Versicherer aufgrund verschiedener Vorversichereranfragen mehrere solcher Datensätze vom gleichen Versicherer zur Verfügung stehen.[1122]

Selbst wenn man davon ausgeht, das Kündigungsverhalten eines Versicherers stelle keinen wesentlichen Wettbewerbsparameter dar, dessen Kenntnis durch die übrigen Wettbewerber zur Grundlage einer Verhaltenskoordinierung gemacht werden kann[1123], ist die Information über die Kündigung aufgrund eines oder mehrerer Schäden wettbewerblich relevant. Denn in Verbindung mit der Mitteilung des Schadenverlaufs und der Schadenkosten lässt sich der Mitteilung entnehmen, ab welcher Schadenhöhe oder -anzahl (im Verhältnis zur Versicherungssumme oder den übrigen die Prämienhöhe beeinflussenden Faktoren) ein Versicherer einen Vertrag kündigt. Diese Information steht jedenfalls mittelbar im Zusammenhang mit der für den konkreten Vertrag vereinbarten Prämienhöhe des Vorversicherers, denn der Versicherer wird den Vertrag aufgrund einer Häufung von Schäden in der Regel dann kündigen, wenn die Schadenhöhe ein bestimmtes Verhältnis zur Prämienhöhe erreicht und der Vertrag aus diesem Grund für den Versicherer nicht mehr rentabel ist.[1124] Ein Informationsaustausch über Prämien oder über andere Daten, die Rückschlüsse auf die Prämienhöhe zulassen, stellt jedoch eine Kernbeschränkung dar und ist daher durch Art. 101 Abs. 1 AEUV verboten. Die Mitteilung über den Kündigungsgrund stößt folglich jedenfalls dann auf Bedenken, wenn die Kündigung durch den Versicherer erfolgt ist.

Eine Mitteilung des Kündigungsgrundes wird bisweilen deswegen für erforderlich gehalten, weil sich daraus Rückschlüsse auf die Vertragstreue des

---

1120 So aber *Bartmann,* 10. Kapitel, in: Mäger (Hrsg.), Europäisches Kartellrecht (2011), Rn. 36.

1121 Diese Problematik wird noch dadurch verstärkt, dass es den Unternehmen grundsätzlich möglich ist, die durch die Vorversichereranfrage gewonnen Daten zu sammeln. Siehe dazu unten S. 279 ff.

1122 Zu den möglichen Auswirkungen einer Sammlung der durch die Vorversichereranfrage übermittelten Daten siehe auch unten S. 279 ff.

1123 *Bartmann,* 10. Kapitel, in: Mäger (Hrsg.), Europäisches Kartellrecht (2011), Rn. 35.

1124 *Heyers,* WuW 2012, 557, 561; *Ders.*, ZWH 2012, 269, 274.

Versicherungsnehmers ziehen ließen.[1125] So sei es für den Nachversicherer beispielsweise von Bedeutung, ob die Kündigung durch den Versicherer wegen Vornahme einer Gefahrerhöhung durch den Versicherungsnehmer ohne Einwilligung des Versicherers oder wegen einer anderen Obliegenheitsverletzung durch den Versicherungsnehmer ausgesprochen wurde.[1126] Zwar ist nicht zu bezweifeln, dass diese Angaben für den Versicherer von enormer wirtschaftlicher Relevanz sind. Sie betreffen aber nicht das individuelle Schadensrisiko, dessen Einschätzung der Informationsaustausch im Rahmen der Vorversicherer gerade dient. Diese allgemeinen Fragen der Vertragstreue stellen keine Besonderheit der Versicherungswirtschaft dar, deren Kenntnis Voraussetzung für die Anpassung der Risikoprämie ist. Die Tatsache, dass ein Versicherungsnehmer in der Vergangenheit eine Obliegenheit verletzt oder eine Risikoerhöhung vorgenommen hat, ohne dies dem Vorversicherer anzuzeigen, beeinflusst nicht das aktuelle individuelle Risiko, sofern der risikoerhöhende Umstand nunmehr bekannt ist. Die Sanktionierung derartiger Obliegenheitsverletzungen ist vielmehr durch die entsprechenden Regelungen des VVG geregelt.[1127]

Damit ist die Mitteilung des Kündigungsgrundes jedenfalls in einigen Fällen als wettbewerbsbeschränkend und gleichsam nicht als zur Erreichung des Zwecks der Vorversichereranfrage erforderlich anzusehen. Insoweit begegnet auch der Vorschlag, die Mitteilung des Kündigungsgrundes auf bestimmte Fälle zu beschränken[1128], Bedenken. Denn aus der Nichtmitteilung des Grundes in Verbindung mit der Mitteilung eines Schadensfalls in zeitlicher Nähe zur Kündigungserklärung könnte der Rückschluss auf eine Kündigung durch den Versicherer nach § 92 Abs. 1 VVG gezogen werden. Eine Mitteilung des Kündigungsgrundes ist daher insgesamt unzulässig.

(c) Unregelmäßigkeiten bei der Prämienzahlung

Die Vorversichereranfrage umfasst auch Angaben über Unregelmäßigkeiten bei der Prämienzahlung. In der Entscheidung *Asnef-Equifax* hat der Europäische Gerichtshof den Austausch von Informationen über die Art und Weise der

---

1125 *Bartmann,* 10. Kapitel, in: Mäger (Hrsg.), Europäisches Kartellrecht (2011), Rn. 35.

1126 *Bartmann,* 10. Kapitel, in: Mäger (Hrsg.), Europäisches Kartellrecht (2011), Rn. 35.

1127 Siehe dazu oben S. 122 ff., 129 ff.

1128 *Bartmann,* 10. Kapitel, in: Mäger (Hrsg.), Europäisches Kartellrecht (2011), Rn. 35: „Aus Gründen kartellrechtlicher Vorsicht und um überschießende Antworten (z.B. Kündigung aufgrund von Sanierung) zu verhindern, könnte es sich empfehlen, die Angabe von Kündigungsgründen nur für den Fall zu erbitten, dass diese für die Risikobeurteilung relevant sind und sich nicht bereits aus den übermittelten Schadensdaten ergeben."

bisherigen Schuldenbegleichung als wesentlichen Zweck von Systemen zum Austausch von Kreditinformationen angesehen. Diese Register seien daher „grundsätzlich geeignet, die Ausfallquote von Kreditnehmern zu verringern und dadurch den Wirkungsgrad des Kreditangebots zu erhöhen.“[1129]

In der Literatur wird in Bezug auf den Informationsaustausch über die Bonität der Versicherungsnehmer bisweilen ebenfalls auf diese Entscheidung des Europäischen Gerichtshofs verwiesen.[1130] Insoweit muss jedoch berücksichtigt werden, dass die Bonität des Vertragspartners im Kreditgeschäft eine andere Bedeutung für die Risikoeinschätzung hat, als im Bereich der Versicherung. Im Kreditgeschäft betrifft die Informationsasymmetrie, deren Bekämpfung das Register im Fall *Asnef-Equifax* diente, das Ausfallrisiko des Kredits, also das Risiko der Zahlungsunfähigkeit des Kreditnehmers.[1131] Im Bereich des Versicherungsgeschäfts dagegen bezieht sich die Informationsasymmetrie, die *moral hazard* und adverse Selektion hervorruft, nicht auf die Bonität der Kunden, sondern auf die Höhe des individuellen Schadensrisikos. Die Zahlungsfähigkeit und -bereitschaft der Versicherungsnehmer ist zwar für die Versicherer auch von Interesse. Sie stellt aber, anders als im Kreditgeschäft, nicht den Anknüpfungspunkt der Informationsasymmetrie dar. Der Versicherer hat vielmehr beim Abschluss langfristiger Versicherungsverträge – wie jeder andere Teilnehmer des Wirtschaftsverkehrs auch – ein allgemeines Interesse an der Zahlungsfähigkeit seiner Geschäftspartner. Die Zahlungsfähigkeit des Versicherungsnehmers bestimmt das Vertragsrisiko jedoch nicht in einem vergleichbaren Maß wie im Kreditgeschäft. Zwar ist der Versicherungsnehmer über die gesamte Vertragslaufzeit zur regelmäßigen Prämienzahlung verpflichtet. Eine Leistungspflicht des Versicherers entsteht jedoch nur im Schadenfall. Das wirtschaftliche Risiko, das sich aus einer mangelnden Zahlungsfähigkeit oder -bereitschaft des Vertragspartners ergibt, ist daher im Fall der Versicherung wesentlich geringer als bei Kreditgeschäften. Bei unregelmäßiger Prämienzahlung, kann der Versicherer den Vertrag kündigen und so seine Verluste begrenzen.[1132]

1129 *EuGH*, Urt. v. 23.11.2006, Rs. C-238/05 *(Asnef-Equifax)*, Slg. 2006, I-11125, Rn. 47.

1130 *Dreher/Hoffmann/Kling*, Kartell- und Wettbewerbsrecht der Versicherungsunternehmen (2015), § 7, Rn. 59.

1131 Vgl. *EuGH*, Urt. v. 23.11.2006, Rs. C-238/05 *(Asnef-Equifax)*, Slg. 2006, I-11125, Rn. 47.

1132 Vgl. Allgemeine Bedingungen für die Rechtsschutzversicherung (ARB 2012), Musterbedingungen des GDV, Stand April 2018, unter 7.5.4; Allgemeine Versicherungsbedingungen für die Haftpflichtversicherung (AHB), Musterversicherungsbedingungen des GDV, Stand Februar 2016, unter 10.4; Allgemeine Bedingungen für

Dennoch liegt in dem Informationsaustausch über die Zahlungsfähigkeit des Versicherungsnehmers dann keine Wettbewerbsbeschränkung, wenn man nach den üblichen Kriterien zur Beurteilung eines Informationsaustauschs auf die Eignung der Einzelinformation abstellt, Aufschluss über die künftige Geschäftspolitik eines Wettbewerbers zu geben. Denn Informationen über die Zahlungsfähigkeit der Versicherungsnehmer lassen gerade keine Rückschlüsse auf die Geschäftspolitik der Versicherer zu. Hieraus lassen sich auch keine Rückschlüsse auf die Vertragsgestaltung ziehen, weil das Kündigungsrecht wegen verspäteter Prämienzahlung durch Musterversicherungsbedingungen weitestgehend vereinheitlicht sein dürfte. Allenfalls könnten in Zusammenhang mit der Mitteilung des Kündigungsgrundes vage Rückschlüsse darauf gezogen werden, in welchen Fällen ein Versicherer von seinem Kündigungsrecht wegen Verzugs mit der Prämienzahlung tatsächlich Gebrauch macht. Hierin liegt jedoch kein wesentlicher Wettbewerbsparameter auf dem Markt für Versicherungsdienstleistungen.

Der Austausch der Daten über die Bonität der Versicherungsnehmer eröffnet den Versicherern somit keinen Einblick in das Wettbewerbsverhalten der Wettbewerber. Er eignet sich nach diesen Maßstäben nicht als Grundlage einer Verhaltensabstimmung und bewirkt schon deswegen keine Wettbewerbsbeschränkung.

(2) Vertragsinformationen

Vertragsinformationen betreffen den Inhalt des konkreten Versicherungsvertrags. Sie sind kartellrechtlich problematischer als die Risikoinformationen, weil sie eher einen Rückschluss auf das wettbewerbliche Verhalten des Vorversicherers erlauben. Ohne weiteres von Art. 101 Abs. 1 AEUV erfasst ist die Weitergabe von Informationen über Prämien oder Prämienbestandteile sowie über Prämienberechnungsmethoden.[1133] Gleiches gilt auch für den Austausch von Informationen über die Schadenquote, Versicherungsbedingungen, Maklerprovisionen oder die künftige Gestaltung des Versicherungsvertrags zwischen Vor- und Nachversicherer.[1134] Diese betreffen ebenfalls unmittelbar das

---

die Kfz-Versicherung (AKB) 2015, Musterbedingungen des GDV, Stand 12. Oktober 2017, unter C.2.4.

1133 *Bunte/Stancke,* Leitfaden Versicherungskartellrecht (2018), S. 30 f.; *Dreher/Hoffmann/Kling,* Kartell- und Wettbewerbsrecht der Versicherungsunternehmen (2015), § 7, Rn. 60; MüKoEuWettbR/*Esser/Stappert,* SB Versicherungswirtschaft, Rn. 77.

1134 *Bunte/Stancke,* Leitfaden Versicherungskartellrecht (2018), S. 31; *Dreher/Hoffmann/Kling,* Kartell- und Wettbewerbsrecht der Versicherungsunternehmen (2015), § 7, Rn. 60; MüKoEuWettbR/*Esser/Stappert,* SB Versicherungswirtschaft, Rn. 77.

Wettbewerbsverhalten der Versicherer und ihr Austausch würde somit zumindest potentiell eine Wettbewerbsbeschränkung bewirken.[1135]

Die Vorversichereranfrage umfasst weder Angaben zu Prämienhöhe, Prämienbestandteilen oder Prämienberechnung noch zu Schadenquote, Versicherungsbedingungen, Maklerprovisionen oder zur künftigen Gestaltung des Versicherungsvertrags.[1136] Sie beinhaltet jedoch andere Informationen wie die Versicherungssumme, die versicherten Gefahren, Selbstbehalte und Schadenfreiheitsrabatte. Die (potentiellen) Wirkungen des Austauschs dieser Informationen auf den Wettbewerb sind im Folgenden zu untersuchen.

(a) Versicherungssumme

Die Bedeutung des Begriffs „Versicherungssumme" variiert, je nachdem, ob es sich um eine Schadenversicherung oder um eine Summenversicherung handelt. Bei einer Summenversicherung bezeichnet die Versicherungssumme denjenigen Betrag, der bei Eintritt des vertraglich vereinbarten Versicherungsfalls von der Versicherung ausgezahlt wird. Der Nachweis eines konkreten Schadens ist nicht erforderlich, weswegen man in diesem Fall auch von einer „abstrakten Bedarfsdeckung" spricht.[1137] Der Hauptanwendungsfall der Summenversicherung ist der für die Vorversichereranfrage nicht relevante Bereich der Lebensversicherung.

Im Gegensatz zur Summenversicherung steht bei einer Schadenversicherung die auch als Entschädigung bezeichnete Versicherungsleistung in einem quantitativen Verhältnis zum entstandenen Schaden.[1138] Man spricht daher von einer „konkreten Bedarfsdeckung". Auch eine Schadenversicherung kann eine Versicherungssumme enthalten. Die Versicherungssumme bezeichnet dann den Höchstbetrag der Leistungen des Versicherers im Schadensfall.[1139] Man spricht in diesem Fall auch von der Deckungssumme. Sie bemisst sich in der Regel nach dem Wert des versicherten Gegenstands.[1140] Von einer Vollversicherung spricht

---

1135 Siehe zur Schadenquote bereits oben S. 249 f.

1136 Siehe zum Inhalt der Vorversichereranfrage oben S. 72 ff.

1137 *Farny,* Versicherungsbetriebslehre (2011), S. 399.

1138 *Farny,* Versicherungsbetriebslehre (2011), S. 399 f.: „Die Relation der Versicherungsleistungen zum Schaden wird als Intensität des Versicherungsschutzes bezeichnet. (...) Intensität des Versicherungsschutzes von 100 % gilt als Vollversicherung, Intensitätswerte von unter 100 % gelten als Unterversicherung."

1139 *Dreher,* in: Liber Amicorum Riesenkampff (2006), S. 3, 5.

1140 Eine Ausnahme bilden insoweit Haftpflichtversicherungen, weil es bei ihnen keinen „versicherten Gegenstand" gibt. Der Gleichlauf zwischen Versicherungswert und Versicherungssumme liegt in erster Linie im Interesse des Versicherungsnehmers. Stellt sich im Schadenfall heraus, dass der Wert des versicherten Gegenstands die

man, wenn die Versicherungssumme den Wert des versicherten Gegenstands abdeckt.[1141] Die Versicherungssumme beschreibt somit die vom Versicherer maximal zu leistende Deckung im Versicherungsfall und damit dessen Hauptleistungspflicht, was für sich genommen für eine kartellrechtliche Relevanz dieser Information spricht.[1142]

Für eine kartellrechtliche Beurteilung der Weitergabe von Informationen über die Versicherungssumme zwischen Wettbewerbern ist zunächst ebenfalls zu fragen, ob ein Informationsaustausch über die Versicherungssummen einzelner Versicherungspolicen geeignet ist, eine Wettbewerbsbeschränkung zu bewirken, indem er Rückschlüsse auf das Wettbewerbsverhalten der Versicherer zulässt.

Im Schrifttum wird die Weitergabe von Informationen über die Versicherungssumme weitgehend für unproblematisch gehalten.[1143] Eine wettbewerbsrechtliche Unbedenklichkeit der Information über die Versicherungssumme lässt sich aber jedenfalls nicht damit begründen, dass sich die Versicherungssumme nach dem Versicherungswert richte und daher dem Versicherer durch

---

Versicherungssumme übersteigt, dass also eine Unterversicherung vorliegt, so ist der Versicherer nach § 75 VVG nur verpflichtet, seine Leistung im Verhältnis der Versicherungssumme zum Versicherungswert im Zeitpunkt des Eintritts des Versicherungsfalls zu erbringen. Um dies zu verhindern vereinbaren die Parteien häufig einen Unterversicherungsverzicht. Der Versicherer verzichtet dann im Schadenfall auf die Einrede der Unterversicherung und deckt die Schäden voll bis zur Höhe der Versicherungssumme. In einem solchen Fall verliert die Versicherungssumme ihre leistungsbegrenzende Funktion und damit ihre wesentliche Bedeutung für den Versicherungsnehmer. Ein Gleichlauf zwischen Versicherungssumme und Versicherungswert ist dann nur noch für den Versicherer insoweit von Bedeutung, dass er die Prämie nicht zu niedrig bemisst. Das Risiko der richtigen Ermittlung der Versicherungssumme wird daher mit der Vereinbarung eines Unterversicherungsverzichts vom Versicherungsnehmer auf den Versicherer übertragen (siehe hierzu und zur kartellrechtlichen Bedeutung dessen bei der Vergabe von Versicherungsdienstleistungen *Dreher*, in: Liber Amicorum Riesenkampff (2006), S. 3, 5 ff.).

1141 *Dreher*, in: Liber Amicorum Riesenkampff (2006), S. 3, 5.

1142 Vgl. dazu *Dreher/Hoffmann*, ZWeR 2012, 403, 409 in Bezug auf die Vereinbarung von Versicherungssummen im Rahmen von Musterversicherungsbedingungen. Ebenso *Wollmann/Herzog*, VR 2010, 26, 28; *Gruber*, JBl 2011, 477, 484.

1143 *Bunte/Stancke*, Leitfaden Versicherungskartellrecht (2018), S. 30; Langen/Bunte/*Röhrig*, Syst. VIII Versicherungswirtschaft, Rn. 82; *Stancke*, § 13 Kartellrecht, in: Bürkle (Hrsg.), Compliance in Versicherungsunternehmen (2015), Rn. 93; *Bartmann*, 10. Kapitel, in: Mäger (Hrsg.), Europäisches Kartellrecht (2011), Rn. 33; MüKoEuWettbR/*Esser/Stappert*, SB Versicherungswirtschaft, Rn. 76.

äußere Faktoren vorgegeben sei. Die Ermittlung des Versicherungswerts ist in der Praxis zum Teil mit erheblichen Unsicherheiten verbunden.[1144] Das gilt jedenfalls dann, wenn sich die Versicherungssumme nicht „unmittelbar und ohne subjektive Bewertungen aus objektiv feststehenden Werten“[1145] ergibt.

In einigen Fällen hängt die Ermittlung der Versicherungssumme „dagegen von einer subjektiven Einschätzung und/oder eigenem Einsatz finanzieller, personeller oder technischer Ressourcen des Vorversicherers ab“[1146]. So wird etwa im Fall einer Gebäudeversicherung die Berechnung des Werts von zahlreichen Faktoren bestimmt und muss unter anderem auch künftige Entwicklungen, wie beispielsweise veränderte Bauweisen und Baumethoden gegenüber dem Erstellungszeitpunkt sowie Preisentwicklungen und Mehrkosten durch öffentlich-rechtliche Anforderungen wie Brand- und Immissionsschutz berücksichtigen.[1147] Demzufolge beruht die Ermittlung der Versicherungssumme in derartigen Fällen bei verschiedenen Versicherern auf unterschiedlichen Methoden und ist darüber hinaus von subjektiven Einschätzungen und Bewertungen zahlreicher, zum Teil nicht objektiv verifizierbarer Faktoren abhängig.[1148] Die Versicherungssumme stellt dann keinen objektiven Wert dar, sondern ist eine durch den Einsatz wirtschaftlicher Ressourcen ermittelte wettbewerbliche Größe, deren Weitergabe an den Nachversicherer diesem einen entsprechenden Aufwand erspart oder ihm mindestens einen Vergleichswert dafür liefert, wie sein Wettbewerber einen solchen Gegenstand bewertet.[1149]

Eine entsprechende Wertung, dass es sich bei der Versicherungssumme um eine geheimhaltungsbedürftige Größe handelt, ließ sich auch der inzwischen außer Kraft getretenen GVO Versicherungswirtschaft entnehmen, die in Art. 3 Abs. 1 a) und Abs. 2 a) eine Freistellung für Erhebungen und Tabellen selbst für den Gesamtbetrag der Versicherungssummen pro Risiko-Jahr nur unter der Voraussetzung einer vollständigen Anonymisierung der Daten vorsah.[1150]

1144 *Dreher*, in: Liber Amicorum Riesenkampff (2006), S. 3, 5.

1145 *Dreher/Hoffmann/Kling*, Kartell- und Wettbewerbsrecht der Versicherungsunternehmen (2015), § 7, Rn. 61.

1146 *Dreher/Hoffmann/Kling*, Kartell- und Wettbewerbsrecht der Versicherungsunternehmen (2015), § 7, Rn. 61.

1147 *Dreher*, in: Liber Amicorum Riesenkampff (2006), S. 3, 7 m.w.Nw.

1148 *Dreher*, in: Liber Amicorum Riesenkampff (2006), S. 3, 7 m.w.Nw.

1149 *Dreher*, in: Liber Amicorum Riesenkampff (2006), S. 3, 6 f.; *Dreher/Hoffmann/Kling*, Kartell- und Wettbewerbsrecht der Versicherungsunternehmen (2015), § 7, Rn. 61 f.

1150 Siehe zur entsprechenden Regelung in der GVO Versicherungswirtschaft 2003 auch *Dreher*, VersR 2004, 1, 6, Fn. 53.

Ebenso geht die Europäische Kommission auch nach Wegfall der Freistellung von Musterversicherungsbedingungen im Rahmen der GVO Versicherungswirtschaft davon aus, dass die frühere „schwarze Klausel" des Art. 6 Abs. 1 lit. b GVO Versicherungswirtschaft (2003), wonach Musterversicherungsbedingungen nicht freigestellt waren, wenn sie Angaben über Versicherungssummen oder Selbstbehaltsbeträge enthielten, im Rahmen der Einzelfreistellung noch als Bewertungsmaßstab fortgilt.[1151] Darin zeigt sich, dass die Europäische Kommission die Versicherungssumme für einen Wettbewerbsparameter und Abstimmungen hierüber für kartellrechtlich unzulässig hält.

Nichts anderes kann dann jedoch für einen Informationsaustausch über ebendiese Angabe im Rahmen der Vorversichereranfrage gelten. In seinen konkreten Auswirkungen kann ein Informationsaustausch über die Versicherungssumme etwa dazu führen, dass keine Verträge mit einer geringeren Versicherungssumme und damit einhergehend zu einer geringeren Prämie angeboten werden.[1152] Ein Informationsaustausch über die Versicherungssumme im Rahmen der Vorversichereranfrage stellt daher jedenfalls im Fall individuell ermittelter Versicherungssummen eine Wettbewerbsbeschränkung im Sinne von Art. 101 Abs. 1 AEUV dar.[1153]

(b) Selbstbehalt

Der Austausch von Informationen über Selbstbehalte im Rahmen der Vorversichereranfrage wird in der kartellrechtlichen Literatur unterschiedlich beurteilt. Einen Ausgangspunkt für die Beurteilung bildet auch insoweit der heute nicht mehr geltende Art. 6 Abs. 1 lit. b) der GVO Versicherungswirtschaft (2003), wonach Muster Allgemeiner Versicherungsbedingungen – neben den oben schon untersuchten Versicherungssummen[1154] – auch keine Angaben über Selbstbehaltsbeträge enthalten durften. Daraus kann geschlossen werden, dass

---

1151 *Europäische Kommission,* Mitteilung Versicherungssektor, ABl. Nr. C 82 v. 30.03.2010, S. 20, Rn. 23, Fn. 4. Siehe dazu auch *Gruber,* JBl 2011, 477, 485, 487; *Dreher/Hoffmann,* ZWeR 2012, 403, 409. Keinen Unterschied macht es insoweit, dass die Kommission in ihrer Mitteilung von „Deckungssummen" anstelle von „Versicherungssummen" spricht (siehe dazu ebd., S. 409, Fn. 52). Zu den Selbstbehalten siehe sogleich S. 258 ff.

1152 Vgl. dazu *Dreher/Hoffmann,* ZWeR 2012, 403, 409 in Bezug auf die Vereinbarung von Versicherungssummen im Rahmen von Musterversicherungsbedingungen.

1153 *Dreher,* VersR 2004, 1, 6, Fn. 53; *Dreher/Hoffmann/Kling,* Kartell- und Wettbewerbsrecht der Versicherungsunternehmen (2015), § 7, Rn. 61. A.A. *Bartmann,* 10. Kapitel, in: Mäger (Hrsg.), Europäisches Kartellrecht (2011), Rn. 33.

1154 Siehe dazu S. 255 ff.

es sich bei den Selbstbehalten um Wettbewerbsparameter handelt, sodass ein Informationsaustausch hierüber kartellrechtlich problematisch ist.[1155]

Zwar ist die entsprechende Regelung mit der Streichung der Freistellung von Musterversicherungsbedingungen aus der GVO Versicherungswirtschaft entfallen. Die hinter der früher geltenden Regelung stehende Wertung, dass es sich bei der Höhe der konkreten Selbstbehalte um einen Wettbewerbsparameter handelt, gilt jedoch nach den Ausführungen der Europäischen Kommission ausdrücklich fort.[1156] Es liegt nahe, diese Wertung gleichermaßen auf die kartellrechtliche Beurteilung der Vorversichereranfrage zu übertragen.[1157] Von einigen Autoren wird der Austausch von Informationen über Selbstbehalte dagegen – ohne nähere Begründung – für zulässig erachtet.[1158]

Der Selbstbehalt stellt, wie bereits dargelegt, ein zur Eindämmung der Folgen adverser Selektion und moralischen Risikos notwendiges Instrument der Selbstselektion, also des Signaling dar.[1159] Das Signaling funktioniert dabei dergestalt, dass der Versicherungsnehmer die Höhe des Selbstbehaltes selbst wählt. Da Versicherungsnehmer mit einem hohen Risiko eher Versicherungsverträge mit einem geringen Selbstbehalt wählen, gibt der Versicherungsnehmer dem Versicherungsgeber mit seiner Auswahl einen Hinweis darauf, wie hoch sein individuelles Risiko ist.

Allein daraus, dass der Versicherungsnehmer die Selbstbeteiligungshöhe wählt, lässt sich jedoch nicht schließen, dass es sich bei der Information über die Höhe des konkreten Selbstbehalts um eine ausschließlich aus der Sphäre des Versicherungsnehmers stammende Information handle, die keine Rückschlüsse auf das Wettbewerbsverhalten des Versicherers zulasse und demnach auch nicht Grundlage einer Verhaltenskoordinierung sein könne.[1160] Diese Bewertung lässt

---

1155 *Dreher/Hoffmann/Kling,* Kartell- und Wettbewerbsrecht der Versicherungsunternehmen (2015), § 7, Rn. 64.

1156 Siehe dazu oben S. 258 und insbesondere die Nachweise in Fn. 1151.

1157 *Dreher/Hoffmann/Kling,* Kartell- und Wettbewerbsrecht der Versicherungsunternehmen (2015), § 7, Rn. 64. A.A. *Bartmann,* 10. Kapitel, in: Mäger (Hrsg.), Europäisches Kartellrecht (2011), Rn. 32, Fn. 42 und im Ergebnis wohl auch MüKoEuWettbR/*Esser/Stappert,* SB Versicherungswirtschaft, Rn. 76.

1158 *Bunte/Stancke,* Leitfaden Versicherungskartellrecht (2018), Rn. 31; *Stancke,* § 13 Kartellrecht, in: Bürkle (Hrsg.), Compliance in Versicherungsunternehmen (2015), Rn. 93; MüKoEuWettbR/*Esser/Stappert,* SB Versicherungswirtschaft, Rn. 76.

1159 Siehe oben S. 115 f.

1160 So aber *Bartmann,* 10. Kapitel, in: Mäger (Hrsg.), Europäisches Kartellrecht (2011), Rn. 32.

unberücksichtigt, dass der Versicherungsnehmer die Höhe des Selbstbehaltes nicht frei wählt, sondern aus einer – meist geringen – Anzahl von durch den Versicherer vorgegebenen Selbstbehaltshöhen auswählt. Eine individuelle Selbstbehaltshöhe hätte zur Folge, dass ein Versicherer für jeden Versicherungsnehmer die Prämienhöhe neu berechnen müsste. Ein solches Vorgehen ist im Massengeschäft mit Versicherungen nicht praktikabel. Auch würde die Möglichkeit des Versicherungsnehmers, die Selbstbehaltshöhe frei zu wählen, diesen überfordern und so die Aussagekraft seiner Selbstwahl mindern. Die Auswahl aus wenigen vorgegebenen Selbstbehaltshöhen ist damit zwar weniger genau, weil sie nur eine Einteilung in Klassen und keine individuelle Risikobestimmung zulässt. Von ihr sind aber aus den genannten Gründen dennoch bessere Ergebnisse zu erwarten.

Damit beruht zwar die Auswahl zwischen diesen Höhen auf einer Entscheidung des Versicherungsnehmers. Die konkrete Höhe des Selbstbehalts gibt aber Auskunft darüber, welche Selbstbehaltsstufen ein Versicherer anbietet. Die Versicherer verwenden im Bereich der Massenversicherung unternehmensindividuell einheitliche Stufen, sodass es für einen Wettbewerber ausreicht, wenn er Informationen über die Selbstbehaltshöhe in einigen Fällen kennt, um zu wissen, welche Abstufung von Selbstbehalten der Versicherer seinen Kunden für die jeweilige Versicherungsart zur Wahl stellt. Die Höhe des Selbstbehalts fließt unmittelbar in die Prämienberechnung durch den Versicherer ein und wirkt sich somit auf die Prämienhöhe als wichtigsten Wettbewerbsparameter aus.[1161] Sie ist damit kein allein aus der Sphäre des Versicherungsnehmers stammender Parameter.

Ein Informationsaustausch über die Höhe der dem Versicherungsnehmer zur Wahl gestellten Selbstbehaltsstufen kann insbesondere dazu führen, dass die Versicherer die angebotenen Selbstbehaltsstufen und damit die Gestaltung der Versicherungsprodukte aneinander angleichen. Eine zunehmende Vereinheitlichung der Versicherungstarife birgt grundsätzlich die Gefahr der Verhinderung von Wettbewerb bei der Produktgestaltung.[1162] Insbesondere kann auf diese Weise ein Anreiz der Versicherer, Tarife mit höheren Selbstbehalten und damit einhergehend zu niedrigeren Prämien anzubieten, ausgeschaltet werden.[1163]

1161 Vgl. *Dreher/Hoffmann/Kling*, Kartell- und Wettbewerbsrecht der Versicherungsunternehmen (2015), § 7, Rn. 176.

1162 Siehe oben S. 191, 243.

1163 *Pohlmann*, WuW 2010, 1106, 1111; *Dreher/Hoffmann*, ZWeR 2012, 403, 409.

Auch die Kartellbehörden sehen den Selbstbehalt betreffende Absprachen zwischen Versicherern grundsätzlich kritisch. So sah die Europäische Kommission im Verfahren *Lloyd's Underwriters* in einer Vereinbarung über die prozentuale Anpassung von Selbstbehalten eine bewirkte Wettbewerbsbeschränkung.[1164] Das Bundeskartellamt hielt die Vereinbarung eines Mindest-Selbstbehalts zwischen zehn im Sachversicherungsbereich tätigen Unternehmen in einem Verfahren aus dem Jahr 2005 für unzulässig.[1165]

Eine andere Bewertung könnte sich jedoch dann ergeben, wenn man im Sinne der oben dargestellten Rechtsprechung des Europäischen Gerichtshofs zur Berücksichtigung des wirtschaftlichen und rechtlichen Rahmens einer Vereinbarung[1166] eine Wettbewerbsbeschränkung durch die Vorversichereranfrage insoweit ablehnt, als die ausgetauschten Informationen für die Erreichung der Ziele der Wettbewerbsbeschränkung notwendig und erforderlich sind.[1167] Andere Autoren formulieren die tatbestandliche Einschränkung des Kartellverbots dahingehend, dass ein Informationsaustausch jedenfalls dann keine Wettbewerbsbeschränkung darstelle, wenn die durch ihn geschaffene Markttransparenz „Angebots- und damit Marktvoraussetzung"[1168] sei, der Wettbewerb durch den Informationsaustausch also erst geschaffen werde.[1169]

Es wäre dann zu untersuchen, ob der Austausch von Informationen über die Selbstbehaltshöhe zur Bekämpfung der Folgen asymmetrischer Information benötigt wird. Insoweit wird mitunter angeführt, die Mitteilung der Höhe des Selbstbehalts sei erforderlich, um die anderen durch den Vorversicherer mitgeteilten Informationen zu plausibilisieren.[1170]

Sofern jedoch die Mitteilung des Selbstbehalts für die Beurteilung des Risikos erforderlich wird, weil die Vorversicherer im Rahmen der Vorversichereranfrage

---

1164 *Komm.E.*, 04.12.1992, 93/3/EWG (*Lloyd's Underwriters)*, ABl. Nr. L 4 v. 08.01.1993, S. 26, Rn. 33.

1165 *Bundeskartellamt*, TB 2003/2004, S. 172; *Bundeskartellamt*, Fallbericht B4 – 82/02: Ende des OLG-Verfahrens wegen der Bußgelder gegen Industrieversicherer, 22.02.2010, S. 1 f.

1166 Siehe dazu oben S. 56 ff.

1167 So wohl MüKoEuWettbR/*Esser/Stappert*, SB Versicherungswirtschaft, Rn. 75.

1168 *Dreher/Hoffmann/Kling*, Kartell- und Wettbewerbsrecht der Versicherungsunternehmen (2015), § 7, Rn. 19.

1169 *Dreher/Hoffmann/Kling*, Kartell- und Wettbewerbsrecht der Versicherungsunternehmen (2015), § 7, Rn. 19, 25; *Bartmann*, 10. Kapitel, in: Mäger (Hrsg.), Europäisches Kartellrecht (2011), Rn. 28 ff. unter Bezugnahme auf den Arbeitsgemeinschaftsgedanken.

1170 *Bartmann*, 10. Kapitel, in: Mäger (Hrsg.), Europäisches Kartellrecht (2011), Rn. 32.

nur die durch sie übernommenen Schadenkosten mitteilen und eine Ermittlung der für die Risikoeinschätzung relevanten Gesamtschadenkosten daher die Addition des Selbstbehalts erfordert, kann dem schlicht dadurch begegnet werden, dass die Vorversicherer unmittelbar die entsprechenden Bruttoschadenbeträge an den Nachversicherer melden.

Im Schrifttum wird darüber hinaus geltend gemacht, eine Mitteilung des Selbstbehalts sei zur Plausibilisierung insoweit erforderlich, als sich nur aus einer Mitteilung des Selbstbehalts ergebe, in welchem Umfang die tatsächlichen Schäden über die vom Vorversicherer angegebenen Schäden hinausgehen können, weil weitere Schäden unterhalb des Selbstbehaltbetrags lagen und daher dem Vorversicherer gar nicht erst gemeldet wurden.[1171] Diesbezüglich lässt sich jedoch aus der Höhe des Selbstbehalts allenfalls eine gewisse Tendenz ableiten. So ist es bei einem sehr geringen Selbstbehalt eher unwahrscheinlich, dass es weitere, nicht gemeldete Schäden gab. Bei einem hohen Selbstbehalt erscheint dies dagegen deutlich wahrscheinlicher. Damit ist jedoch nichts über das tatsächliche individuelle Risiko gesagt, dessen Bestimmung die Vorversichereranfrage gerade dient, denn im Einzelfall ist es gleichsam möglich, dass ein Versicherungsnehmer, der einen hohen Selbstbehalt vereinbart hat, während der gesamten Vertragslaufzeit keinen einzigen Schaden unterhalb der Selbstbehaltsgrenze verursacht hat.

Auch unter dem Gesichtspunkt des Signaling durch die Wahl des Selbstbehalts[1172] liefert die Information über den alten Selbstbehalt dem Nachversicherer keine für die Risikoeinschätzung erforderliche Information. Der Nachversicherer kann die für seine Risikobewertung maßgebliche Information bereits dadurch erlangen, dass er selbst einen Tarif mit Selbstbehalt anbietet und auf diese Weise dem Versicherungsnehmer die Möglichkeit zum Signaling eröffnet. Eine weitergehende Information darüber, wie sich der Versicherungsnehmer in Bezug auf die Selbstbehaltshöhe im Rahmen eines zurückliegenden Vertragsabschlusses entschieden hat, und ob er möglicherweise im Zuge des Wechsels des Versicherers auch die Höhe des Selbstbehalts ändert, ist für die aktuelle Risikoeinschätzung nicht erforderlich. Zwar ist es denkbar, dass ein Versicherungsnehmer die Selbstbehaltshöhe nach oben oder unten anpasst, weil in dem bisherigen Versicherungszeitraum weniger oder mehr Schäden eingetreten sind, als er ursprünglich erwartet hat. Findet eine Anpassung der Selbstbehaltshöhe

1171 *Bartmann*, 10. Kapitel, in: Mäger (Hrsg.), Europäisches Kartellrecht (2011), Rn. 32; *Heyers*, WuW 2012, 557, 561.

1172 Siehe dazu oben S. 115 f.

durch den Versicherungsnehmer im Sinne eines Lernprozesses statt, so ist die neue Selbstbehaltshöhe aber umso aussagekräftiger und damit für den Nachversicherer eine bessere Grundlage zur Einschätzung des individuellen Risikos als es dessen frühere Wahl sein kann. Daraus, dass der Versicherungsnehmer die Höhe des Selbstbehaltes anpasst, ergibt sich somit keine Information, die der Versicherer für seine eigene Risikoeinschätzung benötigt. Der Informationsaustausch über die Höhe des Selbstbehalts im Rahmen der Vorversichereranfrage stellt daher eine bewirkte Wettbewerbsbeschränkung dar.

(c) Versicherte Gefahren

Im Rahmen der Vorversichereranfrage werden gegenüber dem Nachversicherer zum Teil auch Angaben über die versicherten Gefahren bzw. die versicherten Risikoarten gemacht. Diese Angaben werden in der Literatur durchweg für kartellrechtlich unproblematisch gehalten.[1173] Bedenken ergeben sich jedoch daraus, dass die Produktgestaltung in Form der Beschreibung des Versicherungsfalls sowie bedeutender Ein- und Ausschlüsse einen wesentlichen Wettbewerbsparameter darstellt und der Austausch von Informationen hierüber folglich die Gefahr einer Standardisierung der Versicherungsprodukte birgt.[1174]

Dem lässt sich auch nicht entgegnen, dass der Umfang des Versicherungsschutzes sich allein nach dem Bedarf des Versicherungsnehmers richte und daher aus seiner Sphäre stamme.[1175] Denn im Bereich des Massengeschäfts mit Versicherungsdienstleistungen ist der Umfang der Leistung weitgehend durch Allgemeine Versicherungsbedingungen standardisiert und der Versicherungsnehmer hat allenfalls die Möglichkeit, bestimmte zusätzliche Deckungsbausteine zu wählen.

Die Europäische Kommission hat ihre Bedenken gegenüber einer Standardisierung der Versicherungsprodukte im Rahmen des Erlasses der inzwischen außer Kraft getretenen GVO Versicherungswirtschaft betont und unter

---

1173 *Dreher/Hoffmann/Kling,* Kartell- und Wettbewerbsrecht der Versicherungsunternehmen (2015), § 7, Rn. 60; *Bunte/Stancke,* Leitfaden Versicherungskartellrecht (2018), S. 31; Langen/Bunte/*Röhrig,* Syst. VIII Versicherungswirtschaft, Rn. 82; *Stancke,* § 13 Kartellrecht, in: Bürkle (Hrsg.), Compliance in Versicherungsunternehmen (2015), Rn. 93; *Bartmann,* 10. Kapitel, in: Mäger (Hrsg.), Europäisches Kartellrecht (2011), Rn. 31.

1174 Vgl. dazu in Bezug auf Freistellungsfähigkeit von Musterversicherungsbedingungen *Wollmann/Herzog,* VR 2010, 26, 28.

1175 So aber *Bartmann,* 10. Kapitel, in: Mäger (Hrsg.), Europäisches Kartellrecht (2011), Rn. 30.

anderem unter Hinweis darauf eine Verlängerung der Freistellung von Musterversicherungsbedingungen abgelehnt.[1176] Daraus lässt sich eine wettbewerbliche Relevanz der Information über die versicherten Gefahren auch für die Vorversichereranfrage ableiten. Insbesondere führt die einheitliche Gestaltung der Policen eines Versicherers durch Allgemeine Versicherungsbedingungen dazu, dass die Kenntnis des Umfangs einzelner Policen durch den punktuellen Informationsaustausch ausreicht, um den Nachversicherer in Kenntnis des generell durch den Vorversicherer gewährten Schutzes zu setzen.

Die Mitteilung der versicherten Gefahren ist jedoch erforderlich, um die Daten über Schadenhäufigkeit und Schadenhöhe zu plausibilisieren.[1177] Zu deren richtiger Einordnung, ist es erforderlich, sie im Verhältnis zu den versicherten Gefahren zu sehen. Die Information beispielsweise, dass im Rahmen einer Hausratsversicherung eine bestimmt Anzahl an Schäden eingetreten ist, ermöglicht dem Nachversicherer nur dann eine Einschätzung des Risikos, wenn er gleichzeitig Kenntnis davon hat, ob von den Bedingungen des Versicherungsvertrags beispielsweise Wasserschäden umfasst sind oder nicht.[1178]

Insoweit ist auch zu berücksichtigen, dass die Allgemeinen Versicherungsbedingungen, aus denen sich der Umfang des Versicherungsschutzes ergibt, üblicherweise im Internet frei zugänglich sind und von den Wettbewerbern dort eingesehen werden können. Darüber hinaus können sich die Versicherungsunternehmen die Allgemeinen Versicherungsbedingungen ihrer Wettbewerber auch über Makler oder Mehrfachagenten beschaffen, mit denen Geschäftsbeziehungen bestehen.[1179] Ein Austausch derartiger öffentlich zugänglicher Informationen ist kartellrechtlich weit weniger bedenklich, weil die Wettbewerber durch ihn keine zusätzlichen Informationen über das Verhalten ihrer Wettbewerber erhalten.[1180] Zwar hat die Europäische Kommission die Unbedenklichkeit insoweit auf „echte öffentliche Daten" beschränkt, also auf „solche Informationen,

---

1176 Siehe dazu oben S. 190 f. und insbesondere die Nachweise in Fn. 831.

1177 *Bartmann,* 10. Kapitel, in: Mäger (Hrsg.), Europäisches Kartellrecht (2011), Rn. 30 f.

1178 *Bartmann,* 10. Kapitel, in: Mäger (Hrsg.), Europäisches Kartellrecht (2011), Rn. 31.

1179 *Dreher/Hoffmann/Kling,* Kartell- und Wettbewerbsrecht der Versicherungsunternehmen (2015), § 7, Rn. 34.

1180 *EuG,* Urt. v. 30.09.2003, Rs. T-191/98, 212/98 bis 214/98 (*Atlantic Container Line),* Slg. 2003, II-3275, Rn. 1154; *Europäische Kommission,* Horizontalleitlinien, ABl. Nr. C 11 v. 14.01.2011, S. 1, Rn. 92 Vgl. auch *Wagner-von Papp,* Marktinformationsverfahren (2004), S. 246 f., der insoweit von einem „rechtmäßigen Alternativverhalten" spricht.

zu denen alle Wettbewerber und Kunden (im Hinblick auf die Zugangskosten) gleichermaßen leicht Zugang haben."[1181] Wenn eine anderweitige Beschaffung der gleichen Informationen für die teilnehmenden Unternehmen schwieriger und damit teurer ist, gilt diese Ausnahme folglich nicht. Dies steht im Einklang sowohl mit der Rechtsprechung des Gerichts der Europäischen Union als auch mit der vorangegangenen Praxis der Europäischen Kommission.[1182] Der Einwand der anderweitigen Zugänglichkeit der Informationen geht daher insbesondere dann fehl, wenn die durch den Austausch erhaltenen Informationen vollständiger oder jedenfalls leichter zugänglich sind, als die öffentlich zugänglichen Informationen. Beides ist vorliegend jedoch nicht der Fall. Vielmehr werden die Informationen im Rahmen der Vorversichereranfrage nur punktuell bei einzelnen Anfragen und nicht einheitlich in Form von Listen oder ähnlichem ausgetauscht[1183], sodass die Beschaffung der Informationen über die Internetseiten der Versicherungsunternehmen oder über Dritte nicht umständlicher oder schwieriger ist. Der Austausch über die versicherten Risiken im Rahmen der Vorversichereranfrage stellt somit schon aus diesem Grund keine Wettbewerbsbeschränkung dar.

(d) Schadenfreiheitsrabatt

Schadenfreiheitsrabatte stellen als Bestandteil einer erfahrungsbasierten Bonus-Malus-Tarifierung – ähnlich wie Selbstbehalte – ein Mittel zur Bekämpfung des moralischen Risikos und der adversen Selektion dar.[1184] Die stufenweise Anpassung der Prämienhöhe an das individuelle Risiko des Versicherungsnehmers erfolgt dabei über mehrere Zyklen, indem die Prämie für jedes schadenfreie Jahr weiter abgesenkt und im Gegenzug bei Eintritt eines für den Schadenfreiheitsrabatt relevanten Schadens entsprechend angehoben wird. Um zu verhindern, dass die Versicherungsnehmer aufgrund des Schadenfreiheitrabatts an einen

---

1181 *Europäische Kommission,* Horizontalleitlinien, ABl. Nr. C 11 v. 14.01.2011, S. 1, Rn. 92.

1182 *EuGH,* Urt. v. 12.07.2001, verb. Rs. T-202/98, 204/98 und 207/98 (*Tate & Lyle),* Slg. 2001, II-2035, Rn. 60; *Komm.E.,* 23.12.1977, 78/252/EWG (*Pergamentpapier),* ABl. Nr. L 70 v. 13.03.1978, S. 54, Rn. 68; *Komm.E.,* 02.12.1981, 82/367/EWG (*Hasselblad),* ABl. Nr. L 161 v. 12.06.1982, S. 18, Rn. 51.

1183 Insoweit stellen *Dreher/Hoffmann/Kling,* Kartell- und Wettbewerbsrecht der Versicherungsunternehmen (2015), § 7, Rn. 33 f. zutreffend fest, dass ein direkter Austausch der Allgemeinen Versicherungsbedingungen zwischen den Versicherungsbedingungen einfacher und günstiger wäre, als sich die Bedingungen einzeln über Dritte besorgen zu müssen.

1184 Siehe dazu oben S. 117 ff.

Versicherer gebunden werden und der Wettbewerb durch die Erschwerung eines Wechsels des Versicherers beschränkt wird, ist es erforderlich, dass zwischen den Versicherern Informationen über den Schadenfreiheitsrabatt ausgetauscht werden. Denn nur, wenn der Nachversicherer zuverlässige Kenntnis von der Schadenhistorie hat, kann er dem Versicherungsnehmer eine seiner Schadenfreiheitsklasse angemessene Prämie und damit ein gegenüber dem Tarif des Vorversicherers wettbewerbsfähiges Angebot unterbreiten. Diesem Umstand hat der deutsche Gesetzgeber für den Bereich der Kfz-Haftpflichtversicherung durch die Regelung des § 5 Abs. 7 PflVG Rechnung getragen, wonach der Versicherer verpflichtet ist, dem Versicherungsnehmer bei Beendigung des Vertrags eine Versichererwechselbescheinigung über die für die Einstufung in eine Schadenfreiheitsklasse erforderlichen Daten auszustellen.[1185]

Dennoch dürfen zwischen den Versicherern nicht unbegrenzt Informationen über den gewährten Schadenfreiheitsrabatt ausgetauscht werden. Insbesondere die Weitergabe von Informationen über die konkrete Höhe des gewährten Rabatts verstößt gegen das Kartellverbot. Bei Rabatten handelt es sich um einen Preis- bzw. Prämienbestandteil und damit um einen wesentlichen Wettbewerbsparameter; ein Austausch von Informationen über Rabatte verstößt nach Ansicht der Kommission ebenso wie ein solcher über Preise ohne weiteres gegen Art. 101 Abs. 1 AEUV.[1186] Ein Informationsaustausch über die Höhe des gewährten Schadenfreiheitsrabatts innerhalb eines Tarifs ist daher ebenso wie ein Informationsaustausch über Prämien geeignet, den Wettbewerb auf dem Versicherungsmarkt zu beschränken.[1187]

Zulässig ist daher auch im Rahmen der Vorversichereranfrage nur die Weitergabe von Informationen über das Rabattgrundjahr, die Rabattstufe und über die Anzahl der Schäden mit und ohne Auswirkungen auf den Schadenfreiheitsrabatt.[1188] Diese Daten betreffen lediglich den Schadensverlauf, auf den

---

1185 Siehe dazu bereits oben S. 73, insbesondere in und bei Fn. 279, sowie S. 245. Zum Normzweck der Regelung des § 5 Abs. 7 PflVG vgl. Stiefel/Maier/*Jahnke,* § 5 PflVG, Rn. 92.

1186 *Europäische Kommission,* Horizontalleitlinien, ABl. Nr. C 11 v. 14.01.2011, S. 1, 86; *Komm.E.,* 08.09.1977, 77/592/EWG (*COBELPA/VNP),* ABl. Nr. L 242 v. 21.09.1977, S. 10, Rn. 29 ff., 34.

1187 A.A. *Bunte/Stancke,* Leitfaden Versicherungskartellrecht (2018), S. 30; Langen/Bunte/*Röhrig,* Syst. VIII Versicherungswirtschaft, Rn. 82; *Stancke,* § 13 Kartellrecht, in: Bürkle (Hrsg.), Compliance in Versicherungsunternehmen (2015), Rn. 93; MüKoEuWettbR/*Esser/Stappert,* SB Versicherungswirtschaft, Rn. 76.

1188 *Heyers,* Facilitating Practices, S. 433.

der Vorversicherer keinen Einfluss nehmen konnte. Sie geben dem Nachversicherer somit keinen Aufschluss über die Geschäftspolitik des Vorversicherers und sind daher nicht geeignet, den Wettbewerb zu beschränken. Mit Hilfe dieser Daten kann der neue Versicherer dann anhand seiner eigenen Tarifstruktur den entsprechenden Schadenfreiheitsrabatt bzw. die Prämienhöhe für den Versicherungsnehmer festlegen. Den Zwecken der Datenweitergabe im Rahmen der Vorversichereranfrage, nämlich einerseits einen Wechsel zu einem anderen Versicherer unter Mitnahme des Schadenfreiheitsrabattes zu erleichtern und andererseits dem Nachversicherer eine realistische Einschätzung des individuellen Risikos zu ermöglichen, wird dadurch entsprochen. Nicht zur Erreichung dieser Zwecke erforderlich ist dagegen die Weitergabe der Höhe des gewährten Rabattes.

(3) Zwischenergebnis zur Art der ausgetauschten Informationen

Sofern man bei der Beurteilung der kartellrechtlichen Zulässigkeit der Vorversichereranfrage also allein auf die einzelnen weitergegebenen Informationen und deren Wettbewerbsrelevanz abstellt, kommt man zu dem Ergebnis, dass die Weitergabe von Informationen über den Schadenverlauf, den Schadenaufwand, der Versicherungszeitraum sowie risikoerhöhende oder -mindernde Faktoren, Unregelmäßigkeiten bei der Prämienzahlung, die versicherten Gefahren sowie in Bezug auf den Schadenfreiheitsrabatt die Mitteilung über das Rabattgrundjahr, die Rabattstufe und die Anzahl der Schäden mit und ohne Auswirkungen auf den Schadenfreiheitsrabatt keine Wettbewerbsbeschränkung bewirkt.

Etwas anderes gilt für den Austausch von Informationen über individuell ermittelte Versicherungssummen, den Kündigungsgrund, den Selbstbehalt und die konkrete Höhe des gewährten Schadenfreiheitsrabatts, die unter dem Gesichtspunkt der Art der ausgetauschten Informationen als wettbewerbsbeschränkend auszusehen sind.

hh. Alter der ausgetauschten Daten

Neben der Art der ausgetauschten Informationen ist auch ihr Alter für die kartellrechtliche Beurteilung eines Informationsaustauschs von Bedeutung. Besonders kritisch sieht die Europäische Kommission den Austausch von Daten über künftiges Verhalten. Soweit es sich um Daten über Preis- oder Mengenverhalten handelt, liegt eine Wettbewerbsbeschränkung besonders nahe, sodass es sich insoweit um eine bezweckte Wettbewerbsbeschränkung handelt.[1189] Daten über

1189 *Europäische Kommission,* Horizontalleitlinien, ABl. Nr. C 11 v. 14.01.2011, S. 1, Rn. 73 f.

aktuelles oder vergangenes Verhalten sind dagegen auf ihre Auswirkungen auf den Wettbewerb zu untersuchen. Der Austausch historischer Daten soll nach Ansicht der Kommission sogar stets kartellrechtlich unbedenklich sein, „weil er sich nicht auf das künftige Verhalten des Unternehmens auswirken“[1190] könne.

In älteren Veröffentlichungen ging die Kommission davon aus, dass in der Regel solche Daten als historisch anzusehen seien, die im Zeitpunkt des Austauschs älter als ein Jahr sind.[1191] Diese Aussage bezog sich auf den Austausch bestimmter, unternehmensbezogener Daten. Das Verfahren *UK Agricultural*, in dessen Rahmen sich die Europäische Kommission erstmals mit dem Alter der zwischen Wettbewerbern ausgetauschten Informationen befasste, betraf beispielsweise den Austausch von Zahlen über Zulassungen, Lieferungen und Verkäufe landwirtschaftlicher Zugmaschinen.[1192] In ihren Leitlinien zur Anwendung von Art. 81 Abs. 1 AEUV auf Seeverkehrsdienstleistungen befasste sich die Kommission insbesondere mit Informationen über Preise, Kapazitäten, Kosten, Kapazitätsprognosen und Preisindizes.[1193] Schon immer hat die Kommission jedoch klargestellt, dass es sich bei der Ein-Jahres-Grenze nicht um eine starre Grenze, sondern vielmehr nur um einen allgemeinen Richtwert handeln kann. So verlangte sie bei der Beurteilung, ob Informationen als historisch anzusehen sind, „eine gewisse Flexibilität“[1194]. Dabei sei insbesondere zu berücksichtigen, wie schnell die Daten auf dem betroffenen Markt veralteten und um welche Art von Daten es sich handele; etwa seien aggregierte Daten schneller als historisch einzustufen, als unternehmensindividuelle.[1195] Anstatt die Ein-Jahres-Grenze schematisch auf alle Fälle des Informationsaustauschs anzuwenden,

---

1190 *Europäische Kommission,* Seeverkehrsleitlinien, ABl. Nr. C 245 v. 26.09.2008, S. 2, Rn. 54. Siehe auch *Europäische Kommission,* Horizontalleitlinien, ABl. Nr. C 11 v. 14.01.2011, S. 1, Rn. 90.

1191 *Europäische Kommission,* Seeverkehrsleitlinien, ABl. Nr. C 245 v. 26.09.2008, S. 2, Rn. 54. Vgl. auch *Komm.E.,* 17.02.1992, 92/157/EWG (*UK Agricultural Tractor Registration Exchange),* ABl. Nr. L 68 v. 13.03.1992, S. 19, Rn. 50; *Europäische Kommission,* XXIX. Bericht über die Wettbewerbspolitik 1999 (2000), S. 177. Dem zustimmend *Ziegenhain,* EWS 1993, 50, 54.

1192 *Komm.E.,* 17.02.1992, 92/157/EWG (*UK Agricultural Tractor Registration Exchange),* ABl. Nr. L 68 v. 13.03.1992, S. 19, Rn. 17 ff.

1193 *Europäische Kommission,* Seeverkehrsleitlinien, ABl. Nr. C 245 v. 26.09.2008, S. 2, Rn. 50, 53, 57.

1194 *Europäische Kommission,* Seeverkehrsleitlinien, ABl. Nr. C 245 v. 26.09.2008, S. 2, Rn. 54.

1195 *Europäische Kommission,* Seeverkehrsleitlinien, ABl. Nr. C 245 v. 26.09.2008, S. 2, Rn. 54.

war vielmehr im Einzelfall zu prüfen, über welchen Zeitraum die ausgetauschten Daten geeignet sind, das künftige Wettbewerbsverhalten der Unternehmen zu beeinflussen.[1196]

Bei der Behandlung des Informationsaustauschs im Rahmen der Horizontalleitlinien aus dem Jahr 2011 hat die Europäische Kommission einen flexibleren Ansatz verfolgt und die Ein-Jahres-Grenze als Regelfall für die Beurteilung von Informationen als historisch nicht aufrechterhalten. Vielmehr gebe es keine festgelegte Schwelle, ab der Daten als historisch anzusehen seien; es komme vielmehr darauf an, ob die Daten noch ein Wettbewerbsrisiko darstellten, und dies hänge von den besonderen Merkmalen des betroffenen Marktes ab.[1197] Als einzige Grenze legt die Europäische Kommission insoweit fest, dass Daten dann als historisch gelten können, „wenn sie um ein Mehrfaches älter sind als die durchschnittliche branchenübliche Laufzeit von Verträgen, sofern letztere Aufschluss über Preisneuverhandlungen geben."[1198] Neben diesen Merkmalen des betroffenen Marktes seien insbesondere der Datentyp, der Aggregationsgrad (worunter die Kommission auch die Anonymisierung der Daten versteht[1199]), die Häufigkeit des Datenaustauschs und die Merkmale des relevanten Marktes wie etwa dessen Stabilität und Transparenz von Bedeutung.[1200]

Die Art der ausgetauschten Informationen ist demnach für die Frage, ab wann sie als historisch anzusehen sind und ihr Austausch daher kartellrechtlich unbedenklich ist, von entscheidender Bedeutung. Würden sich die Versicherer über die Prämienhöhe bereits gekündigter Verträge austauschen, wären diese Daten in Anbetracht der durchschnittlichen Vertragslaufzeit in vielen Fällen als historisch und der Informationsaustausch daher als kartellrechtlich unbedenklich einzustufen. Bei Versicherungsverträgen handelt es sich in der Regel um langfristige Verträge. § 11 Abs. 4 VVG sieht insoweit vor, dass für eine bestimmte Zeit geschlossene Versicherungsverträge spätestens nach drei Jahren gekündigt

---

1196 *Europäische Kommission,* Seeverkehrsleitlinien, ABl. Nr. C 245 v. 26.09.2008, S. 2, Rn. 54.

1197 *Europäische Kommission,* Horizontalleitlinien, ABl. Nr. C 11 v. 14.01.2011, S. 1, Rn. 90. Siehe dazu auch *Schroeder,* WuW 2009, 718, 724; *Pischel/Hausner,* EuZW 2013, 498, 501.

1198 *Europäische Kommission,* Horizontalleitlinien, ABl. Nr. C 11 v. 14.01.2011, S. 1, Rn. 90.

1199 *Europäische Kommission,* Horizontalleitlinien, ABl. Nr. C 11 v. 14.01.2011, S. 1, Rn. 89. Anders dagegen das Verständnis hier (siehe dazu unten S. 271).

1200 *Europäische Kommission,* Horizontalleitlinien, ABl. Nr. C 11 v. 14.01.2011, S. 1, Rn. 89.

werden können. Bei nicht für eine bestimmte Zeit geschlossenen Verträgen kann das ordentliche Kündigungsrecht nach § 11 Abs. 2 VVG maximal für zwei Jahre ausgeschlossen werden. Im Bereich der Kfz-Haftpflichtversicherung beträgt die maximale Laufzeit dagegen gemäß § 5 Abs. 5 PflVG ein Jahr mit der Möglichkeit der Verlängerung um jeweils ein weiteres Jahr bei nicht fristgerechter Kündigung. Es ist daher davon auszugehen, dass die durchschnittliche Laufzeit von Versicherungsverträgen im Massengeschäft deutlich über einem Jahr liegt.[1201] Eine vom Beginn des Versicherungsverhältnisses stammende Information über die Prämienhöhe wäre demnach in vielen Fällen nicht mehr geeignet, eine entsprechende Verhaltensabstimmung für die Zukunft zu ermöglichen.

Für die von der Vorversichereranfrage umfassten Daten gilt das aber nicht in gleicher Weise. Insbesondere bei der Mitteilung des Kündigungsgrundes und der sich daraus ergebenden Information über die Kündigungspolitik des Vorversicherers[1202] handelt es sich um eine unternehmerische Entscheidung des Vorversicherers, die unter Umständen nur wenige Wochen zurückliegt. Häufig wird der Versicherungsnehmer den Antrag beim Nachversicherer, der die Vorversichereranfrage auslöst, noch während der Vertragslaufzeit stellen. Die übermittelten Daten über den Kündigungsgrund liefern dem Nachversicherer dann einen Anhaltspunkt für die gegenwärtige Kündigungspolitik des Vorversicherers und ermöglichen ihm gegebenenfalls eine Anpassung der eigenen Kündigungspolitik.

Ähnliches gilt auch für die individuell berechnete Versicherungssumme. Deren Berechnung erfolgt zwar zunächst bei Abschluss des Vertrags. Möglich ist jedoch auch eine Neuberechnung aufgrund sich während der Vertragslaufzeit ergebender Änderungen der Gegebenheiten. Auch diese Information kann bei einer nur geringen Vertragslaufzeit oder einer Neuberechnung während der Laufzeit deutlich jünger als die durchschnittliche Laufzeit der Versicherungsverträge und damit noch aktuell sein. Auch bei der Höhe des derzeit gewährten Schadenfreiheitsrabatts handelt es sich um ein aktuelles Datum.

Darüber hinaus ist bei der Beurteilung der Aktualität der ausgetauschten Daten zu berücksichtigen, dass sich die wettbewerbsrechtliche Bedeutung der Informationen bei der Vorversichereranfrage nicht nur aus den ausgetauschten

---

1201 Die Europäische Kommission kommt in ihrer Sektoruntersuchung zu dem Ergebnis, dass Versicherungsverträge im Geschäftskundenbereich eine durchschnittliche Laufzeit von ca. 40 Monaten haben (*Europäische Kommission,* Business Insurance Sector Inquiry – Interim Report, 25.01.2007, S. 67).

1202 Siehe dazu oben S. 250 ff.

Einzelinformationen ergibt. In die Beurteilung muss vielmehr auch einfließen, dass ständig eine Vielzahl von Informationen ausgetauscht wird, die in ihrer Gesamtheit möglicherweise Rückschlüsse auf das Wettbewerbsverhalten der einzelnen Versicherer zulassen.[1203] Würden die Versicherer diese Daten sammeln, so ergäbe sich daraus ein durch immer neue Anfragen stetig wachsender Bestand. Die neu dazu kommenden Daten würden diesen Bestand ständig aktualisieren. Zur Beurteilung dieses kontinuierlichen Informationsflusses zwischen den Wettbewerbern ist eine starre Altersgrenze für die entsprechenden Daten von einem Jahr grundsätzlich ungeeignet. Auch sind die Informationen nicht sämtlich älter als die durchschnittliche Laufzeit der Verträge.

Die ausgetauschten Informationen sind folglich nicht als historisch und ihr Austausch unter dem Aspekt des Datenalters nicht als kartellrechtlich unbedenklich einzustufen. Das gilt umso mehr, als die Europäische Kommission als ein Kriterium für die Beurteilung der Aktualität der Daten auch ihren Aggregationsgrad ansieht[1204] und die im Rahmen der Vorversichereranfrage ausgetauschten Daten in keiner Weise aggregiert sind.[1205]

ii. Identifizierbarkeit und Aggregation

(1) Terminologie

Bei der kartellrechtlichen Beurteilung eines Informationsaustauschs spielt die Identifizierbarkeit sowohl der Unternehmen, von denen die ausgetauschten Daten stammen, als auch einzelner Transaktionen eine große Rolle. Unter „Identifizierbarkeit" soll im Folgenden die Kenntnis der Identität wenigstens einer der an der Transaktion beteiligten Parteien, in der Regel des Wettbewerbers des informierten Unternehmens, verstanden werden. Mit „Aggregation" ist dagegen die Erkennbarkeit einzelner Transaktionen gemeint.[1206] Zwischen beiden Parametern besteht jedoch ein gewisser Zusammenhang, weil beispielsweise auf einem oligopolistischen Markt eine mangelnde Aggregation anonymisierter Daten Rückschlüsse auf die Identität des betreffenden Unternehmens zulässt.[1207]

1203 Siehe zur möglichen Sammlung der Daten aus der Vorversichereranfrage auch sogleich S. 279 ff.

1204 *Europäische Kommission,* Seeverkehrsleitlinien, ABl. Nr. C 245 v. 26.09.2008, S. 2, Rn. 54.

1205 Siehe dazu unten S. 277 f.

1206 Vgl. zu der insoweit uneinheitlichen Terminologie *Feldkamp,* EuZW 1991, 617, 618.

1207 *Wagner-von Papp,* Marktinformationsverfahren (2004), S. 237 f.

(2) Identifizierbarkeit der Unternehmen

Sowohl die Europäische Kommission als auch das Schrifttum gehen ganz allgemein davon aus, dass der Austausch anonymisierter Daten kartellrechtlich eher zulässig ist, als der Austausch individualisierter Daten.[1208] Die Europäische Kommission sah ihrem *Siebenten Bericht über die Wettbewerbspolitik* zufolge im „organisierten Austausch individueller Daten einzelner Unternehmen, wie etwa der gegenseitigen Mitteilung der produzierten und abgesetzten Mengen, der Preise und der Bedingungen für Rabatte, Preisaufschläge, -abschläge, Gutschriften sowie der allgemeinen Verkaufs-, Lieferungs- und Zahlungsbedingungen (...) grundsätzlich Praktiken, die eine Einschränkung und Verfälschung des Wettbewerbs innerhalb des Gemeinsamen Marktes bezwecken oder bewirken und deshalb verboten sind."[1209] Diese Ansicht bestätigte die Kommission in den Entscheidungen *Fettsäuren*[1210] und *Betonstahlmatten*[1211] und sieht sich damit in unmittelbarer Fortsetzung der Rechtsprechung des Europäischen Gerichtshofs in der Entscheidung *Suiker Unie.*[1212] Auch das Bundeskartellamt hat in verschiedenen Stellungnahmen seine besondere Skepsis gegenüber identifizierenden Formen des Informationsaustauschs geäußert.[1213]

Die Identifizierbarkeit der Unternehmen ermöglicht über die Überwachung der Einhaltung einer Absprache bzw. eines Parallelverhaltens hinaus gezielte

1208 *Europäische Kommission,* Siebenter Bericht über die Wettbewerbspolitik (1978), S. 20; *Europäische Kommission,* Seeverkehrsleitlinien, ABl. Nr. C 245 v. 26.09.2008, S. 2, Rn. 52; *Europäische Kommission,* Horizontalleitlinien, ABl. Nr. C 11 v. 14.01.2011, S. 1, Rn. 89; *Dreher,* in: FS Schirmer (2005), 75; *Wagner-von Papp,* Marktinformationsverfahren (2004), S. 237 ff.; Langen/Bunte/*Hengst,* Artikel 101 AEUV, Rn. 360; *Goyder/Albors-Llorens/Goyder,* Goyder's EC competition law (2009), S. 193. Vgl. auch *Tugendreich,* Die kartellrechtliche Zulässigkeit von Marktinformationsverfahren (2004), S. 174 f., die lediglich den Schluss für geboten hält, dass Marktinformationsverfahren mit einer aggregierten Informationsweitergabe, die keine Rückschlüsse auf individuelle Firmendaten zulassen, keine Wettbewerbsbeschränkung darstellen.

1209 *Europäische Kommission,* Siebenter Bericht über die Wettbewerbspolitik (1978), S. 20.

1210 *Komm.E.,* 02.12.1986, 87/1/EWG (*Fettsäuren),* ABl. Nr. L 3 v. 06.01.1987, S. 17, Rn. 34 ff.

1211 *Komm.E.,* 02.08.1989, 89/515/EWG (*Betonstahlmatten),* ABl. Nr. L 260 v. 06.09.1989, S. 1, Rn. 161.

1212 Siehe die Nachweise in den Fn. 1209, 1210, 1211.

1213 *Bundeskartellamt,* TB 1976, S. 217; *Bundeskartellamt,* Zulässigkeit von Marktinformationsverfahren und -statistiken, Leitbrief vom 02.07.1976, abgedruckt in: WuW 1978, 581, 583 f.

Maßnahmen gegen Abweichler.[1214] Auf diese Weise kann vorstoßender Wettbewerb besser sanktioniert werden, indem beispielsweise nicht alle anderen Unternehmen ihre Preise für sämtliche Kunden senken müssen, sondern gezielt Kunden des vorstoßenden Unternehmens mit günstigeren Preisen abwerben können. Die Überwachung eines wettbewerbsbeschränkenden Verhaltens wird so kostengünstiger und eine umgehende Reaktion der anderen Wettbewerber auf einen Wettbewerbsvorstoß wird gleichsam wahrscheinlicher.[1215] Damit sinken die aus einem Wettbewerbsvorstoß zu erwartenden Gewinne. Die Identifizierbarkeit der einzelnen Unternehmen entfaltet daher eine Abschreckungswirkung gegenüber potentiellen Wettbewerbern, die für sich genommen schon ausreichen kann, um die Unternehmen zu absprachekonformem Verhalten zu veranlassen.[1216] Ein Kollusionsergebnis wird daher wahrscheinlicher, wenn auf einem Markt ein identifizierender Informationsaustausch stattfindet.[1217]

Es ist folglich davon auszugehen, dass ein identifizierender Informationsaustausch in aller Regel einen Verstoß gegen Art. 101 Abs. 1 AEUV darstellt.[1218] Zwar haben die europäischen Gerichte und die Europäische Kommission hiervon in früheren Entscheidungen Ausnahmen zugelassen, wenn aus ihrer Sicht eine Beeinflussung des Wettbewerbs durch die ausgetauschten Daten völlig ausgeschlossen war, weil es sich um stark fragmentierte und intransparente Märkte handelte und nur wenige Unternehmen an dem Informationsaustausch teilgenommen haben.[1219] In den Horizontalleitlinien 2011 erwähnt die Kommission solche Ausnahmen dagegen nicht mehr, sondern stellt im Gegenteil sogar fest, dass in bestimmten Fällen, insbesondere innerhalb eines sehr engen, stabilen

---

1214 *Europäische Kommission,* Horizontalleitlinien, ABl. Nr. C 11 v. 14.01.2011, S. 1, Rn. 89; *Wagner-von Papp,* Marktinformationsverfahren (2004), S. 238. Siehe dazu auch oben S. 83 ff.

1215 *Wagner-von Papp,* WuW 2005, 732, 736; *Europäische Kommission,* Horizontalleitlinien, ABl. Nr. C 11 v. 14.01.2011, S. 1, Rn. 89, 67.

1216 *Wagner-von Papp,* Marktinformationsverfahren (2004), S. 239.

1217 *Europäische Kommission,* Horizontalleitlinien, ABl. Nr. C 11 v. 14.01.2011, S. 1, Rn. 65 ff.

1218 *EuGH,* Urt. v. 23.11.2006, Rs. C-238/05 *(Asnef-Equifax),* Slg. 2006, I-11125, Rn. 59; *Europäische Kommission,* Horizontalleitlinien, ABl. Nr. C 11 v. 14.01.2011, S. 1, Rn. 89. Vgl. auch *Dreher/Hoffmann/Kling,* Kartell- und Wettbewerbsrecht der Versicherungsunternehmen (2015), § 7, Rn. 18, 32.

1219 *EuGH,* Urt. v. 02.10.2003, Rs. C-194/99 P (*Thyssen Stahl AG),* Slg. 2003, I-10821, Rn. 86; *Europäische Kommission,* Mitteilung nach Artikel 19 Absatz 3 der Verordnung Nr. 17 des Rates (Sache Nr. IV/33.815, 35.842 – EUDIM) (96/C 111/06), ABl. Nr. C 111 v. 17.04.1996, 8, Rn. 13.

Oligopols, auch der Austausch anonymisierter Daten eine Wettbewerbsbeschränkung darstellen kann.[1220]

Die Weitergabe der Daten im Rahmen der Vorversichereranfrage erfolgt in allen Versicherungssparten, in denen dieses Informationsverfahren praktiziert wird, unter Kenntnis der Identität des Vorversicherers. Das ist selbstverständlich, wenn der Nachversicherer die Anfrage direkt an den Vorversicherer stellt. Eine Aggregation der Daten findet jedoch auch dann nicht statt, wenn – etwa im Bereich der privaten Kraftfahrtversicherung – eine Clearingstelle des GDV zwischengeschaltet ist.[1221] Die Clearingstelle gibt die Daten des Vorversicherers vielmehr an das anfragende Unternehmen weiter, ohne diese zuvor zu anonymisieren. Die Vorversichereranfrage läuft daher schon alleine aus diesem Grund Gefahr, als mit dem Kartellverbot unvereinbar eingestuft zu werden.[1222]

Dieser Bewertung steht auch die Art der im Rahmen der Vorversichereranfrage ausgetauschten Informationen nicht entgegen. Zwar wird vereinzelt angenommen, eine Anonymisierung sei im Fall der Vorversichereranfrage entbehrlich, weil es sich um reine Risikodaten handele, die keine Rückschlüsse auf das Wettbewerbsverhalten der Versicherer zuließen.[1223] Jedenfalls bei einigen Informationen, wie individuell ermittelten Versicherungssummen, Selbstbehalten, dem Kündigungsgrund und der Höhe des Schadenfreiheitsrabatts ist dies jedoch, wie bereits dargestellt, nicht zutreffend.[1224]

Die Bedenken gegenüber der Identifizierbarkeit der Unternehmen im Rahmen der Vorversichereranfrage finden eine weitere Stütze in der Rechtsprechung des Europäischen Gerichtshofs in der Entscheidung *Asnef-Equifax*, in deren Rahmen der Gerichtshof über die kartellrechtliche Zulässigkeit eines von spanischen Kreditinstituten geführten Registers über erhöhte Risiken ihrer Schuldner zu entscheiden hatte. Er hat es zur zwingenden Bedingung für die kartellrechtliche Zulässigkeit des Registers gemacht, dass die Identität der Kreditinstitute

---

1220 *Europäische Kommission,* Horizontalleitlinien, ABl. Nr. C 11 v. 14.01.2011, S. 1, Rn. 89.

1221 Zu Organisation und Ablauf der Vorversichereranfrage siehe bereits oben S. 72 ff.

1222 Vgl. *Dreher,* Die wettbewerbsrechtliche Zulässigkeit der Information über Marktdaten, in: FIW (Hrsg.), Bewertung und Zulässigkeit von Marktinformationsverfahren (1993), S. 15, 32, der „[i]dentifizierende Mitteilungen über den Schadensverlauf zwischen derzeitigem und potentiellem zukünftigem Versicherer" als Verstoß gegen das Prinzip des Geheimwettbewerbs wertet.

1223 *Stappert/Esser-Wellié,* EuZW 2006, 758, 759. Im Ergebnis wohl auch *Bartmann,* 10. Kapitel, in: Mäger (Hrsg.), Europäisches Kartellrecht (2011), Rn. 25.

1224 Siehe dazu oben S. 250 ff.

durch das Register weder unmittelbar noch mittelbar aufgedeckt wird.[1225] Es ist nicht ersichtlich, warum die Bewertung für die Vorversichereranfrage anders ausfallen sollte. Wie bereits dargestellt, ergibt sich weder aus der Art noch aus dem Alter der ausgetauschten Daten eine eindeutige kartellrechtliche Unbedenklichkeit. Entsprechendes lässt sich auch der genannten Entscheidung des Europäischen Gerichtshofs entnehmen. Die spanischen Kreditinstitute tauschten sich im Rahmen des streitgegenständlichen Registers über die Identität und die wirtschaftliche Tätigkeit des Schuldners sowie besondere Situationen wie Konkurs oder Zahlungsunfähigkeit aus. Diese Daten betreffen das Risiko eines Kreditausfalls und damit den wesentlichen Faktor, anhand dessen ein Kreditinstitut entscheidet, ob und zu welchen Konditionen es dem betreffenden Schuldner ein Darlehen gewährt. Selbst reine Risikodaten sind folglich nach Ansicht des Europäischen Gerichtshofs grundsätzlich nur anonymisiert auszutauschen.

Dies gilt umso mehr, als die Identifizierbarkeit des Vorversicherers keine Voraussetzung ist, um die positiven Effekte der Vorversichereranfrage herbeizuführen. Die Vorversichereranfrage dient dazu, das individuelle Risiko eines Versicherungsnehmers bestmöglich einschätzen und seine Angaben im Rahmen der vorvertraglichen Anzeigepflicht nach §§ 19 ff. VVG überprüfen zu können, um Betrugsversuche aufzudecken und die negativen Effekte der Informationsasymmetrie wie *moral hazard* und adverse Selektion zu verhindern.[1226] Dies lässt sich jedoch ohne Einschränkungen auch mit anonymisierten, über eine Clearingstelle weitergeleiteten Daten erreichen.

Es sind verschiedene Gestaltungsmöglichkeiten der Vorversichereranfrage denkbar, die dem Anonymisierungserfordernis gerecht würden. Die weitreichendste Variante sähe so aus, dass die Versicherer sämtliche relevanten Daten über ihre Versicherungsnehmer an eine unabhängige Meldestelle melden. Bei einer Anfrage des Nachversicherers könnte die Meldestelle dann eine entsprechende Auskunft aus ihrem eigenen Register erteilen.

Eine weitere Möglichkeit wäre die Einführung eines Scoring-Systems, ähnlich dem SCHUFA-System, bei dem die Versicherer bestimmte Meldungen über ihre Versicherungsnehmer an eine Meldestelle machen.[1227] Die Meldestelle müsste dann diese Informationen in eine Art Punktesystem einpflegen, bei dem jedem

1225 *EuGH*, Urt. v. 23.11.2006, Rs. C-238/05 (*Asnef-Equifax)*, Slg. 2006, I-11125, Rn. 59. Vgl. auch *GA Geelhoed*, Schlussanträge zu EuGH Rs. C-238/05 (*Asnef-Equifax*), Slg. 2006, I-11131, Rn. 49; *GA Kokott*, Schlussanträge zu EuGH Rs. C-8/08 (*T-Mobile Netherlands*), Slg. 2009, I-4529.

1226 Siehe dazu oben S. 97 ff.

1227 Siehe dazu oben S. 121 f.

Versicherungsnehmer für die betreffende Versicherungssparte ein Risikowert zugeteilt wird.

Eine dritte Möglichkeit, dem Anonymisierungserfordernis gerecht zu werden, liegt darin, dass die Meldestelle lediglich Kundenlisten der Versicherer führt. Die Versicherer könnten dann Anfragen zu bestimmten Antragstellern an die Meldestelle richten. Diese könnte die Anfrage an den mittels der Kundenlisten ermittelten Vorversicherer weiterleiten und anschließend die von diesem erhaltenen Daten in anonymisierter Form dem anfragenden Versicherer zur Verfügung stellen.

In jedem Fall müsste aber sichergestellt werden, dass die Versicherer keinen Zugriff auf die von der Meldestelle geführte Datenbank bzw. auf die Kundenlisten ihrer Wettbewerber erlangen. Gleichzeitig dürften die Versicherer nicht mehr im Rahmen der Vertragsanbahnung von potentiellen Versicherungsnehmern Auskunft über die Identität des Vorversicherers verlangen.

Möglich wäre auch die Einrichtung von *Clean Teams* bei den einzelnen Versicherern, die vom operativen Geschäft getrennt und nur für den Informationsaustausch zuständig sind.[1228] Sie könnten die ausgetauschten Daten dann in Bezug auf den Vorversicherer anonymisieren und innerhalb des eigenen Unternehmens an die operativen Stellen weiterleiten. Insoweit müsste durch die Errichtung von *Chinese Walls* zwischen den *Clean Teams* und den operativen Einheiten sichergestellt werden, dass letztere unter keinen Umständen Zugriff auf die nichtanonymisierten Daten erhalten.[1229] Zwar erfüllt eine derartige Trennung theoretisch die Funktion der geforderten Anonymisierung. Ihre praktische Umsetzung ist jedoch schon deshalb schwierig, weil an den durch die Unternehmen zu erbringenden Nachweis einer derart strikten Trennung hohe Anforderungen zu stellen sind.[1230]

Selbstverständlich sind alle diese Vorschläge mit einer Steigerung des Verwaltungsaufwands gegenüber der direkten Anfrage an den Vorversicherer verbunden. Ähnliche Datenbanken werden aber auch zurzeit schon geführt, wie beispielsweise das vom GDV betriebene Hinweis- und Informationssystem (HIS)[1231] oder die Datenbank der spanischen Kreditinstitute, die Gegenstand des Verfahrens *Asnef-Equifax* war.

1228 *Dreher/Hoffmann/Kling*, Kartell- und Wettbewerbsrecht der Versicherungsunternehmen (2015), § 7, Rn. 35.

1229 *Dreher/Hoffmann/Kling*, Kartell- und Wettbewerbsrecht der Versicherungsunternehmen (2015), § 7, Rn. 35.

1230 *Dreher/Hoffmann/Kling*, Kartell- und Wettbewerbsrecht der Versicherungsunternehmen (2015), § 7, Rn. 35, 95.

1231 Siehe dazu oben S. 69 ff.

Der Forderung nach einem anonymisierten Austausch von Daten im Rahmen der Vorversichereranfrage steht auch nicht entgegen, dass ein gewisser Datenaustausch zwischen den Versicherungsunternehmen im Fall der Beendigung eines Versicherungsverhältnisses im Bereich der Kfz-Haftpflichtversicherung durch § 5 Abs. 7 PflVG vorgeschrieben wird. Nach dieser Vorschrift muss der Vorversicherer dem Versicherungsnehmer eine Bescheinigung über die Dauer des Versicherungsverhältnisses, die Anzahl und Daten der während der Vertragslaufzeit gemeldeten Schäden, die zu einer Schadenzahlung oder noch wirksamen Schadenrückstellung geführt haben, ausstellen. Die durch § 5 Abs. 7 PflVG angeordnete Bescheinigung erfordert jedoch nicht zwangsläufig die Identifizierbarkeit des Vorversicherers. Vielmehr kann die Echtheit der Bescheinigung und damit die Richtigkeit der Daten auch auf andere Weise, insbesondere durch die Zwischenschaltung einer Clearingstelle sichergestellt werden.

(3) Aggregation der Daten

Ein weiteres Kriterium für die kartellrechtliche Bewertung eines Informationsaustauschs zwischen Wettbewerbern ist die Aggregation der ausgetauschten Daten. Allgemein ist der Austausch aggregierter Daten weniger problematisch als derjenige unternehmensspezifischer Daten.[1232] Je aggregierter die Informationen sind, desto weniger lassen sich aus ihnen Rückschlüsse auf das Marktverhalten einzelner Wettbewerber ziehen.[1233] Deshalb sind viele Marktinformationssysteme derart ausgestaltet, dass die Teilnehmer die Daten nicht direkt austauschen, sondern sie an einen Dritten weiterleiten, der die Daten dann zusammenführt und möglicherweise Durchschnittswerte ermittelt, die dann an die Unternehmen weitergegeben werden.[1234]

Die Weitergabe der Daten im Rahmen der Vorversichereranfrage erfolgt in allen Versicherungssparten, in denen dieses Informationsverfahren praktiziert wird, direkt und ohne vorherige Aggregation. Etwas anderes wäre auch gar nicht möglich, weil es sich ja gerade um einen punktuellen und anlassbezogenen Informationsaustausch handelt. Eine wie auch immer gestaltete Aggregation der Daten würde diese für die Zwecke der Vorversichereranfrage unbrauchbar

---

1232 *Europäische Kommission,* Seeverkehrsleitlinien, ABl. Nr. C 245 v. 26.09.2008, S. 2, Rn. 52; *Europäische Kommission,* Horizontalleitlinien, ABl. Nr. C 11 v. 14.01.2011, S. 1, Rn. 89; *Wagner-von Papp,* Marktinformationsverfahren (2004), S. 242 ff.; *Blattmann,* Der Informationsaustausch zwischen Wettbewerbern (2012), S. 296.

1233 Zum Zusammenhang zwischen der Aggregation der Daten und der Identifizierbarkeit sowie zur Terminologie siehe oben S. 271 ff.

1234 *Schroeder,* WuW 2009, 718, 724.

machen, weil die Daten über mehrere Transaktionen und damit über mehrere Versicherungsnehmer dem Nachversicherer gerade keine Auskunft mehr über das Risiko eines bestimmten Versicherungsnehmers gäben.

jj. Zugang der Marktgegenseite zum Informationsaustausch

Aus Sicht der Europäischen Kommission ist auch die Zugänglichkeit der ausgetauschten Informationen für die Marktgegenseite für die kartellrechtliche Bewertung eines Informationsaustauschs zwischen Wettbewerbern relevant. Demnach soll ein öffentlicher Informationsaustausch, bei dem die ausgetauschten Daten also (im Hinblick auf die Zugangskosten) allen Wettbewerbern und Abnehmern gleichermaßen zugänglich gemacht werden, weniger problematisch sein.[1235] Das soll seinen Grund darin haben, dass ein solcher öffentlicher Austausch „die Wahrscheinlichkeit eines Kollusionsergebnisses auf dem Markt (…) so weit reduzieren [könne], dass nicht am Informationsaustausch beteiligte Unternehmen, potentielle Wettbewerber und Kunden in der Lage sind, die potentiellen wettbewerbsbeschränkenden Auswirkungen in Grenzen zu halten."[1236] In ähnlicher Weise hat auch der Europäische Gerichtshof bereits in der Entscheidung *John Deere* den Ausschluss der Marktgegenseite vom Informationsaustausch als Anhaltspunkt für das Vorliegen einer Wettbewerbsbeschränkung gewertet.[1237]

Die Kommission schränkt die Aussagekraft dieses Kriteriums jedoch selbst dahingehend ein, dass auch der Austausch echter öffentlicher Informationen Kollusionsergebnisse auf dem Markt begünstigen könne.[1238] Dem ist insoweit zuzustimmen, dass zwar die Exklusivität der Informationen, also die Nicht-Zugänglichkeit für die Marktgegenseite ein Anhaltspunkt für die Unzulässigkeit des Austauschs sein kann, dass aber umgekehrt die Zugänglichkeit nicht zwangsläufig für die Unbedenklichkeit des Informationsaustauschs spricht.[1239]

1235 *Europäische Kommission,* Horizontalleitlinien, ABl. Nr. C 11 v. 14.01.2011, S. 1, Rn. 94.

1236 *Europäische Kommission,* Horizontalleitlinien, ABl. Nr. C 11 v. 14.01.2011, S. 1, Rn. 94.

1237 *EuGH,* Urt. v. 28.05.1998, Rs. C-7/95 P *(Deere),* Slg. 1998, I-3111, Rn. 91. Siehe dazu auch *Whish,* Information Agreements, in: Konkurrensverket (Hrsg.), The pros and cons of information sharing (2006), S. 19, 32.

1238 *Europäische Kommission,* Horizontalleitlinien, ABl. Nr. C 11 v. 14.01.2011, S. 1, Rn. 94.

1239 So schon *Hoppmann,* WRP 1966, 300, 303. Ebenso und eingehend zu den möglichen negativen Auswirkungen der Exklusivität des Informationsaustauschs *Wagner-von Papp,* Marktinformationsverfahren (2004), S. 250 ff. Vgl. auch *Blattmann,* Der Informationsaustausch zwischen Wettbewerbern (2012), S. 297 ff.

„Wenn es aufgrund der (…) erzielten Erhöhung der horizontalen Transparenz zu kollusivem Verhalten kommt, und die Marktgegenseite daher keine Ausweichmöglichkeiten hat, nützt es ihr wenig, wenn ihr diese Tatsache transparent gemacht wird.“[1240]

Im Rahmen der Vorversichereranfrage erfolgt der Austausch der Informationen unter vollständigem Ausschluss der Versicherungsnehmer, was nach dieser Argumentation zusätzlich für das wettbewerbliche Gefährdungspotential des Informationsaustauschs spricht.

kk. Einzelfallbezogenheit des Informationsaustauschs

Eine Besonderheit der Vorversichereranfrage liegt darin, dass es sich um einen punktuellen, einzelfallbezogenen Austausch von Informationen bezüglich eines konkreten Versicherungsnehmers zwischen jeweils zwei Wettbewerbern handelt. Die Europäische Kommission macht auch die Häufigkeit eines Informationsaustauschs zum Bewertungskriterium für die Beurteilung seiner wettbewerbsbeschränkenden Wirkung.[1241] Sie relativiert deren Bedeutung jedoch gleichsam dahingehend, dass auf stabilen Märkten und Märkten mit langen Vertragslaufzeiten ein Kollusionsergebnis auch mit einem weniger häufigen Informationsaustausch erreicht werden könne.[1242]

Zwar lässt sich für die kartellrechtliche Zulässigkeit insoweit anführen, dass der Informationsaustausch im Rahmen der Vorversichereranfrage nur anlassbezogen und damit insbesondere nicht regelmäßig erfolgt. Aus diesem Umstand wird in der Literatur vereinzelt pauschal auf die kartellrechtliche Unbedenklichkeit der Vorversichereranfrage und eine daraus resultierende vermeintliche Ungeeignetheit der Daten als Grundlage für eine Verhaltensabstimmung geschlossen.[1243] In diesem Zusammenhang wird gleichsam betont, dass eine Sammlung und statistische Auswertung der durch die Vorversichereranfrage

1240 *Wagner-von Papp,* Marktinformationsverfahren (2004), S. 251.

1241 *Europäische Kommission,* Horizontalleitlinien, ABl. Nr. C 11 v. 14.01.2011, S. 1, 91. Ebenso *Wagner-von Papp,* Marktinformationsverfahren (2004), S. 253 f., der die Bedeutung der Häufigkeit eines Informationsaustauschs damit begründet, dass die ausgetauschten Informationen bei einem regelmäßigen Austausch in aller Regel aktueller sowie in geringerem Umfang aggregiert seien. Letzteres lasse eher eine Identifikation der Unternehmen zu. Darüber hinaus stärke ein regelmäßiger Kontakt das Gruppenbewusstsein und mache die Herausbildung einer sozialen Norm wahrscheinlicher.

1242 *Europäische Kommission,* Horizontalleitlinien, ABl. Nr. C 11 v. 14.01.2011, S. 1, 91.

1243 *Bartmann,* 10. Kapitel, in: Mäger (Hrsg.), Europäisches Kartellrecht (2011), Rn. 36.

übermittelten Daten nicht stattfinde und organisatorisch auch gar nicht möglich sei.[1244] Angesichts der schnellen Entwicklungen im Bereich der Verarbeitung großer Datenmengen (*Big Data*) ist jedoch nicht ersichtlich, warum es Versicherungsunternehmen nicht möglich sein soll, jetzt oder in naher Zukunft entsprechende Datensätze auszuwerten und die Ergebnisse bei der Erstellung von Tarifen und Tarifmerkmalen oder auch für andere Zwecke zu nutzen.[1245] Darüber hinaus sammeln Versicherer auch Daten über ihre eigenen Versicherungsnehmer, werten diese statistisch aus und machen sie zur Grundlage ihrer Prämienberechnung und damit auch ihres Marktverhaltens. Ein wesentlicher Unterschied zu den durch die Vorversichereranfrage erlangten Daten ist insoweit nicht ersichtlich. Zwar sind letztere nicht so detailliert und vollständig, wie die Informationen über die eigenen Versicherungsnehmer. Das schließt jedoch nicht aus, dass aus den verfügbaren Daten aufgrund ihrer Art Rückschlüsse auf das Wettbewerbsverhalten der Wettbewerber gezogen werden können.

Durch die Sammlung der Daten aus den einzelnen Anfragen würde sich bei den einzelnen Versicherungsunternehmen ein stetig wachsender und sich ständig durch die Daten aus neuen Anfragen aktualisierender Datenbestand aufbauen. Gleichsam würde die Unvollständigkeit, die sich aus der Einzelfallbezogenheit des Informationsaustauschs ergibt, zumindest abgemildert. Dies lässt sich am Beispiel der Information über die Kündigungspolitik verdeutlichen. Im Rahmen der Vorversichereranfrage wird dem anfragenden Versicherer auch mitgeteilt, wer den Versicherungsvertrag gekündigt hat.[1246] Eine einzelne Information darüber, dass ein Vorversicherer einen bestimmten Vertrag aufgrund eines Schadensfalls in einer bestimmten Höhe gemäß § 92 Abs. 1 VVG gekündigt hat, mag einem Wettbewerber noch nicht viel über dessen Kündigungspolitik verraten. Erhält ein Wettbewerber allerdings aufgrund mehrerer Vorversichereranfragen verschiedene Daten über verschiedene Fälle, in denen der Vorversicherer die Kündigung nach einem Versicherungsfall ausgesprochen hat, so lassen sich aus der Betrachtung aller dieser Fälle in Verbindung mit dem ebenfalls mitgeteilten Schadensaufwand sowie möglicherweise noch der Versicherungssumme Rückschlüsse darauf ziehen, wann ein Unternehmen einen Versicherungsvertrag wegen zu hoher Schadenkosten kündigt. Hierbei handelt

---

1244 *Bartmann,* 10. Kapitel, in: Mäger (Hrsg.), Europäisches Kartellrecht (2011), Rn. 36.

1245 Vgl. dazu *Hackenberg,* Teil 16.7 Big Data, in: Hoeren/Sieber/Holznagel (Hrsg.), Handbuch Multimedia-Recht, Rn. 1 ff., 6 m.w.Nw.; *Weichert,* ZD 2013, 251; *Ders.,* Zeitschrift für Rechtspolitik 2014, 168.

1246 Siehe dazu oben S. 250 ff.

es sich um einen Bestandteil der Geschäftspolitik eines Versicherungsunternehmens, sodass dieser Umstand an sich schon einen geheimhaltungsbedürftigen Wettbewerbsparameter darstellt. Darüber hinaus lassen sich aus diesen Daten unter Umständen sogar Rückschlüsse auf die Prämienkalkulation bzw. auf die Kostenstruktur der Wettbewerber ziehen.[1247] Denn sie erlauben einen Schluss darauf, ab welcher Schadenshöhe ein Versicherer einen bestimmten Vertrag für unrentabel hält. Diese Entscheidung steht in direktem Zusammenhang zur Prämienhöhe und erlaubt daher Rückschlüsse auf diese.[1248] Der Wert der durch die Vorversichereranfrage gewonnenen Daten geht daher in seiner Gesamtheit über den Wert der Einzeldaten hinaus.

Auch der Europäische Gerichtshof macht die kartellrechtliche Beurteilung eines Informationsaustauschs explizit nicht davon abhängig, dass ein solcher Austausch regelmäßig oder über einen längeren Zeitraum erfolgen muss. Vielmehr könne, abhängig von dem Gegenstand der Abstimmung und den jeweiligen Marktgegebenheiten selbst eine einmalige Kontaktaufnahme den Tatbestand des Art. 101 Abs. 1 AEUV erfüllen.[1249]

Eine kartellrechtliche Zulässigkeit der Vorversichereranfrage kann daher nicht allein mit der Einzelfallbezogenheit des Informationsaustauschs begründet werden.

ll. Rückschlüsse auf den Bestand an Versicherungsverträgen

Aus den durch die Vorversichereranfrage erhaltenen Daten lassen sich, wenn die Daten über einen gewissen Zeitraum gesammelt werden, Rückschlüsse auf den Bestand eines Versicherungsunternehmens an Versicherungsverträgen und damit auf dessen Zeichnungsverhalten ziehen.

Der Bestand an Versicherungsverträgen stellt bereits für sich genommen einen geheimhaltungsbedürftigen Wettbewerbsparameter dar, sodass ein Informationsaustausch hierüber gegen das Kartellverbot verstieße.[1250] So nahm die Europäische Kommission etwa in der Entscheidung *Interbrew und Alken-Maes* eine Wettbewerbsbeschränkung durch den Austausch von Informationen über Kunden an[1251], weil ein solcher Austausch zur Aufteilung von Kunden oder Liefergebieten bzw. zu

---

1247 Siehe dazu oben S. 250 f.

1248 Siehe dazu oben S. 250 f.

1249 *EuGH*, Urt. v. 04.06.2009, Rs. C-8/08 (*T-Mobile Netherlands*), Slg. 2009, I-4529, Rn. 60.

1250 *Stancke*, BB 2009, 912, 914; *Ders.*, VersR 2009, 1168, 1169.

1251 *Komm.E.*, 05.12.2001, 2003/569/EG (*Interbrew und Alken-Maes*), ABl. Nr. L 200 v. 07.08.2003, S. 1, Rn. 265.

der Aufrechterhaltung und Überwachung einer solchen Aufteilung führen kann.[1252] Auch die Europäische Kommission sieht Kundenlisten als strategische Information und deren Austausch daher als kartellrechtsrelevant an.[1253]

Darüber hinaus wirkt sich hier eine weitere Besonderheit der Versicherungsmärkte aus. Für die Wettbewerbsstrategie eines Versicherers ist es von entscheidender Bedeutung, wie sich sein Bestand an versicherten Risiken zusammensetzt. Der Versicherungsbestand beeinflusst die Strategie des Versicherers nicht nur im Bereich der Anlageplanung, sondern auch bei der Tarifierung und Prämiengestaltung. So kann beispielsweise eine Kumulation von Risiken in bestimmten geografischen Gebieten aufgrund der dort herrschenden Wetterbedingungen und der damit einhergehenden Wahrscheinlichkeit von Elementarschäden zum Beispiel durch Sturm, Hagel oder Frost zur einer deutlichen Erhöhung der voraussichtlichen Schadenkosten gegenüber einem ähnlichen Versicherungsbestand in einer anderen Region führen.[1254] Da sich „in Deutschland Wachstumspotentiale, Schadenverläufe und Preise der Produktionsfaktoren regional unterschiedlich entwickeln" wirkt sich die Region, in der ein Versicherungsunternehmen tätig ist, auf seine Unternehmensziele und auf die Geschäftsstrategie aus.[1255]

Ebenso differenzieren Versicherer bei der Festlegung ihrer Geschäftsstrategie auch nach verschiedenen Kundengruppen, weil „aus den Merkmalen der Kundengruppen (…) häufig unmittelbar oder mittelbar auf die dort vorherrschende Risikolage geschlossen werden" kann.[1256]

Zwar werden im Rahmen der Vorversichereranfrage nicht direkt Informationen über den Versicherungsbestand der einzelnen Versicherer ausgetauscht. Wenn die Unternehmen die durch die Vorversichereranfrage übermittelten Daten aber speichern, lassen sich aus der Masse der Daten Rückschlüsse auf Besonderheiten im Bestand einzelner Versicherer ziehen, die dann wiederum Anhaltspunkte für die Wettbewerbsstrategie dieses Wettbewerbers liefern können. Auch lässt sich über die Zeit beobachten, ob ein Wettbewerber sein Zeichnungsverhalten ändert, indem er etwa gezielt bestimmte Kundengruppen anspricht oder seine Wettbewerbsbemühungen in einer bestimmten Sparte

---

1252 *Hovenkamp,* Antitrust law, Bd. 13 (1999), S. 49.

1253 *Europäische Kommission,* Horizontalleitlinien, ABl. Nr. C 11 v. 14.01.2011, S. 1, Rn. 86.

1254 *Farny,* Versicherungsbetriebslehre (2011), S. 435. Auf dieser Tatsache beruht auch die Einteilung in Regionalklassen. Siehe dazu oben S. 93, insbesondere in und bei Fn. 370.

1255 *Farny,* Versicherungsbetriebslehre (2011), S. 434 f.

1256 *Farny,* Versicherungsbetriebslehre (2011), S. 422.

verstärkt. Ebenso lassen sich aus den Daten Rückschlüsse auf die Marktanteile der einzelnen Wettbewerber ziehen.

Eine Zusammenfassung der Daten über einzelne Wettbewerber und Rückschlüsse auf die Marktanteile sind nur deshalb möglich, weil die Vorversichereranfrage unter Identifizierung des übermittelnden Versicherers erfolgt. Würden die Informationen dagegen vor der Weitergabe, wie vorgeschlagen[1257], anonymisiert, wäre die Sammlung der Daten zwar weiterhin theoretisch möglich, sie brächte den Versicherern aber keinen Nutzen mehr, weil die einzelnen Datensätze nicht mehr einem bestimmten Wettbewerber zugeordnet und somit nicht entsprechend zusammengefasst werden könnten.

mm. Die Ermöglichung kartellrechtswidriger Maßnahmen durch den identifizierenden Informationsaustausch zwischen Versicherungsunternehmen

Bisher wurde untersucht, ob sich die Kartellrechtswidrigkeit der Vorversichereranfrage daraus ergibt, dass aus den ausgetauschten Informationen Rückschlüsse auf das Wettbewerbsverhalten der Versicherer gezogen werden können. Ein anderer Aspekt eines solchen Informationsaustauschs, der eine kartellrechtliche Relevanz der austauschten Informationen begründen kann, ist die Frage, ob der identifizierende Informationsaustausch im Rahmen der Vorversichereranfrage dazu geeignet ist, eine kartellrechtswidrige Maßnahme, wie eine Marktaufteilung (siehe dazu sogleich unter (1)), eine Marktabschottung oder einen Verdrängungswettbewerb (siehe zu beidem sogleich unter (2)) zu ermöglichen. Nach den Horizontalleitlinien der Kommission kann der wettbewerbsbeschränkende Effekt eines Informationsaustauschs nicht nur in der Ermöglichung einer Abstimmung der Wettbewerber über ihr Wettbewerbsverhalten, sondern auch in einer Marktverschließung durch einen Informationsaustausch liegen.[1258] Dabei hat die Kommission insbesondere solche Fälle im Blick, in denen der Informationstausch exklusiv nur zwischen einem Teil der auf dem Markt tätigen Wettbewerber stattfindet und Informationen von großer strategischer Bedeutung betrifft, sodass die vom Informationsaustausch ausgeschlossenen Unternehmen wettbewerblich wesentlich schlechter stehen.[1259] Darüber hinaus weist die Kommission jedoch auch auf eine mögliche Marktabschottung

1257 Siehe oben S. 275 f.

1258 *Europäische Kommission,* Horizontalleitlinien, ABl. Nr. C 11 v. 14.01.2011, S. 1, Rn. 69 f.

1259 *Europäische Kommission,* Horizontalleitlinien, ABl. Nr. C 11 v. 14.01.2011, S. 1, Rn. 70.

auf einem verbundenen Markt[1260] sowie auf die marktabschottenden Effekte vertikaler Vereinbarungen hin[1261]. Eine mögliche Wettbewerbsbeschränkung durch einen Informationsaustausch, der zu einer Aufteilung von Kunden oder Liefergebieten bzw. zu einer Aufrechterhaltung und Überwachung einer derartigen Aufteilung führen kann, hat die Europäische Kommission, wie bereits dargestellt, im Fall des Austauschs von Kundenlisten angenommen.[1262] Ob auch die Vorversichereranfrage eine derartige Marktaufteilung oder eine Marktabschottung bzw. einen Verdrängungswettbewerb ermöglicht, soll im Folgenden untersucht werden.

Anders als zum Teil in der Literatur vertreten[1263], ergibt sich eine Kartellrechtswidrigkeit zunächst jedoch nicht schon daraus, dass Versicherungsnehmer mit einem höheren Risiko aufgrund des Informationsaustauschs im Rahmen der Vorversichereranfrage Versicherungsschutz gar nicht oder nur zu einer deutlich erhöhten Prämie erhalten.[1264] Die risikoangepasste Tarifierung führt vielmehr insgesamt zu Effizienzgewinnen und sichert die Funktionsfähigkeit des Versicherungsmarktes und die Verfügbarkeit von adäquatem und bezahlbarem Versicherungsschutz für die Mehrheit der Versicherungsnehmer. Daraus ergibt sich jedoch kein Anspruch einzelner Antragsteller auf die Gewährung von Versicherungsschutz, erst Recht nicht auf Versicherungsschutz zu einer bestimmten (geringen) Prämie. Die Schlechterstellung einzelner Nachfrager stellt noch keine Beschränkung des Wettbewerbs insgesamt dar. Darüber hinaus betrifft die Frage, ob und zu welchen Konditionen ein Versicherer einem Antragsteller Versicherungsschutz gewähren will, eine originär unternehmerische Entscheidung, die gerade vom Selbständigkeitspostulat geschützt ist.[1265] Die Information über das individuelle Risiko des Antragstellers ist diesem Entscheidungsprozess vorgelagert und ermöglicht ihn gerade erst.[1266] Dementsprechend kam auch der

---

1260 *Europäische Kommission,* Horizontalleitlinien, ABl. Nr. C 11 v. 14.01.2011, S. 1, Rn. 71.

1261 *Europäische Kommission,* Vertikalleitlinien, ABl. Nr. C 130 v. 19.05.2010, S. 1, Rn. 100 ff.

1262 Siehe oben in und bei Fn. 1251.

1263 *Schwintowski,* VuR 2004, 242, 249. In diese Richtung auch *Riemer,* ZRP 2009, 111, 112 f.

1264 Wie hier auch *Stancke,* VersR 2005, 1324, 1327.

1265 *Stancke,* VersR 2005, 1324, Rn. 1327.

1266 *Farny,* Versicherungsbetriebslehre (2011), S. 545 f., 549 ff.; *Stancke,* VersR 2005, 1324, 1327. Zur Bedeutung der Risikoeinschätzung für die Prämienberechnung siehe auch *Müringer,* Die Tarifbestimmungen für die Kraftfahrtversicherung (TB) (2005), S. 36.

Europäische Gerichtshof in der Entscheidung *Asnef-Equifax* zu dem Schluss, aus der bloßen Tatsache, dass die Banken Risikodaten untereinander austauschen, könne nicht darauf geschlossen werden, dass hierdurch ein Boykott bestimmter Kundengruppen in dem Sinne bewirkt würde, dass diese keine Kredite mehr erhalten.[1267] Dies gilt in gleicher Weise auch für die Vorversichereranfrage. Zumal ein solcher Boykott schlechter Risiken für die Versicherer nicht rational wäre, wenn sie stattdessen den Versicherungsnehmern Versicherungsschutz zu ihrem individuellen Risiko angepassten und damit auch aus Sicht der Versicherer wirtschaftlichen Prämien anbieten können.

(1) Marktaufteilung

Gegebenenfalls kann durch einen Informationsaustausch eine Aufteilung von Märkten oder Kunden zwischen den Wettbewerbern errichtet oder die Einhaltung eines entsprechenden Übereinkommens überwacht werden.[1268] Die Marktaufteilung ist in Art. 101 Abs. 1 lit. c) AEUV als Regelbeispiel einer Wettbewerbsbeschränkung genannt. Die Förderung des freien Verkehrs von Waren und Dienstleistungen und der Abbau von Handelsschranken ist eines der wesentlichen Mittel der Verwirklichung des einheitlichen europäischen Binnenmarktes.[1269] Horizontale Absprachen über Marktaufteilungen laufen diesem Bestreben zuwider und sind daher ohne weiteres als wettbewerbsbeschränkend zu qualifizieren.[1270] Ein Informationsaustausch, der eine Marktaufteilung oder die Überwachung einer Marktaufteilungsabrede ermöglicht, ist daher ebenfalls kartellrechtlich unzulässig. So erklärte die Europäische Kommission in der Entscheidung *COBELPA/VNP* selbst den Austausch statistischer Informationen für problematisch, wenn er Anlass zu der Vermutung gibt, dass eine stillschweigende Marktaufteilung vorliege.[1271]

Bei einer Marktaufteilung kommen die Teilnehmer überein, dass den jeweiligen Wettbewerbern bestimmte (nach geografischen Gebieten oder anderen Merkmalen definierte) Kundengruppen zugeteilt werden. Dies führt dazu, dass der Wettbewerb um diese Kundengruppen ausgeschaltet wird und die Wettbewerber innerhalb „ihres" Marktes die Preis- und Verkaufspolitik nach eigenen

---

1267 *EuGH,* Urt. v. 23.11.2006, Rs. C-238/05 (*Asnef-Equifax),* Slg. 2006, I-11125, Rn. 62.

1268 Loewenheim/Meessen/Riesenkampff (2009)/*Wägenbaur,* Art. 81 Abs. 1 EG, Rn. 304.

1269 Loewenheim/Meessen/Riesenkampff (2009)/*Wägenbaur,* Art. 81 Abs. 1 EG, Rn. 288.

1270 *EuGH,* Urt. v. 15.09.1998, verb. Rs. T-374/94, T-375/94, T-384/94 & T-388/94. (*European Night Services),* Slg. 1998, II-3141, Rn. 136.

1271 *Komm.E.,* 08.09.1977, 77/592/EWG (*COBELPA/VNP),* ABl. Nr. L 242 v. 21.09.1977, S. 10, Rn. 26.

Vorstellungen und weitgehend frei von Wettbewerbsdruck gestalten können.[1272] Absprachen über eine Marktaufteilung treten häufig zusammen mit Absprachen über Preise oder mit anderen kartellrechtswidrigen Verhaltensweisen auf. In vielen Fällen werden sie durch Informationsaustauschsysteme begleitet. So dient in derartigen Fällen der Austausch von Kundeninformationen regelmäßig der Installation oder Überwachung einer Marktaufteilung.[1273]

Auch die im Rahmen der Vorversichereranfrage ausgetauschten Daten über die Versicherungsnehmer können dazu genutzt werden, eine Aufteilung des Marktes zu erreichen oder zu überwachen. Der identifizierende Informationsaustausch ermöglicht es den Versicherern zu erkennen, bei wem ein Antragsteller zuvor versichert war. Gleichzeitig erfährt das anfragende Unternehmen durch die Mitteilung des Kündigungsgrundes auch, durch welche Vertragspartei der Vertrag gekündigt wurde. Auf diese Weise lassen sich diejenigen Fälle erkennen, in denen eine Kündigung nicht durch den Versicherer beispielsweise im Schadensfall erfolgte, sondern in denen dem Versicherungswechsel wahrscheinlich das Bestreben des Versicherungsnehmers zugrunde liegt, einen für ihn günstigeren Versicherungsvertrag abzuschließen. Für den potentiellen Nachversicherer ergeben sich aus der Erkenntnis, dass es sich um preissensible Kunden handelt, zwei mögliche Handlungsalternativen.

Er kann ihnen entweder ein besonders günstiges Angebot mit einer geringen Prämie unterbreiten, um diese Kundengruppe für sich zu gewinnen und damit seinen Marktanteil zu erhöhen. Gleichzeitig könnte auch der Vorversicherer, der an der bei ihm eingehenden Anfrage erkennt, dass sein Kunde bereit ist, zu einem Wettbewerber zu wechseln, diesem Kunden ein besonders attraktives Angebot machen, um den Wechsel zu einem Wettbewerber zu verhindern. Auf diese Weise würden diejenigen Versicherungsnehmer, die bereit sind, den Versicherer zu wechseln, gegenüber den übrigen Versicherungsnehmern bessergestellt, weil sie in den Genuss geringerer Prämien kämen. Hierbei handelt es sich um eine Preisdiskriminierung im wirtschaftswissenschaftlichen Sinne, also um eine Differenzierung von Kundengruppen anhand von deren Preissensibilität.[1274]

1272 Loewenheim/Meessen/Riesenkampff (2009)/*Wägenbaur*, Art. 81 Abs. 1 EG, Rn. 288.

1273 Vgl. *Komm.E.*, 21.10.1998, 1999/60/EG (*Fernwärmetechnik*), ABl. Nr. L 24 v. 30.01.1999, S. 1, Rn. 137 f.; *Komm.E.*, 30.11.2005, 2007/686/EG (*Industriesäcke*), ABl. Nr. L-282 v. 26.10.2007, S. 41, Rn. 11.

1274 *Pindyck/Rubinfeld*, Mikroökonomie (2013), S. 542; *Carlton/Perloff*, Modern industrial organization (2005), S. 290. Zur Unterscheidung zwischen Preisdifferenzierung und Preisdiskriminierung siehe MüKoEuWettbR/*Kerber/Schwalbe*, Einleitung, Rn. 545.

Eine derartige Preisdiskriminierung wird von Unternehmen eingesetzt, um einen möglichst großen Anteil der Konsumentenrente abzuschöpfen. Sie beruht darauf, dass unterschiedliche Kunden bereit sind, für das gleiche Produkt unterschiedliche Preise zu bezahlen; sie haben also einen unterschiedlichen Reservationspreis.[1275] Um ihren Gewinn zu maximieren, versuchen die Unternehmen, von den Kunden mit einem höheren Reservationspreis einen höheren Preis für das gleiche Produkt zu verlangen als von Kunden mit einem niedrigen Reservationspreis. Gleichzeitig wollen sie das Produkt aber ihren Kunden mit einem niedrigeren Reservationspreis zu einem geringeren Preis anbieten, um keine Marktanteile zu verlieren.

Die Schwierigkeit liegt dabei darin, zuverlässig zwischen den unterschiedlich preissensiblen Kundengruppen zu differenzieren und unterschiedliche Preise von ihnen zu verlangen.[1276] Eine Preisdiskriminierung ersten Grades, bei der von jedem Kunden genau der Preis verlangt wird, der seinem individuellen Reservationspreis entspricht[1277], ist in der Realität mangels entsprechender Informationen über die Kunden und wegen des mit einer solchen Strategie verbundenen Aufwandes häufig nicht durchführbar. Daher wenden viele Unternehmen stattdessen eine Preisdiskriminierung dritten Grades an, bei der die Verbraucher anhand eines bestimmten Merkmals in verschiedene Gruppen eingeteilt und von diesen Gruppen dann unterschiedliche Preise verlangt werden.[1278] Obwohl eine Preisdiskriminierung dritten Grades zu einer Benachteiligung einiger Verbraucher führt, weil ein Teil von ihnen für das gleiche Produkt einen höheren Preis zahlt, kann sie insgesamt auch wohlfahrtssteigernde Effekte haben, weil sie

1275 *Pindyck/Rubinfeld,* Mikroökonomie (2013), S. 543; *Carlton/Perloff,* Modern industrial organization (2005), S. 293.

1276 *Pindyck/Rubinfeld,* Mikroökonomie (2013), S. 542.

1277 *Pindyck/Rubinfeld,* Mikroökonomie (2013), S. 543.

1278 *Pindyck/Rubinfeld,* Mikroökonomie (2013), S. 548; *Carlton/Perloff,* Modern industrial organization (2005), S. 301 ff.; MüKoEuWettbR/*Kerber/Schwalbe,* Einleitung, Rn. 547. Eine derartige Preisdiskriminierung findet etwa bei der Gewährung von Studenten- oder Seniorenrabatten, bei der Gewährung unterschiedlicher Flugpreise für Urlauber und Geschäftskunden durch die Gewährung von Sondertarifen etwa bei der Übernachtung von Samstag auf Sonntag oder auch bei der Gewährung von Rabatten für Kunden statt, die bereit sind, Coupons zu sammeln (*Pindyck/Rubinfeld,* Mikroökonomie (2013), S. 548, 552 ff.). Ein weiteres aktuelles Beispiel sind die besonders günstigen Ticketpreise, die die Deutsche Bahn auf Internetsuchportalen für Fernbusse anbietet, um die besonderes preissensiblen Fernbuskunden zurückzugewinnen.

einen Verkauf der Produkte auch an solche Kunden ermöglicht, die zu einem einheitlichen höheren Preis überhaupt keine Produkte kaufen würden.[1279]

Daher verbietet das Kartellrecht zwar bestimmte Formen der Preisdiskriminierung, es enthält jedoch kein generelles Diskriminierungsverbot.[1280] So nennt Art. 101 Abs. 1 lit. d AEUV als Regelfall einer Wettbewerbsbeschränkung nur „die Anwendung unterschiedlicher Bedingungen bei gleichwertigen Leistungen gegenüber Handelspartnern, wodurch diese im Wettbewerb benachteiligt werden". Die Vorschrift bezweckt den Schutz des Wettbewerbs auf vor- und nachgelagerten Marktstufen.[1281]

Eine (Preis-)Diskriminierung von Endverbrauchern kann dagegen allenfalls von der Generalklausel des Art. 101 Abs. 1 AEUV erfasst sein. Ebenso wie im Fall des Regelbeispiels, ist eine Diskriminierung aber auch in diesem Fall nur verboten, wenn sie auf einer Vereinbarung, einem Beschluss oder einer abgestimmten Verhaltensweise beruht.[1282] Eine autonome Diskriminierung durch ein einzelnes Unternehmen ist dagegen nur im Fall eines marktbeherrschenden Unternehmens i.S.v. Art. 102 AEUV verboten.[1283] Ein Übereinkommen zwischen den Versicherungsunternehmen über eine ungleiche Behandlung im Sinne einer Benachteiligung von Bestandskunden gegenüber wechselbereiten Versicherungsnehmern liegt aber soweit ersichtlich nicht vor. Insbesondere kann aus dem bloßen Informationsaustausch im Rahmen der Vorversichereranfrage kein Rückschluss auf eine entsprechende koordinierte Ungleichbehandlung gezogen werden. Insoweit kann auf die Rechtsprechung des Europäischen Gerichtshofs in Sachen *Asnef-Equifax* verwiesen werden, wonach aus dem Informationsaustausch über erhöhte Risiken gleichsam nicht darauf geschlossen werden kann, dass dieser zu einem wettbewerbswidrigen Kollektivverhalten wie einem Boykott schlechter Risiken führt.[1284]

1279 *Carlton/Perloff*, Modern industrial organization (2005), S. 307; *Schulz*, Wettbewerbspolitik (2003), S. 187 ff., 193.

1280 *Roth/Ackermann*, in: FK, Grundfragen Art. 81 Abs. 1 EG, Rn. 418; Langen/Bunte/*Hengst*, Artikel 101 AEUV, Rn. 286.

1281 MüKoEuWettbR/*Wollmann/Herzog*, Art. 101 AEUV, Rn. 189; Immenga/Mestmäcker/*Zimmer*, Art. 101 Abs. 1 AEUV, Rn. 246.

1282 So in Bezug auf eine Diskriminierung von Handelspartnern gem. Art. 101 Abs. 1 lit. d AEUV *EuGH*, Urt. v. 12.01.1995, Rs. T-102/92 (*Viho Europe*), Slg. 1995, II-17, Rn. 61. Siehe dazu auch *Stockenhuber*, in: Grabitz/Hilf/Nettesheim, Art. 101 AEUV, Rn. 194.

1283 Siehe die Nachweise in Fn. 1282.

1284 Siehe dazu S. 246.

Es ist daher davon auszugehen, dass die oben beschriebene Preisdifferenzierung den Wettbewerb nicht beschränken würde. Vielmehr würde sogar der Wettbewerb um die wechselbereiten Bestandskunden verschärft und die Versicherer würden zu einer möglichst scharfen Kalkulation ihrer Prämien für diese Kundengruppe angehalten.

Ein anderes Szenario sieht dagegen so aus, dass der potentielle Nachversicherer dem wechselbereiten Versicherungsnehmer ein verhältnismäßig unattraktives Angebot macht, um ihn dazu zu bewegen, bei seinem alten Versicherer zu bleiben. Auf diese Weise würde der oben beschriebene Zwang zur scharfen Kalkulation der Prämien vermieden. Der Gewinn für die Versicherungsunternehmen wäre insgesamt höher, wenn sich alle oder zumindest ein wesentlicher Teil der Versicherungsunternehmen an einer derartigen Strategie beteiligen und der wechselwillige Versicherungsnehmer daher keinen Versicherungsschutz zu einer (wesentlich) günstigeren Prämie angeboten bekommt.

Ein Anreiz zu einem derartigen Verhalten lässt sich spieltheoretisch damit erklären, dass es sich hierbei um ein Spiel mit mehreren Runden handelt.[1285] Denn entsprechende Entscheidungssituationen stellen sich bei jedem wechselbereiten Versicherungsnehmer erneut. Ein Angebot mit einer geringen Prämie an den einzelnen Versicherungsnehmer ermöglicht zwar einen zusätzlichen Gewinn des Versicherers und eine Erhöhung seines Marktanteils. Bei Verfolgung der kollusiven Strategie durch alle oder zumindest durch einen wesentlichen Teil der Wettbewerber lassen sich jedoch insgesamt höhere Prämien und damit höhere Gewinne für alle teilnehmenden Anbieter erzielen. Im Ergebnis bewirkt dieses Verhalten eine Marktaufteilung in Bezug auf die Bestandskunden und führt zu einer Ausschaltung des Wettbewerbs um diese Kundengruppe wodurch höhere Preise durchgesetzt werden können.[1286] Eine derartige „Kristallisierung der Kundschaft" wird von den Gemeinschaftsorganen für wettbewerbswidrig gehalten.[1287]

Für die Umsetzbarkeit einer entsprechenden Strategie in der Praxis spricht, dass mittlerweile einige Nachversicherer im besonders wettbewerbsintensiven Bereich der Kraftfahrzeughaftpflichtversicherung dazu übergehen, auf eine Vorversichereranfrage zu verzichten, um drohende Abwerbungsversuche des

---

1285 Vgl. dazu *Pindyck/Rubinfeld*, Mikroökonomie (2013), S. 672 ff.; MüKoEuWettbR/ *Kerber/Schwalbe*, Einleitung, S. 298 ff.

1286 *Whish/Bailey*, Competition law (2018), S. 541 f.

1287 Vgl. *Komm.E.*, 10.07.1986, 86/399/EWG (*Dach- und Dichtungsbahnen)*, ABl. Nr. L 232 v. 19.08.1986, S. 15, Rn. 74, vi), bestätigt durch *EuGH*, Urt. v. 11.07.1989, Rs. C-246/86 (*Belasco)*, Slg. 1989, 2117, Rn. 26.

Vorversicherers auszuschließen.[1288] Stattdessen stufen sie den Versicherungsnehmer dann ausschließlich aufgrund der letzten Beitragsrechnung und der Auskunft des Versicherungsnehmers über die Anzahl der Vorschäden im letzten Jahr ein.[1289] Ein solches Verhalten lässt darauf schließen, dass den Versicherungsnehmern die wettbewerbliche Brisanz der durch die Vorversichereranfrage erlangten Information über die Wechselbereitschaft eines Versicherungsnehmers deutlich bewusst ist und dass es in der Vergangenheit zur gezielten Abwerbung preissensibler, wechselbereiter Versicherungsnehmer gekommen ist. Hierin liegt, wie oben beschrieben, zwar an sich keine Wettbewerbsbeschränkung. Die Information über die Wechselbereitschaft eines Versicherungsnehmers kann jedoch in Verbindung mit der Kenntnis der Identität des Nachversicherers – wie soeben beschrieben – auch zur Schaffung und Überwachung kollusiven Verhaltens in Form einer Marktaufteilung genutzt werden.

Derartige kollusive Verhaltensweisen sind dann besonders stabil, wenn ihre Einhaltung durch die anderen Versicherungsunternehmen überprüft und eine Abweichung von der Kollusion erkannt und „bestraft" werden kann.[1290] Zwar findet im Rahmen der Vorversichereranfrage kein Informationsaustausch über die Prämienhöhe statt, sodass der Vorversicherer nicht erfährt, zu welcher Prämie der Nachversicherer dem Antragsteller den gewünschten Versicherungsschutz anbietet. Der Vorversicherer kann jedoch nachvollziehen, ob der entsprechende Kunde im Anschluss an die Anfrage seinen Vertrag beim Vorversicherer tatsächlich beendet. Ist dies der Fall, so ist eine Abweichung von der Kollusion wahrscheinlich, insbesondere wenn sich ein entsprechender Vorgang bei mehreren Versicherungsnehmern und demselben anfragenden Wettbewerber wiederholt. Eine Überwachung der Kollusion wäre damit zumindest in einem gewissen Umfang möglich.

Auch insoweit ist die Identifizierbarkeit der Unternehmen im Rahmen der Vorversichereranfrage von entscheidender Bedeutung. Die Nutzung der Daten zur Durchführung und Überwachung einer Marktaufteilung wäre erheblich eingeschränkt, wenn die Vorversichereranfrage anonym erfolgte.[1291] Es wäre für den Vorversicherer dann nicht mehr erkennbar, bei wem sein Versicherungsnehmer einen Antrag gestellt hat, zu welchem Wettbewerber er also

1288 *Pohl*, Hauptfälligkeitsstorno in der Kraftfahrtversicherung (2009), S. 66.

1289 *Pohl*, Hauptfälligkeitsstorno in der Kraftfahrtversicherung (2009), S. 66 f.

1290 MüKoEuWettbR/*Kerber/Schwalbe*, Einleitung, Rn. 306. Vgl. auch *Europäische Kommission*, Horizontalleitlinien, ABl. Nr. C 11 v. 14.01.2011, S. 1, Rn. 78, 85.

1291 Zu Vorschlägen für einen anonymisierten Austausch über Kundendaten siehe oben S. 275 f.

gegebenenfalls wechseln möchte. Er könnte demzufolge mittelfristig nicht nachvollziehen, ob ein bestimmter Versicherer sich nicht an die Marktaufteilung hält. Gezielte Bestrafungsmaßnahmen würden so verhindert und eine Aufrechterhaltung eines entsprechenden kollusiven Verhaltens auf dem Markt würde damit unwahrscheinlicher.

(2) Marktabschottung und Verdrängungswettbewerb

Weitere mögliche wettbewerbsbeschränkende Wirkungen der Vorversichereranfrage könnten in einer Marktabschottung gegen neue Wettbewerber oder in einem Verdrängungswettbewerb gegenüber etablierten Versicherern liegen. So sieht auch die Europäische Kommission eine mögliche wettbewerbsbeschränkende Wirkung eines Informationsaustauschs darin, dass er es den daran teilnehmenden Unternehmen ermöglicht, Markteintritte zu erkennen und zu verhindern: „Ein Informationsaustausch, der den Markt hinreichend transparent macht, kann es kolludierenden Unternehmen erleichtern zu überwachen, wo und wann andere Unternehmen in den Markt einzutreten versuchen und die kolludierenden Unternehmen so in die Lage versetzen, gezielt gegen den neuen Marktteilnehmer vorzugehen. Dies mündet logisch in die (…) dargelegten Bedenken wegen wettbewerbswidriger Marktverschließung.“[1292]

(a) Marktabschottung

So könnten Vorversichereranfragen neuer Wettbewerber den Vorversicherer dazu bewegen, einen Verlust des Versicherungsnehmers an diesen zu verhindern, indem er dem wechselwilligen Versicherungsnehmer ein Angebot mit einer besonders günstigen Prämie unterbreitet.[1293] Auf diese Weise würde es einem neuen Marktteilnehmer erschwert, einen Kundenbestand aufzubauen und seinen Marktanteil zu vergrößern. Die Versicherer wären so in der Lage, eine strategische Marktzutrittsschranke durch missbräuchliches Verhalten zu errichten.[1294] Auch für ein solches Vorgehen spielt die Identifizierbarkeit der an der jeweiligen Anfrage beteiligten Unternehmen eine entscheidende Rolle, denn sie ermöglicht erst derartige gezielte Maßnahmen gegen Markteintritte.[1295]

1292 *Europäische Kommission,* Horizontalleitlinien, ABl. Nr. C 11 v. 14.01.2011, S. 1, Rn. 68.

1293 Vgl. dazu bereits oben S. 289 f.

1294 Siehe dazu MüKoEuWettbR/*Kerber/Schwalbe,* Einleitung, Rn. 277, 282.

1295 Vgl. *Kühn/Vives,* Information Exchanges Among Firms and their Impact on Competition, S. 81.

(b) Verdrängungswettbewerb

Ebenso könnte ein Verdrängungswettbewerb gegenüber bereits auf dem Markt tätigen Versicherungsunternehmen geführt werden, indem bei Vorversichereranfragen, die von diesem Unternehmen ausgehen, dem wechselbereiten Kunden ein besonders günstiges Angebot unterbreitet wird, um einen Verlust des Kunden an den betreffenden Wettbewerber zu verhindern. Gleichzeitig könnten (wechselbereite) Versicherungsnehmer dieses Versicherers gezielt durch besonders günstige Prämien abgeworben werden. Für den „verdrängenden" Versicherer sind die Kunden des Versicherers, gegen den sich die Maßnahme richtet, leicht zu erkennen, weil sie ihren Vorversicherer im Antragsformular zum Zweck der Durchführung der Vorversichereranfrage angeben müssen.

(c) Auswirkungen auf den Wettbewerb

Zwar bedeuten entsprechende Verhaltensweisen kurzfristig eine Schmälerung der Gewinne oder sogar Verluste für die teilnehmenden Versicherer. Wenn damit ein Wettbewerber vom Markt verdrängt bzw. ihm der Marktzutritt erschwert werden kann, verringert sich aber langfristig der Wettbewerbsdruck, was zu höheren Gewinnen der so handelnden und zu diesem Zweck kooperierenden Unternehmen führt.[1296] Eine Identifizierung der Kunden desjenigen Unternehmens, gegen das ein solcher Verdrängungswettbewerb geführt werden soll, ist wiederum nur aufgrund der Identifizierbarkeit von anfragendem und angefragtem Unternehmen bei der Vorversichereranfrage möglich.[1297]

nn. Zwischenergebnis

Die Vorversichereranfrage bewirkt folglich sowohl aufgrund der Art der ausgetauschten Informationen und deren Eignung, Rückschlüsse auf das Wettbewerbsverhalten der Unternehmen zuzulassen, als auch wegen der möglichen Rückschlüsse auf den Bestand an Versicherungsverträgen und auf den Marktanteil sowie wegen der Ermöglichung und Überwachung kartellrechtswidriger Maßnahmen eine Wettbewerbsbeschränkung. Sie schafft Marktbedingungen, die von denen eines normalen Wettbewerbsmarktes abweichen.[1298]

1296 Zur Funktionsweise von Kampfpreisen siehe MüKoEuWettbR/*Kerber/Schwalbe,* Einleitung, Rn. 559 ff.

1297 Siehe zur Identifizierbarkeit oben S. 271 ff.

1298 Vgl. dazu oben S. 86 f.

3. *Spürbarkeit der Wettbewerbsbeschränkung*

Nach ständiger Rechtsprechung des Europäischen Gerichtshofs fallen nur solche Wettbewerbsbeschränkungen unter Art. 101 Abs. 1 AEUV, die spürbar sind, indem sie den zwischenstaatlichen Handel nicht nur geringfügig beeinträchtigen.[1299] Bei diesem ungeschriebenen Tatbestandsmerkmal handelt es sich um eine Bagatellklausel, mit deren Hilfe solche Verhaltensweisen vom Verbot des Art. 101 Abs. 1 AEUV ausgenommen werden, die allein aufgrund ihres geringen Ausmaßes den Wettbewerb nicht wesentlich beeinflussen können.[1300] Die Spürbarkeit der Wettbewerbsbeschränkung ist dabei von der Spürbarkeit der Handelsbeeinträchtigung im Rahmen der Zwischenstaatlichkeit zu unterscheiden.[1301]

Die Europäische Kommission hat im Jahr 2014 eine neue De minimis-Bekanntmachung zur Konkretisierung des Merkmals der Spürbarkeit der Wettbewerbsbeschränkung veröffentlicht.[1302] Sie enthält eine Safe-Harbour-Regelung für Vereinbarungen, die zwar eine Wettbewerbsbeschränkung bewirken können, bei denen die Europäische Kommission aber aufgrund der geringen Marktanteile der an ihnen beteiligten Unternehmen davon ausgeht, dass sie keine spürbare Wettbewerbsbeschränkung im Sinne von Art. 101 AEUV darstellen. Im Gegensatz zur alten De minimis-Bekanntmachung aus dem Jahr 2001 gilt der *Safe Harbour* in Umsetzung der Rechtsprechung des Europäischen Gerichtshofs in Sachen *Expedia* nach der neuen Bekanntmachung nicht mehr für bezweckte, sondern nur noch für bewirkte Wettbewerbsbeschränkungen.[1303]

Beispiele für bezweckte Wettbewerbsbeschränkungen hat die Kommission in einem gesonderten Papier festgehalten. Bezüglich eines selbständigen Informationsaustauschs sieht sie unter Bezugnahme auf die entsprechende Regelung in den Horizontalleitlinien und in Anknüpfung an die Rechtsprechung des

---

1299 *EuGH*, Urt. v. 09.07.1969, Rs. C-5/69 (*Völk/Vervaecke*), Slg. 1969, 295, Rn. 7. Zuletzt auch *EuGH*, Urt. v. 13.12.2012, Rs. C-226/11 (*Expedia*), (noch nicht in amtl. Slg.), Rn. 16 f.

1300 MüKoEuWettbR/*Kirchhoff*, Art. 101 AEUV, Rn. 528; *Mestmäcker/Schweitzer*, Europäisches Wettbewerbsrecht (2014), § 11, Rn. 69; Dauses/Ludwigs/*Emmerich*, H. I. § 2, Rn. 53; Immenga/Mestmäcker/*Emmerich*, Art. 101 Abs. 1 AEUV, Rn. 142.

1301 Zur Spürbarkeit der Handelsbeeinträchtigung siehe oben S. 162. Zur Abgrenzung zwischen beiden Spürbarkeitsbegriffen siehe die Nachweise in Fn. 698.

1302 *Europäische Kommission*, De minimis-Bekanntmachung, ABl. Nr. C 291 v. 30.08.2014, S. 1.

1303 *Europäische Kommission*, De minimis-Bekanntmachung, ABl. Nr. C 291 v. 30.08.2014, S. 1, Rn. 2, 13.

Europäischen Gerichtshofs[1304] nur den Austausch von Informationen über beabsichtigte zukünftige Preise oder Mengen als bezweckte Wettbewerbsbeschränkung an.[1305] Die Europäische Kommission geht davon aus, dass eine spürbare Wettbewerbsbeschränkung dann nicht vorliegt, wenn die an einer Vereinbarung, einem Beschluss oder einer abgestimmten Verhaltensweise beteiligten Unternehmen, die miteinander im Wettbewerb stehen, einen gemeinsamen Marktanteil von weniger als 10 % auf dem relevanten Markt haben.[1306] Da sich sämtliche aus dem deutschen Versicherungsmarkt tätigen Versicherungsunternehmen an der Vorversichereranfrage beteiligen, fällt die Vorversichereranfrage nicht unter die De minimis-Bekanntmachung. Die von der Vorversichereranfrage ausgehende Wettbewerbsbeschränkung gilt daher auch als spürbar.

4. *Fazit*

Die Vorversichereranfrage verstößt somit in ihrer derzeitigen Ausgestaltung gegen Art. 101 Abs. 1 AEUV. Dies liegt zum einen an der Art der ausgetauschten Informationen, sowie an der Masse der Daten und der Möglichkeit, dass die Versicherer die Daten sammeln und hieraus Rückschlüsse auf die Wettbewerbsstrategie anderer Versicherer ziehen. Darüber hinaus ergibt sich der Verstoß auch daraus, dass die Unternehmen durch die Vorversichereranfrage die Möglichkeit erhalten, eine Marktaufteilung oder eine Abschottung des Marktes sowie einen Verdrängungswettbewerb zu praktizieren und zu überwachen. Ob ein entsprechendes Verhalten der Versicherungsnehmer tatsächlich in der Praxis festzustellen ist, kann dahinstehen, weil für die Feststellung der wettbewerbswidrigen Wirkung eines Informationsaustauschs auch dessen potentiellen Auswirkungen zu berücksichtigen sind.[1307] Unter all diesen Aspekten spielt die Identifizierbarkeit der einzelnen Unternehmen im Rahmen des Informationsaustauschs eine entscheidende Rolle. Aber auch für sich genommen legt die mangelnde Anonymisierung der ausgetauschten Daten unter Beachtung der Rechtsprechung des Europäischen Gerichtshofs in dem Verfahren *Asnef-Equifax* einen Verstoß der

---

1304 *EuGH,* Urt. v. 04.06.2009, Rs. C-8/08 (*T-Mobile Netherlands),* Slg. 2009, I-4529, Rn. 43. Bestätigt durch *EuGH,* Urt. v. 19.03.2015, Rs. C-286/13 P (*Dole),* (noch nicht in amtl. Slg.), Rn. 122.

1305 Commission staff working document, Guidance on restrictions of competition "by object" for the purpose of defining which agreements may benefit from the De Minimis Notice, 25.06.2014, SWD(2014) 198 final, S. 11.

1306 *Europäische Kommission,* De minimis-Bekanntmachung, ABl. Nr. C 291 v. 30.08.2014, S. 1, Rn. 8 lit. a.

1307 Siehe dazu oben S. 221 f.

Vorversichereranfrage gegen Art. 101 Abs. 1 AEUV nahe. Denn in diesem Verfahren hat der Europäische Gerichtshof den Informationsaustausch zwischen Banken über ihre Kreditnehmer nur unter der Bedingung der Anonymisierung der beteiligten Banken für zulässig erachtet.[1308]

V. Freistellung nach Art. 101 Abs. 3 AEUV

Da somit ein Verstoß gegen Art. 101 Abs. 1 AEUV festgestellt ist, stellt sich die Frage, ob der Informationsaustausch im Rahmen der Vorversichereranfrage nach Art. 101 Abs. 3 AEUV vom Kartellverbot freigestellt ist. Nach dem in Art. 1 Abs. 2 VO 1/2003 verankerten System der Legalausnahme sind Verhaltensweisen, die zwar unter Art. 101 Abs. 1 AEUV fallen, aber die Voraussetzungen des Art. 101 Abs. 3 AEUV erfüllen, nicht verboten.

Seit dem Systemwechsel im Jahr 2004[1309] kommt der Vorschrift des Art. 101 Abs. 3 AEUV eine doppelte Bedeutung zu. Sie ist zum einen weiterhin Ermächtigungsnorm für den Erlass von Gruppenfreistellungsverordnungen durch die Europäische Kommission und den Rat.[1310] Darüber hinaus wird Art. 101 Abs. 3 AEUV durch die Vorschrift des Art. 1 Abs. 2 VO 1/2003 direkt anwendbar.[1311]

In beiden Fällen müssen die betreffenden Verhaltensweisen die beiden positiven sowie die beiden negativen Voraussetzungen des Art. 101 Abs. 3 AEUV erfüllen.[1312] Sie müssen zunächst zur Verbesserung der Warenerzeugung oder -verteilung oder zur Förderung des technischen oder wirtschaftlichen Fortschritts beitragen sowie die Verbraucher an dem durch die Verhaltensweise entstehenden Gewinn angemessen beteiligen. Ferner dürfen den beteiligten Unternehmen keine Beschränkungen auferlegt werden, die für die Verwirklichung dieser Ziele nicht unerlässlich sind und es dürfen keine Möglichkeiten eröffnet werden, für einen wesentlichen Teil der betreffenden Waren den Wettbewerb auszuschalten.

1308 Siehe dazu oben S. 228 ff. und 274 f.

1309 Siehe zur alten Rechtslage unter Geltung der VO 17/62 und zum Systemwechsel Immenga/Mestmäcker/*Ellger*, Art. 101 Abs. 3 AEUV, Rn. 21 ff.

1310 *Pohlmann*, in: FK, Grundfragen Art. 81 Abs. 3 EG, Rn. 95; Immenga/Mestmäcker/*Ellger*, Art. 101 Abs. 3 AEUV, Rn. 325. Zur Kompetenzverteilung zwischen Rat und Kommission siehe *Schuhmacher*, in: Grabitz/Hilf/Nettesheim, Art. 101 AEUV, Rn. 367 ff.

1311 *Pohlmann*, in: FK, Grundfragen Art. 81 Abs. 3 EG, Rn. 96.

1312 Immenga/Mestmäcker/*Ellger*, Art. 101 Abs. 3 AEUV, Rn. 325; *Schuhmacher*, in: Grabitz/Hilf/Nettesheim, Art. 101 AEUV, Rn. 353.

1. Die außer Kraft getretene Gruppenfreistellungsverordnung für die Versicherungswirtschaft (VO 267/2010)

Die Europäische Kommission hat in der Vergangenheit bestimmte Vereinbarungen, Beschlüsse und abgestimmte Verhaltensweisen im Versicherungssektor durch eine Gruppenfreistellungsverordnung für die Versicherungswirtschaft – zuletzt durch die VO 267/2010 (GVO Versicherungswirtschaft) – vom Verbot des Art. 101 Abs. 1 AEUV freigestellt. Die VO 267/2010 ersetzte die am 31. März 2010 ausgelaufene Gruppenfreistellungsverordnung aus dem Jahr 2003 (VO 358/2003). Mit Auslaufen der GVO Versicherungswirtschaft am 31. März 2017 entfielen auch die zuletzt noch enthaltenen Freistellungen für gemeinsame Erhebungen, Tabellen und Studien sowie für die gemeinsame Deckung von Risiken durch Mitversicherungen oder Mit-Rückversicherungen. Die Kommission begründete den Wegfall einer Gruppenfreistellungsverordnung für die Versicherungswirtschaft damit, dass es nicht länger ein Bedürfnis für eine sektorspezifische Freistellung in diesem Bereich gebe.[1313]

Weder die zuletzt geltende GVO Versicherungswirtschaft noch die Vorgängerverordnungen enthielten eine Regelung zum Informationsaustausch zwischen Versicherungsunternehmen im Rahmen der Vorversichereranfrage. Zwar ist die Kommission durch Art. 1 Abs. 1 lit. f der VO Nr. 1534/91[1314] dazu ermächtigt, auch „die Erstellung von Verzeichnissen erhöhter Risiken und den Austausch der entsprechenden Informationen" vom Kartellverbot freizustellen. Sie hat von dieser Ermächtigung jedoch keinen Gebrauch gemacht.

Ebenso wenig hat sie bisher eine klare Position zur Vereinbarkeit der Vorversichereranfrage mit dem Europäischen Kartellrecht bezogen. Im Jahr 1999 äußerte die Kommission sich zwar in einem Bericht an das Europäische Parlament und den Rat über die Anwendung der GVO-Versicherungswirtschaft von 1992 (VO Nr. 3932/92) dahingehend, dass „Vereinbarungen zur Erstellung von Verzeichnissen erhöhter Risiken oder zum Austausch der entsprechenden Informationen (…) sofern sie auf die Bereitstellung von Informationen über erhöhte Risiken beschränkt sind, normalerweise nicht unter Artikel 81-1" (jetzt

1313 Commission staff working document impact assessment – HT.4012 – IBER, SEC(2016) 536, Rn. 159 ff., 167 ff., 174 f.; vgl. dazu in Bezug auf die frühere Freistellung gemeinsamer Erhebungen, Tabellen und Studien oben S. 97.

1314 Verordnung (EWG) Nr. 1534/91 des Rates vom 31. Mai 1991 über die Anwendung von Artikel 85 Absatz 3 des Vertrages auf bestimmte Gruppen von Vereinbarungen, Beschlüssen und aufeinander abgestimmten Verhaltensweisen im Bereich der Versicherungswirtschaft, ABl. Nr. L 143 vom 07.06.1991, 1.

Art. 101 Abs. 1 AEUV) fallen.[1315] Sie begründete dies damit, dass „ein einfacher Informationsaustausch über die Art eines Risikos (…) offensichtlich keine Wettbewerbsbeschränkung zwischen Versicherern zur Folge" habe.[1316] Anders sei dies jedoch, „wenn der Informationsaustausch auf einer Vereinbarung beruht, die die Annahme einer gemeinsamen Verhaltensweise gegenüber den betreffenden Risiken zum Ziel hat. So fallen zum Beispiel Empfehlungen, durch die die Abdeckung der betreffenden erhöhten Risiken abgelehnt oder die Risikoprämien für diese Risiken erhöht werden sollen (sowohl nach dem einfachen Prinzip einer solchen Erhöhung als auch durch prozentuale Erhöhungen oder Erhöhungen um einen bestimmten Betrag) eindeutig in den Anwendungsbereich von Artikel 81-1 [jetzt Art. 101 Abs. 1 AEUV, Anm. d. Verf.] und scheinen gemäß Art. 81-3 [jetzt Art. 101 Abs. 3 AEUV, Anm. d. Verf.] nicht freistellbar zu sein."[1317] Demnach erkannte die Kommission bereits in diesem Bericht, dass ein solcher Informationsaustausch, wenn er über den für notwendig erachteten Austausch über erhöhte Risiken hinausgeht, kartellrechtliche Relevanz besitzt.

Der derzeit zwischen den Versicherungsunternehmen praktizierte Informationsaustausch über die Versicherungsnehmer im Rahmen der Vorversichereranfrage geht weit über die von der Europäischen Kommission für unbedenklich erachtete „Bereitstellung von Informationen über erhöhte Risiken"[1318] hinaus. Zum einen beschränkt sich die Vorversichereranfrage – anders als das HIS[1319] – nicht auf den Fall, dass tatsächlich wenigstens Anhaltspunkte für ein erhöhtes Risiko vorliegen. Sie kommt vielmehr bei allen Versicherungsnehmern gleichermaßen zum Einsatz, unabhängig davon, ob Hinweise auf ein gegenüber dem Durchschnitt erhöhtes Risiko vorliegen. Zum anderen sind die ausgetauschten Informationen – wie oben gezeigt – aufgrund der Art der ausgetauschten Daten, ihres Umfangs sowie aufgrund der Identifizierbarkeit der beteiligten Unternehmen und der Ermöglichung einer Marktverschließung sowie eines Verdrängungswettbewerbs geeignet, eine Wettbewerbsbeschränkung zu bewirken.[1320]

1315 *Europäische Kommission,* Bericht an das Europäische Parlament und den Rat über die Anwendung der Verordnung Nr. 3932/92, 12.05.1999, Rn. 47.

1316 *Europäische Kommission,* Bericht an das Europäische Parlament und den Rat über die Anwendung der Verordnung Nr. 3932/92, 12.05.1999, Rn. 47.

1317 *Europäische Kommission,* Bericht an das Europäische Parlament und den Rat über die Anwendung der Verordnung Nr. 3932/92, 12.05.1999, Rn. 47.

1318 *Europäische Kommission,* Bericht an das Europäische Parlament und den Rat über die Anwendung der Verordnung Nr. 3932/92, 12.05.1999, Rn. 47.

1319 Siehe dazu oben S. 69 ff.

1320 Siehe oben S. 220 ff.

Die Kommission räumte seit Erlass der ersten GVO Versicherungswirtschaft im Jahr 1992 stets ein, dass es ihr an ausreichender Erfahrung mit Verzeichnissen über erhöhte Risiken und den Austausch der entsprechenden Informationen fehle, sodass sie von einer Freistellung dieser Sachverhalte immer wieder abgesehen hat.[1321] Demgemäß kann der oben wiedergegebenen Äußerung der Kommission im Bericht an das Europäische Parlament und den Rat über die Anwendung der GVO Versicherungswirtschaft aus dem Jahr 1999 nicht entnommen werden, dass die Vorversichereranfrage in ihrer konkreten Ausgestaltung oder generell jeder Informationsaustausch zwischen Versicherern über die versicherten Risiken kartellrechtlich unproblematisch sei. In Erwägungsgrund 9 der außer Kraft getretenen GVO Versicherungswirtschaft stellte die Europäische Kommission dementsprechend klar, dass jeglicher Informationsaustausch, der nicht die in Art. 2 der GVO freigestellten gemeinsamen Erhebungen, Tabellen und Studien betrifft, nicht unter die Freistellung der Verordnung fällt. Den ehemals geltenden Gruppenfreistellungsverordnungen für die Versicherungswirtschaft lässt sich damit weder eine Aussage dazu entnehmen, ob ein solcher, nicht freigestellter Informationsaustausch den Tatbestand des Art. 101 Abs. 1 AEUV erfüllt, noch dazu, ob er die Voraussetzungen des Art. 101 Abs. 3 AEUV erfüllt.[1322]

2. *Einzelfreistellung nach Art. 101 Abs. 3 AEUV i.V.m. Art. 1 Abs. 2 VO 1/2003*

Die Vorversichereranfrage wäre vom Verbot des Art. 101 Abs. 1 AEUV freigestellt, wenn sie für sich genommen die vier Voraussetzungen des Art. 101 Abs. 3 AEUV erfüllen würde.[1323]

a. *Effizienzen und Verbraucherbeteiligung*

Die beiden positiven Voraussetzungen des Art. 101 Abs. 3 AEUV, also die Verbesserung der Warenerzeugung oder -verteilung sowie die angemessene

---

1321 *Europäische Kommission,* GVO Versicherungswirtschaft (1992), ABl. Nr. L 389 v. 31.12.1992, S. 7, Erwägungsgründe 1 und 2; *Europäische Kommission,* GVO Versicherungswirtschaft (2003), ABl. Nr. L 53 v. 28.02.2003, S. 8, Erwägungsgrund 3; *Europäische Kommission,* GVO Versicherungswirtschaft, ABl. Nr. L 83 v. 30.03.2010, S. 1, Erwägungsgrund 3.

1322 *Europäische Kommission,* GVO Versicherungswirtschaft, ABl. Nr. L 83 v. 30.03.2010, S. 1, Erwägungsgrund 8.

1323 *Europäische Kommission,* Mitteilung Versicherungssektor, ABl. Nr. C 82 v. 30.03.2010, S. 20, Rn. 6.

Beteiligung der Verbraucher an dem entstehenden Gewinn, lassen sich für die Vorversichereranfrage nach den oben gefundenen Ergebnissen ohne weiteres bejahen, weil die Vorversichereranfrage ein Marktversagen durch adverse Selektion und *moral hazard* verhindert.

Die Europäische Kommission nennt in ihren Horizontalleitlinien explizit den Austausch von Verbraucherdaten zwischen Unternehmen auf Märkten mit asymmetrischen Informationen als Beispiel für die Erzeugung von Effizienzgewinnen. Der Informationsaustausch schaffe einen Anreiz für die Verbraucher, das Risiko möglichst gering zu halten und so Schäden zu vermeiden, und führe dazu, dass Kunden mit einem geringen Risiko in den Genuss niedriger Preis kämen.[1324] In diesem Zusammenhang werde auch ein Kunden-*Lock in* gelockert und der Wettbewerb so befördert.[1325]

Der Kunden-*Lock in* ergibt sich daraus, dass der Nachversicherer, wenn er einen Kunden mit einem geringen Risiko mangels Informationsaustausch zwischen den Versicherern nicht erkennen kann, gezwungen ist, diesem einen Vertrag zu einer Durchschnittsprämie anzubieten. Diese wird jedenfalls höher als seine derzeitige Prämie sein, die der Vorversicherer in Kenntnis des geringen Risikos von ihm verlangt. Ein Wechsel des Versicherers wäre für Kunden mit einem geringen Risiko demnach wirtschaftlich kaum attraktiv.[1326]

Eine Partizipation der Verbraucher an diesen Effizienzgewinnen liegt einerseits darin, dass eine hohe Verfügbarkeit von Versicherungsschutz gegeben ist.[1327] Zum anderen findet eine Beteiligung der Verbraucher dergestalt statt, dass sie Versicherungsschutz zu Prämien erhalten, die ihrem individuellen Risiko angepasst sind.

Unbeachtlich ist insoweit, dass einzelne Versicherungsnehmer, namentlich diejenigen mit einem höheren individuellen Risiko, höhere Prämien zahlen müssen, als es ohne den Informationsaustausch der Fall wäre. Denn für die Frage der Effizienzgewinne kommt es nach der Rechtsprechung des Europäischen Gerichtshofs in Sachen *Asnef-Equifax* ausdrücklich nicht auf die Besser- oder Schlechterstellung einzelner Verbraucher durch einen derartigen Informationsaustausch, sondern auf die Gesamtsituation auf dem relevanten Markt an.[1328]

1324 *Europäische Kommission,* Horizontalleitlinien, ABl. Nr. C 11 v. 14.01.2011, S. 1, 97.

1325 *Europäische Kommission,* Horizontalleitlinien, ABl. Nr. C 11 v. 14.01.2011, S. 1, 97.

1326 Siehe dazu auch oben S. 265 f.

1327 Vgl. *EuGH,* Urt. v. 23.11.2006, Rs. C-238/05 *(Asnef-Equifax),* Slg. 2006, I-11125, Rn. 67, 71.

1328 *EuGH,* Urt. v. 23.11.2006, Rs. C-238/05 *(Asnef-Equifax),* Slg. 2006, I-11125, Rn. 66–70. So auch schon *GA Geelhoed,* Schlussanträge zu EuGH Rs. C-238/05 (*Asnef-Equifax*), Slg. 2006, I-11131, Rn. 63; *Europäische Kommission,* Leitlinien zur Anwendung von

Maßgeblich ist daher, dass die Verbraucher insgesamt besser gestellt sind, als es ohne den Informationsaustausch der Fall wäre.

Die Vorversichereranfrage gibt den Versicherern die Möglichkeit, die von den Versicherungsnehmern bei Vertragsschluss gemachten Angaben zu ihrem individuellen Risiko anhand der Informationen vom Vorversicherer zu überprüfen. Auf diese Weise wird die Informationsasymmetrie, die insoweit auf den Versicherungsmärkten herrscht, zuverlässig abgebaut. Damit ermöglicht die Vorversichereranfrage eine risikogerechte Prämiendifferenzierung, was Voraussetzung für die Verhinderung von adverser Selektion auf den Versicherungsmärkten ist und gleichzeitig *moral hazard* entgegenwirkt, der ebenfalls die Prämien in die Höhe treibt und somit Versicherungsschutz für einen Teil der Nachfrager unrentabel macht.[1329] Die Verbraucher partizipieren somit durch risikoangepasste Prämien und die Verfügbarkeit von Versicherungsschutz zu angemessenen Prämien auch für gute Risiken unmittelbar von den durch die Vorversichereranfrage erzielten Effizienzgewinnen.

b. Unerlässlichkeit

Den beteiligten Unternehmen dürften darüber hinaus keine Beschränkungen auferlegt werden, die für die Verwirklichung der Effizienzgewinne nicht unerlässlich sind. Die durch die Wettbewerbsbeschränkung erzielten Vorteile dürfen daher entweder gar nicht oder nicht im selben Ausmaß, nicht innerhalb desselben Zeitraums oder nicht mit derselben Sicherheit auf eine andere, weniger wettbewerbsbeschränkende Art und Weise zu erreichen sein.[1330] Nach Ansicht der Europäischen Kommission ist insoweit eine zweistufige Prüfung vorzunehmen: „Erstens muss die Vereinbarung insgesamt vernünftigerweise notwendig sein, um die Effizienzgewinne zu erzielen. Zweitens müssen auch die einzelnen, sich aus der Vereinbarung ergebenden Wettbewerbsbeschränkungen hierfür vernünftigerweise notwendig sein."[1331] Die Unerlässlichkeit ist nach der Rechtsprechung des Europäischen Gerichtshofs nach objektiven Kriterien und nicht nach den subjektiven Vorstellungen der Parteien zu bestimmen.[1332]

Artikel 81 Absatz 3 EG-Vertrag, ABl. Nr. C 101 v. 27.04.2004, S. 97, Rn. 87. Vgl. dazu auch *Stappert/Esser-Wellié*, EuZW 2006, 758, 760.

1329 Siehe dazu oben S. 101 ff.

1330 Schröter/Jakob/Klotz/Mederer/*Schröter*, Artikel 101 AEUV, Rn. 323; *Pohlmann*, in: FK, Grundfragen Art. 81 Abs. 3 EG, Rn. 281.

1331 *Europäische Kommission*, Leitlinien zur Anwendung von Artikel 81 Absatz 3 EG-Vertrag, ABl. Nr. C 101 v. 27.04.2004, S. 97, Rn. 73.

1332 *EuGH*, Urt. v. 13.07.1966, verb. Rs. C-56/64 und 58/64 (*Consten und Grundig*), Slg. 1966, 322, 397.

Bei einem Informationsaustausch müssen „die Daten in Bezug auf Gegenstand, Aggregation, Alter und Vertraulichkeit sowie die Häufigkeit und Tragweite des Austauschs so beschaffen (...) [sein], dass sie nur mit den Risiken verbunden sind, die im Hinblick auf die Verwirklichung der geltend gemachten Effizienzgewinne unerlässlich sind. Außerdem sollte der Austausch keine anderen Informationen betreffen als die Variablen, die für die Erzielung der Effizienzgewinne relevant sind.“[1333]

Der Informationsaustausch im Rahmen der Vorversichereranfrage ist zwar erforderlich, um die oben beschriebenen Effizienzgewinne zu erzielen (1. Stufe). Insbesondere bieten die vorvertraglichen Anzeigepflichten des Versicherungsnehmers nach §§ 19 ff. VVG, wie oben dargestellt[1334], keine ausreichende Möglichkeit zum Abbau der Informationsasymmetrie, weil erstens die Angaben der Versicherungsnehmer ohne entsprechende Überprüfung auf ihren Wahrheitsgehalt und ihre Vollständigkeit keine verlässliche Grundlage für die Ermittlung des individuellen Risikos darstellen und zweitens die *ex post*-Möglichkeiten der Versicherer, sich von dem Vertrag zu lösen, den bereits eingetretenen Effizienzverlust nicht aufwiegen. Insbesondere fehlt es ohne einen Informationsaustausch an einer zuverlässigen Möglichkeit für die Versicherer, einen entsprechenden Fall zu erkennen, in dem sie sich aufgrund falscher Angaben vom Vertrag lösen können.

Fraglich ist jedoch, ob die Unerlässlichkeit auch in Bezug auf die einzelnen Bestandteile und die konkrete Ausgestaltung des Informationsaustauschs gilt (2. Stufe). In Bezug auf die oben für unzulässig erachteten einzelnen Bestandteile der Vorversichereranfrage wie den Kündigungsgrund, die individuell ermittelte Versicherungssumme, die Höhe des Selbstbehalts und die Höhe des konkret gewährten Schadenfreiheitsrabatts ist – wie bereits dargelegt – nicht ersichtlich, dass diese Informationen für die Vermeidung der negativen Effekte der Informationsasymmetrie bezüglich des individuellen Risikos der Versicherungsnehmer erforderlich sind.[1335]

Nicht unerlässlich ist auch die Ausgestaltung des Informationsaustauschs unter Identifizierbarkeit der im Einzelfall beteiligten Unternehmen. Wie bereits gezeigt, wäre auch eine Organisation der Vorversichereranfrage als nicht

---

1333 *Europäische Kommission,* Horizontalleitlinien, ABl. Nr. C 11 v. 14.01.2011, S. 1, Rn. 101.

1334 Siehe dazu oben S. 132 ff.

1335 In prozessualer Hinsicht müssten die Versicherer in einem entsprechenden Verfahren Gegenteiliges zu ihrer Entlastung vortragen und belegen. Insoweit obliegt ihnen in einem Kartellverfahren gemäß Art. 2 S. 2 VO1/2003 die Beweislast.

identifizierender Informationsaustausch möglich.[1336] Ein solcher Austausch wäre genauso effektiv in Bezug auf die Erreichung der mit ihm verfolgten Ziele. Gleichzeitig würde die Möglichkeit, Rückschlüsse auf die Unternehmensstrategien bestimmter Wettbewerber zu ziehen, beseitigt. Auch eine Marktaufteilung durch unattraktive Prämienangebote gegenüber wechselbereiten Bestandskunden sowie das gezielte Abwerben bestimmter Kunden zum Zweck der Marktabschottung gegen neue Wettbewerber oder der Verdrängung aktueller Wettbewerber und die Sammlung der Daten, um aus ihnen Rückschlüsse auf den Bestand und die Strategie einzelner Wettbewerber zu ziehen, wären nicht mehr möglich, wenn die im Rahmen der Vorversicheranfrage ausgetauschten Daten den einzelnen Unternehmen nicht mehr zugeordnet werden könnten.

Zwar bleibt zu bedenken, dass eine Kollusion in Form einer Abstimmung des Verhaltens am Markt und deren Überwachung grundsätzlich auch im Fall eines nicht identifizierenden Informationsaustauschs möglich bleibt. Bereits die Erkennbarkeit, dass überhaupt eine Abweichung von der Kollusion stattgefunden hat, stabilisiert die Kollusion.[1337] Da jedoch nur allgemeine und keine gezielten Sanktionen gegen den Abweichler möglich sind, sind solche „Bestrafungen" weniger effektiv. Dies ist auch den beteiligten Unternehmen bewusst, sodass ein nicht identifizierender Informationsaustausch in der Regel dazu führt, dass die Kollusion insgesamt deutlich instabiler ist, als es der Fall wäre, wenn die Unternehmen aufgrund der Identifizierbarkeit gezielte „Bestrafungen" durch ihre Wettbewerber befürchten müssten.[1338] Insgesamt könnte durch die Anonymisierung eine Kollusion zwar möglicherweise nicht mit letzter Sicherheit ausgeschlossen werden. Solange durch diese Maßnahme jedoch die Wahrscheinlichkeit für eine stabile Kollusion gesenkt werden kann, ist die durch sie zu erreichende wettbewerbliche Situation gegenüber der derzeitigen vorzugswürdig.

Dementsprechend äußert sich auch die Europäische Kommission in ihren Horizontalleitlinien gegenüber der Unerlässlichkeit eines identifizierenden Informationsaustauschs besonders skeptisch.[1339] Sie hält es generell für unwahrscheinlich, dass ein unternehmensspezifischer Austausch zukunftsbezogener Daten unerlässlich sei.[1340] Insbesondere hält sie einen Austausch individueller

---

1336 Siehe dazu oben S. 275 f.

1337 *Wagner-von Papp,* WuW 2005, 732, 736 ff.

1338 Siehe dazu oben S. 83, 290.

1339 *Europäische Kommission,* Horizontalleitlinien, ABl. Nr. C 11 v. 14.01.2011, S. 1, Rn. 101, 108, 110.

1340 *Europäische Kommission,* Horizontalleitlinien, ABl. Nr. C 11 v. 14.01.2011, S. 1, Rn. 101.

Daten dann nicht für unerlässlich, wenn die gleichen Effizienzvorteile auch durch einen Austausch anonymisierter Informationen erreicht werden können.[1341]

Eine andere Bewertung ergibt sich auch nicht daraus, dass ein nicht anonymisierter Austausch der Daten aufwendiger und damit teurer wäre, als die derzeit praktizierte Form des direkten Informationsaustauschs zwischen den Versicherungsunternehmen. Denn die Kosten für die Errichtung und Unterhaltung eines anonymisierten Verfahrens würden voraussichtlich nicht die Effizienzgewinne übersteigen, die durch die Verhinderung eines langfristigen Marktversagens aufgrund adverser Selektion und durch die Verhinderung erhöhter Versicherungskosten durch *moral hazard* sowohl für die Versicherungsunternehmen, aber insbesondere auch für die Gemeinschaft der Versicherten erzielt werden.

Der Austausch der Daten über Versicherungsnehmer im System der Vorversichereranfrage unter Identifizierbarkeit der beteiligten Versicherungsunternehmen ist daher nicht unerlässlich für die Erzielung der mit ihm verfolgten Effizienzgewinne. Er erfüllt somit nicht die Voraussetzungen einer Freistellung vom Kartellverbot nach Art. 101 Abs. 3 AEUV.

VI. Ergebnis zu Art. 101 AEUV

Die durch die Vorversichereranfrage bewirkte Wettbewerbsbeschränkung ist nicht gemäß Art. 101 Abs. 3 AEUV vom Kartellverbot des Art. 101 Abs. 1 AEUV freigestellt. Die Vorversichereranfrage verstößt somit in ihrer derzeit praktizierten Form gegen das europäische Kartellverbot.

B. Art. 102 AEUV

Zwar sind Art. 101 AEUV und Art. 102 AEUV nebeneinander anwendbar, sodass grundsätzlich auch ein Verstoß der Vorversichereranfrage gegen das Missbrauchsverbot in Betracht kommt.[1342] Es fehlt jedoch insoweit bereits an einer marktbeherrschenden Stellung der an der Vorversichereranfrage teilnehmenden Versicherungsunternehmen.

Eine marktbeherrschende Stellung definiert der Europäische Gerichtshofs als „die wirtschaftliche Machtstellung eines Unternehmens (…), die dieses in

1341 *Europäische Kommission,* Horizontalleitlinien, ABl. Nr. C 11 v. 14.01.2011, S. 1, Rn. 108.

1342 *Dreher/Hoffmann/Kling,* Kartell- und Wettbewerbsrecht der Versicherungsunternehmen (2015), § 13, Rn. 2.

die Lage versetzt, die Aufrechterhaltung eines wirksamen Wettbewerbs auf dem relevanten Markt zu verhindern, indem sie ihm die Möglichkeit verschafft, sich seinen Wettbewerbern, seinen Abnehmern und letztlich seinen Verbrauchern gegenüber in nennenswertem Umfang unabhängig zu verhalten. Eine solche Stellung schließt im Gegensatz zu einem Monopol oder einem Quasi-Monopol einen gewissen Wettbewerb nicht aus, versetzt aber die begünstigte Firma in die Lage, die Bedingungen, unter denen sich dieser Wettbewerb entwickeln kann, zu bestimmen oder wenigstens merklich zu beeinflussen, jedenfalls aber weitgehend in ihrem Verhalten hierauf keine Rücksicht nehmen zu müssen, ohne dass ihr dies zum Schaden gereichte."[1343] In Bezug auf die relevanten Märkte wird insoweit auf die oben durchgeführte Marktabgrenzung verwiesen.[1344]

In Betracht kommt in Bezug auf die Vorversichereranfrage allenfalls eine kollektive Marktbeherrschung durch mehrere, an der Vorversichereranfrage beteiligte Versicherungsunternehmen. Eine gemeinsame Marktbeherrschung erfordert, dass mehrere Unternehmen „zusammen gegenüber ihren Konkurrenten, ihren Geschäftspartnern und den Verbrauchern auf einem bestimmten Markt eine kollektive Einheit darstellen."[1345] Eine solche Einheit liegt insbesondere vor, „wenn es zwischen den betreffenden Unternehmen wirtschaftliche Bindungen gibt, die es ihnen erlauben, gemeinsam unabhängig von ihren Konkurrenten, ihren Abnehmern und den Verbrauchern zu handeln."[1346]

Das europäische Recht legt – anders als § 18 Abs. 6 GWB, wonach eine kollektive Marktbeherrschung von bis zu drei Unternehmen bei einem Marktanteil von 50 % und von bis zu fünf Unternehmen bei einem gemeinsamen Marktanteil von zwei Dritteln vermutet wird – keine Marktanteilsschwellen für die Annahme einer marktbeherrschenden Stellung fest. Auf den deutschen Erstversicherungsmärkten ist der Missbrauchstatbestand bisher jedoch aufgrund zu geringer individueller wie kollektiver Marktanteile der Versicherungsunternehmen in nahezu allen Bereichen bedeutungslos.[1347]

1343 *EuGH,* Urt. v. 13.02.1979, Rs. C-85/76 (*Hoffmann-La Roche),* Slg. 1979, 461, Rn. 38 f.

1344 Siehe oben S. 165 ff.

1345 *EuGH,* Urt. v. 15.03.2000, verb. Rs. C-395/96 P und C-396/96 P (*Compagnie Maritime Belge u.a.),* Slg. 2000, I-1365, Rn. 39.

1346 *EuGH,* Urt. v. 15.03.2000, verb. Rs. C-395/96 P und C-396/96 P (*Compagnie Maritime Belge u.a.),* Slg. 2000, I-1365, Rn. 42.

1347 Siehe dazu *Dreher/Hoffmann/Kling,* Kartell- und Wettbewerbsrecht der Versicherungsunternehmen (2015), § 14, Rn. 5; *Dreher,* Stand und Perspektiven des europäischen Kartellrechts für Versicherungsunternehmen, in: DVS Deutscher Versicherungsschutzverband e.V. (Hrsg.), Zukunft der Wirtschaft – Versicherung der Zukunft (2001), S. 83, 83. Siehe zur Marktstruktur auch bereits oben S. 232 ff.

Eine marktbeherrschende Stellung ist auch im Fall der Vorversichereranfrage nicht etwa deshalb zu bejahen, weil an ihr der weit überwiegende Teil der auf den betreffenden Märkten tätigen Versicherer teilnimmt. Zwar kann sich die insoweit geforderte „Einheit" mehrerer marktbeherrschender Unternehmen insbesondere auch aus einer wettbewerbswidrigen Vereinbarung oder abgestimmten Verhaltensweise im Sinne von Art. 101 Abs. 1 AEUV ergeben.[1348] Der bloße Informationsaustausch zwischen den Versicherungsunternehmen über die Versicherungsnehmer im Rahmen der Vorversichereranfrage führt jedoch nicht dazu, dass die Versicherer unabhängig von den Nachfragern agieren könnten. Die Anzahl der in den jeweiligen Sparten tätigen Unternehmen und deren unter Marktbeherrschungsgesichtspunkten relativ geringen Marktanteile sowie die Tatsache, dass der Austausch nur punktuell stattfindet und keine unmittelbaren Wettbewerbsparameter, insbesondere keine Prämienhöhen beinhaltet, verhindern, dass es zwischen den teilnehmenden Unternehmen zu einer derart engen Bindung kommt, dass sie einheitlich am Markt auftreten und dadurch das erforderliche Maß an Unabhängigkeit gegenüber der Marktgegenseite erlangen.

Die Europäische Kommission hat im Bereich der Versicherungswirtschaft eine kollektive Marktbeherrschung bisher soweit ersichtlich nur in dem Verfahren *P&I-Clubs II* angenommen und dies damit begründet, dass die Clubs untereinander eine Schadenteilungsvereinbarung geschlossen hatten, die starke wirtschaftliche Bande zwischen ihnen begründete: „Demnach werden die von ihren Mitgliedern geltend gemachten Ansprüche bis zu einer gewissen Höhe unter ihnen aufgeteilt, befolgen sie bestimmte gemeinsame Verfahren beim Angebot von Versicherungen an Mitglieder anderer P&I-Clubs, lassen sie sich gemeinsam rückversichern, einigen sie sich über die Versicherungsbedingungen für ihre Mitglieder und arbeiten sie in noch anderer Hinsicht im Bereich der P&I-Versicherung zusammen. Darüber hinaus verfolgen sie, indem sie sich auf gemeinsame Versicherungsbedingungen einigen und insbesondere indem sie einen einzigen Versicherungsschutz anbieten, eine einheitliche Strategie am Markt."[1349]

Die durch die Vorversichereranfrage zwischen den an ihr beteiligten Versicherungsunternehmen begründeten wirtschaftlichen Bande sind nicht annähernd

---

1348 *EuGH,* Urt. v. 15.03.2000, verb. Rs. C-395/96 P und C-396/96 P (*Compagnie Maritime Belge u.a.),* Slg. 2000, I-1365, Rn. 44 f.

1349 *Komm.E.,* 12.04.1999, 1999/329/EG (*P&I-Clubs II),* ABl. L 125 v. 19.05.1999, S. 12, Rn. 121 f.

so eng. Sie verstößt daher bereits mangels Vorliegens einer marktbeherrschenden Stellung nicht gegen Art. 102 AEUV.

C. Fazit

Die ökonomische Notwendigkeit eines Informationsaustauschs zwischen Versicherern über das individuelle Risiko einzelner Versicherungsnehmer soll durch das Ergebnis der vorliegenden Arbeit in keiner Weise in Frage gestellt werden. Versicherungsmärkte sind das klassische Beispiel für Märkte mit einer asymmetrischen Informationsverteilung zwischen Anbietern und Nachfragern, die zu adverser Selektion und zur Verwirklichung von *moral hazard* führen kann. Durch eine risikoangepasste Tarifierung können diese Effekte jedenfalls abgemildert und die Funktionsfähigkeit der Versicherungsmärkte erhöht werden, was zu einer Wohlfahrtssteigerung auch auf Seiten der Versicherungsnehmer führt. Eine entsprechende Tarifierung setzt den Abbau der Informationsasymmetrie voraus, der zuverlässig und kosteneffizient nur dadurch erreicht werden kann, dass die Versicherer während ihrer jeweiligen Geschäftsbeziehung über die einzelnen Versicherungsnehmer gewonnene Informationen untereinander austauschen. Auch wird durch einen solchen Informationsaustausch der Wettbewerb in Bezug auf Versicherungsnehmer mit einem unterdurchschnittlichen Risiko erhöht bzw. sogar erst ermöglicht, weil diesen ein Wechsel zu einem anderen Versicherer erleichtert wird.

Der Tatsache, dass die Vorversichereranfrage damit einem legitimen Zweck in Form der Sicherung der Funktionsfähigkeit der Versicherungsmärkte dient, lässt sich jedoch nicht entnehmen, dass sie in unbegrenztem Umfang kartellrechtlich zulässig wäre. Vielmehr ist der Informationsaustausch nur insoweit zulässig, als er entweder schon keine Wettbewerbsbeschränkung bewirkt oder eine solche jedenfalls nach Art. 101 Abs. 3 AEUV vom Kartellverbot freigestellt ist.

Anhaltspunkte dafür, wann ein Austausch von Informationen über die Marktgegenseite eine Wettbewerbsbeschränkung bewirkt, lassen sich insbesondere der Entscheidung des Europäischen Gerichtshofs in der Sache *Asnef-Equifax* entnehmen. In Bezug auf ein „System zum Informationsaustausch zwischen Finanzinstituten bezüglich der Zahlungsunfähigkeit von Kunden“[1350] stellte der Europäische Gerichtshof – neben einem Rekurs auf die in der Entscheidung *Thyssen Stahl* getroffenen Aussagen zur Struktur des von einem

1350 *EuGH*, Urt. v. 23.11.2006, Rs. C-238/05 (*Asnef-Equifax)*, Slg. 2006, I-11125, Rn. 2.

Informationsaustausch betroffenen Marktes[1351] – zwei Kriterien dafür auf, dass ein solches System keine Wettbewerbsbeschränkung darstellt, dass nämlich – erstens – die Unternehmen bei diesem Informationsaustausch nicht identifizierbar sein dürfen, und dass – zweitens – jeder Wettbewerber Zugang zu dem Informationssystem haben muss.[1352] Während das zweite Kriterium bei der Vorversichereranfrage erfüllt ist, legt die fehlende Anonymisierung der Daten im Rahmen der Vorversichereranfrage den Schluss auf das Vorliegen einer Wettbewerbsbeschränkung nahe.

Zwar betont der Europäische Gerichtshof in seiner Entscheidung, dass die wettbewerbsrechtliche Zulässigkeit eines derartigen Registers „vom wirtschaftlichen und rechtlichen Zusammenhang, in den sich das Register einfügt, und insbesondere von den wirtschaftlichen Bedingungen des Marktes sowie den charakteristischen Eigenschaften des Registers ab[hängt].“[1353] Die kartellrechtliche Beurteilung des Systems der Vorversichereranfrage muss insofern den Besonderheiten der Versicherungsmärkte und der Vorversichereranfrage Rechnung tragen und darf nicht unterschiedslos die Kriterien aus der Entscheidung des Gerichtshofs zum Kreditgeschäft übernehmen. Wie oben gezeigt bestehen jedoch zum einen in Bezug auf bestimmte Einzelinformationen wie die Versicherungssumme, den Selbstbehalt und den Kündigungsgrund, sofern er aus der Sphäre des Versicherers stammt, insoweit Bedenken, als diese Daten möglicherweise Rückschlüsse auf das Marktverhalten der Wettbewerber zulassen. Zum anderen bestehen Bedenken gegen den Informationsaustausch jedoch unabhängig von der Art der konkret ausgetauschten Einzeldaten auch deshalb, weil schon die Kenntnis von der Wechselbereitschaft einzelner Versicherungsnehmer in gewissem Umfang eine Aufteilung der Märkte sowie die Erschwerung des Marktzutritts für neue Wettbewerber oder die Verdrängung vorhandener Wettbewerber ermöglicht. Auch diese Bedenken stehen in engem Zusammenhang mit der Identifizierbarkeit des Vor- und Nachversicherers im konkreten Einzelfall.

Die kartellrechtlichen Bedenken richten sich damit nicht generell gegen den Austausch von Informationen zwischen Versicherern über Versicherungsnehmer, sondern lediglich gegen bestimmte ausgetauschte Informationen sowie

---

1351 *EuGH,* Urt. v. 23.11.2006, Rs. C-238/05 *(Asnef-Equifax),* Slg. 2006, I-11125, Rn. 58; *EuGH,* Urt. v. 02.10.2003, Rs. C-194/99 P *(Thyssen Stahl AG),* Slg. 2003, I-10821, Rn. 84, 86.

1352 *EuGH,* Urt. v. 23.11.2006, Rs. C-238/05 *(Asnef-Equifax),* Slg. 2006, I-11125, Rn. 59, 60.

1353 *EuGH,* Urt. v. 23.11.2006, Rs. C-238/05 *(Asnef-Equifax),* Slg. 2006, I-11125, Rn. 57; siehe auch Rn. 54.

gegen die konkrete Ausgestaltung, die eine Identifizierung der an den einzelnen Vorversichereranfragen beteiligten Unternehmen beinhaltet. Kartellrechtlich unbedenklich dürfte dagegen ein Austausch der übrigen Informationen unter Anonymisierung der jeweils beteiligten Versicherer sein.[1354]

1354 Siehe zu entsprechenden Vorschlägen oben S. 275 f.

Literaturverzeichnis

Aberle, Gerd, Ökonomische Bewertung von Transparenz oder Geheimhaltung der Marktdaten als Wettbewerbsparameter, in: FIW (Hrsg.), Bewertung und Zulässigkeit von Marktinformationsverfahren, Referate einer FIW-Veranstaltung, Forschungsinstitut für Wirtschaftsverfassung und Wettbewerb, FIW-Schriftenreihe, Carl Heymanns Verlag, Köln, 1993, S. 1

Ackermann, Thomas, Art. 85 Abs. 1 EGV und die rule of reason – Zur Konzeption der Verhinderung, Einschränkung oder Verfälschung des Wettbewerbs, Carl Heymanns Verlag, Köln, 1997

Adams, Michael, Ökonomische Analyse des Zivilprozesses, Athenäum Verlag, Königstein/Ts., 1981

Akerlof, George A., The Market for "Lemons": Quality Uncertainty and the Market Mechanism, The Quarterly Journal of Economics 84 (1970), 488

Albach, Horst/Jin, Jim Y./Schenk, Christoph (Hrsg.), Collusion through information sharing? – New trends in competition policy, Edition Sigma, Berlin, 1996

Alexander, Christian/Bornkamm, Joachim/Buchner, Benedikt/Fritzsche, Jörg/Lettl, Tobias (Hrsg.), Festschrift für Helmut Köhler zum 70. Geburtstag, Verlag C. H. Beck, München, 2014 (zitiert: FS Köhler)

Altemöller, Frank, Europäische Fusionskontrolle auf liberalisierten und deregulierten Versicherungsmärkten: Die Entscheidungspraxis der Europäischen Kommission und Perspektiven einer zukünftigen Marktabgrenzung, ZVersWiss 1999, 335

Armbrüster, Christian/Dörner, Heinrich/Klimke, Dominik/Knappmann, Ulrich/Koller, Ingo/Lücke, Werner/Reiff, Peter/Rudy, Mathis/Schneider, Winfried-Thomas/Voit, Wolfgang (Hrsg.), Versicherungsvertragsgesetz, begründet von: Prölss, Erich R., fortgeführt von: Prölss, Jürgen/Martin, Anton u.a., 30. Aufl., Verlag C. H. Beck, 2018 (zitiert: *Bearbeiter* in: Prölss/Martin)

Arnott, Richard/Stiglitz, Joseph, The Welfare Economics of Moral Hazard, in: *Loubergé, Henri (Hrsg.),* Risk, information and insurance – Essays in the memory of Karl H. Borch, 2. Aufl., Kluwer, Boston [u.a.], 1991, S. 91

Arrow, Kenneth J., Uncertainty and the Welfare Economics of Medical Care, The American Economic Review 53 (1963), 941

Arrow, Kenneth J., The Economics of Moral Hazard: Further Comment, The American Economic Review 58 (1968), 537

Arrow, Kenneth J., Essays in the theory of risk bearing, North-Holland [u.a.], Amsterdam, 1976

Arrow, Kenneth J., Insurance, Risk and Resource Allocation, in: *Ders.*, Essays in the theory of risk bearing, 3. Druck, North-Holland [u.a.], Amsterdam, 1976, S. 134

Arrow, Kenneth J., Agency and the Market, Chapter 23, in: *Arrow, Kenneth J. (Hrsg.),* Handbook of mathematical economics, North-Holland, Amsterdam, 1986, S. 1183

Arrow, Kenneth J. (Hrsg.), Handbook of mathematical economics, Bd. 3, North-Holland, Amsterdam, 1986

Baker, Jonathan B., Identifying horizontal price fixing in the electronic marketplace, Antitrust Law Journal 65 (1996–1997), 41

Baldi, Marino, Die Freistellung vom EWG-Kartellverbot, Stämpfli & Cie AG, Bern, 1972

Bartel, Karen, Die neue Gruppenfreistellungsverordnung für die Versicherungswirtschaft – Eine Auseinandersetzung mit den wesentlichen Änderungen, in: *Körber, Torsten/Rauh, Jens Ole (Hrsg.),* Aktuelle Entwicklungen im Versicherungskartellrecht, Verlag Versicherungswirtschaft, Karlsruhe, 2011, S. 25

Basedow, Jürgen, Konsumentenwohlfahrt und Effizienz – Neue Leitbilder der Wettbewerbspolitik?, WuW 2007, 712

Basedow, Jürgen, Das Sozialmodell von Lissabon: Solidarität statt Wettbewerb?, EuZW 2008, 225

Baudenbacher, Carl (Hrsg.), Neueste Entwicklungen im europäischen und internationalen Kartellrecht – Zehntes St. Galler Internationales Kartellrechtsforum 2003, Helbing & Lichtenhahn, Basel, Genf, München, 2003

Baum, Thomas, Per se rule versus rule of reason und Kartellamtsautonomie – Eine Hypothese auf der Basis der Public Choice-Theorie, WuW 1982, 912

Baumann, Horst, Quotenregelung contra Alles-oder-Nichts-Prinzip im Versicherungsfall – Überlegungen zur Reform des § 61 VVG, Recht und Schaden 2005, 1

Baumann, Horst/Beckmann, Roland Michael/Johannsen, Katharina/Johannsen, Ralf (Hrsg.), Versicherungsvertragsgesetz – Großkommentar, Bd. 3, begründet von: Bruck, Ernst/Möller, Hans/Baumann, Horst/Schnepp, Winfried, 9. Aufl., De Gruyter, Berlin, 2010 (zitiert: *Bearbeiter* in: Bruck/Möller)

Bäumler, Roland/Gutsche, Jörg, Auswirkungen von Scoring und risikoorientiertem Pricing auf Verbraucher, VuR 2008, 81

Baums, **Theodor/Wertenbruch**, **Johannes/Lutter**, **Marcus/Schmidt**, **Karsten** (Hrsg.), Festschrift für Ulrich Huber zum siebzigsten Geburtstag, Mohr Siebeck, Tübingen, 2006 (zitiert: FS Huber)

Bechtold, **Rainer**, Zur Abgrenzung des relevanten Marktes, in: *Erdmann*, *Willi (Hrsg.),* Festschrift für Otto-Friedrich Frhr. von Gamm, Carl Heymanns Verlag, Köln [u.a.], 1990, S. 537

Bechtold, **Rainer**, Leitlinien der Kommission und Rechtssicherheit – am Beispiel der neuen Horizontal-Leitlinien, GRUR 2012, 107

Bechtold, **Rainer/Bosch**, **Wolfgang/Brinker**, **Ingo**, EU-Kartellrecht, 3. Aufl., Verlag C. H. Beck, München, 2014 (zitiert: Bechtold/Bosch/Brinker/*Bearbeiter*)

Bechtold, **Stefan/Jickeli**, **Joachim/Rohe**, **Mathias** (Hrsg.), Recht, Ordnung und Wettbewerb, Festschrift zum 70. Geburtstag von Wernhard Möschel, Nomos, Baden-Baden, 2011 (zitiert: FS Möschel)

Beckhusen, **Michael**, Das Scoring-Verfahren der SCHUFA im Wirkungsbereich des Datenschutzrechts, BKR 2005, 335

Beenken, **Matthias**, Der Versicherungsvertreter als Unternehmer – Betriebswirtschaftliche Herausforderungen für den Ausschließlichkeitsvertrieb, 3. Aufl., Verlag Versicherungswirtschaft, Karlsruhe, 2002

Behrens, **Peter**, Der Wettbewerb im Vertrag von Lissabon, EuZW 2008, 193

Behrens, **Peter**, Abschied vom *more economic approach*?, in: *Bechtold*, *Stefan/ Jickeli*, *Joachim/Rohe*, *Mathias (Hrsg.),* Recht, Ordnung und Wettbewerb, Festschrift zum 70. Geburtstag von Wernhard Möschel, Nomos, Baden-Baden, 2011, S. 115

Beliveau, **Barbara C.**, Theoretical and Empirical Aspects of Implicit Information in the Market for Life Insurance, The Journal of Risk and Insurance 51 (1984), 286

Benisch, **Werner** (Hrsg.), Gesetz gegen Wettbewerbsbeschränkungen und europäisches Kartellrecht, Gemeinschaftskommentar, 15. Lieferung 1992, begründet von: Müller-Henneberg, Hans/Schwartz, Gustav, 4. Aufl., Carl Heymanns Verlag, Köln [u.a.], 1992 (zitiert: *Bearbeiter* in: Gemeinschaftskommentar)

Berti, **Stephen V./Girsberger**, **Daniel** (Hrsg.), Nur, aber immerhin, Festgabe für Anton K. Schnyder zum 50. Geburtstag, Schulthess, Zürich, 2002 (zitiert: FG Schneyder)

Besen, **Marc/Gronemeyer**, **Achim**, Informationsaustausch im Rahmen von Unternehmenskäufen – Kartellrechtliche Entwicklungen und Best Practice, CCZ 2013, 137

Bielefeld, **Thomas/Marlow**, **Sven** (Hrsg.), Ein Leben mit der Versicherungswissenschaft: Festschrift für Helmut Schirmer, Verlag Versicherungswirtschaft, Karlsruhe, 2005 (zitiert: FS Schirmer)

Bishop, **Simon/Walker**, **Mike**, The economics of EC competition law, 3rd ed., Sweet & Maxwell, London, 2010

Blattmann, **Andreas D.**, Der Informationsaustausch zwischen Wettbewerbern – Eine kartellrechtliche Beurteilung, Nomos, Baden-Baden, 2012

Böge, **Ulf**, Der „more economic approach" und die deutsche Wettbewerbspolitik, WuW 2004, 726

Böge, **Ulf/Oberender**, **Peter** (Hrsg.), Effizienz und Wettbewerb, Duncker & Humblot, Berlin, 2005

Böhm, **Franz**, Die Ordnung der Wirtschaft als geschichtliche Aufgabe und rechtsschöpferische Leistung, Kohlhammer, Stuttgart, Berlin, 1937

Bohnemann, **Volker**, Preismeldestellen und Wettbewerb, Schmollers Jahrbuch für Wirtschafts- und Sozialwissenschaften 1969, 641

Bork, **Robert H.**, The antitrust paradox – A policy at war with itself, with a new introd. and epilogue, Free Press, New York, 1993

Bornkamm, **Joachim/Montag**, **Frank/Säcker**, **Franz-Jürgen** (Hrsg.), Münchener Kommentar zum Europäischen und Deutschen Wettbewerbsrecht – Kartellrecht, Missbrauchs- und Fusionskontrolle, Band 1, Europäisches Wettbewerbsrecht, begründet von: Hirsch, Günter, 2. Aufl., Verlag C. H. Beck, München, 2015 (zitiert: MüKoEuWettbR/*Bearbeiter*)

Braess, **Paul**, Prämiengerechtigkeit aus wirtschaftswissenschaftlicher Sicht, VersWissArch 1958, 257

Braess, **Paul/Müller-Lutz**, **Heinz L.** (Hrsg.), Praxis und Theorie der Versicherungsbetriebslehre – Festgabe f. H. L. Müller-Lutz z. 60. Geburtstag, Verlag Versicherungswirtschaft, Karlsruhe, 1972 (zitiert: FG Müller-Lutz)

Brand, **Oliver**, Grenzen der vorvertraglichen Anzeigepflicht des Versicherungsnehmers, VersR 2009, 715

Brandt, **Karl**, Information, Marktform und Wettbewerb, ZHR 1965, 200

Brauser-Jung, **Gerrit**, Der Schutz des Wettbewerbs in der EU-Wirtschaftsverfassung – Ein Beitrag zum System des unverfälschten Wettbewerbs im primären Unions- und Gemeinschaftsrecht, in: *Kluth*, *Winfried/Müller*, *Martin/Peilert*, *Andreas (Hrsg.)*, Wirtschaft – Verwaltung – Recht, Festschrift für Rolf Stober zum 65. Geburtstag am 11. Juni 2008, Juristische Festschriften, Carl Heymanns Verlag, Köln, München, 2008, S. 43

Brinker, **Ingo/Schädle**, **Anne**, Versicherungspools und EG-Kartellrecht, VersR 2003, 1475

Brinker, **Ingo/Schädle**, **Anne**, Kartellrechtliche Marktabgrenzung in der Versicherungswirtschaft, VersR 2004, 673

Brinker, Ingo/Scheuing, Dieter Helmut/Stockmann, Kurt (Hrsg.), Recht und Wettbewerb, Festschrift für Rainer Bechtold zum 65. Geburtstag, Verlag C. H. Beck, München, 2006 (zitiert: FS Bechtold)

Brodbeck, Andreas, Marktdefinition im Kartellrecht: Ein Plädoyer für eine konsequente Anwendung des SSNIP-Tests, in: *Berti, Stephen V./Girsberger, Daniel (Hrsg.),* Nur, aber immerhin, Festgabe für Anton K. Schnyder zum 50. Geburtstag, Schulthess, Zürich, 2002, S. 41

Brodley, Joseph F., The Economic Goals of Antitrust: Efficiency, Consumer Welfare, and Technological Progress, New York University Law Review 62 (1987), 1020

Büchner, Franz, Geschichtliche Betrachtung zum Begriff der Versicherung, in: *Schmidt, Reimer/Sieg, Karl (Hrsg.),* Grundprobleme des Versicherungsrechts, Festgabe für Hans Möller zum 65. Geburtstag, Verlag Versicherungswirtschaft, Karlsruhe, 1972, S. 111

Bundeskartellamt, Tätigkeitsbericht 1976, BT-Drucks. 8/704 (zitiert: Bundeskartellamt, TB 1976)

Bundeskartellamt, Zulässigkeit von Marktinformationsverfahren und -statistiken, Leitbrief vom 02.07.1976, abgedruckt in: WuW 1978, 581

Bundeskartellamt, Tätigkeitsbericht 1999/2000, BT-Drucks. 14/6300 (zitiert: Bundeskartellamt, TB 1999/2000)

Bundeskartellamt, Tätigkeitsbericht 2003/2004, BT-Drucks. 15/5790 (zitiert: Bundeskartellamt, TB 2003/2004)

Bundeskartellamt, Tätigkeitsbericht 2005/2006, BT-Drucks. 16/5710 (zitiert: Bundeskartellamt, TB 2005/2006)

Bundeskartellamt, Tätigkeitsbericht 2009/2010, BT-Drucks. 17/6640 (zitiert: Bundeskartellamt, TB 2009/2010)

Bundeskartellamt, Fallbericht B4 – 82/02: Ende des OLG-Verfahrens wegen der Bußgelder gegen Industrieversicherer, 22.02.2010, abrufbar unter: http://www.bundeskartellamt.de/SharedDocs/Entscheidung/DE/Fallberichte/Kartellverbot/2010/B4-82-02.pdf?__blob=publicationFile&v=5 (Stand 09.07.2018)

Bundeskartellamt, Tätigkeitsbericht 2013/2014, BT-Drucks. 18/5210 (zitiert: Bundeskartellamt, TB 2013/2014)

Bundesministerium für Wirtschaft, Zwischenbetriebliche Zusammenarbeit im Rahmen des Gesetzes gegen Wettbewerbsbeschränkungen – Kooperationsfibel, Bundesminister für Wirtschaft, Bonn-Duisdorf, 1976 (zitiert: Kooperationsfibel)

Bunte, Hermann-Josef, „carpartner" und die Folgen, NJW 1999, 93

Bunte, **Hermann-Josef** (Hrsg.), Kartellrecht – Kommentar, Bd. 2, Europäisches Kartellrecht, 13. Aufl., Luchterhand, Köln, 2018 (zitiert: Langen/Bunte/*Bearbeiter*)

Bunte, **Hermann-Josef/Stancke**, **Fabian**, Leitfaden Versicherungskartellrecht – für Vorstände, Führungskräfte und Mitarbeiter, 4. Aufl., VVW GmbH, Karlsruhe, 2018

Bürkle, **Jürgen** (Hrsg.), Compliance in Versicherungsunternehmen – Rechtliche Anforderungen und praktische Umsetzung, 2. Aufl., Verlag C. H. Beck, München, 2015

Caballero Sanz, **Francisco**, Information Exchange Mechanisms and EC Antitrust Policy, in: *Albach, Horst/Jin, Jim Y./Schenk, Christoph (Hrsg.),* Collusion through information sharing? – New trends in competition policy, Edition Sigma, Berlin, 1996, S. 27

Calliess, **Christian/Ruffert**, **Matthias** (Hrsg.), EUV, AEUV: Das Verfassungsrecht der Europäischen Union mit Europäischer Grundrechtecharta – Kommentar, 5. Aufl., Verlag C. H. Beck, München, 2016 (zitiert: Calliess/Ruffert/*Bearbeiter*)

Camesasca, **Peter D./Schmidt**, **Anna K.**, New EC Horizontal Guidelines: Providing Helpful Guidance in the Highly Diverse and Complex Field of Competitor Cooperation and Information Exchange, Journal of Economic Literature 2 (2011), 227

Canaris, **Claus-Wilhelm**, Verstöße gegen das verfassungsrechtliche Übermaßverbot im Recht der Geschäftsfähigkeit und im Schadensrecht, JZ 1987, 993

Canaris, **Claus-Wilhelm/Diederichsen**, **Uwe** (Hrsg.), Festschrift für Karl Larenz zum 80. Geburtstag am 23. April 1983, Verlag C. H. Beck, München, 1983 (zitiert: FS Larenz)

Canenbley, **Cornelis**, Die Abgrenzung des geografisch relevanten Marktes in der EWG-Fusionskontrolle, in: *Everling, Ulrich/Narjes, Karl-Heinz/Sedemund, Jochim (Hrsg.),* Europarecht, Kartellrecht, Wirtschaftsrecht, Festschrift für Arved Deringer, Nomos, Baden-Baden, 1993, S. 226

Capobianco, **Antonio**, Information exchange under EC competition law, Common market law review 41 (2004), 1247

Carlton, **Dennis William/Perloff**, **Jeffrey M.**, Modern industrial organization, 4th ed., Pearson/Addison Wesley, Boston, 2005

Caspar, **Ute**, Wettbewerbliche Gesamtwürdigung von Vereinbarungen im Rahmen von Art. 81 Abs. 1 EGV – Ein Beitrag zur Auslegung des Tatbestandsmerkmals der Wettbewerbsbeschränkung im europäischen Kartellverbotsrecht, Carl Heymanns Verlag, Köln, 2001

Chiappori, Pierre-Andre/Salanié, Bernard, Testing for Asymmetric Information in Insurance Markets, Journal of Political Economy 108 (2000), 56

Christiansen, Arndt, Die „Ökonomisierung" der EU-Fusionskontrolle. Mehr Kosten als Nutzen?, WuW 2005, 285

Christiansen, Arndt, Der „More Economic Approach" in der EU-Fusionskontrolle – Entwicklung, konzeptionelle Grundlagen und kritische Analyse, Lang, Frankfurt am Main [u.a.], 2010

Christiansen, Arndt/Kerber, Wolfgang, Competition policy with optimally differentiated rules instead of "per se rules vs. rule of reason", Journal of competition law & economics 2 (2006), 215

Clark, John Maurice, Toward a Concept of Workable Competition, The American Economic Review 30 (1940), 241

Clark, John Maurice, Competition: Static Models and Dynamic Aspects, The American Economic Review 45 (1955), 450

Clark, John Maurice, Competition as a dynamic process, Brookings Institution, Washington, D.C., 1961

Coase, R. H., The Problem of Social Cost, Journal of Law and Economics 3 (1960), 1

Commission staff working document, Guidance on restrictions of competition "by object" for the purpose of defining which agreements may benefit from the De Minimis Notice, SWD(2014) 198 final, 25.06.2014; http://ec.europa.eu/competition/antitrust/legislation/de_minimis_notice_annex.pdf (Stand 17.07.2018)

Commission staff working document impact assessment – HT.4012 – IBER, SEC(2016) 536; http://ec.europa.eu/competition/sectors/financial_services/iber_impact_assessment_en.pdf (Stand 17.07.2018)

Commission staff working document, On the functioning of Commission Regulation (EC) No 358/2003 on the application of Article 81(3) of the Treaty to certain categories of agreements, decisions and concerted practices in the insurance sector, SEC(2009) 364; http://ec.europa.eu/competition/sectors/financial_services/insurance_ber_working_document.pdf (Stand 17.07.2018)

Crocioni, Pietro, The Hypothetical Monopolist Test: What It Can and Cannot Tell You, European Competition Law Review (2002), 354

Domej, Tanja (Hrsg.), Einheit des Privatrechts, komplexe Welt – Herausforderungen durch fortschreitende Spezialisierung und Interdisziplinarität, Zürcher Tagung 3. – 6. September 2008, Gesellschaft Junger Zivilrechtswissenschaftler, Jahrbuch Junger Zivilrechtswissenschaftler 2008, Boorberg, Stuttgart, 2009

Draf, Oliver, § 14 Datenschutz und IT-Compliance, in: *Bürkle, Jürgen (Hrsg.),* Compliance in Versicherungsunternehmen – Rechtliche Anforderungen und praktische Umsetzung, 2. Aufl., Verlag C. H. Beck, München, 2015

Dreher, **Meinrad**, Die Versicherung als Rechtsprodukt – Die Privatversicherung und ihre rechtliche Gestaltung, Mohr Siebeck, Tübingen, 1991

Dreher, **Meinrad**, Die wettbewerbsrechtliche Zulässigkeit der Information über Marktdaten, in: FIW (Hrsg.), Bewertung und Zulässigkeit von Marktinformationsverfahren, Referate einer FIW-Veranstaltung, Forschungsinstitut für Wirtschaftsverfassung und Wettbewerb, FIW-Schriftenreihe, Carl Heymanns Verlag, Köln, 1993, S. 15

Dreher, **Meinrad**, Stand und Perspektiven des europäischen Kartellrechts für Versicherungsunternehmen, in: DVS Deutscher Versicherungsschutzverband e.V. (Hrsg.), Zukunft der Wirtschaft – Versicherung der Zukunft, 1901–2001; Festschrift zum 100-jährigen Bestehen des DVS, Deutscher Versicherungs-Schutzverband e.V., DVS-Wirtschaftsges., Bonn, 2001, S. 83

Dreher, **Meinrad**, Kartellrechtscompliance in der Versicherungswirtschaft, VersR 2004, 1

Dreher, **Meinrad**, Die kartellrechtliche Beurteilung identifizierender Marktinformationen in der Versicherungswirtschaft, in: *Bielefeld, Thomas/Marlow, Sven (Hrsg.),* Ein Leben mit der Versicherungswissenschaft: Festschrift für Helmut Schirmer, Verlag Versicherungswirtschaft, Karlsruhe, 2005

Dreher, **Meinrad**, Der Wettbewerb bei der Vergabe von Versicherungsdienstleistungen, in: *Verschuer, Nikolaus von/Gres, Joachim (Hrsg.),* Liber Amicorum für Alexander Riesenkampff zum siebzigsten Geburtstag, Verlag C. H. Beck, München, 2006, S. 3

Dreher, **Meinrad**, Die Kontrolle des Wettbewerbs in Innovationsmärkten – Marktabgrenzung und Marktbeherrschung in innovationsgeprägten Märkten, ZWeR 2009, 149

Dreher, **Meinrad** (Hrsg.), Versicherungsaufsichtsgesetz, begründet von: Prölss, Erich R., 13. Aufl., Verlag C. H. Beck, München, 2018 (zitiert: Prölss/Dreher/*Bearbeiter*)

Dreher, **Meinrad/Adam**, **Michael**, The more economic approach to Art. 82 EC and the legal process, ZWeR 2006, 259

Dreher, **Meinrad/Hoffmann**, **Jens**, Kartellrechtsverstöße durch Informationsaustausch? – Die neue kartellrechtliche Praxis und Rechtsprechung zum Informationsaustausch, WuW 2011, 1181

Dreher, **Meinrad/Hoffmann**, **Jens**, Die Muster Allgemeiner Versicherungsbedingungen im europäischen Kartellrecht – Die Zusammenarbeit von

Versicherungsunternehmen bei Muster-AVB nach dem Wegfall der Gruppenfreistellung, ZWeR 2012, 403

Dreher, Meinrad/Hoffmann, Jens/Kling, Michael, Kartell- und Wettbewerbsrecht der Versicherungsunternehmen, 2. Aufl., Verlag C. H. Beck, München, 2015

Dreher, Meinrad/Körner, Julia, Die einseitige Offenlegung von Informationen gegenüber einem konkurrierenden Lizenzvertragspartner, WuW 2012, 104

Dreher, Meinrad/Thomas, Stefan, Die Angebotssubstituierbarkeit in der Marktabgrenzung, ZWeR 2014, 366

Drexl, Joseph, Wettbewerbswidrige Lizenzgebühren: Ein Plädoyer für eine „teilweise" Rückbesinnung auf die Inhaltstheorie, in: *Alexander, Christian/Bornkamm, Joachim/Buchner, Benedikt u. a. (Hrsg.),* Festschrift für Helmut Köhler zum 70. Geburtstag, Verlag C. H. Beck, München, 2014, S. 85

DVS Deutscher Versicherungsschutzverband e.V. (Hrsg.), Zukunft der Wirtschaft - Versicherung der Zukunft 1901–2001, Festschrift zum 100-jährigen Bestehen des DVS, Deutscher Versicherungs-Schutzverband e.V., DVS-Wirtschaftsges., Bonn, 2001

Eidenmüller, Horst, Effizienz als Rechtsprinzip - Möglichkeiten und Grenzen der ökonomischen Analyse des Rechts, 3. Aufl., Mohr Siebeck, Tübingen, 2005

Eilmansberger, Thomas, Verbraucherwohlfahrt, Effizienzen und ökonomische Analyse - Neue Paradigmen im europäischen Kartellrecht?, ZWeR 2009, 437

Eisen, Roland, Problems of equilibria in insurance markets with asymmetric information, in: *Loubergé, Henri (Hrsg.),* Risk, information and insurance - Essays in the memory of Karl H. Borch, 2. Aufl., Kluwer, Boston [u.a.], 1991

Engel, Christoph/Möschel, Wernhard (Hrsg.), Recht und spontane Ordnung, Festschrift für Ernst-Joachim Mestmäcker zum achtzigsten Geburtstag, Nomos, Baden-Baden, 2006 (zitiert: FS Mestmäcker)

Erdmann, Willi (Hrsg.), Festschrift für Otto-Friedrich Frhr. von Gamm, Carl Heymanns Verlag, Köln [u.a.], 1990 (zitiert: FS von Gamm)

Erichsen, Sven, Kräftiger Wettbewerb in der Industrieversicherung, VW 2010, 1606

Eucken, Walter, Grundsätze der Wirtschaftspolitik, 7. Aufl., mit einem Gespräch zwischen Ernst-Joachim Mestmäcker und Walter Oswalt, Mohr Siebeck, Tübingen, 2004

Europäische Kommission, Siebenter Bericht über die Wettbewerbspolitik, Brüssel/Luxemburg, 1978

Europäische Kommission, XXIV. Bericht über die Wettbewerbspolitik 1994, Office for Official Publications of the European Communities, Brüssel, Luxemburg, 1995

Europäische Kommission, Bericht an das Europäische Parlament und den Rat über die Anwendung der Verordnung Nr. 3932/92 der Kommission über die Anwendung von Artikel 81 Absatz 3 EWG-Vertrag (Ex-Artikel 85 Absatz 3) auf bestimmte Gruppen von Vereinbarungen, Beschlüssen und aufeinander abgestimmten Verhaltensweisen im Bereich der Versicherungswirtschaft, 1999, KOM (1999) 192 endg., http://ec.europa.eu/competition/antitrust/others/ins_rep1999_de.pdf (Stand, 17.07.2018; zitiert: Europäische Kommission, Bericht an das Europäische Parlament und den Rat über die Anwendung der Verordnung Nr. 3932/92, 12.05.1999)

Europäische Kommission, XXIX. Bericht über die Wettbewerbspolitik 1999 – Im Zusammenhang mit dem „Gesamtbericht über die Tätigkeit der Europäischen Union 1999" veröffentlichter Bericht, Amt für amtl. Veröff. der EG, Brüssel/Luxemburg, 2000

Europäische Kommission, XXX. Bericht über die Wettbewerbspolitik 2000 – Im Zusammenhang mit dem „Gesamtbericht über die Tätigkeit der Europäischen Union 2000" veröffentlichter Bericht, Amt für amtl. Veröff. der EG, Brüssel/Luxemburg, 2001

Europäische Kommission, Business Insurance Sector Inquiry – Interim Report, 25.01.2007, abrufbar unter: http://ec.europa.eu/competition/sectors/financial_services/inquiries/interim_report_24012007.pdf (Stand 17.07.2018)

Europäische Kommission, Bericht der Kommission an das Europäische Parlament und den Rat über das Funktionieren der Verordnung (EU) Nr. 267/2010 der Kommission über die Anwendung von Artikel 101 Absatz 3 des Vertrags über die Arbeitsweise der Europäischen Union auf Gruppen von Vereinbarungen, Beschlüssen und abgestimmten Verhaltensweisen im Versicherungssektor, COM(2016) 153, 17.03.2016; https://ec.europa.eu/transparency/regdoc/rep/1/2016/DE/1-2016-153-DE-F1-1.PDF (Stand 17.07.2018)

Everling, Ulrich/Narjes, Karl-Heinz/Sedemund, Jochim (Hrsg.), Europarecht, Kartellrecht, Wirtschaftsrecht, Festschrift für Arved Deringer, Nomos, Baden-Baden, 1993 (zitiert: FS Deringer)

Ewald, Christian, Paradigmenwechsel bei der Abgrenzung relevanter Märkte, ZWeR 2004, 512

Ewald, Christian, Ökonomie im Kartellrecht: Vom more economic approach zu sachgerechten Standards forensischer Ökonomie, ZWeR 2011, 15

Farny, Dieter (Hrsg.), Wirtschaft und Recht der Versicherung – Paul Braess zum 66. Geburtstag, Verlag Versicherungswirtschaft, Karlsruhe, 1969 (zitiert: FS Braess)

Farny, Dieter, Absatz und Absatzpolitik des Versicherungsunternehmens, ZVersWiss 1971, 155

Farny, Dieter (Hrsg.), Handwörterbuch der Versicherung – HdV, Verlag Versicherungswirtschaft, Karlsruhe, 1988

Farny, Dieter, Versicherungsbetriebslehre, 5. Aufl., Verlag Versicherungswirtschaft, Karlsruhe, 2011

Faull, Jonathan/Nikpay, Ali (Hrsg.), The EU law of competition, 3rd ed., Oxford University Press, Oxford, 2014 (zitiert: *Bearbeiter* in: Faull/Nikpay)

Feldkamp, Hans-Martin, Statistische Marktinformationsverfahren und das europäische Kartellrecht, EuZW 1991, 617

Fiebig, Dietmar, Die bezweckte Wettbewerbsbeschränkung in der jüngsten Anwendungspraxis von Kommission und europäischen Gerichten, WuW 2015, 462

Fikentscher, Wolfgang, Wirtschaftsrecht – 1. Weltwirtschaftsrecht, europäisches Wirtschaftsrecht, Verlag C. H. Beck, München, 1983

FIW (Hrsg.), Bewertung und Zulässigkeit von Marktinformationsverfahren – Referate einer FIW-Veranstaltung, Bd. 150, Carl Heymanns Verlag, Köln [u.a.], 1993

FIW (Hrsg.), Schwerpunkte des Kartellrechts 1998, Bd. 178, Carl Heymanns Verlag, Köln [u.a.], 1999

FIW (Hrsg.), Die Wende in der europäischen Wettbewerbspolitik – Referate des XXXVI. FIW-Symposions, Carl Heymanns Verlag, Köln [u.a.], 2004

Fleischer, Holger, Informationsasymmetrie im Vertragsrecht – Eine rechtsvergleichende und interdisziplinäre Abhandlung zu Reichweite und Grenzen vertragsschlußbezogener Aufklärungspflichten, Verlag C. H. Beck, München, 2001

Fleischer, Holger/Zimmer, Daniel (Hrsg.), Effizienz als Regelungsziel im Handels- und Wirtschaftsrecht, Verlag Recht und Wirtschaft, Frankfurt am Main, 2008

Fleischer, Holger/Zimmer, Daniel, Effizienzorientierung im Handels- und Wirtschaftsrecht – Einführung und Überblick, in: *Fleischer, Holger/Zimmer, Daniel (Hrsg.),* Effizienz als Regelungsziel im Handels- und Wirtschaftsrecht, Verlag Recht und Wirtschaft, Frankfurt am Main, 2008, S. 9

Flohr, Eckhard/Liebscher, Christoph/Petsche, Alexander (Hrsg.), Handbuch der EU-Gruppenfreistellungsverordnungen, 2. Aufl., Verlag C. H. Beck, München, 2012 (zitiert: Liebscher/Flohr/Petsche/*Bearbeiter*)

Frank von Fürstenwerth, Jörg Freiherr/Weiß, Alfons, Versicherungs-Alphabet (VA) – Begriffserläuterungen der Versicherung aus Theorie und Praxis, 10. Aufl., Verlag Versicherungswirtschaft, Karlsruhe, 2001

Franzke, Matthias, Strafrechtliche Instrumentarien zur Eindämmung von Versicherungsbetrug, Bd. 2, Josef Eul Verlag, Lohmar, 2012

Frenz, Walter, Handbuch Europarecht, Band 2: Europäisches Kartellrecht, 2. Aufl., Springer, Berlin, Heidelberg, 2015

Friederiszick, Hans Wolfgang, Marktabgrenzung und Marktmacht, in: *Schwarze, Jürgen (Hrsg.),* Recht und Ökonomie im Europäischen Wettbewerbsrecht, Nomos, Baden-Baden, 2006, S. 29

Friese, Sebastian/Grobenski, Zdenko/Schulenburg, Johann-Matthias Graf von der, Fusionskontrolle bei Unternehmenszusammenschlüssen im europäischen Versicherungssektor, VersR 2005, 1493

Fritsch, Michael, Marktversagen und Wirtschaftspolitik – Mikroökonomische Grundlagen staatlichen Handelns, 10. Aufl., Verlag Franz Vahlen, München, 2018

Fritzsche, Alexander, Interdisziplinarität oder ökonomischer Imperialismus? Aspekte des sog. „more economic approach“ im europäischen Wettbewerbsrecht, in: *Domej, Tanja (Hrsg.),* Einheit des Privatrechts, komplexe Welt – Herausforderungen durch fortschreitende Spezialisierung und Interdisziplinarität, Zürcher Tagung 3. – 6. September 2008, Gesellschaft Junger Zivilrechtswissenschaftler, Jahrbuch Junger Zivilrechtswissenschaftler 2008, Boorberg, Stuttgart, 2009, S. 207

Fritzsche, Jörg, „Notwendige“ Wettbewerbsbeschränkungen im Spannungsfeld von Verbot und Freistellung nach Art. 85 EGV, ZHR 1996, 31

Früchtl, Christiane/Peters, Anja/Seitz, Katharina, Vergleichsportale für Versicherungen – Kundenerwartungen, Erfolgsfaktoren und Status quo, ibi research an der Univ. Regensburg, Regensburg, 2011

Fuchs, Andreas, Neue Entwicklungen beim Konzept der Wettbewerbsbeschränkung in Art. 81 Abs. 1 EG, ZWeR 2007, 369

Fuchs, Andreas, Effizienzorientierung im Wettbewerbs- und Kartellrecht?, in: *Fleischer, Holger/Zimmer, Daniel (Hrsg.),* Effizienz als Regelungsziel im Handels- und Wirtschaftsrecht, Verlag Recht und Wirtschaft, Frankfurt am Main, 2008, S. 69

Fürstenwerth, Frank von, EG-Gruppenfreistellungsverordnung für die Versicherungswirtschaft, WM 1994, 365

Geiger, Rudolf/Khan, Daniel-Erasmus/Kotzur, Markus (Hrsg.), EUV, AEUV: Vertrag über die Europäische Union, Vertrag über die Arbeitsweise der

Europäischen Union – Kommentar, 6. Aufl., Verlag C. H. Beck, München, 2017 (zitiert: Geiger/Khan/Kotzur/*Bearbeiter*)

Gerber, **David J.**, Law and competition in twentieth century Europe – Protecting Prometheus, Oxford University Press, Northampton, MA, 1998

Geroski, **Paul/Griffith**, **Rachel**, Identifying antitrust markets, in: *Neumann*, *Manfred/Weigand*, *Jürgen (Hrsg.)*, The international handbook of competition, Edward Elgar, Cheltenham, UK, Northampton, MA, 2004, S. 290

Gesamtverband der Deutschen Versicherungswirtschaft e.V., Hinweis- und Informationssystem der deutschen Versicherer – HIS. Was es ist und was es leistet, https://www.gdv.de/resource/blob/22238/a46ff972b9180a6e324ffd7d646ba31a/broschuere---hinweis--und-informationssystem-der-deutschen-versicherer---his--was-es-ist-und-was-es-leistet--data.pdf (Stand 18.09.2018)

Gesamtverband der Deutschen Versicherungswirtschaft e.V., Jahrbuch 2011, Die deutsche Versicherungswirtschaft, GDV, Berlin, 2011

Gesamtverband der Deutschen Versicherungswirtschaft e.V., Jahrbuch 2012, Die deutsche Versicherungswirtschaft, GDV, Berlin, 2012

Gesamtverband der Deutschen Versicherungswirtschaft e.V., Statistisches Taschenbuch der Versicherungswirtschaft 2014, Verlag Versicherungswirtschaft, Karlsruhe, 2014

Gleiss, **Alfred/Hirsch**, **Martin** (Hrsg.), Kommentar zum EG-Kartellrecht – Band 1: Art. 85 und Gruppenfreistellungsverordnungen, begründet von: Hirsch, Martin Christian/Burkert, Thomas O. J./Gleiss, Alfred, 4. Aufl., Verlag Recht und Wirtschaft, Heidelberg, 1993 (zitiert: *Bearbeiter* in: Gleiss/Hirsch)

Görner, **André**, Die Marktabgrenzung im Versicherungskartellrecht am Beispiel der Berufshaftpflichtversicherungen, ZVersWiss 2005, 739

Goyder, **Joanna/Albors-Llorens**, **Albertina/Goyder**, **D. G.**, Goyder's EC competition law, 5th ed., Oxford University Press, Oxford, 2009

von der Groeben, **Hans/Schwarze**, **Jürgen/Hatje**, **Armin** (Hrsg.), Europäisches Unionsrecht – Vertrag über die Europäische Union, Vertrag über die Arbeitsweise der Europäischen Union, Charta der Grundrechte der Europäischen Union, 7. Aufl., Nomos, Baden-Baden, 2015 (zitiert: von der Groeben/Schwarze/Hatje/*Bearbeiter*)

Grossmann, **Marcel**, Über das subjektive Risiko, in: *Farny*, *Dieter (Hrsg.)*, Wirtschaft und Recht der Versicherung, Paul Braess zum 66. Geburtstag, Verlag Versicherungswirtschaft, Karlsruhe, 1969, S. 81

Grubel, **Herbert G.**, Risk, Uncertainty and Moral Hazard, The Journal of Risk and Insurance 38 (1971), 99

Gruber, **Michael**, Die Muster-Versicherungsbedingungen nach dem Wegfall der Gruppenfreistellung, JBl 2011, 477

Grüner, **Hans Peter**, Wirtschaftspolitik – Allokationstheoretische Grundlagen und politisch-ökonomische Analyse, 6. Aufl., Springer, Berlin [u.a.], 2018

Gürtler, **M.**, Das „subjektive Risiko" im Versicherungswesen, besonders in der Kraftfahrzeug-Versicherung, ZVersWiss 1963, 1

Haberstroh, **Dieter**, Das „Augenblicksversagen" – kein Fall grober Fahrlässigkeit, VersR 1998, 943

Hackenberg, **Wolfgang**, Teil 16.7 Big Data, in: *Hoeren*, *Thomas/Sieber*, *Ulrich/Holznagel*, *Bernd (Hrsg.)*, Handbuch Multimedia-Recht – Rechtsfragen des elektronischen Geschäftsverkehrs, Verlag C. H. Beck, München, 2018

Halm, **Wolfgang/Engelbrecht**, **Andreas/Krahe**, **Frank** (Hrsg.), Handbuch des Fachanwalts Versicherungsrecht, 6. Aufl., Luchterhand, Köln, 2018

Hamburgischer Beauftragter für Datenschutz, 22. Tätigkeitsbericht des Hamburgischen Beauftragten für Datenschutz und Informationsfreiheit zugleich Tätigkeitsbericht der Aufsichtsbehörde für den nicht-öffentlichen Bereich 2008–2009, https://www.datenschutz-hamburg.de/uploads/media/22._Taetigkeitsbericht_2008-2009.pdf (Stand 19.09.2018)

Harberger, **Arnold C.**, Monopoly and Resource Allocation, The American Economic Review 44 (1954), 77

Haucap, **Justus/Schmidt**, **Ingo**, Wettbewerbspolitik und Kartellrecht – Eine interdisziplinäre Einführung, 10. Aufl., Oldenbourg Verlag, München, 2013

von Hayek, **Friedrich August**, Der Wettbewerb als Entdeckungsverfahren, IfW, Kiel, 1968

von Hayek, **Friedrich August**, Individualismus und wirtschaftliche Ordnung, 2. Aufl., Wolfgang Neugebauer, Salzburg, 1976

von Hayek, **Friedrich August**, Gesammelte Schriften in deutscher Sprache, Abt. B Bd. 4: Recht, Gesetz und Freiheit – Eine Neufassung der liberalen Grundsätze der Gerechtigkeit und der politischen Ökonomie, *Vanberg*, *Viktor (Hrsg.)*, Mohr Siebeck, Tübingen, 2003

Heiss, **Helmut**, Europäischer Versicherungsvertrag, VersR 2005, 1

Herdzina, **Klaus**, Wettbewerbspolitik, 5. Aufl., Lucius und Lucius, Stuttgart, 1999

Hertfelder, **Johannes**, Die consumer welfare im europäischen Wettbewerbsrecht – Eine Analyse der Rechtspraxis der Kommission und der europäischen Gerichte, Nomos, Baden-Baden, 2010

Hertfelder, **Johannes**, Die „bewirkte Wettbewerbsbeschränkung" in Artikel 101 Absatz 1 AEUV und der More Economic Approach, in: *Bechtold*, *Stefan/Jickeli*, *Joachim/Rohe*, *Mathias (Hrsg.)*, Recht, Ordnung und Wettbewerb,

Festschrift zum 70. Geburtstag von Wernhard Möschel, Nomos, Baden-Baden, 2011, S. 281

Heyers, Johannes, Facilitating Practices, Habilitationsschrift, Münster, 2009

Heyers, Johannes, Kartellrechtliche Risiken des Informationsaustauschs, ZWH 2012, 269

Heyers, Johannes, Kartellrechtliche Beurteilung sog. Vorversichereranfragen, WuW 2012, 557

Heyers, Johannes, Systemkonformität der kartellrechtlichen Beurteilung sog. Informationsaustauschs, NZKart 2013, 99

Hicks, J. R., The Foundations of Welfare Economics, The Economic Journal 49 (1939), 696

Hildebrand, Doris, Der „more economic approach" in der Wettbewerbspolitik, WuW 2005, 513

Hildebrand, Doris, The role of economic analysis in the EU competition law, 4th ed., Kluwer Law International, Alphen aan den Rijn, The Netherlands, 2016

Hirsch, Günter/Montag, Frank/Säcker, Franz-Jürgen (Hrsg.), Münchener Kommentar zum Europäischen und Deutschen Wettbewerbsrecht (Kartellrecht) - Band 1: Europäisches Wettbewerbsrecht, Verlag C. H. Beck, München, 2007 (zitiert: MüKoEuWettbR (2007)/*Bearbeiter*)

Hirsch, Günter/Montag, Frank/Säcker, Franz-Jürgen (Hrsg.), Münchener Kommentar zum Europäischen und Deutschen Wettbewerbsrecht (Kartellrecht) - Band 2: Gesetz gegen Wettbewerbsbeschränkungen (GWB), Verlag C. H. Beck, München, 2008 (zitiert: MüKoGWB (2008)/*Bearbeiter*)

Hoeren, Thomas, Risikoprüfung in der Versicherungswirtschaft - Datenschutz und wettbewerbsrechtliche Fragen beim Aufbau zentraler Hinweissysteme, VersR 2005, 1014

Hoeren, Thomas/Sieber, Ulrich/Holznagel, Bernd (Hrsg.), Handbuch Multimedia-Recht - Rechtsfragen des elektronischen Geschäftsverkehrs, 46. Ergänzungslieferung 2018, Verlag C. H. Beck, München, 2018

Hohlfeld, Knut, Auswirkungen der Deregulierung aus aufsichtsbehördlicher Sicht, Verlag Versicherungswirtschaft, Karlsruhe, 1996

Holler, Manfred J./Illing, Gerhard, Einführung in die Spieltheorie, 7. Aufl., Springer, Berlin [u.a.], 2009

Holmström, Bengt, Moral Hazard and Observability, The Bell Journal of Economics 10 (1979), 74

Holmström, Bengt/Milgrom, Paul, Aggregation and Linearity in the Provision of Intertemporal Incentives, Econometrica 55 (1987), 303

Honsel, **Bernd**, Kartellrechtliche Probleme bei Finanzdienstleistungen, in: *Baudenbacher, Carl (Hrsg.),* Neueste Entwicklungen im europäischen und internationalen Kartellrecht – Zehntes St. Galler Internationales Kartellrechtsforum 2003, Helbing & Lichtenhahn, Basel, Genf, München, 2003, S. 215

Honsell, **Heinrich** (Hrsg.), Berliner Kommentar zum Versicherungsvertragsgesetz – Kommentar zum deutschen und österreichischen VVG, Springer, Berlin [u.a.], 1999 (zitiert: BK/*Bearbeiter*)

Hootz, **Christian** (Hrsg.), Gesetz gegen Wettbewerbsbeschränkungen und Europäisches Kartellrecht – Gemeinschaftskommentar, 8. Lieferung 2003, EG-Gruppenfreistellung Branchen-Regelung Versicherungswirtschaft (VO (EG) 358/2003), begründet von: Müller-Henneberg, Hans/Schwartz, Gustav, fortgeführt von: Bernisch, Werner, 5. Aufl., Carl Heymanns Verlag, Köln [u.a.], 2003 (zitiert: GK/*Bearbeiter*)

Hoppmann, **Erich**, Preismeldestellen und Wettbewerb, WuW 1966, 97

Hoppmann, **Erich**, Preismeldestellen: Kartelle oder Marktstatistik?, WRP 1966, 300

Hoppmann, **Erich**, Wettbewerb als Norm der Wettbewerbspolitik, ORDO 1967, 77

Hovenkamp, **Herbert**, Antitrust law – An analysis of antitrust principles and their application, Aspen Law and Business, Gaithersburg/New York, 1999

Imgrund, **Jan**, Zusammenarbeit von Versicherern nach dem Wegfall der Versicherungs-GVO, WuW 2017, 530

Immenga, **Ulrich**, Ökonomie und Recht in der europäischen Wettbewerbspolitik, ZWeR 2006, 346

Immenga, **Ulrich/Mestmäcker**, **Ernst-Joachim** (Hrsg.), Wettbewerbsrecht, Bd. 1 EU/Teil 1, 5. Aufl., Verlag C. H. Beck, München, 2012 (zitiert: Immenga/Mestmäcker/*Bearbeiter*)

Italianer, **Alexander**, The Objects of Effects, CRA Annual Brussels Conference – Economic Developments in Competition Policy, Brüssel, 10.12.2014, http://ec.europa.eu/competition/speeches/text/sp2014_07_en.pdf (Stand 20.07.2018)

Jaeger, **Wolfgang/Kokott**, **Juliane/Pohlmann**, **Petra/Schroeder**, **Dirk** (Hrsg.), Frankfurter Kommentar zum Kartellrecht, Otto Schmidt, Köln, 2018 (zitiert: *Bearbeiter* in: FK)

Jaynes, **Gerald David**, Equilibria in Monopolistically Competitive Insurance Markets, Journal of economic theory 19 (1978), 394

Jensen, **Michael C./Meckling**, **William H.**, Theory of the Firm: Managerial Behavior, Agency Costs and Ownership Structure, Journal of Financial Economics 3 (1976), 305

Joliet, René, The Rule of Reason in Antitrust Law – American, German and Common Market Laws in Comparative Perspective, Faculté de Droit [u.a.], Liège, 1967

Kaldenbach, Kirstin, Das Problem der Informationsgewinnung für die vorvertragliche Risikoprüfung auf Seiten des privaten Berufsunfähigkeitsversicherers, Verlag Versicherungswirtschaft, Karlsruhe, 2011

Kaldor, Nicholas, Welfare Propositions of Economics and Interpersonal Comparison of Utility, The Economic Journal 49 (1939), 549

Kamlah, Wulf, Das SCHUFA-Verfahren und seine datenschutzrechtliche Zulässigkeit, MMR 1999, 395

Kantzenbach, Erhard, Die Funktionsfähigkeit des Wettbewerbs, Bd. 1, 2. Aufl., Vandenhoeck & Ruprecht, Göttingen, 1967

Karenfort, Jörg, Der Informationsaustausch zwischen Wettbewerbern: kompetitiv oder konspirativ, WuW 2008, 1154

Karten, Walter, Das Einzelrisiko und seine Kalkulation, Gabler Verlag, Wiesbaden, 1993

Katschthaler, Helmut/Leichsenring, Heike, Neues internationales Versicherungsvertragsrecht nach der Rom-I-Verordnung, Recht und Schaden 2010, 45

Kauper, Thomas E., The Problem of Market Definition Under EC Competition Law, Fordham International Law Journal (1996), 1682

Kerber, Markus C., Posners Entzauberung – Ein Beitrag der deutschen Rechtswissenschaft zur U.S. ökonomischen Analyse des Rechts aus europäischer Sicht, WuW 2008, 424

Kilian, Wolfgang, Marktinformationsverfahren und Wettbewerbsbeschränkung, NJW 1974, 289

Kirchner, Christian, Internetmarktplätze, Markttransparenz und Marktinformationssysteme – Zur kartellrechtlichen Beurteilung veränderter Markttransparenz durch Anbieter-B2B-Plattformen, WuW 2001, 1030

Kirscht, Ute, Versicherungskartellrecht – Problemfelder im Lichte der Europäisierung, Verlag Versicherungswirtschaft, Karlsruhe, 2003

Kisch, Wilhelm, Handbuch des Privatversicherungsrechtes, Bd. II: Die Lehre von der Versicherungsgefahr, Schweitzer, München u.a., 1920

Klein, Thilo, SSNIP-Test oder Bedarfsmarktkonzept?, WuW 2010, 169

Kloepfer, Michael/Kutzschbach, Georg, Schufa und Datenschutz, MMR 1998, 650

Kluth, Winfried/Müller, Martin/Peilert, Andreas (Hrsg.), Wirtschaft – Verwaltung – Recht, Festschrift für Rolf Stober zum 65. Geburtstag am 11. Juni 2008, Carl Heymanns Verlag, Köln, München, 2008 (zitiert: FS Stober)

Knight, **Frank H.**, Risk, Uncertainty and Profit, Houghton Mifflin Company, The Riverside Press Cambridge, Boston, New York, 1921

Koch, **Christian**, Scoring-Systeme in der Kreditwirtschaft – Einsatz unter datenschutzrechtlichen Aspekten, MMR 1998, 458

Koch, **Peter/Weiss**, **Wieland (Hrsg.)**, Gabler Versicherungslexikon, Gabler, Wiesbaden, 1994

Kollhosser, **Helmut** (Hrsg.), Die Privatversicherung im Wandel – Vorträge, gehalten auf dem 19. Münsterischen Versicherungstag am 24.11.2001, Heft 70, Verlag Versicherungswirtschaft, Karlsruhe, 2002

Konkurrensverket, Swedish Competition Authority (Hrsg.), The pros and cons of information sharing, Stockholm, Kalmar, 2006

Koppenfels-Spies, **Katharina von**, Die Konsequenzen der schuldhaften Herbeiführung des Versicherungsfalls – das „Alles-oder-nichts-Prinzip" auf dem Prüfstand, VersR 2006, 23

Körber, **Torsten**, GlaxoSmithKline – Parallelhandel mit Medikamenten zwischen Binnenmarktziel, Konsumentenwohlfahrt und Innovationswettbewerb, ZWeR 2007, 515

Körber, **Torsten/Rauh**, **Jens Ole** (Hrsg.), Aktuelle Entwicklungen im Versicherungskartellrecht, Verlag Versicherungswirtschaft, Karlsruhe, 2011

Kreiling, **Jens-Peter**, Versicherungsgemeinschaften im europäischen Kartellrecht, Verlag Versicherungswirtschaft, Karlsruhe, 1999

Kroeber-Riel, **Werner/Gröppel-Klein**, **Andrea**, Konsumentenverhalten, 10. Aufl., Vahlen, München, 2013

Kühn, **Kai-Uwe/Vives**, **Xavier**, Information Exchanges Among Firms and their Impact on Competition, 1994, http://blog.iese.edu/xvives/files/2011/09/Information-Exchanges-and-their-Impact-on-Competition.pdf (Stand 21.09.2018)

Langheid, **Theo/Rixecker**, **Roland/Gal**, **Jens/Muschner**, **Jens** (Hrsg.), Versicherungsvertragsgesetz, mit Einführungsgesetz und VVG-Informationspflichtenverordnung – Kommentar, begründet von: Römer, Wolfgang/Langheid, Theo, 5. Aufl., Verlag C. H. Beck, München, 2016 (zitiert: Langheid/Rixecker/*Bearbeiter*)

Langheid, **Theo/Wandt**, **Manfred** (Hrsg.), Münchener Kommentar zum Versicherungsvertragsgesetz, Bd. 1, §§ 1–99 VVG-InfoV, 2. Aufl., Verlag C. H. Beck, München, 2016 (zitiert: Langheid/Wandt/*Bearbeiter*)

Langheid, **Theo/Wandt**, **Manfred** (Hrsg.), Münchener Kommentar zum Versicherungsvertragsgesetz, Bd. 3, Nebengesetze, Systematische Darstellungen, 2. Aufl., Verlag C. H. Beck, München, 2017 (zitiert: Langheid/Wandt/*Bearbeiter*)

Leible, **Stefan/Lehmann**, **Matthias**, Die Verordnung über das auf vertragliche Schuldverhältnisse anzuwendende Recht („Rom I"), RIW 2008, 528

Leupold, **Henning**, Anmerkungen zu EuGH Urt. v. 18.07.2013, Rs. C-136/12 (Consiglio nazionale dei geologi), EuZW 2013, 785

Lier, **Monika**, Die neue Betrugsabwehr startet, VW 2011, 480

Loewenheim, **Ulrich/Meessen**, **Karl/Riesenkampff**, **Alexander** (Hrsg.), Kartellrecht: Europäisches und Deutsches Recht – Kommentar, 2. Aufl., Verlag C. H. Beck, München, 2009 (zitiert: Loewenheim/Meessen/Riesenkampff (2009)/*Bearbeiter*)

Loewenheim, **Ulrich/Meessen**, **Karl/Riesenkampff**, **Alexander/Kersting**, **Christian/Meyer-Lindemann**, **Hans Jürgen** (Hrsg.), Kartellrecht – Kommentar, 3. Aufl., Verlag C. H. Beck, München, 2016 (zitiert: Loewenheim/Meessen/Riesenkampff/Kersting/Meyer-Lindemann/*Bearbeiter*)

Looschelders, **Dirk**, Schuldhafte Herbeiführung des Versicherungsfalls nach der VVG-Reform, VersR 2008, 1

Looschelders, **Dirk/Pohlmann**, **Petra** (Hrsg.), Versicherungsvertragsgesetz – Kommentar, 3. Aufl., Carl Heymanns Verlag, Köln, 2016 (zitiert: Looschelders/Pohlmann/*Bearbeiter*)

Looschelders, **Dirk/Smarowos**, **Kirstin**, Das Internationale Versicherungsvertragsrecht nach Inkrafttreten der Rom-I-Verordnung, VersR 2010, 1

Lorenz, **Egon**, Der subjektive Risikoausschluss durch § 61 VVG und die Sonderregelung in § 152 VVG, VersR 2000, 2

Lorenz, **Egon** (Hrsg.), Abschlussbericht der Kommission zur Reform des Versicherungsvertragsrechts vom 19. April 2004, Verlag Versicherungswirtschaft, Karlsruhe, 2004 (zitiert: VVG-Kommission Abschlussbericht 2004)

Loubergé, **Henri** (Hrsg.), Risk, information and insurance – Essays in the memory of Karl H. Borch, 2. Aufl., Kluwer, Boston [u.a.], 1991

Lüdemann, **Volker/Lüdemann**, **Jörn**, Transparenz und Wettbewerb: Was kann die neue Markttransparenzstelle für den Großhandel mit Strom und Gas leisten?, WuW 2012, 917

Ludwigs, **Markus** (Hrsg.), Handbuch des EU-Wirtschaftsrechts, Stand: Februar 2018 (44. Ergänzungslieferung), Bd. 2, begründet von: Dauses, Manfred A., Verlag C. H. Beck, München, 2014 (zitiert: Dauses/Ludwigs/*Bearbeiter*)

Lugard, **Paul/Hancher**, **Leigh**, Honey, I Shrunk the Article! A Critical Assessment of the Commission's Notice on Article 81(3) of the EC Treaty, European Competition Law Review (2004), 410

Lyons, **Bruce R.**, Could politicians be more right than economists? A theory of merger standards, Norwich University, Working Paper CCR 02–1, 15.05.2002, http://competitionpolicy.ac.uk/documents/107435/107587/ccp2-1.pdf (Stand 26.09.2018)

Mäger, **Thorsten** (Hrsg.), Europäisches Kartellrecht, 2. Aufl., Nomos, Baden-Baden, 2011

Mahr, **Werner**, Einführung in die Versicherungswirtschaft, 3. Aufl., Duncker & Humblot, Berlin, 1970

Mahr, **Werner**, Zur Interdependenz von Prämien und Schäden: Das moralische Risiko, in: *Braess, Paul/Müller-Lutz, Heinz L. (Hrsg.),* Praxis und Theorie der Versicherungsbetriebslehre, Festgabe f. H. L. Müller-Lutz z. 60. Geburtstag, Verlag Versicherungswirtschaft, Karlsruhe, 1972, S. 241

Mahr, **Werner**, Das moralische Risiko in Individual- und Sozialversicherung, ZVersWiss 1977, 205

Maier, **Karl** (Hrsg.), Kraftfahrtversicherung, Kommentar zu den AKB sowie zu weiteren Gesetzes- und Regelwerken in der Kraftfahrtversicherung, begründet von: Stiefel, Ernst, 19. Aufl., Verlag C. H. Beck, München, 2017 (zitiert: Stiefel/Maier/*Bearbeiter*)

Marcos Fernández, **Francisco/Sánchez Graells**, **Albert**, Some preliminary views on the revision of the insurance block exemption regulation, European Competition Law Review 30 (2009), 475

Marenco, **Giuliano**, Competition Between National Economies and Competition Between Businesses – A Response to Judge Pescatore, Fordham International Law Journal 10 (1987), 420

Markert, **Kurt**, Preismeldeverträge und Oligopol, BB 1964, 62

Markert, **Kurt**, Preismeldestellen und Antitrustrecht, AWD 1969, 66

Markert, **Kurt**, Gegenstandstheorie und Preismeldestellen, ZHR 1970, 53

Massey, **Patrick**, Market Definition and Market Power in Competition Analysis: Some Practical Issues, The Economic and Social Review 31 (2000), 309

Meessen, **Karl M.**, Wettbewerb – richtig dosiert: Zur Institutionalisierung einer wettbewerblichen Folgenabschätzung, WuW 2010, 6

Mestmäcker, **Ernst-Joachim/Schweitzer**, **Heike**, Europäisches Wettbewerbsrecht, 3. Aufl., Verlag C. H. Beck, München, 2014

Metz, **Rainer**, Scoring – Licht im Tunnel, VuR 2009, 403

Meyer, **Lena/Müller**, **Ulf**, Die Zukunft des Geheimwettbewerbs in einer vernetzten Welt, WuW 2007, 117

Meyer-Lindemann, **Hans Jürgen**, Das Versicherungskartellrecht in Deutschland nach der 7. GWB-Novelle, Verlag Versicherungswirtschaft, Karlsruhe, 2006

Meyer-Lindemann, **Hans Jürgen**, Die Entscheidungen zum Fall „Wirtschaftsprüferhaftpflicht“, ZWeR 2009, 522

Michaels, Bernd, Die deutsche Versicherungswirtschaft 1995, VW 1995, 1612

Mohr, Jochen, Bezweckte und bewirkte Wettbewerbsbeschränkungen gemäß Art. 101 Abs. 1 AEUV, ZWeR 2015, 1

Molle, Alexander, Zur Beurteilung „begleitender" Wettbewerbsverbote im Rahmen von Art. 81 Abs. 1 EG und § 1 GWB, Müller, Heidelberg, 2005

Möller, Hans/Sieg, Karl/Johannsen, Ralf/Winter, Gerrit/Wriede, Paul/Johannsen, Katharina (Hrsg.), Kommentar zum Versicherungsvertragsgesetz und zu den allgemeinen Versicherungsbedingungen unter Einschluss des Versicherungsvermittlerrechtes, Bd. 2, begründet von: Bruck, Ernst, 8. Aufl., De Gruyter, Berlin, 1980 (zitiert: *Bearbeiter* in: Bruck/Möller (8. Aufl. 1980))

Möller, Silke, Verbraucherbegriff und Verbraucherwohlfahrt im europäischen und amerikanischen Kartellrecht, Nomos, Baden-Baden, 2008

Monopolkommission, Hauptgutachten 2002/2003 – Wettbewerbspolitik im Schatten „Nationaler Champions", Nomos, Baden-Baden, 2005

Monopolkommission, XVIII. Hauptgutachten 2008/2009 – Mehr Wettbewerb, wenig Ausnahmen, abrufbar unter: http://www.monopolkommission.de/images/PDF/HG/HG18/1702600.pdf (Stand 26.09.2018)

Monopolkommission, XX. Hauptgutachten 2012/2013 – Eine Wettbewerbsordnung für die Finanzmärkte, abrufbar unter: http://www.monopolkommission.de/images/PDF/HG/HG20/HG_XX_gesamt.pdf (Stand 26.09.2018)

Monti, Giorgio, Article 81 EC and Public Policy, Common market law review 39 (2002), 1057

Monti, Mario, The Future for Competition Policy in the European Union – Rede in der Merchant Taylor's Hall, London, 09.07.2001, http://europa.eu/rapid/press-release_SPEECH-01-340_en.pdf (Stand 26.09.2018)

Moosecker, Karlheinz, Marktinformationsverfahren auf der Grundlage der neuen Rechtsprechung des EuGH, in: FIW (Hrsg.), Schwerpunkte des Kartellrechts, FIW-Schriftenreihe 1999, Carl Heymanns Verlag, Köln [u.a.], 1998, S. 87

Morgenstern, Oskar, Vollkommene Voraussicht und wirtschaftliches Gleichgewicht, ZfN 1935, 337

Möschel, Wernhard, Competition Policy from an Ordo point of view, in: *Peacock, Alan T./Willgerodt, Hans (Hrsg.),* Germany's social market economy, Trade policy research centre, London, 2000, S. 142

Möschel, Wernhard, Juristisches versus ökonomisches Verständnis eines Rechts der Wettbewerbsbeschränkungen, in: FIW (Hrsg.), Die Wende in der europäischen Wettbewerbspolitik – Referate des XXXVI. FIW-Symposions, FIW-Schriftenreihe, Carl Heymanns Verlag, Köln [u.a.], 2004, S. 55

Motta, **Massimo**, Competition policy – Theory and practice, Cambridge University Press, Cambridge, New York, 2004

Müller, **Christian**, Abschied vom Bedarfsmarktkonzept bei der Marktabgrenzung?, Nomos, Baden-Baden, 2007

Müller, **Helmut**, Die Entwicklung des Versicherungsaufsichtsrechts seit der Deregulierung und künftige Tendenzen, in: *Kollhosser, Helmut (Hrsg.),* Die Privatversicherung im Wandel – Vorträge, gehalten auf dem 19. Münsterischen Versicherungstag am 24.11.2001, Münsteraner Reihe, Verlag Versicherungswirtschaft, Karlsruhe, 2002, S. 19

Müringer, **Alfred**, Die Tarifbestimmungen für die Kraftfahrtversicherung (TB) – Eine Anleitung für die Praxis, Gabler, Wiesbaden, 2005

Nettesheim, **Martin** (Hrsg.), Das Recht der Europäischen Union, Band 1, EUV/AEUV, 63. Ergänzungslieferung – Stand Dezember 2017, begründet von: Grabitz, Eberhard, fortgeführt von: Hilf, Meinhard, Verlag C. H. Beck, München, 2018 (zitiert: *Bearbeiter* in: Grabitz/Hilf/Nettesheim)

Neuhaus, **Kai-Jochen**, Die vorvertragliche Anzeigepflichtverletzung im neuen VVG, Recht und Schaden 2008, 45

Neumann, **Manfred/Weigand**, **Jürgen** (Hrsg.), The international handbook of competition, Edward Elgar, Cheltenham, UK, Northampton, MA, 2004

Niederleithinger, **Ernst** (Hrsg.), Festschrift für Otfried Lieberknecht zum 70. Geburtstag, Verlag C. H. Beck, München, 1997 (zitiert: FS Lieberknecht),

Nowak, **Carsten**, Binnenmarktziel und Wirtschaftsverfassung der Europäischen Union vor und nach dem Reformvertrag von Lissabon, EuR 2009, Beiheft 1, 129

o.V., Online informieren – offline abschließen, VW 2008, 626

o.V., Jeder Vierte informiert sich schon online, VW 2008, 1704

o.V., Schadenmanagement Coburger Art, VW 2009, 899

Oberender, **Peter/Väth**, **Andreas**, Markttransparenz und Verhaltensweise, Das Wirtschaftsstudium 1986, 191

Odudu, **Okeoghene**, The Boundaries of EC Competition Law – The Scope of Article 81, Oxford University Press, New York, 2006

Organisation for Economic Co-operation and Development (OECD), Merger Review in Emerging High Innovative Markets, DAFFE/COMP(2002)20, 24.01.2003, http://www.oecd.org/competition/mergers/2492253.pdf (Stand 26.09.2018)

Otting, **Joachim**, Vorschäden als durch das Hinweis- und Informationssystem (HIS) verschärftes Problem, SVR 2013, 132

Padilla, Atilano Jorge, The role of supply-side substitution in the definition of the relevant market in merger control – A Report for DG Enterprise A/4, European Commission, Juni 2001, http://ec.europa.eu/DocsRoom/documents/2658/attachments/1/translations/en/renditions/pdf (Stand 26.09.2018)

Pauly, Mark V., The Economics of Moral Hazard: Comment, The American Economic Review 58 (1968), 531

Pauly, Mark V., Overinsurance and Public Provision of Insurance: The Role of Moral Hazard and Adverse Selection, The Quarterly Journal of Economics 88 (1974), 44

Peacock, Alan T./Willgerodt, Hans (Hrsg.), Germany's social market economy, Transferred to digital print, Trade policy research centre, London, 2000

Pindyck, Robert S./Rubinfeld, Daniel L., Mikroökonomie, 8. Auflage, Pearson, München, 2013

Pischel, Gerhard/Hausner, Sebastian, Informationsaustausch zwischen Wettbewerbern – Zum Stand der kartellrechtlichen Entwicklung, EuZW 2013, 498

Plaß, Gunda, Die Zusammenschlusskontrolle von Versicherungen und Kreditinstituten nach der europäischen Fusionskontrollverordnung, Peter Lang, Frankfurt am Main, 1997

Pohl, Stefan, Hauptfälligkeitsstorno in der Kraftfahrtversicherung – Zeitdiskrete Hazardraten-Analyse mit linkstrunkierten Daten, Josef Eul Verlag, Lohmar, Köln, 2009

Pohlmann, Petra, Musterversicherungsbedingungen nach Wegfall der GVO: Paradise lost?, WuW 2010, 1106

Pohlmann, Petra/Orlikowski-Wolf, Sandra, Die Regelungen für Versicherungsunternehmen im Regierungsentwurf des GWB, VersR 2005, 171

Polley, Romina/Kuhn, Tilman, Kartellrechtliche Grenzen des Informationsaustauschs zwischen Wettbewerbern bei M&A-Transaktionen und anderen Anlässen, CFL 2012, 117

Posner, Richard A., Antitrust law, 2nd ed., University of Chicago Press, Chicago, 2001

Posner, Richard A./Nelson, Richard R., The Chicago school of antitrust analysis, University of Pennsylvania Law Review 127 (1979), 925

Prölss, Jürgen, Der Versicherer als „Treuhänder der Gefahrengemeinschaft" – Zur Wahrnehmung kollektiver Belange der Versicherungsnehmer durch den Privatversicherer, in: *Canaris, Claus-Wilhelm/Diederichsen, Uwe (Hrsg.)*, Festschrift für Karl Larenz zum 80. Geburtstag am 23. April 1983, Verlag C. H. Beck, München, 1983, S. 487

Rauh, Jens Ole, Versicherungsverbände und Kartellrecht – Eine wettbewerbspolitische Untersuchung der GVO Nr. 267/2010, Verlag Versicherungswirtschaft, Karlsruhe, 2013

Rea, Samuel A., Jr., The Economics of Insurance Law, International Review of Law and Economics 13 (1993), 145

Rehberg, Markus, Der Versicherungsabschluss als Informationsproblem – Die Gewährleistung freier Produktwahl in der Privatversicherung, Nomos, Baden-Baden, 2003

Richter, Rudolf/Furubotn, Eirik Grundtvig, Neue Institutionenökonomik – Eine Einführung und kritische Würdigung, 4. Aufl., Mohr Siebeck, Tübingen, 2010

Riemer, Martin, Die Uniwagnis-Datei der Versicherungswirtschaft – Versäumnisse des Gesetzgebers, ZRP 2009, 111

Rittner, Fritz, Das Kartellverbot des Art. 81 EGV in teleologischer Reduktion, in: *Baums, Theodor/Wertenbruch, Johannes/Lutter, Marcus u. a. (Hrsg.)*, Festschrift für Ulrich Huber zum siebzigsten Geburtstag, Mohr Siebeck, Tübingen, 2006, S. 1095

Rittner, Fritz/Dreher, Meinrad, Europäisches und deutsches Wirtschaftsrecht – Eine systematische Darstellung, 3. Aufl., Müller, Heidelberg, 2008

Röhr, Wolfgang, Die vorvertragliche Anzeigepflicht, Verlag Versicherungswirtschaft, Karlsruhe, 1980

Rokas, Aleyandros N., Die schuldhafte Herbeiführung des Versicherungsfalls nach altem und neuem VVG, VersR 2008, 1457

Römer, Wolfgang, Alles-oder-Nichts-Prinzip?, NVersZ 2000, 259

Römer, Wolfgang, Reformbedarf des Versicherungsvertragsrechts aus höchstrichterlicher Sicht, VersR 2000, 661

Röper, Burkhardt, Zur volkswirtschaftlichen Problematik der Marktinformationsverfahren in der Industrie der BRD, in: *Röper, Burkhardt/Erlinghagen, Peter (Hrsg.)*, Wettbewerbsbeschränkung durch Marktinformation? – Eine Würdigung aus wettbewerbspolitischer und kartellrechtlicher Sicht, Carl Heymanns Verlag, Köln [u.a.], 1974, S. 1

Röper, Burkhardt/Erlinghagen, Peter (Hrsg.), Wettbewerbsbeschränkung durch Marktinformation? – Eine Würdigung aus wettbewerbspolitischer und kartellrechtlicher Sicht, Carl Heymanns Verlag, Köln [u.a.], 1974

Rose, Vivien/Bailey, David (Hrsg.), Bellamy & Child – European Union Law of Competition, 7th ed., Oxford University Press, Oxford, 2013 (zitiert: Bellamy/Child/*Bearbeiter*)

Roth, Wulf-Henning, Zur Berücksichtigung nichtwettbewerblicher Ziele im europäischen Kartellrecht – eine Skizze –, in: *Engel, Christoph/Möschel, Wernhard (Hrsg.),* Recht und spontane Ordnung, Festschrift für Ernst-Joachim Mestmäcker zum achtzigsten Geburtstag, Nomos, Baden-Baden, 2006, S. 411

Rothschild, Michael/Stiglitz, Joseph, Equilibrium in competitive insurance markets – An essay on the economics of imperfect information, The Quarterly Journal of Economics 90 (1976), 629

Rüffer, Wilfried/Halbach, Dirk/Schimikowski, Peter (Hrsg.), Versicherungsvertragsgesetz – Handkommentar, 3. Aufl., Nomos, Baden-Baden, 2015 (zitiert: HK VVG/*Bearbeiter*)

Säcker, Franz-Jürgen, Zielkonflikte und Koordinationsprobleme im deutschen und europäischen Kartellrecht. Kritische Bemerkungen zum Regierungsentwurf der Kartellgesetznovelle vom 28. Mai 1971 und zur EWG-Bagatellkartellbekanntmachung vom 2. Juni 1970, Handelsblatt, Düsseldorf, 1971

Säcker, Franz-Jürgen, Abschied vom Bedarfsmarktkonzept, ZWeR 2004, 1

Samberger, Gregor, Die Konzentrationsentwicklung auf dem deutschen Versicherungsmarkt seit 1960 unter den Gesichtspunkten des Aufsichtsrechts und des Verbraucherschutzes, Univ., Diss., Jena, 2005

Sangmeister, Bernd, Die Rule of reason und das per se-Konzept in der Rechtsprechung des Supreme Court der USA zu § 1 Sherman Act, Carl Heymanns Verlag, Köln, 1975

Schäfer, Hans-Bernd/Ott, Claus, Lehrbuch der ökonomischen Analyse des Zivilrechts, 5. Aufl., Springer, Berlin, Heidelberg, 2012

Schäfers, Dominik, Die vorvertragliche Anzeigepflicht des Versicherungsnehmers und das allgemeine Leistungsstörungsrecht – Zugleich zum System der Haftung für vorvertragliche Pflichtverletzungen, Verlag Versicherungswirtschaft, Karlsruhe, 2014

Schmidt, André, Ordnungsökonomische Wettbewerbskonzepte: Die Wettbewerbspolitik im Spannungsfeld zwischen Freiheit und Effizienz, ORDO 2008, 209

Schmidt, André, Wie ökonomisch ist der „more economic approach"? Einige kritische Anmerkungen aus ordnungsökonomischer Sicht, Freiburger Diskussionspapiere zur Ordnungsökonomik, 2010, https://www.econstor.eu/bitstream/10419/4370/1/06_10bw.pdf (Stand 26.09.2018)

Schmidt, André/Voigt, Stefan, Der „more economic approach" in der Missbrauchsaufsicht – Einige kritische Anmerkungen zu den Vorschlägen der Generaldirektion Wettbewerb, WuW 2006, 1096

Schmidt, **André/Voigt**, **Stefan**, Bessere europäische Wettbewerbspolitik durch den „more economic approach"? Einige Fragezeichen nach den ersten Erfahrungen, ORDO 2007, 33

Schmidt, **Ingo**, Markttransparenz als Voraussetzung für Wettbewerbsbeschränkungen, WuW 1963, 97

Schmidt, **Ingo**, Per se Rule oder Rule of Reason, Wirtschaftswissenschaftliches Studium 1981, 282

Schmidt, **Ingo**, More economic approach versus Justitiabilität, WuW 2005, 877

Schmidt, **Ingo**, More economic approach: Ein wettbewerbspolitischer Fortschritt?, in: *Brinker, Ingo/Scheuing, Dieter Helmut/Stockmann, Kurt (Hrsg.),* Recht und Wettbewerb, Festschrift für Rainer Bechtold zum 65. Geburtstag, Verlag C. H. Beck, München, 2006, S. 409

Schmidt, **Ingo/Haucap**, **Justus**, Wettbewerbspolitik und Kartellrecht – Eine interdisziplinäre Einführung, 10. Aufl., Lucius & Lucius, Stuttgart, 2013

Schmidt, **Klaus D.**, Versicherungsmathematik, 3. Aufl., Springer, Berlin, Heidelberg, 2009

Schmidt, **Reimer** (Hrsg.), Versicherungsaufsichtsgesetz, begründet von: Prölss, Erich R., 11. Aufl., Verlag C. H. Beck, München, 1997 (zitiert: Prölss (11. Aufl., 1997)/*Bearbeiter*)

Schmidt, **Reimer/Sieg**, **Karl** (Hrsg.), Grundprobleme des Versicherungsrechts, Festgabe für Hans Möller zum 65. Geburtstag, Verlag Versicherungswirtschaft, Karlsruhe, 1972 (zitiert: FG Möller)

Schmidt, **Richard F.**, Does a Deductible Curb Moral Hazard?, The Journal of Insurance 28 (1961), 89

Schmidtchen, **Dieter**, Recht, Eigentum und Effizienz, ORDO 2004, 127

Schmidtchen, **Dieter**, Effizienz als Leitbild der Wettbewerbspolitik: Für einen „more economic approach", in: *Böge, Ulf/Oberender, Peter (Hrsg.),* Effizienz und Wettbewerb, Duncker & Humblot, Berlin, 2005, S. 9

Schmidtchen, **Dieter**, Der „more economic approach" in der Wettbewerbspolitik, WuW 2006, 6

Schmidtchen, **Dieter**, Fehlurteile über den „more economic approach" in der Wettbewerbspolitik, WuW 2006, 707

Schmitt, **Reinhart**, Empfehlungen in der Versicherungswirtschaft – Kartellrechtliche und aufsichtsrechtliche Überwachung, Verlag Versicherungswirtschaft, Karlsruhe, 1974

Schneider, **Christian**, Der Vertrieb von Versicherungen über das Internet, Duncker & Humblot, Berlin, 2004

Schrauwen, Annette (Hrsg.), Rule of Reason – Rethinking another Classic of European Legal Doctrine, Europa Law Publishing, Groningen, 2005

Schrauwen, Annette, In Defence of Public Interest: The Rule of Reason – Genesis of a Principle of Law, in: *Schrauwen, Annette (Hrsg.),* Rule of Reason – Rethinking another Classic of European Legal Doctrine, Europa Law Publishing, Groningen, 2005, S. 3

Schroeder, Dirk, Informationsaustausch zwischen Wettbewerbern, WuW 2009, 718

Schröter, Helmuth/Jakob, Thinam/Klotz, Robert/Mederer, Wolfgang (Hrsg.), Europäisches Wettbewerbsrecht – Großkommentar, 2. Aufl., Nomos, Baden-Baden, 2014 (zitiert: Schröter/Jakob/Klotz/Mederer/*Bearbeiter*)

Schulenburg, Johann-Matthias Graf von der/Lohse, Ute, Versicherungsökonomik – Ein Leitfaden für Studium und Praxis, 2. Aufl., Verlag Versicherungswirtschaft, Karlsruhe, 2014

Schulte, Josef L./Just, Christoph (Hrsg.), Kartellrecht, 2. Aufl., Carl Heymanns Verlag, Köln, 2016 (zitiert: *Bearbeiter* in: Schulte/Just, KartellR)

Schulz, Norbert, Wettbewerbspolitik – Eine Einführung aus industrieökonomischer Perspektive, Mohr Siebeck, Tübingen, 2003

Schwaderer, Melanie Ariane, Eine Frage der Abwägung: Form- oder wirkungsbasierter Ansatz?, WuW 2008, 653

Schwalbe, Ulrich, Das Effizienzkonzept der Wirtschaftstheorie, in: *Fleischer, Holger/Zimmer, Daniel (Hrsg.),* Effizienz als Regelungsziel im Handels- und Wirtschaftsrecht, Verlag Recht und Wirtschaft, Frankfurt am Main, 2008, S. 43

Schwalbe, Ulrich/Zimmer, Daniel, Kartellrecht und Ökonomie – Moderne ökonomische Ansätze in der europäischen und deutschen Zusammenschlusskontrolle, 2. Aufl., Verlag Recht und Wirtschaft, Frankfurt am Main, 2011

Schwarz, Jürgen, Der Aufbau Europas – Pläne und Dokumente 1945–1980, Osang Verlag, Bonn, 1980

Schwarze, Jürgen (Hrsg.), Recht und Ökonomie im Europäischen Wettbewerbsrecht, Nomos, Baden-Baden, 2006

Schwintowski, Hans-Peter, Rechtliche Grenzen der Datenweitergabeklausel in Versicherungsverträgen, VuR 2004, 242

Schwintowski, Hans-Peter, Das Spannungsverhältnis zwischen Individuum und Kollektiv – aus juristischer Sicht, ZVersWiss 2007, 449

Schwintowski, Hans-Peter, Standardisierung auf den Versicherungsmärkten – Zurück in die Zukunft?, VuR 2014, 251

Schwintowski, Hans-Peter, Versicherungsvermittlung über Internetportale, VuR 2014, 370

Sedemund, Joachim, Entwicklung der kartellrechtlichen Bewertung von Marktinformationsverfahren, in: *Niederleithinger, Ernst (Hrsg.)*, Festschrift für Otfried Lieberknecht zum 70. Geburtstag, Verlag C. H. Beck, München, 1997, S. 571

Seitz, Claudia, One Step in the Right Direction – The New Horizontal Guidelines and the Restated Block Exemption Regulations, Journal of European Competition Law & Practice 2 (2011), 452

Shapira, Zur/Venezia, Itzhak, Experimental tests of Self-Selection and Screening in Insurance Decisions, The Geneva Papers on Risk and Insurance Theory 1999 (24), 139

Simon, Herbert A., Theories of Decision-Making in Economics and Behavioral Science, The American Economic Review 49 (1959), 253

Smith, Adam, Der Wohlstand der Nationen – Eine Untersuchung seiner Natur und seiner Ursachen, Vollst. Ausg. nach der 5. Aufl. (letzter Hand), London 1789, für d. Taschenbuch-Ausg. rev. Fassung., 10. Auflage, Deutscher Taschenbuchverlag, München, 1978

Sölter, Arno, Der unvollständige Wettbewerbsbegriff – Zur Bedeutung von Markttransparenz u. Marktinformationsverfahren für den Wettbewerbsprozess, Verlag Recht und Wirtschaft, Heidelberg, 1975

Spence, Michael, Job Market Signaling, The Quarterly Journal of Economics 87 (1973), 355

Spence, Michael, Market signaling – Informational transfer in hiring and related screening processes, Harvard University Press, Cambridge, 1974

Spence, Michael, Product differentiation and performance in insurance markets, Journal of public economics 10 (1978), 427

Spremann, Klaus, Asymmetrische Informationen, Zeitschrift für Betriebswirtschaft 1990, 561

Stadler, Martin/Gail, Uwe, Die Kfz-Versicherung, Verlag Versicherungswirtschaft, Karlsruhe, 2015

Stancke, Fabian, Schadensregulierung und Kartellrecht, VersR 2005, 1324

Stancke, Fabian, Marktinformation, Benchmarking und Statistiken – Neue Anforderungen an Kartellrechts-Compliance, BB 2009, 912

Stancke, Fabian, Versicherungsvertrieb und Kartellrecht, VersR 2009, 1168

Stancke, Fabian, Schadensmanagement im Spannungsfeld zwischen Moral-Hazard-Problematik und Kartellrecht, VersR 2014, 1043

Stancke, Fabian, § 13 Kartellrecht, in: *Bürkle, Jürgen (Hrsg.)*, Compliance in Versicherungsunternehmen – Rechtliche Anforderungen und praktische Umsetzung, 2. Aufl., Verlag C. H. Beck, München, 2015

Stancke, Fabian, Stand und Perspektiven des Versicherungskartellrechts nach Auslaufen der GVO Versicherungswirtschaft, VersR 2017, 518

Stappert, Holger/Esser-Wellié, Michael, Anmerkungen zu EuGH Urt. v. 23.11.2006, Rs. C-238/05 (Asnef-Equifax/Asociación de Usuarios de Servicios Baucarios [Ausbanc]), EuZW 2006, 758

Stigler, George J., The Economics of Information, Journal of Political Economy 69 (1691), 213

Stiglitz, Joseph E./Weiss, Andrew, Credit Rationing in Markets with Imperfect Information, The American Economic Review 71 (1981), 393

Stöcker, Mathias, Abstimmung über Dritte, WuW 2012, 935

Streinz, Rudolf, Die „Verfassung" der Europäischen Union nach dem Scheitern des Verfassungsvertrages und dem Vertrag von Lissabon, ZG 2008, 105

Streinz, Rudolf, Europarecht, 10. Aufl., C.F. Müller, Heidelberg, 2016

Streinz, Rudolf (Hrsg.), EUV/AEUV: Vertrag über die Europäische Union, Vertrag über die Arbeitsweise der Europäischen Union, Charta der Grundrechte der Europäischen Union, 3. Aufl., Verlag C. H. Beck, München, 2018 (zitiert: *Bearbeiter* in: Streinz (Hrsg.), EUV/AEUV)

Takao, Atsushi, Über die Normalität des moralischen Risikos, eine Kritik der Theorie der Gefahrengemeinschaft, ZVersWiss 1982, 5

Terhechte, Jörg Philipp, Der Vertrag von Lissabon – Grundlegende Verfassungsurkunde der europäischen Rechtsgemeinschaft oder technischer Änderungsvertrag?, EuR 2008, 143

Thomas, Stefan, Aktuelle Entwicklungen des Versicherungskartellrechts: Relevanter Markt und hypothetische Marktverhältnisse im Rahmen der neuen Versicherungs-GVO und in § 33 GWB, in: *Körber, Torsten/Rauh, Jens Ole (Hrsg.),* Aktuelle Entwicklungen im Versicherungskartellrecht, Verlag Versicherungswirtschaft, Karlsruhe, 2011, S. 57

Traugott, Rainer, Zur Abgrenzung von Märkten, WuW 1998, 929

Tugendreich, Bettina, Die kartellrechtliche Zulässigkeit von Marktinformationsverfahren – Eine juristische und ökonomische Untersuchung zum deutschen und europäischen Kartellrecht unter Berücksichtigung der US-amerikanischen Rechtspraxis, Nomos, Baden-Baden, 2004

Ulmer, Peter, Rule of Reason im Rahmen von Artikel 85 EWGV, RIW 1985, 517

Varian, Hal R., Grundzüge der Mikroökonomik, 9. Aufl., De Gruyter, Berlin, 2016

Vernimmen, Gisele, Die Gruppenfreistellungsverordnung für die Versicherungswirtschaft, VW 1993, 559

Verschuer, Nikolaus von/Gres, Joachim (Hrsg.), Liber Amicorum für Alexander Riesenkampff zum siebzigsten Geburtstag, Verlag C. H. Beck, München, 2006 (zitiert: Liber Amicorum Riesenkampff)

Voet van Vormizeele, Philipp, Möglichkeiten und Grenzen von Benchmarking nach europäischem und deutschem Kartellrecht, WuW 2009, 143

Wagner, Fred (Hrsg.), Gabler Versicherungslexikon, Springer Gabler, Wiesbaden, 2017

Wagner-von Papp, Florian, Marktinformationsverfahren – Grenzen der Information im Wettbewerb: Die Herstellung praktischer Konkordanz zwischen legitimen Informationsbedürfnissen und Geheimwettbewerb, Nomos, Baden-Baden, 2004 (zitiert: Marktinformationsverfahren)

Wagner-von Papp, Florian, Wie „identifizierend" dürfen Marktinformationsverfahren sein?, WuW 2005, 732

Wagner-von Papp, Florian, Information Exchanges in the Draft Horizontal Cooperation Guidelines, KSzW 2011, 87

Wallrabenstein, Astrid, Versicherung im Sozialstaat, Mohr Siebeck, Tübingen, 2009

Wandt, Manfred, Versicherungsrecht, 6. Aufl., Verlag Franz Vahlen, München, 2016

Weichert, Thilo, Big Data und Datenschutz – Chancen und Risiken einer neuen Form der Datenanalyse, ZD 2013, 251

Weichert, Thilo, Scoring in Zeiten von Big Data, Zeitschrift für Rechtspolitik 2014, 168

Wein, Thomas, Wirkungen der Deregulierung im deutschen Versicherungsmarkt – Eine Zwischenbilanz, Verlag Versicherungswirtschaft, Karlsruhe, 2001

Weitbrecht, Andreas/Mühle, Jan, Europäisches Kartellrecht 2009, EuZW 2010, 327

Weizsäcker, Carl Christian von, Marktzutrittsschranken, in: *Böge, Ulf/ Oberender, Peter (Hrsg.)*, Effizienz und Wettbewerb, Duncker & Humblot, Berlin, 2005, S. 43

Werden, Gregory J., Demand Elasticities in Antitrust Analysis, Antitrust Law Journal 66 (1998), 363

Werner, Jens, Anmerkungen zu EuGH Urt. v. 28.02.2013, Rs. C-1/12 (Ordem dos Técnicos Oficiais de Contas), EuZW 2013, 385

Wesseling, Rein, The Modernisation of EC Antitrust Law, Hart, Oxford, 2000

Whish, Richard, Information Agreements, in: *Konkurrensverket, Swedish Competition Authority (Hrsg.)*, The pros and cons of information sharing, Stockholm, Kalmar, 2006, S. 19

Whish, Richard/Bailey, David, Competition law, 9th ed., Oxford University Press, Oxford, New York, 2018

Wiedemann, Gerhard (Hrsg.), Handbuch des Kartellrechts, 3. Aufl., Verlag C. H. Beck, München, 2016 (zitiert: *Bearbeiter* in: Wiedemann (Hrsg.), Handbuch des Kartellrechts)

Williamson, Oliver C., Economics as an Antitrust Defense: The Welfare Tradeoffs, The American Economic Review 58 (1968), 18

Williamson, Oliver E., Die ökonomischen Institutionen des Kapitalismus – Unternehmen, Märkte, Kooperationen, J.C.B. Mohr (Paul Siebeck), Tübingen, 1990

Wilson, Charles, A Model of Insurance Markets with Incomplete Information, Journal of economic theory 16 (1977), 167

Windhagen, Eckart, Die Versicherungswirtschaft im europäischen Kartellrecht, Nomos, Baden-Baden, 1996

Wittkämper, Gerhard W./Wulff-Nienhüser, Marianne/Kammer, Klaus, Versicherung und Kriminalität – Lagebild, Ursachen und Einflüsse, Verlag Versicherungswirtschaft, Karlsruhe, 1990

Wolff, Heinrich Amadeus/Brink, Stefan (Hrsg.), Beck'scher Online-Kommentar Datenschutzrecht, 24. Edition, Stand: 01.05.2018, Verlag C. H. Beck, München, 2018 (zitiert: *Bearbeiter* in: Beck'scher OK Datenschutzrecht)

Wolgast, Michael, Die deutschen Versicherer im europäischen Wettbewerb – Neue Chancen nach der Einführung des Euro?, Kreditwesen 2003, 42

Woll, Artur, Freiheit durch Ordnung: Die gesellschaftspolitische Leitidee im Denken von Walter Eucken und Friedrich A. von Hayek, ORDO 1989, 87

Wollmann, Hanno/Herzog, Andrea, Die neue Gruppenfreistellungsverordnung im Versicherungssektor – Allgemeine Versicherungsbedingungen und Anerkennung von Sicherheitsvorkehrungen außerhalb der GVO, VR 7–8/2010, 26

Wrabetz, Wolfram, Auf dem Versicherungsmarkt droht ein Oligopol – Solvency II konterkariert die Ziele der Deregulierung. Versicherungsnehmer profitieren von hoher Sicherheit. Aber sie können unter deutlich weniger Anbietern wählen, Financial Times Deutschland, 15.06.2011, S. 24

Wuermeling, Ulrich, Scoring von Kreditrisiken, NJW 2002, 3508

Ziegenhain, Hans-Jörg, Marktinformationsverfahren im Deutschen und Europäischen Kartellrecht, EWS 1993, 50

Zimmer, Daniel, Der rechtliche Rahmen für die Implementierung moderner ökonomischer Ansätze, WuW 2007, 1198

Zimmer, Daniel/Paul, Thomas, Entwicklungstendenzen der europäischen und deutschen Kartellrechtspraxis - Teil 1, JZ 2008, 611

Zweifel, Peter/Eisen, Roland, Versicherungsökonomie, 2. Aufl., Springer, Berlin [u.a.], 2003

www.ingramcontent.com/pod-product-compliance
Ingram Content Group UK Ltd.
Pitfield, Milton Keynes, MK11 3LW, UK
UKHW021916290926
8980IPUK00015B/1295

9 783631 784143